VALIENTE, RELATOS DE PATRICIA ALCIVAR

VALIENTE, RELATOS DE PATRICIA ALCIVAR

PATRICIA ALCIVAR

CONTENTS

PROLÓGICA

VALIENTE

Mi madre, Nancy emigró sola a Estados Unidos desde Barranquilla, Colombia, cuando apenas tenía 18 años. Era una de 5 hijos. Sin embargo, sólo uno de ellos, Héctor su hermano mayor era su verdadero hermano y los otros 3 eran medio hermanos de un padre diferente. Vivían en un barrio pobre de Barranquilla, Colombia, llamado Barrio Monte. Su padrastro, Gregorio trabajaba en una cervecería y mi abuela, María Mercedes vendía frutas y verduras en las calles del Barrio Monte.

La vida era sombría en Colombia. Nunca había suficiente comida en la mesa y la angustia de mi madre crecía cada día preguntándose qué sería de su vida. Hasta que un día, mientras volvía de la escuela, entró en una agencia que se ofreció a ponerla en contacto con una familia en Estados Unidos como parte del personal doméstico. Lo único que tenía que hacer mi madre era reunir el dinero para el vuelo y el visado y la agencia se encargaría del resto.

No tenía mucha confianza con Gregorio, pero se armó de valor y le dijo a mi abuela: "Mamá, quiero una vida mejor para todos nosotros... Quiero ir a Estados Unidos y trabajar como empleada del hogar durante unos años. Ahorraré suficiente dinero para traer a todos a Estados Unidos, pero ahora mismo necesito que le pida a Gregorio que me preste el dinero para el vuelo y el visado. Le prometo que se lo devolveré y que traeré a todos a Estados Unidos cuando ahorre el dinero", dijo mi madre.

Mi abuela siempre confió en mi madre. De los 5 hijos, ella le daba a mi madre las llaves de su cajón sagrado donde guardaba sus pequeñas ganancias. En el fondo sabía que mi madre no sólo cumpliría su promesa, sino que ella era su única esperanza y su boleto para salir de la pobreza. Poco tiempo después, a finales de los años sesenta, mi madre llegó a Michigan para trabajar para una familia adinerada donde trabajaría como niñera y ama de llaves. Estaba agradecida por su habitación y por la oportunidad de ganar dinero, pero se sentía extremadamente sola y lloró hasta quedarse dormida casi a diario durante los dos primeros años. Interiorizó todos sus sentimientos e hizo todo lo posible por mantenerse fuerte.

Su principal prioridad era ahorrar dinero para devolverle el dinero a Gregorio y traer a su familia a Estados Unidos. En cinco años, ahorró el dinero suficiente para mudarse a la ciudad de Nueva York y cumplió su promesa trayendo también a toda su familia. Su vida había mejorado considerablemente, sobre todo al tener ahora a su familia cerca. Mi madre vivía en el condado de Queens, en Nueva York, y ayudó a encontrar a mi abuela, mis tías y mis tíos un lugar donde vivir en la misma zona. Había empezado a tomar clases de inglés y conoció a un hombre llamado William que la enamoraba con su encanto. Al principio parecía caerle bien a todo el mundo, ya que era un gran y generoso gastador de dinero.

Una noche, durante una fiesta de barbacoa, mi madre estaba cansada y quería marcharse, pero William se había emborrachado como de costumbre y quería seguir bebiendo, así que mi madre cambió el tono y le dijo: "Quiero irme a casa YA con o sin ti". Su cara cambió y cogió el cuchillo que estaba cerca de la barbacoa y le cortó la mano izquierda a mi madre. Su mano sangraba profusamente y se había desmayado cuando llegó la ambulancia para llevarla al hospital. Recibió 24 puntos de sutura y una cicatriz interna y externa de por vida. William diría más tarde que perdió el equilibrio y que todo fue un gran accidente. Lloró ante mi madre y le dio innumerables excusas y promesas vacías. Le propuso matrimonio allí mismo, en el hospital, y ella dijo sí. Aquella sería la decisión más impactante de su vida y el comienzo de un matrimonio violento y destructivo.

Capítulo Uno - Asalto 1

V ALIENTE
Nace una luchadora

Mi madre acababa de darme a luz en el hospital Elmhurst en Queens, Nueva York, a sus treinta y pocos años. La enfermera le dijo: "Es una niña, ¿cómo la llamará?" Mi madre no tenía un nombre para mí, pero, logró ver una vieja portada de la revista Newsweek con una mujer sosteniendo una ametralladora y en la que se leía "La saga de Patty Hearst". Mi madre sonrió y me puso el nombre:

Patricia Evelyn Alcivar

Por alguna extraña razón, me encanta la historia de cómo me pusieron el nombre. Va unida al profundo deseo interior de querer ser siempre única a mi manera. En aquel momento no lo sabía, pero yo era única y eso no suele sentar bien a las personas. Cuando mi madre me trajo a casa del hospital para presentarme a mi hermana mayor, se lanzó a abofetearme.

No tengo demasiados buenos recuerdos de mi infancia. Recuerdo que me asustaba a menudo cuando mi padre, William, me recogía de la cuna pasada de mi hermana mayor y me tocaba de una forma que, incluso siendo una niña inocente, sabía que no estaba bien. Crecí escuchando los sonidos de la música latina a todo volumen todos los jueves, viernes y sábados por la noche y el olor a ron en el aliento de mi padre.

Medía 1.70 m y pesaba más de 90 kg. Me llevaba a su dormitorio y empezaba a restregar su pesado cuerpo sobre mí, estuviera o no ebrio, durante la semana, cuando mi madre estaba en el trabajo. Más tarde en mi vida, aprendería los términos adecuados de lo que me había hecho. A lo largo de los 10 años siguientes, mi padre abusaría de mí, que es cuando se produce una agresión o abuso sexual, especialmente de un niño. Nunca habría penetración por miedo a que le descubrieran.

Era empleado de mantenimiento en IBM en Madison Avenue y trabajaba en el turno de mañana de 6 de la mañana a 2 de la tarde y mi madre también trabajaba en mantenimiento para Fisher Brothers y trabajaba en el turno de noche de 4 de la tarde a 12 de la mañana. Era un alcohólico abusivo como la mayoría de los hombres de mi familia: mi abuelo, mi tío y mis primos. Me sentía mal por mi madre, que llegaba cansada del trabajo, acostumbraba llegar después de la 1 de la madrugada y le suplicaba que bajara la música, pero él se enfadaba y la ignoraba. Cuando mi madre insistió una noche para que apagara la música, él se enfadó tanto que encendió el gas de la estufa y amenazó con quemar el apartamento y matarnos a todos.

Odiaba oírlos gritar y discutir. Recuerdo que rezaba y apretaba muy fuerte a mi osito de peluche Snuggles. "Dios, por favor, aléjame a mí, a mis hermanas y a mamá de él".

Por alguna razón que nunca conoceré, mi padre me eligió entre las cuatro hermanas para torturarme constantemente. Abusaba de mí física, sexual, verbal y emocionalmente a diario. Hubo innumerables palizas, pero hay unas cuantas que nunca olvidaré porque literalmente me marcaron de por vida. Una que me viene a la mente fue cuando tenía unos 8 años, mi padre compró una preciosa mesa de comedor de cristal con sillas que tenían coberturas sobre los asientos de ante. "¡Si encuentro a alguien jugando en estas sillas, se lo haré pagar!" nos dijo una noche.

Yo era una niña delgaducha que pesaba menos de 15 kilos por aquel entonces. Cuando se dio la vuelta para ir a su dormitorio, me subí a la silla e hice un baile rápido. Mi hermana mayor gritó: "¡Papá, Patricia está bailando en las sillas nuevas!" Mi corazón se detuvo cuando oí sus pasos y vi la rabia en la cara de mi padre. Me desnudó hasta dejarme en calzones y me golpeó con un cinturón de cuero hasta que se agotó. Yo temblaba y me dolían todos los músculos del cuerpo, pero no lloré y eso le puso furioso. Me quitó mi osito de peluche Snuggles y lo tiró para hacerme más daño y así fue.

Esa noche no pude dormir boca arriba y esperé despierta a que mi madre llegara del trabajo. Estaba disgustada y me culpaba por ser desobediente, pero al menos me puso compresas calientes en la espalda. Pensaba que a ella le pasaría lo mismo si intentaba hacer o decir algo. Al día siguiente, el sábado, mi abuela, que era una mujer excéntrica y luchadora a la que yo adoraba, vino y se echó a llorar cuando vio lo magullada que tenía la espalda y el cuerpo. Se enfadó y, aunque no hablaba nada de inglés, fue al colegio conmigo ese lunes y denunció a mi padre al consejero escolar. Recuerdo que me sentí orgullosa de mi abuela por haberme defendido. Sentí momentáneamente la esperanza de que tal vez esta pesadilla terminaría pronto.

Agentes de la policía y un consejero escolar vinieron a nuestra casa más tarde ese mismo día, pero mi madre les dijo que era culpa mía porque yo había sido irrespetuosa. Mi esperanza había desaparecido y también mi respeto por mi madre. La única persona que realmente debería haberme defendido no lo hizo. A mi abuela no le gustaba mi padre, pero el sentimiento era mutuo entre ellos dos. Seguí rezando y soñando. Eran mis cosas favoritas. Soñaba a menudo que era una atleta famosa.

Cuando mi padre nos dejaba ver la televisión con él, veía películas de Bruce Lee o de boxeo. Aunque la mayoría eran "películas de hombres o deportes", no me importaba. Me imaginaba siendo igual que ellos: fuerte.

Mi madre solía decirme que podía evitar las palizas y la mayoría de los problemas en los que me metía si obedecía y seguía las normas. Nunca pensé que fuera desobediente a propósito. Sentía que seguía mis instintos de forma espontánea. Un día, mientras volvía andando del hospital Bellevue, donde mis hermanas y yo recibimos las vacunas obligatorias para ir al colegio, se me iluminó la cara cuando vi un parque infantil con un rocódromo. Mi madre me gritó y me dijo: "¡Ni se te ocurra! No hay tiempo para jugar. ¡Tengo que dejaros en casa y correr al trabajo!" Pero yo casi nunca podía jugar en ningún sitio y el parque infantil parecía tan bonito, así que me adelanté corriendo para echarle un vistazo rápido.

Corrí tan rápido como pude y me llené momentáneamente de alegría al ver lo impresionante que era este parque infantil. "Supongo que podré hacer una escalada rápida antes de que lleguen todos", pensé. Así que empecé a escalar las rocas y ¡me emocioné cuando llegué a la cima!

Entonces oí a mi hermana mayor gritar: "¡Eh, Patricia, ¡estás en problemas! ¡Mamá está aquí mismo!" Me sobresalté y perdí el equilibrio y lo siguiente que supe es que estaba tendida sobre el duro cemento y sentía que algo me impedía la visión.

Me limpié la sangre de los ojos y me puse en pie de un salto viendo como mi hermana se reía. "Sólo estaba bromeando tonta, pero ahora tendrás un verdadero problema cuando mamá vea esa sangre", dijo mi hermana mayor. Mi hermana mayor era una maltratadora y constantemente se burlaba de mí y me pegaba. Me dolía mucho la cabeza y me sentía mareada. Mi madre vio la sangre que me chorreaba por la cabeza y procedió a agarrarme y jalarme por las patillas y me llevó a una pescadería cercana a comprar hielo. "¡Será mejor que limpies eso y no dejes que tu padre lo vea! Te dije que no había tiempo para jugar, ¡pero nunca me haces caso!" me dijo mi madre. Ésa fue sólo una de las muchas veces que pagué caro por ser niña.

Los años pasaron con el mismo abuso, pero como un día me daría cuenta, todo (malo o bueno) llega a su fin. Un viernes por la noche, mi padre inventó un nuevo juego en el que me convirtió en un tiro al blanco humano y me sentó en medio del sofá y empezó a lanzarme juguetes con toda la fuerza posible para ver si podía noquearme. Después de unos cuantos golpes fuertes que me dejaron mareada, me escapé y me encerré en el baño durante un par de horas deseando que se desmayara por estar borracho como acostumbraba. Abrí lentamente la puerta y todo estaba en silencio.

Dos de mis hermanas estaban en nuestro dormitorio, pero faltaba una de ellas. Estaba encerrado en su dormitorio con ella. Intenté abrir la puerta y empecé a golpearla y patearla tan fuerte como pude. Puede que muera, pero no dejaré que le haga a mi hermana lo que me había hecho a mí durante tantos años. También recordé que, en la escuela, el profesor nos enseñó a llamar al 911 si estábamos en peligro. Así que cogí el teléfono y marqué el 911: "¡Por favor, AYÚDENME! Mi padre está borracho e intenta hacer le daño a mi hermana y va a matarnos".

¡Todo sucedió tan rápido! Vino la policía y tuvo que salir de la habitación. La agente cogió una sábana para cubrirme, me abrazó y me dijo "eres una niña valiente... no volverá a hacerte daño". Sólo tenía 10 años y me sentí reconfortada al recibir un abrazo incluso de una desconocida. Fue expulsado de nuestro hogar y nunca volví a verle a solas. Tuvimos que ir varias veces a los tribunales para que mi madre obtuviera la custodia completa de las 4 hermanas. Recuerdo que hablé con el juez y le conté lo que mi padre me había hecho. Sin embargo, mi madre nunca presentó cargos. La defensa de mi padre fue que el alcohol le obligó a hacerlo, pero yo sabía que eso era mentira y sólo una excusa para no ir a la cárcel.

Existir se convirtió en una lucha para mí. Las dos personas más significativas en la vida de un niño son sus padres, que se supone que deben protegerlo, amarlo y enseñarle. Yo no tenía nada. Anhelaba la aprobación, el amor y el afecto de mi madre. Me sentía culpable y responsable del divorcio de mis padres. Sabía que mi padre no me quería, pero hasta el día de hoy, mi madre nunca me ha dicho "te quiero" ni me ha dado el afecto que todos los niños merecen. El contacto saludable es esencial para la supervivencia humana; los bebés a los que se priva de contacto pueden no prosperar, perder peso e incluso morir, pero desafiar las probabilidades se convertiría en una norma de vida constante para mí.

Mi madre se convirtió en una persona enfocada en poner comida en la mesa, un techo sobre nuestras cabezas y ropa sobre nuestras espaldas. También se volvió amargada y verbalmente abusiva. Era lo único que sabía hacer. Recuerdo que siempre me sentí como si no perteneciera; como una intrusa. Mi única salida eran las actividades extra que a veces me permitían hacer después de la escuela. El consejero del colegio le dijo a mi madre que tenía un caso leve de déficit de atención cuando tenía 6 años y que cualquier actividad extra me ayudaría a drenar el exceso de energía. Pero las actividades extra se convertirían en mucho más. Era mi salida saludable y esencial para mi bienestar.

A través de un programa del trabajo de mi madre, ofrecían ballet gratuito para niños. Estuve en ballet durante un par de años. Hubo un cambio sutil en mi comportamiento, pero no significativo. Cuando terminó ese programa, le rogué a mi madre que me inscribiera en gimnasia. Me encantaba y soñaba con ser como Nadia Comaneci, pero resultaba demasiado caro.

Así que, un día volviendo a casa del colegio, oí el fuerte sonido de "¡Kiai!" Al asomarme por la ventana, vi a los alumnos dando patadas y puños como en las películas de Bruce Lee que solía ver. Llegué a casa de la escuela y le rogué a mi madre que me inscribiera en la escuela de taekwondo del maestro Kim en Sunnyside, Queens, cerca de donde vivía mi abuela.

Mi madre me dijo que era mucho más barato que la gimnasia, pero necesitaba conseguir un trabajo para poder pagarlo. Acababa de cumplir 13 años y tenía derecho a obtener mis papeles de trabajo a través de la escuela. Mi primer trabajo fue repartir el periódico New York Daily Newspaper a los residentes de Woodside, Queens.

Me exigía levantarme a las 5 de la mañana, recoger los periódicos de mi ruta a las 6 y repartirlos en unos 20 domicilios y estar en la escuela a las 8. Aunque era duro, me estaba ganando mi dinerito y pagándome las artes marciales. Aprendí el valor de un dólar a una edad muy temprana y estoy agradecida por ello a pesar de que todos en mi familia pensaban que era rara e incluso le preguntaron a mi madre si era lesbiana por gustarme los "deportes de chicos".

Nada de lo que hacía en cuanto a atletismo y trabajo contaba con el apoyo de nadie en mi familia. Según ellos, las mujeres en Colombia aprendían a cocinar, limpiar, planchar y mantener la casa desde pequeñas para ser una buena esposa cuando llegara el momento. Ni siquiera mis primos varones practicaban algún deporte, así que cuando se enteraron de que practicaba artes marciales, todos se burlaron de mí y se reían constantemente de mí durante las reuniones familiares de los domingos en casa de mi abuela después de la iglesia.

Me sentía sola a menudo a pesar de que vivía en casa compartiendo un dormitorio con mis 3 hermanas. Mi hermana mayor se peleaba conmigo a menudo y me obligaba a hacer sus tareas además de las mías, así como sus deberes. Pero muy pronto empezaron a gustarle los chicos y se volvió rebelde. Empezó a escaparse de casa y un día se fugó con un chico mayor que ella que la dejaría embarazada. Se convirtió en la primera de mis hermanas en tener un hijo siendo ella misma una niña.

Los embarazos de jóvenes en mi vecindario o en la ciudad de Nueva York, no eran infrecuentes. Era la norma ver a chicas jóvenes criando a sus propios hijos. Supe muy pronto que los niños no estarían en mi futuro. Nunca podría concebir estar tan destrozada por dentro e intentar ser madre. No sería justo para nadie, así que en vez de eso me centré en la escuela, los deberes, el kárate y hacer mis tareas.

No veía mucho a mi madre durante la semana porque íbamos a la escuela durante el día y ella mantenía su trabajo nocturno para poder pagar los gastos, pero cuando la veía durante el fin de semana, se mostraba distante y, por lo general, se limitaba a darnos más tareas. No sabía cómo hablar con ella. Lo único que quería era sentir su amor, pero eso nunca ocurriría. Jamás.

Habían pasado 3 años desde que sacaron a mi padre de nuestra casa y por mucho que todos quisieran fingir que todo era normal, distaba mucho de serlo. Éramos una familia disfuncional. Constantemente me gritaban por una variedad de razones insignificantes como dejar una taza sucia o no botar la basura y me despertaban a las 2 de la mañana para lavarla o botar la basura. Nunca me elogiaban por traer a casa buenas notas o por llevarme un trofeo por ejecutar mi "kata" a la perfección en los torneos locales de kárate o por contribuir con una parte de mi pequeño sueldo de la ruta del periódico. Mi madre me criticaba y menospreciaba a menudo, igual que hacía su familia con ella. Me sentía como si no le importara y, por mucho que lo intentara, nunca era lo suficientemente buena para nada.

Un día, mientras mi abuela nos cuidaba y veía una novela, fui al botiquín y abrí un frasco nuevo de aspirina Bufferin y algún otro medicamento y me lo consumí todo. Me senté en la mesa de cristal del comedor recordando la paliza que me dieron porque había bailado sobre la silla. Las lágrimas corrían por mis mejillas y la cara de mi abuela se puso muy borrosa y luego me dormí.

Me desperté en el hospital con un dolor terrible en la garganta y el estómago. Me acababan de hacer un lavado de estómago. Mi madre estaba de pie junto a mí y estaba furiosa porque la llamaron del trabajo para que fuera corriendo al hospital. "¿Por qué no te has muerto? ¡La próxima vez hazlo bien!" dijo. La enfermera oyó lo que me decía mi madre y le pidió que se marchara. La enfermera me abrazó fuerte y me susurró al oído: "Nunca sacrifiques tu vida por nadie. Eres demasiado valiosa y te debes a ti misma vivir tu vida al máximo". Nunca olvidaría lo que me dijo.

La amable enfermera vino a verme al día siguiente por la mañana y me entregó un libro como regalo. Era una biografía sobre Eleanor Roosevelt, que fue una activista de los derechos humanos, feminista y llena hasta el borde de coraje. El libro también contenía muchas de sus citas inspiradoras que se convertirían en mis símbolos diarios de motivación. "Espero que su historia te inspire". dijo la enfermera. Empecé a leer el libro inmediatamente. Las palabras y las citas me motivaron y volví a leer y memorizar sus citas y las utilicé como mantras a lo largo de mi vida. Me hubiera gustado quedarme más tiempo en el hospital. Allí me sentía segura.

Al menos en el hospital pude dormir con las luces apagadas y no tener pesadillas. Dormir suele ser un momento de paz para la mayoría, pero a mí me resultó muy difícil cuando mi padre estaba en casa y después que se fuera. Tenía pesadillas oscuras y aterradoras que me parecían malignas y paralizantes. No podía hablar ni moverme como si alguien me estuviera sujetando. Sufriría lo que se conoce como parálisis del sueño de forma intermitente durante toda mi vida. Dormía con una luz nocturna encendida, pero seguía teniendo miedo. Sin embargo, esa noche en el hospital dormí en paz.

Una vez que volví a casa 2 días después, hice las cosas que me ayudaron a permanecer cuerda. "Me debo a mí misma vivir la vida al máximo", recordé lo que me dijo la enfermera mientras me dirigía a mi clase de artes marciales. Acababa de cambiar el taekwondo por el kárate kyokushin, un arte japonés de contacto total que era más desafiante e intenso.

Los domingos, ver las películas del boxeador Rocky y hacer pizza desde cero amasando harina blanca y utilizando salsa marinara Ragu y rallando queso mozzarella era una de las cosas que más me gustaba hacer con mis hermanas, aunque yo hiciera la mayor parte del trabajo. Después de la pizza, tenía que fregar todos los platos, pero luego podía elegir qué ver en la televisión.

Estaba hojeando los canales y de repente me detuve cuando oí fuertes rugidos y aplausos. Una mujer pequeña corría y rompió una gran cinta roja sujeta por dos personas con el pecho levantado y los brazos en alto. Cayó al suelo abrumada por las lágrimas de felicidad. Estaba orgullosa y me sentí como si estuviera allí con ella. Estaba asombrada y solté emocionada: "¡Un día voy a hacer eso! " Mis hermanas y mi madre empezaron a reírse y mi madre me dijo: "No sirves para eso, así que olvídalo". Sabía que nadie apoyaba mi atletismo, pero sus palabras y sus risas me hirieron. Esa noche me fui a dormir con la imagen de Olga Markova ganando la maratón de Boston de 1992 y puse el despertador a las 4 de la mañana. El hecho de que todo el mundo se riera de mí no hizo más que aumentar el fuego que llevaba dentro. Podía sentir lo orgullosa que estaba de sí misma y también lo estaban las personas que la animaban. No sabía cómo iba a hacerlo, pero al menos iba a intentarlo, pensé mientras me dormía.

Mi despertador sonó a las 4 de la mañana y me puse unas viejas sudaderas grises rotas, como las de "Rocky" y mis zapatillas de tenis gastadas y empecé a correr por Queens Boulevard en una fría mañana de principios de primavera. Estaba tan oscuro y silencioso que pasé corriendo por delante del cementerio del Calvario. Me pareció ver unos ojos rojos brillar detrás de una de las tumbas, ¡lo que hizo que ahora empezara a correr a toda velocidad! Recorrí 20 cuadras por la Queens Boulevard hasta la esquina de donde solía estar el gimnasio Bally's Fitness antes de recibir un serio dolor lateral debajo de las costillas que me impedía respirar.

Miré mi reloj y vi que había corrido esas 20 cuadras equivalentes a una milla en 8 minutos. No sabía nada de ritmos y me decepcionó que sólo hubiera durado 8 minutos antes de parar.

Me di la vuelta y volví cojeando a casa. Tenía la cara ardiendo y estaba sudando cuando llegué a casa y me gustó la sensación. Estaba deseando volver a intentarlo. Intenté contárselo todo a mis hermanas, pero ninguna me escuchó. Quería correr con cualquiera de ellas e incluso intenté persuadirlas haciéndoles sus tareas, pero ninguna accedió. Corría una cuadra más cada dos días y para el verano, 2 meses después, ¡corría 60 cuadras, 3 millas! Durante una de mis carreras mañaneras, ¡vi un volante en la ventana de una tienda para una carrera de 5k! Arranqué el volante del cristal y envié por correo el formulario de inscripción. Sería la primera carrera de mi vida: la Hellgate 5k en Astoria, Queens.

La mañana de la carrera, estaba nerviosa y apenas había calentado ni estirado. Un hombre mayor con un megáfono y una bocina de aire hacía los anuncios y de repente dijo: "Corredores... En sus marcas, listos, ¡YA! Todo el mundo estaba corriendo y yo no quería quedarme atrás, ¡así que también salí corriendo a toda velocidad!" Después de 7 minutos, vi el marcador de la primera milla y me di cuenta de que había salido increíblemente rápido, ya que acostumbraba a hacer la primera milla en 10 minutos durante mis carreras mañaneras de entrenamiento. A 7 minutos por milla, sabía que era territorio desconocido para mí. Entonces ese dolor en el punto lateral volvió y, además, la rodilla también empezó a dolerme sin motivo aparente. Pasé grandes dificultades durante toda la 2ª milla. No estaba segura de cómo llegaría a la 3ª milla, pero entonces me imaginé a mí misma como Rocky y seguí diciéndome "¡Puedes hacerlo! ¡Una milla más!"

Crucé la meta por primera vez en mi vida a los 14 años. Tenía tantas ganas de abrazar a alguien, pero no había nadie. Cerré los ojos y me susurré: "Gracias, Dios mío." Cuando abrí los ojos, el hombre mayor me miraba y sonreía. "¿Estoy en problemas? " le pregunté. Volvió a sonreír y me dio una botella de agua y un banano. "Quédese por aquí jovencita, tengo la sensación de que ha ganado algo", me dijo. Era un caluroso día de verano de junio y me alegré de quedarme por aquí y retrasar mi regreso a casa.

El señor que sujetaba el megáfono empezó a anunciar los ganadores de los grupos de edad y de la general de la Hellgate 5k. La 1ª categoría era la de mujeres de 15-19 años. Anunció el 3er puesto y luego dijo "en 2º lugar desde Woodside, Queens- ¡PATRICIA ALCIVAR!" Gané, aunque sólo tenía 14 años, y sentí una oleada de emociones. En ese momento, era muy tímida y mi cara se puso roja, pero subí y recibí mi trofeo de 2º puesto.

El mismo hombre amable estaba sonriendo, casi orgulloso y me estrechó la mano. Me dijo que le recordaba a su hija. "Quiero correr la maratón de Nueva York", le dije. Me dijo que era demasiado joven, pero cuanto más me oía hablar, más se daba cuenta de lo que significaba para mí. Me entregó un montón de folletos de diferentes carreras y el nombre del director de la Maratón de Nueva York y su dirección.

Estaba sonriendo de oreja a oreja al volver a casa. Le enseñé el trofeo a mi madre con orgullo y me dijo: "¿Eso es todo lo que consigues? ¿Por qué sólo el 2º puesto? Deberías centrarte más en aprender a cocinar y no quemar el arroz". Ni un abrazo, ni un trato especial, ni nada. Nadie en toda mi familia había participado nunca en ningún deporte y las muchachas en Colombia nunca harían cosas así. Mi madre no sabía cómo reaccionar ya que todo lo que yo hacía era poco común a sus ojos. Me eché una siesta con mi trofeo al lado. Me lo gané por lo menos y luego salí a dar un paseo por los vecindarios y me compré un helado italiano en la pizzería como un regalo para mí misma.

Mientras caminaba, vi un cartel en la misma vidriera donde había visto el cartel de la carrera llamado Sneaker Stop que decía "Se busca vendedora/cajera". Entré y solicité el trabajo y, para mi sorpresa, lo conseguí. El trabajo de reparto de periódicos no iba a ser suficiente para comprar las zapatillas de correr que tanto necesitaba. Me sentía mal pidiéndole a mi madre unas zapatillas caras para correr, así que tuve que tomar medidas por mi cuenta. El dolor de rodilla que había desarrollado era por correr con zapatillas de tenis desgastadas.

Una de las ventajas de trabajar en Sneaker Stop era que los empleados tenían un descuento del 50%. Al cabo de un mes de trabajar allí, me compré mis primeras zapatillas para correr, una pizza, una salida al cine y también me aseguré de darle algo de dinero a mi madre. Al principio empecé a trabajar en la tienda los fines de semana desde que abrían hasta que cerraban, lo que serían 16 horas largas. Tampoco era un trabajo fácil. Tenía que estar de pie la mayor parte del tiempo y cuando había muchos pedidos de los clientes que pedían probarse varias zapatillas a la vez, tenía que subir y bajar corriendo las escaleras empinadas. En una ocasión, estaba cansada y me senté cuando la tienda estaba lenta y el dueño de la tienda, Jorge, se acercó y me dijo en tono firme: "Si la tienda no está ocupada con clientes, tienes que limpiar los ventanales, barrer el interior y el exterior de la tienda o quitar el polvo de los estantes y soportes de las zapatillas. Siempre hay algo que hacer".

Además de asustarme cuando dijo eso, le estaba agradecida porque ese sermón me enseñó a optimizar mi tiempo en el trabajo y en todo lo que hiciera. Estaba agradecida por tener este trabajo que me permitió comprarme mis nuevas zapatillas de correr y correr con mis nuevas Etonics blancas supuso una gran diferencia. Con mis nuevas zapatillas, podía correr más lejos sin ningún dolor. A mediados del verano ya corría hasta los juzgados de Queens Boulevard y volvía, ¡lo que suponía más de 10 km! Siempre que corría, me sentía mejor conmigo misma, pero en cuanto llegaba a casa, volvía a sentirme fatal e inútil. Tenía una colección de unos 10 trofeos, era una alumna excelente en la escuela, hacía mis tareas y contribuía económicamente, pero no era suficiente.

Seguí trabajando, corriendo y practicando artes marciales con mucha dedicación durante todo el año siguiente. Un día, mientras trabajaba en la tienda de zapatillas, oí por casualidad a unas mujeres hablar de una señora que buscaba a alguien para alquilar una habitación en su apartamento. Corriendo, sentí que mi valor crecía y le pedí a la mujer más información y le mencioné que estaba buscando un lugar. Ella me dio el nombre, la dirección y el número de teléfono de doña Oliva en Jackson Heights, Queens.

Llegué a casa cansada de un fin de semana completo de trabajo y entrenamiento y mi madre me recibió gritándome que tenía una lista de labores que tenía que hacer. A menudo me decía: "¡Esta es MI casa! Si no te gusta, ¡vete!" Tenía ganas de llorar, pero hice mis labores y me fui a dormir completamente vestida. Me desperté a la mañana siguiente, empaqué una bolsa de lona con ropa, mis libros y unos cuantos trofeos y me fui. En lugar de ir a la escuela, me presenté en casa de doña Olivia llorando y le pedí que por favor me alquilara la habitación. Ella me abrazó y accedió a alquilarme la pequeña habitación. Ahora tenía 15 años y vivía sola. Ese día no fui a la escuela y me quedé en mi nueva habitación rezando y llorando hasta quedarme dormida con las luces encendidas.

Estaba sola, pero en paz. No más gritos. No más quehaceres. No más hacerme sentir mal. Ya extrañaba a mis hermanas, pero estaba segura de que nadie me extrañaba a mí.

Capítulo Dos - Asalto 2

El **maratón de Nueva York**
"El futuro pertenece a quienes creen en la belleza de sus sueños",
Eleanor Roosevelt

Iba a la Escuela Secundaria Fiorello LaGuardia y mi objetivo era ser la mejor estudiante posible. Con el alto índice de embarazos adolescentes, no quería ser otra estadística. Eso no iba a formar parte de mi camino. Mis días consistían en levantarme a las 5 de la mañana, correr, ir a la escuela, trabajar 4 o 5 veces por semana en la tienda de zapatillas y aun así arreglármelas para practicar artes marciales al menos dos veces por semana por las tardes.

"Me debo a mí mismo vivir la vida al máximo". Siempre recordaba las palabras que me dirigió la enfermera y me levanté con la misión de ir a ver al presidente del New York Road Runners Club después de la escuela. Cogí el tren número 6 hasta la calle 86 de Manhattan y caminé hasta el New York Road Runners Club, que por aquel entonces estaba situado en el 9 East 89th Street, entre Madison y Fifth Avenue. Un hombre mayor de amables ojos azules llamado Joe Kleinerman me preguntó si tenía una cita. Le contesté, "Vengo a ver al Sr. Allan Steinfeld, el presidente del New York Road Runners Club. Vivo sola pero mi sueño es correr la Maratón de Nueva York".

Poco sabía yo que Joe Kleinerman era uno de los miembros fundadores del New York Road Runners Club, una de las mayores empresas de corredores del mundo, así como los productores del Maratón de

Nueva York. Pude ver y sentir cómo se le ablandaba el corazón. Pidió a la recepcionista que le avisara al Sr. Allan Steinfeld de que tenía una visita que necesitaba hablar con él. Momentos después, una joven que era su ayudante vino a acompañarme a su oficina.

El Sr. Steinfeld extendió el brazo para estrecharme la mano. "Encantado de conocerla, jovencita. ¿En qué puedo ayudarla?" me preguntó. Se me humedecieron los ojos, pero no lloré, y le conté mi historia, desde que llamé a la policía hasta cómo empecé a correr después de ver a Olga Markova ganar la maratón de Boston por televisión, hasta ahora que vivo sola. Me sorprendí de mí misma por compartir tanto sobre mi pasado, pero también fue muy liberador. Inconscientemente quería liberarme y superarlo. Aprendería que cuanto más compartes algo que supuestamente te retiene, menos poder tiene sobre ti.

Me puso la mano en el hombro y sonrió de una forma paternal muy tierna y luego llamó a su ayudante a su oficina. Me concedió una inscripción gratuita en la Maratón de Nueva York de 1993 y me eximió del pago de las clases de atletismo con el entrenador Bob Glover y de un año de inscripciones en cualquier carrera de los New York Road Runners. El Sr. Allan Steinfeld me dijo que era principios de primavera y que el Maratón de Nueva York era en noviembre, por lo que tenía unos 6 meses para entrenarme. Esperaba un informe completo sobre cómo me iba antes y después del maratón.

No iba a dejar que esta increíble oportunidad se desperdiciara. Por primera vez en mi vida alguien, un completo desconocido, me dio una oportunidad y creyó en mí. Me inscribí inmediatamente en el maratón y en las clases de atletismo de Bob Glover que tendrían lugar todos los lunes y miércoles por la tarde en el Central Park.

Estaba en el último año de secundaria en 1993. Me había saltado un grado por ser la mejor de mi clase y sobresalía en todas mis clases, pero era reservada y no tenía casi amigos. No quería que nadie supiera que vivía sola y arriesgarme a que me denunciaran a la ACS (Administración de Servicios para Niños) y, lo que es peor, que me enviaran a un hogar de adopción, ya que la edad legal para independizarse era de 18 años. Mi objetivo era graduarme con honores, capacitarme, encontrar un trabajo mejor y no convertirme en otra estadística.

Mi alquiler era de 60 dólares a la semana y ganaba entre 85 y 100 dólares semanales en la tienda Sneaker Stop. El dinero que sobraba después de pagar mi habitación lo utilizaba para el transporte y la comida. Sabía que tenía que encontrar un trabajo mejor en algún momento. Me presenté a mi primera clase de atletismo ese lunes a las 7 de la tarde, después de ir a la escuela por la mañana y trabajar unas horas en la tienda de zapatillas. Estaba cansada, pero la emoción me distrajo de todo aquello.

Bob Glover era un hombre alto de piel clara de unos 40 años con unos penetrantes ojos azules. Llevaba mi habitual sudadera gris, pero al menos tenía mis zapatillas blancas de correr Etonic. "Muy bien amigos, ¡escuchad! Pónganse en fila según su ritmo de carrera. 7 minutos por milla o menos vienen conmigo, 8-9 minutos por milla irán con el entrenador Alex y más de 10 minutos por milla irán con la entrenadora Shelly". Podría haber ido en el segundo grupo, pero cuando vi a la entrenadora Shelly, la única entrenadora femenina, me fui con ese grupo. Tenía una cara amable.

Corrimos 3 km de calentamiento y luego alcanzamos a los grupos principales. Debíamos hacer 12 repeticiones de la pendiente de Cat Hill en Central Park dentro de nuestros grupos. Empecé muy rápido y no había nadie detrás de mí. Estaba tan contenta, pero eso duró unas dos repeticiones y luego me quedé detrás llegando en penúltimo lugar en el resto de las repeticiones. Ahora estaba luchando simplemente por sobrevivir al entrenamiento.

Shelly me tocó el hombro después de la clase y me preguntó mi edad. Tenía miedo, pero le dije la verdad. "¿Saben tus padres que estás aquí?" me preguntó. Le dije que había hablado con el Sr. Allan Steinfeld y que él me había dado las clases de atletismo para ayudarme en el entrenamiento de mi primer Maratón de Nueva York y eso fue todo lo que le conté. Sólo por la expresión de su cara supe que lo había entendido.

Volví a casa a mi habitación cansada, pero con una sensación de logro. A pesar de algunos días lluviosos y fríos, no falté a ninguna clase.

Después de 5 meses de entrenamiento dedicado sin parar, estaba lista para la carrera de 18 millas de preparación para el maratón, que consistía en dar 3 vueltas completas a Central Park. Antes de cada entrenamiento o carrera, siempre rezaba. Era lo que tenía que hacer y nunca me fallaba. Rezaba antes de que sonara la bocina y ¡en marcha!

Me sentí bien durante la primera vuelta a pesar de que, una vez más, había salido demasiado rápido. Recordé que Shelly me había dicho que tenía que aprender a marcarme el ritmo adecuadamente.

Pero a mí me parecía necesario salir y dar el 100% aunque luego lo pagaría. Luché durante la 2ª vuelta y fue miserable, ¡pero tenía que terminar como fuera! Un compañero corredor me levantó el pulgar al pasar junto a mí y me dijo: "¡Sigue adelante!" ¡Terminé la 3ª vuelta y completé las 18 millas!

Ya sólo me faltaba un mes para el Maratón de Nueva York. A veces recordaba lo que mi madre me había dicho sobre correr un maratón un día: "No sirves para eso, así que olvídalo". Me di cuenta de que cuando las cosas van bien, las cosas anteriores dolorosas querrán volver y perseguirte si se lo permites. Es un proceso, y tienes que reconocerlo y hacer todo lo que puedas para seguir adelante.

Era el momento de reducir el esfuerzo y empezar a recuperarme para poder estar en condiciones óptimas el día del maratón. No me había dado cuenta de la magnitud del evento. La última semana antes del Maratón de Nueva York, Bob Glover nos llevó hacer una carrera de velocidad alrededor de la línea de la meta del Maratón junto a Tavern on the Green, en Central Park. Ya había una gran cantidad de gradas instaladas, así como un andamiaje, barreras y ¡una pantalla gigante! La entrenadora Shelly dijo: "Visualícense cruzando la meta el domingo con los brazos en alto". Yo lo hice y sentí un torrente de emociones recorriendo mi cuerpo.

Aquel sábado anterior al maratón, fui a recoger mi número y fui sola a la fiesta de la pasta. Quería asimilar toda esta experiencia, ya que Shelly nos había dicho que el primer maratón suele ser el más especial. Esa noche no pude dormir del nerviosismo y de un horrible dolor de estómago. Me desperté y descubrí que tenía la regla. Había empezado a tener la regla cuando sólo tenía 10 años, después de que mi padre se marchara. Creí que me moría por una caída que tuve después de escalar las rejas a las que me habían dicho que no trepara. Mi madre encontró mi cama llena de sangre unos días después y me dijo que no me estaba muriendo y que formaba parte de empezar a ser mujer. Era difícil comprenderlo y no disfrutaba de lo que sentía ni física ni mentalmente. Desde entonces, realmente sentía que me moría cada vez que me llegaba mi mejor amiga roja.

Me desperté a las 4 de la mañana, recé y me tomé mi café y cogí el tren nº 7 hasta la calle 42 y caminé unas cuadras hasta la Biblioteca Pública de la Ciudad de Nueva York, donde todos los corredores serían transportados a Staten Island, la salida del maratón de Nueva York. Mientras esperaba en la cola para subir al autobús, vi a corredores que abrazaban a sus seres queridos antes de subir a bordo. Yo no tenía a nadie. Era una sensación familiar de estar sola.

Pasé frío esperando en el puente Verrazano de Staten Island y ya me empezaba a doler la parte baja de la espalda y el estómago y ni siquiera había empezado. Sonó el fuerte estruendo del cañón que daba comienzo al maratón y ¡empezó mi viaje de 26.2 millas! Todo el puente temblaba por el golpeteo de los pies de los 25,000 corredores. Mientras corríamos 3 millas por el puente y salíamos hacia Brooklyn, había multitudes gritando y sosteniendo pancartas en apoyo a todos nosotros. Me sorprendió que completos desconocidos me saludaran chocando los cinco, dándome el pulgar hacia arriba y simplemente sonriendo con cariño.

En el kilómetro 13.1 -la mitad de la Maratón de Nueva York- estábamos cruzando el puente Kosciusko, que se sentía como correr descalza sobre rocas. Mi cuerpo se sentía destrozado, pero al salir del puente, me di cuenta de que acabábamos de llegar a Queens- ¡Mi condado! Estábamos corriendo en Long Island City, cerca de donde yo había ido a la escuela. Había muchas personas animando y repartiendo agua. En el fondo, deseaba ver a mi madre, a mis hermanas o a cualquier persona conocida. Busqué desesperadamente entre la multitud, pero no había nadie conocido.

La carrera en Queens fue muy corta y nos dirigíamos hacia el puente Queens Borough, que era una milla y media muy empinada que nos llevaría a Manhattan y ¡a la milla 16! "Vive tu vida al máximo" los pensamientos inundaban mi mente mientras luchaba por seguir poniendo un pie delante del otro. Los rugidos y vítores de la multitud no hacían más que aumentar por toda la 1ª Avenida.

El dolor en el costado me volvió junto con el dolor de rodilla, de espalda baja y de estómago. Cuando empecé a cruzar otro puente en la milla 20 de la calle 125 hacia el Bronx, empecé a sentirme abrumada. Siendo todavía una adolescente, nunca había forzado mi cuerpo hasta este extremo. Creo que el dolor se me notaba tanto en la cara que un voluntario médico me preguntó si necesitaba ayuda. Contuve las lágrimas y seguí avanzando. De repente, estábamos en Central Park: la milla 23 y los últimos 5 km que quedaban por correr. Quedaban 3.1 millas para cumplir mi sueño que había empezado hace casi 2 años y para demostrar que servía para algo.

Mientras corría por las cuestas de Central Park, recordé las palabras de Shelly de visualizarme cruzando la línea de meta. Me ayudó a distraer el increíble dolor y la fatiga de mis piernas. Salimos momentáneamente de Central Park para correr la milla 25 por la 6ª Avenida hasta Columbus Circle antes de volver a entrar en Central Park para el tramo final de media milla. Podía sentir cómo mis piernas intentaban rendirse. "¡Lucha por ello!" me dije a mí misma. "¡Vas a hacerlo!" dijo una mujer de pie entre la multitud y mirándome directamente. Tuve un nudo instantáneo en la garganta al oír eso y luego al ver mi imagen en la pantalla gigante corriendo hacia la meta con todos esos miles de personas aplaudiendo.

¡HE TERMINADO! Me derrumbé al cruzar la meta dándome cuenta de que, a pesar de todas las adversidades, ¡soy una maratonista! En ese preciso momento, me prometí a mí misma no olvidar nunca este momento y correr un maratón cada año para seguir honrando este logro y recordarme lo que es posible incluso si eres la única que crees. Un militar me puso la medalla y me llevó en brazos hasta la zona de reunión familiar para recoger mis pertenencias. Cojeé para coger el metro y volver a casa, a mi pequeña habitación. Deseaba poder enseñar mi medalla a mi madre y a mis hermanas, pero también sabía que no les habría importado. Las recordaba a todas riéndose cuando les dije que algún día correría un maratón. Si pudieran verme ahora.

Escribí una carta al Sr. Allan Steinfeld dándole las gracias y haciéndole saber lo que sentía y que quería volver el año que viene. Recé y caí en el sueño más profundo esa noche. Estaba sola, pero en paz.

Ese mismo año, antes de completar mi primer maratón, me había graduado con honores en el Bachillerato Middle College como salutatoriana de mi clase, un año antes de lo programado. Debido a mis altas calificaciones, se me permitió tomar cursos universitarios de forma gratuita en LaGuardia Community College, así que justo después de la graduación, me inscribí como estudiante universitaria a tiempo parcial.

Ahora, había cumplido dos de mis objetivos: graduarme con honores y terminar mi primer maratón. Fue un buen comienzo, pero algo en mi interior me hizo sentir que había mucho más por hacer. No sabía qué era lo siguiente y oré para ser guiada. Como pequeño regalo para mí misma por haber terminado el maratón, a la mañana siguiente me tomé un café grande y un panecillo de canela y pasas con queso crema en Dunkin Doughnuts que compré con un cupón de mi bolsa de regalos del maratón de Nueva York.

Leí el periódico del domingo New York Daily Newspaper del día anterior y eché un vistazo a los clasificados y, mientras lo hacía, encontré dos cosas increíbles: un apartamento en un sótano en alquiler en Rego Park, Queens, y un puesto de trabajo como recepcionista en un lugar llamado Sanctuary for Families.

Por mucho que me sintiera cómoda viviendo sola en una habitación pequeñita y trabajando en la tienda de zapatillas, sabía que tenía que dejar ambas cosas lo antes posible o me quedaría estancada. Con un sentido de urgencia, fui a la escuela para utilizar sus computadoras y escribí una carta de presentación y la envié inmediatamente por correo a Sanctuary for Families expresando mi interés en el puesto de recepcionista y también llamé al contacto para el apartamento, la Sra. Lenore y le pedí ver el apartamento del sótano que estaba alquilando en su casa.

La Sra. Lenore me pidió que fuera a ver el apartamento esa misma tarde. Cogí el tren justo después del colegio para ir a Rego Park y, mientras paseaba por el vecindario, me recordó a cuando lo vi por primera vez durante mis carreras de capacitación. Siempre me hacía ilusión correr por este tramo y esperaba en el fondo de mi corazón vivir algún día cerca. Toqué a la puerta y salió la señora Lenore. Por la expresión de su cara, me di cuenta de que no esperaba ver a una adolescente frente a ella. "Hola, ¿estás con alguien más?" me preguntó.

Sentí que la cabeza me daba vueltas, pero me las arreglé para decirle que había estado viviendo sola porque había salido de un hogar donde me maltrataban, pero que había estado trabajando después de la escuela y que estaba buscando un trabajo mejor. No tenía referencias, así que todo lo que tenía era mi palabra. Me invitó a entrar en su casa y me dijo que pagar el alquiler es muy importante. Hizo un trato conmigo y me dijo que me guardaría el apartamento hasta que supiera si tenía el nuevo trabajo. El alquiler iba a ser de 500 dólares al mes, un gran salto desde los 60 dólares semanales. Justo después de salir de su casa, recordé haber visto una iglesia más abajo en la Queens Boulevard durante mis carreras y caminé la milla hasta allí. Me senté en la iglesia un rato y luego recé y sentí que las lágrimas rodaban por mis mejillas.

Las artes marciales ocuparían ahora mi atención ya que fui invitada por el instructor, Shihan Henry-Oh, a formar parte del equipo de combate que se entrenaría para el Torneo Mundial de Full Contact en Manhattan Center. Tenía que aprovechar al máximo cada oportunidad que se me presentara, así que iba al Sunnyside Kyokushin Dojo cada dos días y los fines de semana.

Pasaron unas semanas y al llegar a mi habitación después del entrenamiento me encontré una carta pegada en la puerta. La abrí y era una carta de Sanctuary for Families invitándome a una entrevista ese lunes por la mañana. Estaba emocionada pero nerviosa por si me preguntaban sobre mi edad. Todavía estaba por debajo de lo que la Ciudad de

Nueva York consideraba la edad legal para vivir sola y había llegado hasta aquí sin que me denunciaran. A los adolescentes que se encontraban viviendo solos se les solía colocar en hogares de protección, que tenían una horrible reputación por ser peligrosos y a veces peores que vivir en la calle.

Al día siguiente, el domingo, fui a la iglesia y oré. El lunes, me levanté más temprano de lo habitual y le pregunté a doña Oliva si podía prestarme su maquillaje. Le dije que necesitaba parecer mayor para mi entrevista de trabajo en Manhattan. Ella no lo dudó y me ayudó a aplicarme el rímel, la sombra de ojos y el colorete en la cara. Me miré en el espejo y me sentí satisfecha. También me prestó su larga y elegante gabardina marrón. Yo no tenía mucho vestuario profesional, así que me puse mi mejor traje de iglesia, que eran mis pantalones negros y mi blusa turquesa con adornos de encaje.

Llegué al 50 Chambers Street, en el centro de Manhattan, y pedí a una de las consejeras que me dejara ver a Carla, la directora de la oficina. A los pocos minutos apareció Carla, me miró de pies a cabeza y me tendió la mano: "Encantada de conocerle. Entremos en mi oficina", dijo Carla. "Cuénteme un poco sobre usted y sus antecedentes", dijo Carla. Respiré profundamente, sonreí y dije: "Me gradué como salutatoriana, me salté un grado, hice un periodo de trabajo en Hewlett Packard y en el Hospital General de Astoria, pero lo más importante de todo es que soy muy trabajadora y aprendo rápido y realmente necesito este trabajo para pagar mi nuevo apartamento". Carla abrió mucho los ojos y aún sonreía y me llevó a ver a Kristin, la subdirectora, y a Laurie, la directora ejecutiva.

Tanto Kristen como Laurie me preguntaron simultáneamente: "¿Cuántos años tienes?" Pude sentir cómo se me calentaba la cara y solté: "Tengo 18 años". Podía sentir que me miraban, pero no estaba segura de lo que pasaba por sus cabezas. No sabía si sabían que estaba mintiendo sobre mi edad. "¿Cuándo puedes empezar?" preguntó Kristen. "Puedo empezar tan pronto como quieras", respondí sin dudarlo.

Mientras iba en el metro a Rego Park para comunicarle a la Sra. Lenore que me habían contratado para el trabajo, no dejaba de repasar todo lo que acababa de suceder. Iba a esforzarme al 100% en esta oportunidad, mi primer trabajo real en el mundo laboral profesional, y tendría que continuar mis cursos universitarios algunas tardes y fines de semana. También temía dar la buena noticia a mis jefes de la tienda de zapatillas.

La Sra. Lenore abrió la puerta y supo que tenía el trabajo por la expresión de mi cara. Mi hermana siempre me había dicho que con mi cara a veces no hacía falta hablar. "¡Enhorabuena! Puedes mudarte en cuanto quieras", me dijo y también me entregó las llaves. Ahora, también tenía que darle la buena noticia a doña Oliva. Tenía una sensación de malestar en el estómago.

Esta vez cogí el autobús a la tienda de zapatillas para empezar mi turno de la tarde. "¿Por qué vas tan arreglada?" me preguntó la copropietaria, Yamille. ¿Cómo un día tan feliz puede ser tan estresante? pensé antes de contestar. "¡Hoy me han ofrecido un nuevo trabajo como recepcionista para una organización en Manhattan! Empiezo el próximo lunes, dentro de una semana".

La expresión de la cara de Yamille no era de alegría. Se dirigió a la caja registradora, sacó 100 dólares y dijo: "Ya puedes irte. Siempre te he dicho que nadie es indispensable. Buena suerte". Me sentí dolida y decepcionada, pero supuse que ella debía sentirse dolida porque yo quisiera marcharme, pero lo único que yo quería era un futuro mejor. Este tipo de comportamiento sería una constante en mi vida, en la que las personas no se alegrarían cada vez que me ocurriera algo bueno.

No sabía si doña Oliva iba a tener la misma reacción. No quería herirla de ninguna manera. Decidí ir al Dojo de Karate en lugar de ir a mi habitación. Shihan Henry-Oh se sorprendió de verme a una hora inusual, pero se aseguró de que entrenara con más intensidad. No me estresaría en absoluto durante las dos horas siguientes. El Torneo Mundial también se acercaba rápidamente, así que fue una buena decisión de última hora y ahora me sentía con valor para hablar con doña Oliva.

Doña Oliva estaba esperando a ver cómo me fue en la entrevista. Sonreí nerviosamente y le dije: "¡He conseguido el trabajo! Pero tengo algo más que decirle... También he encontrado un pequeño apartamento en el sótano de una casa en Rego Park y me gustaría mudarme pronto". Bajó la mirada un momento y luego me dio un abrazo y me dijo: "Nunca esperé que vivieras aquí para siempre. Extrañaré tener a alguien en esa habitación. Sé qué harás grandes cosas y te deseo lo mejor". Exhalé un gran suspiro de alivio. Las personas como ella en mi vida serían raras. No quería irme, pero sabía que tenía que hacerlo. No tenía mucho que empacar. Antes de irme esa noche, le escribí una pequeña nota a doña Oliva agradeciéndole su generosidad y el haber sido tan dulce conmigo junto con los 100 dólares que me dieron en la tienda de zapatillas.

Llegué a mi nuevo apartamento en Rego Park. Tenía una pequeña cocina, un pequeño comedor, un baño y un dormitorio independiente. Era acogedor y grande al mismo tiempo. Nunca había tenido tanto espacio para mí sola. No tenía muebles y dormí sobre la alfombra dentro del dormitorio y utilicé mi bolsa de lona como almohada y mi abrigo como cobija. Dormí con las luces encendidas en el comedor la primera noche en mi nueva vivienda.

La Sra. Lenore tocó a mi puerta a la mañana siguiente y me dijo: "Tengo algunos muebles de los que me voy a deshacer. Si quieres, te los regalo". Justo al otro lado de mi puerta había un futón, una pequeña mesa de comedor para dos personas y un pequeño televisor. Me quedé incrédula. "Si no necesita estos objetos, me gustaría tenerlos", dije en voz baja intentando no llorar. La señora Lenore sonrió y se marchó. Era un ángel disfrazado que el cielo desde arriba siempre se las arregla para poner en mi camino en el momento oportuno.

A la mañana siguiente, corrí por primera vez desde el Maratón de Nueva York. Estaba repasando todos mis recuerdos del maratón y todo lo que había ocurrido en la última semana desde entonces. Sin darme cuenta, acababa de correr 6 millas y me sentía como si pudiera correr eternamente. De repente, un ruido de una especie de gritos me despertó del estado de trance en el que me encontraba. Me detuve y busqué a ver de dónde procedía el sonido. Me acerqué a un arbusto que había a la vuelta de la casa y ¡eran 2 gatitos machos! Sin pensármelo dos veces, me los llevé a casa. Los llamé Billy y Jay. Tenía unos días libres antes de empezar mi nuevo trabajo, así que pasé todo mi tiempo libre con estos chicos. Fueron un increíble soplo de aire fresco. Jugaba con Billy y Jay, compartía mi atún y veía la televisión con ellos.

Cuando vivía con mis padres, nunca me permitieron tener nada que pudiera llamar mío, incluidas las mascotas. Una vez tuvimos un perro llamado Blacky cuando yo tenía unos 6 años. Le quería mucho y dormía en mi cama y un día simplemente desapareció. Sin motivo, sin explicaciones... simplemente se fue...

Llegó el lunes y empecé mi nuevo trabajo en un lugar que se convertiría en una experiencia que cambiaría mi vida. Sanctuary for Families es una organización sin ánimo de lucro dedicada a la seguridad, la curación y la autodeterminación de las víctimas de la violencia doméstica y otras formas relacionadas de violencia de género a través de servicios integrales que van desde servicios jurídicos, refugio y consejería. Ofrece a los clientes y a sus hijos asistencia, educación y defensa.

Los teléfonos no paraban de sonar con mujeres que querían informarse sobre los servicios y si había algún espacio disponible en alguno de los refugios. Me di cuenta de que yo era la primera persona a la que oirían las víctimas de la violencia doméstica cuando intentaran huir de una situación peligrosa. Fue un primer día estresante. Recordé las veces que tuvimos miedo de mi padre y sentí que no había ningún lugar al que ir.

Cuando llegó el final del día, una de las consejeras, Teresa, que también era monja, se acercó para presentarse. Tenía unos ojos azules brillantes y una sonrisa amable. "Todo será más fácil. Aguantad. Te necesitamos", me dijo. Me había enterado por uno de los clientes de que las recepcionistas no duraban más de un par de meses. Sólo en el último año habían tenido 6 recepcionistas diferentes. Lo único que sabía es que necesitaba este trabajo y que no me iba a ir a ningún sitio pronto.

A medida que pasaban las semanas, empecé a leer la literatura que Sanctuary for Families ofrecía a sus clientes. Me estaba educando y descubriendo que la violencia doméstica es un ciclo horrible que puede transmitirse de generación en generación. Las víctimas de abusos generalmente se convierten ellas mismas en maltratadores, pero con conocimiento y conciencia, uno tiene el poder de detener y romper el ciclo. Recordaba a mi madre diciendo que mi abuelo maltrataba a mi abuela y veía muchos malos tratos en mi familia, lo que me habían enseñado a creer que era la norma. Me pregunté si mi madre y mi padre habían sufrido algún tipo de maltrato mientras crecían y supe la respuesta.

Siempre había creído en el poder de tus decisiones y en ser lo bastante humilde para pedir ayuda. Sentí una enorme gratitud por la oportunidad de trabajar aquí, ya que fue una bendición en muchos sentidos. A lo largo de los meses siguientes, me encargué de organizar todo lo que había en la sala de suministros y en los armarios, así como de mantener todas las zonas comunes de la oficina.

Aprendí a utilizar todas las máquinas de la oficina como la fotocopiadora, el fax, la máquina de sellos y a pedir los suministros cuando algo se estaba acabando. "¿Organizaste todo eso?" me preguntó Carla. Sonreí y dije: "Sí, fue un poco lento y hace tiempo que quería hacerlo". Ella se sorprendió y colocó una computadora sobre mi escritorio. "No es nuevo, pero pensé que podría utilizarlo para actualizar la lista de contactos y algunos otros documentos de la oficina".

Las recepcionistas no solían tener computadoras, ya que su principal responsabilidad era contestar el teléfono, tomar los mensajes y saludar a los clientes. Sin embargo, yo iba más allá de mis responsabilidades como recepcionista y ayudaba a los demás departamentos a traducir documentos y me ofrecía a ayudar en todo y con todo. Aunque una computadora usada puede no parecer gran cosa, para mí fue muy significativa. Para mí, significaba el reconocimiento de mi duro trabajo y mis esfuerzos y eso significaba el mundo para mí.

Capítulo Tres - Asalto 3

Campeóna mundial
"Haz cada día una cosa que te asuste", Eleanor Roosevelt

Mi horario de trabajo en Sanctuary for Families era de 9 de la mañana a 5 de la tarde, así que podía llegar al entrenamiento de kárate a las 6:30 de la tarde casi todos los días y me sentía preparada para el Campeonato Mundial que se realizaba el fin de semana siguiente en el Manhattan Center, justo enfrente del Madison Square Garden. Entonces no me daba cuenta, pero tenía una capacidad dada por Dios para seguir adelante incluso a pesar del cansancio, el estrés o la tristeza. Llenaba mis días desde el amanecer hasta más allá de la caída del sol porque siempre sentí que tenía algo que demostrarme a mí misma y a mi poder superior.

Intenté aprovechar al máximo el entrenamiento de esta noche, pero entonces Shihan Henry-Oh me apartó después del entrenamiento y me habló en tono serio y me dijo: "Hay 8 mujeres en tu división y 2 de ellas están en el equipo de élite brasileño. Has estado entrenando bien y creo que puedes llevarlo todo".

Me fui directamente a casa después del entrenamiento y sentí que algo iba mal casi de inmediato. Desde hacía 3 meses, Billy y Jay siempre me saludaban cuando llegaba a casa, excepto esta noche. Empecé a buscar debajo de la cama, dentro de los armarios, en el baño, pero nada. Vi un hueco en la malla de la ventana del comedor. ¿Podría ser? ¿Se habían escapado? Llamé a la puerta de la señora Lenore: "¡Billy y Jay han desaparecido! ¿Me puede prestar una linterna?" Me eché a llorar y salí a buscarlos durante lo que me pareció toda la noche. No los encontré. Aquella noche me sentí muy sola.

Desde que puedo recordar, siempre me sentí atraída por todos los animales. Cuando era adolescente, me volvían loca los perros, los gatos, los pájaros y los osos de peluche. Durante un breve momento, tener a Billy y Jay me ayudó a llenar el vacío que sentía a menudo y me entristeció increíblemente que me los arrancaran de mi vida. A la mañana siguiente salí a correr. Correr y el kárate eran mis salidas saludables. Cuanto más me dolía, más corría y más fuerte pateaba y golpeaba. Todos los días después del trabajo durante esa semana, fui al Dojo para estirar, meditar y practicar mis patadas y puños. Como me había enseñado la entrenadora Shelly, también me visualizaba ganando y lo único que me faltaba ahora era rezar, así que el viernes por la noche antes del gran día, fui a la iglesia.

Ese sábado por la mañana, no me sentía nerviosa y me reuní con Shihan Henry-Oh y el equipo en el Manhattan Center para pesarme y registrarme oficialmente. Vi a mis oponentes que me lanzaban las miradas más desagradables, lo que me pareció innecesario. No era mi estilo hablar mal ni ser enemiga de nadie. Ocho de nosotras nos inscribiríamos oficialmente en la división de peso ligero femenino, lo que significaba que para convertirme en campeona tendría que pelear y ganar 4 combates consecutivos.

Una vez que pesé 118 libras, empecé a oír las palabras de mi madre resonando en mi oído: "No sirves para eso, así que olvídalo". No estaba segura de por qué en ese preciso momento estaba teniendo esos pensamientos y oyendo esas palabras. Corrí al baño y me puse de rodillas: "Dios, por favor, ayúdame a tener claridad, fuerza y valor para pelear lo mejor que pueda. Si es tu voluntad que salga victoriosa, que así sea. Amén". Me puse mi Gi (uniforme blanco de kárate), respiré profundo unas cuantas veces y esperé en la zona de calentamiento a que me llamaran para mi combate.

Shihan Henry-Oh no aparecía por ninguna parte y estaba demasiado ocupado hablando con otros instructores e invitados internacionales de todo el mundo. Volvía a estar sola y entonces oí por los altavoces de mi vestuario "PATRICIA ALCIVAR preparada para el siguiente combate en la esquina roja". Mientras caminaba por el pasillo y entraba en el tatami, no dejaba de repetirme: "Te mereces vivir la vida al máximo... ¡todo o nada!" Miré al otro lado del tatami y vi a mi oponente, que era más baja que yo y de Chicago. El sansei que arbitraba nos dio rápidamente instrucciones y luego dijo: "¡SHOBU HAJIME! "

Cuando oí eso, se encendió un fuego en mi interior y empecé con una patada giratoria que aterrizó a ras de su cara y seguí con una serie de patadas bajas y puños. El árbitro intervino y detuvo el combate. Uno menos, quedan tres.

Me tomé un respiro rápido y a los pocos minutos estaba de nuevo en el tatami mirando de frente a mi segunda oponente, una chica de unos 20 años, más o menos de mi altura, de Nueva Jersey. El mismo árbitro nos dio instrucciones y una vez más gritó: "¡SHOBU HAJIME!" Ella estaba fresca y empezó a un ritmo implacable dando patadas y puños, pero no hacía daño. Cuando la pateaba, movía todo su cuerpo. Así que hice que cada patada y cada golpe contaran. El asalto duró los 5 minutos completos y al final del mismo, yo había ganado claramente. 2 menos, quedan 2.

Mis compañeros de equipo del Sunnyside Kyokushin Karate Dojo estaban ahora a mi vista por primera vez. Mi compañero de equipo, John, se acercó y me dijo: "Las dos próximos oponentes son del equipo de élite brasileño. Tienes esto. Tu siguiente oponente tiene el estómago blando, así que céntrate en quitarle el aire". Era la primera vez en todo el torneo que alguien me daba algún tipo de consejo, así que me absorbí toda la información.

Comenzó mi tercer combate y esta chica era más grande y más fuerte. Me golpeaba con furiosas patadas bajas, pero entonces empecé a darle golpes en las costillas y en la sección media. La vi hacer una mueca de dolor cada vez que golpeaba su costado derecho, así que me concentré en derribarla y, tras los cinco minutos completos, gané mi tercer combate. Más tarde me enteraría de que tenía las costillas fracturadas. ¡3 abajo, 1 para terminar!

Tenía 5 minutos enteros para beber agua, estirarme y prepararme para el combate por el campeonato. Me dolían las piernas. Mi última oponente me lastimó el interior de las piernas con sus feroces patadas bajas. John se acercó y me dijo que dejara de sobarme las piernas porque mi oponente me estaba mirando. "Tu última oponente es más alta, así que haz lo mismo. ¡No pares hasta que le partas las costillas! ¡Puedes hacerlo!" me dijo John firmemente al oído.

Me dolía todo, pero al igual que en el maratón, puedo poner todo el dolor en espera hasta que termine. "Te mereces vivir tu vida al máximo. Todo o nada", repetí antes del "SHOBU HAJIME" final. Mi oponente final salió como poseída. Fue directa a por mis piernas, ¡por dentro y por fuera DURO!

Estuve a punto de caer, pero el miedo a perder y el temor a ceder me impulsaron a no hacerlo y comencé un furioso ataque de ganchos al cuerpo. Podía ver su cara de dolor y cómo se doblaba cada vez que veía venir mi puño. Los golpes a las costillas le quitaron las piernas y luego la rematé con un derechazo al plexo solar. El combate terminó y el árbitro levantó mi mano como campeona mundial femenina de kyokushin full contact.

John se acercó y me abrazó. Cerré los ojos. "Gracias, Dios". Estaba incrédula. Fui al baño y lloré. Aunque acababa de ganar un Campeonato Mundial, no entendía por qué no estaba realmente feliz. Tampoco creía que muchas personas esperaran que yo ganara. Mis facciones de niña y mi cara amable engañaron a muchas personas haciéndoles creer que era débil. Muchos espectadores se me acercaron después para preguntarme cómo podía ir al ritmo que lo hice sin mostrar debilidad ni dolor.

Lo que no sabían era que aprendí desde muy pequeña a soportar un dolor insuperable a base de las palizas que me daba mi padre. Si pude sobrevivir a eso y a vivir por mi cuenta, este torneo en cierto modo no se comparaba. Mi vida ya me había preparado para ser una guerrera.

Estaba algo confusa y momentáneamente triste porque, a excepción de John, ninguno de mis otros compañeros de equipo, alumnos del Dojo o instructores estaban cerca de mí. No obstante, iba a hacer todo lo posible por disfrutar de este increíble logro. Me puse hielo en las piernas mientras veía el resto de los combates y animaba a mi compañero John, que también había ganado el Campeonato Mundial Masculino.

Comenzó la ceremonia de entrega de premios y me entregaron un hermoso trofeo, así como un cheque de 500 dólares. Sonreí por dentro y me pregunté si mi madre estaría orgullosa. Asimilé este momento, pero pensé: "Aún queda mucho por hacer".

Capítulo Cuatro - Asalto 4

El boxeo, el deporte más solitario
"Las personas crecen a través de la experiencia si afrontan la vida con honestidad y valentía. Así es como se forma el carácter", Eleanor Roosevelt

John me invitó a salir a celebrar después a un bar local, pero yo aún era menor de edad y no quería arriesgarme a meterme en problemas en una noche en la que acababa de ganar un Campeonato Mundial. Ahora el dolor está haciendo acto de presencia. Apenas puedo caminar y sólo quiero irme a casa y descansar. John tenía un ojo morado y se limitó a darme un último abrazo y yo me tomé un taxi para volver a casa.

Al día siguiente, quería correr, pero estaba muy dolorida y en su lugar decidí caminar unos kilómetros hasta la iglesia para el culto del domingo. Oré pidiendo dirección y claridad. Mi viaje no había terminado, pero no sabía qué era lo siguiente. Caminé más después de la iglesia. Ya no tenía a Billy y Jay esperándome, así que no tenía prisa por llegar a casa. Caminé otras 3 millas hasta la casa de Doña Oliva para saludarla y contarle sobre mi torneo, pero no había nadie en casa. Hoy caminé de vuelta a casa un total de 8 millas. Me había agotado y finalmente me había quedado sin fuerzas.

Ese lunes llegué temprano al trabajo y cuando Teresa llegó, me dijo: "¡Felicidades! Has batido un récord". Abrí mucho los ojos y le dije: "¿Cómo sabías lo del Campeonato Mundial?" Parecía muy confundida. "Has sido la recepcionista que más tiempo hemos tenido y estás haciendo un trabajo maravilloso," sonrió Teresa. Llevaba ya más de un año trabajando en Sanctuary for Families. Trabajar duro formaba parte de mi ADN. Si algo había heredado de mi madre era el no tener miedo a trabajar duro.

Carla se acercó y me entregó un catálogo que decía "The New School" (La Escuela Nueva). No sabía muy bien qué hacer con él, pero entonces me dijo: "Los empleados pueden tomar hasta tres clases de la New School gratis". Había interrumpido mis cursos universitarios después de terminar un Certificado de Estudios de Secretariado. Con el tiempo quise volver a la escuela, pero con un trabajo a tiempo completo y el entrenamiento, apenas tenía tiempo y además, no tenía suficiente dinero para pagar la universidad con lo que ahora pagaba 500 dólares al mes de alquiler. Quizá podría empezar a tomar algunas clases para obtener un título.

"¡Gracias, Carla! Lo revisaré en mi hora de almuerzo y te avisaré". Una de las cosas que hacía por mi cuenta era mantenerme al día en mis habilidades bilingües y me ofrecía de voluntaria para traducir documentos para los departamentos jurídico y de consejería, así que tenía toda la mañana ocupada. Mientras almorzaba en mi escritorio, hojeé el catálogo de la New School. Vi una clase de escritura que me atrajo y escribí el código y luego vi una clase de oratoria y escribí el código para eso también y finalmente, vi algo que realmente me llamó la atención, "El arte del boxeo".

Le di mi lista a Carla y ella envió los formularios de inscripción por fax enseguida. Mis clases empezarían en un par de semanas, pero no podía evitar acordarme de todas aquellas noches de sábado viendo boxeo en la tele con mi padre y deseando ser como ellos. Extrañaba mis prácticas de artes marciales, pero no había vuelto al Dojo después del Campeonato Mundial porque sentía que no tenía nada más que hacer allí, pero ésta era mi oportunidad de probar lo que siempre había pensado que era parte de lo que yo era: una guerrera.

Después de comer, Carla quería tener una reunión conmigo para evaluar mi trayectoria de un año. Aunque sabía que había hecho el mejor trabajo posible, no podía evitar pensar que no era lo suficientemente bueno. El hecho de que durante toda mi vida las personas más importantes me dijeran que no servía para nada me hacía sentir insegura a menudo.

"Patricia, en el año que llevas con nosotros, has progresado maravillosamente y has ayudado a los departamentos y me has quitado muchas cosas de encima, como el pedido de suministros de oficina y el mantenimiento de los equipos de oficina. Al equipo de supervisión le gustaría ascenderte a directora adjunta de oficina y, por supuesto, eso conlleva un aumento del 10%", dijo Carla. Me quedé sin palabras. "¿Qué le parece, Patricia? "

"¡Muchas gracias Carla! ¡Suena increíble!" respondí mientras aún contenía las lágrimas. Carla sonrió y me estrechó la mano. No había confiado a nadie en el trabajo sobre mi situación personal. Esa sensación de incertidumbre y de sentirme como una intrusa se quedó conmigo y luché por encajar. Al igual que con mi trabajo en el periódico y en la tienda de zapatillas, dejaría que mi trabajo hablara por sí mismo.

Pasaron dos semanas y mi primera clase de boxeo fue un sábado en un espacio abierto dentro de uno de los locales del New School cerca de la calle 14 en Manhattan. Me desperté temprano y corrí 5 km para sacudirme las mariposas, me di una ducha y luego tomé el metro. El metro de la ciudad de Nueva York era tan poco fiable y siempre había algún cambio de ruta debido a las obras los fines de semana. Podías acabar literalmente en África y, efectivamente, el tren en el que viajaba iba en otra dirección. Me bajé y corrí un par de kilómetros hasta la New School y llegué a la clase que ya estaba en marcha. "¡Eh, chica! Llegas tarde. Intenta seguirme el paso", dijo el gigantesco instructor con un marcado acento de Brooklyn que me recordó a Rocky Balboa.

"Paso, paso y jab, derecha al cuerpo y gancho a la cabeza y derecha al cuerpo y vuelta atrás y vuelta a empezar ", dijo el instructor. Hicimos ese mismo ejercicio durante una media hora y yo ya me sentía frustrada. "¿Cuándo subimos al cuadrilátero y empezamos a pelear?" fue mi pensamiento. El ritmo de la clase era lento y no podía esperar a que terminara. No podía creer que hubiera malgastado mi sábado en esto. 90 minutos después, la clase por fin había terminado. Chocaba los cinco con las personas que salían por la puerta. Intentó chocar los cinco conmigo y me dijo: "¡Nos vemos el próximo fin de semana, chica!" Le miré con irás y le dije: "No voy a volver. Creía que era una clase de boxeo de verdad en la que teníamos que pelear".

Parecía desconcertado. Continué diciendo: "Soy campeona mundial de artes marciales y pensé que podría mejorar mis golpes y averiguar cuál podría ser mi próximo objetivo en el deporte con esta clase, pero me equivoqué". Tenía una sonrisa molesta en la cara y me dijo: "Vale chica, déjame ver lo que tienes. Lanza los golpes que quieras". Este era el hombre más alto que había visto en mi vida con cerca de 6 pies y 5 pulgadas y fácilmente más de 225 libras o así y yo apenas medía 5 pies y 4 pulgadas, pero empecé a lanzar mis mejores y más duros golpes. Él lo bloqueaba todo con fuerza. Mantuve la calma y encontré una abertura en su plexo solar y le golpeé tan fuerte como pude ¡justo en el centro! "¡WHOA!" se dobló, pero aún tenía los ojos puestos en mí.

En realidad, ya no era un desperdicio de mi sábado después de asestar ese golpe. Ahora era yo la que sonreía. "Oye chica, el boxeo femenino se legalizó el año pasado, en 1995. Puedo entrenarte para pelear por los Guantes de Oro de Nueva York este año si quieres". Era principios de enero y las mujeres pelearían en algún momento de marzo. Tenemos que inscribirte inmediatamente si esto es lo que quieres. Le miré directamente a los ojos y le dije: "Eso es lo que quiero". Tomó todos mis datos y dijo que se ocuparía de ello. "Quiero que vengas a Wall Street Boxing el lunes y podremos empezar el entrenamiento y hablar más entonces".

Me reía a veces de lo espontánea que podía llegar a ser, pero sentí como si algo más se apoderara de mí momentáneamente. Mientras me dirigía a casa, vi a la señora Lenore de pie fuera. Tenía una expresión de preocupación en la cara. "Hola Sra. Lenore. ¿Todo bien?" dudé en decir. "Escucha Patricia, es muy difícil decirte esto y por favor entiéndeme. Mi marido perdió su trabajo y tenemos que aumentar el alquiler. Mantuvimos el alquiler bajo porque conocíamos tu situación, pero ahora, tenemos que aumentarlo a 600 dólares".

Llevaba ya casi dos años viviendo allí sin que me hubieran subido el alquiler, pero incluso con mi nuevo trabajo, era un precio demasiado alto. "Siento lo de su marido Sra. Lenore. ¿Cuánto tiempo me queda?" Me di cuenta de que se sentía mal y no quería aumentar su estrés. "Podemos darte al menos un mes para buscar otro lugar y si no lo encuentras, siempre puedes quedarte en una de las habitaciones de la casa principal." Me sentí como si me hubieran dejado sin aliento de una gran patada.

Ni siquiera sabía por dónde empezar a buscar un nuevo lugar. Mañana era domingo, un nuevo día en el que correría una carrera de 5 km y luego iría a la iglesia a resolverlo todo. Me sentía aliviada y emocionada por volver a correr una carrera. Pude entrar en un estado meditativo mientras intentaba superar las molestias. Cuando llegué a la salida de la carrera en Flushing, Queens, vi al hombre amable que me había dado el nombre de Allan Steinfeld y los folletos de la carrera. Ya me había visto y caminaba hacia mí con el brazo extendido para darme la mano.

Quería abrazar a esta cara familiar, pero fue muy respetuoso. "¡Me alegro de volver a verte, Patricia! ¿Cómo has estado?" me preguntó amablemente. Sabía mi nombre, pero nunca me dijo el suyo. "Nunca llegué a agradecerle que me diera la información del Sr. Allan Steinfeld. Me ayudó a entrar en la Maratón de Nueva York y ¡la corrí! Me encantaría volver a correrla este año".

No pareció sorprendido y me dijo: "Sabía que lo harías. Alan Steinfeld es un hombre bueno y será tu amigo siempre. Llámale y estoy seguro de que volverá a ayudarte". Sonrió una vez más y, antes de que pudiera decir nada más, se alejó a toda prisa para ayudar a terminar de preparar la meta. Me estiré e hice un rápido trote de calentamiento.

Sonó la pistola y corrí tan fuerte como pude. No podía pensar, sólo corría. Me sentí bien. Había mejorado mi tiempo en los 5 km y esta vez gané el primer puesto en mi categoría de edad. Mientras me iba, recibí una solicitud para unirme a un club de corredores que se reunía en la pista del parque Astoria todos los miércoles por la tarde para entrenamientos de velocidad. Me gustaba la sensación de correr rápido ya que no había tiempo para pensar en nada más. Planeé presentarme el miércoles siguiente.

El fin de semana pasó rápido y preparé una bolsa de deporte para ir directamente al gimnasio de boxeo de Wall Street justo después del trabajo. No sentía que trabajar en mi nueva función de directora adjunta de oficina fuera muy diferente de lo que ya hacía, pero quería seguir haciendo el mejor trabajo posible. Hacía mis rondas por la mañana por cada departamento preguntando si necesitaban ayuda con algo. Su evento "Zero Tolerance" era el principal recaudador de fondos de la organización, así que envié invitaciones adicionales y escribí a máquina cartas de agradecimiento a las personas que compraron entradas o enviaron donativos.

A las 5 de la tarde salí corriendo por la puerta y cogí el ascensor hasta el Wall Street Boxing Gym, que estaba en un edificio de oficinas muy de moda de Manhattan. Había un cuadrilátero pequeño. 4 sacos pesados, 2 estaciones de speed bag y un rincón con espejos de pared de cuerpo entero para practicar boxeo de sombra. "¡Eh, chica! Ve a saltar a la cuerda durante 3 rondas y haz boxeo de sombra en el espejo. Hoy haces sparring". ¡Santo cielo! No esperaba hacer sparring. En kárate, cuando practicábamos sparring, era cosa seria. No había practicado sparring ni peleado desde el Torneo Mundial de kárate Kyokushin, que fue hace tiempo.

Mientras terminaba mi calentamiento, vi a otra mujer haciendo boxeo de sombra. Coach (mi entrenador) se acercó y empezó a vendarme las manos con unas vendas apestosas que olían a basura caliente y luego me ayudó a ponerme un par de guantes de 14 onzas igualmente hediondos. Después me colocó un protector de cabeza de la marca Shevlin. Lo único que tenía era mi protector bucal. "Vas a tener que conseguir tu propio equipo, pero puedes tomar prestado esto mientras tanto", dijo Coach.

Entonces, la mujer pequeña y musculosa que había visto calentando, se acercó y me dijo: "¿Estás lista?"

Más tarde me enteraría de que se llamaba Jill, la primera campeona femenina de los Guantes de Oro de la ciudad de Nueva York del año pasado en la división de las 106 libras. Coach dijo: "Es la 1ª vez que la chica hace sparring y la estoy entrenando para los Guantes de este año. Creo que tiene algo especial." La expresión y el comportamiento de Jill cambiaron. Sonó la campana y ella descargó la mano izquierda más dura sobre mi cabeza y siguió con un feo puñetazo al cuerpo. Me dejó sin aliento y necesité todo lo que tenía para terminar ese asalto de pie. Cuando fui a la esquina, Coach estaba furioso y maldecía en voz baja. "Aguanta un asalto más. No sé qué tiene en el trasero", me dijo.

Sonó el timbre para el segundo asalto y Jill salió con la misma agresividad injustificada. Estaba confusa y no sabía cómo responder. Era mi primera vez en el cuadrilátero de boxeo. Apenas sobreviví al segundo asalto y Coach dijo: "Creo que es suficiente por hoy". Jill sonrió y dijo: "¿Eso es todo? Vale, pero llámame cuando quieras trabajar y ¡buena suerte en los Guantes!" Jill acababa de convertirse en boxeadora profesional. Lo que hizo no estuvo bien, pero aun así admiraba su logro en los Guantes de Oro de y ahora yo soñaba en convertirme en campeona de los Guantes de Oro.

Después, Coach y yo trabajamos en el trabajo de los pies. "No te moviste y te atraparon porque no moviste los pies. Tienes que golpear y moverte. Tienes que pensar. El boxeo es como un juego de ajedrez. Quiero que veas vídeos de combates de boxeo clásicos de Sugar Ray Leonard y Mohamed Ali. Aprende de los mejores". Después, me dio una lista del equipo que necesitaba y el catálogo "Ringside". Coach empezó a repasar las tarifas de entrenamiento, ridículamente costosas. "Trabajo para una organización sin ánimo de lucro y no gano mucho dinero. No creo que pueda seguir entrenando. No trabajo en Wall Street. Trabajo en Chambers Street", le dije. Coach vio la expresión de asombro en mi cara y rápidamente cambió de opinión. "Vale chica, ya se nos ocurrirá algo.

Por ahora, vete a casa y descansa un poco. Nos reuniremos 4 o 5 veces por semana para prepararte para los Guantes".

Al subir al metro, me di cuenta de que aún tenía que encontrar un lugar donde vivir. Ese miércoles, decidí ir a la pista y unirme al entrenamiento de velocidad con el Club de Corredores de Hellgate. Vi algunas caras conocidas de la carrera y más tarde me presentaría adecuadamente. Era una de las corredoras más jóvenes allí y sentí que todo el mundo me miraba queriendo saber mis datos.

"Hola, me llamo Patricia y corrí la Maratón de Nueva York el año pasado. Me gustaría volver a correrlo este año, pero primero estoy entrenándome para el torneo Golden Gloves en marzo", dije. Eso captó definitivamente la atención de las personas, pero un hombre mayor, de unos 40 años, estaba excesivamente entusiasmado con lo que acababa de compartir y no paraba de hacerme preguntas sobre dónde entrenaba y quién era mi entrenador. Se llamaba Adrián y parecía ser un gran aficionado al boxeo.

Intenté ser cortés y le dije: "Muchas gracias por querer saber sobre mi entrenamiento, pero por ahora vivo en Rego Park y tengo que coger el tren. No quiero estar mucho tiempo afuera en la oscuridad". Intenté trotar hasta la estación de tren, pero vi que empezaba a seguirme. "Eh, Patricia, ¡espera! Puedo llevarte rápidamente a casa", me dijo. Estaba indecisa, pero que me llevara a casa en vez de hacer el largo trayecto sonaba mejor, así que acepté.

"¿Cuánto tiempo llevas viviendo en Rego Park?" me preguntó. "Bueno, me encanta mi vecindario y sólo he vivido en Rego Park alrededor de un año, pero tengo un mes para buscar un nuevo lugar donde vivir. El marido de la señora que me alquila el apartamento del sótano, perdió su trabajo y tiene que aumentar el alquiler y no puedo pagarlo", le dije. Los ojos de Adrián brillaron y me dijo: "Tengo un apartamento en el sótano de mi casa totalmente amueblado en el que puedes vivir por la mitad de lo que pagas ahora, así que lo único que tienes que hacer es entrenar y trabajar sin demasiado estrés".

No entendía por qué tenía una sensación tan incómoda. ¿Era porque era un hombre mayor y extraño que parecía demasiado interesado en mi boxeo?

Llegamos a mi casa y le dije: "Muchas gracias por traerme, Adrian. Déjame pensar en tu amable oferta sobre el alquiler del sótano y te daré una respuesta la semana que viene en el entrenamiento". Necesitaba orar para obtener claridad y orientación. Una de las muchas lecciones que aprendí a lo largo de mi vida fue que, si sonaba demasiado bueno para ser verdad, a menudo lo era.

Llegó el fin de semana y fui a entrenar al Wall Street Boxing. "¡Eh, tú, chica! Ven a la oficina. Este es el Sr. C el dueño de Wall Street Boxing y he hablado con él sobre tu situación y no te va a cobrar por entrenar aquí. Yo tampoco te cobraré por entrenar mientras trabajes y pelees duro. Tienes que hacer algo por ti misma", dijo Coach con su acento de Brooklyn. No sabía qué decir. Estaba luchando contra las lágrimas, pero logré decir: "No le defraudaré... se lo prometo y gracias Sr. C. Se lo agradezco de verdad".

Aprendí a vendarme las manos y comprendí la rutina de saltar la cuerda siempre durante al menos 3 asaltos para calentar y luego hacer boxeo de sombra para refrescar la memoria sobre las técnicas que había aprendido antes del trabajo en el cuadrilátero. Hoy haría sparring con una chica más grande que yo, que estaba en la división de las 139 libras. Se llama Denise, la campeona defensora de los Guantes de Oro en 139 libras. "¡Oh, genial! Otra campeona que va a intentar arrancarme la cabeza", pensé, ¡pero entonces la vi entrar con su perro boxeador que corrió hacia mí y me abrazó! Sentía un amor genuino por los perros y por cualquiera que los tuviera.

"No te distraigas con nada, ¿me oyes chica? Esta chica es más grande que tú, así que vas a pegar y a moverte como hemos estado practicando", dijo Coach. Sonó la campana para comenzar el asalto 1 de 3 y nos acercamos al centro del cuadrilátero y nos dimos un toque de guantes. Denise me lanzó 2 jabs rápidos y duros a la cabeza, pero yo esquivé ambos tal y como me había enseñado Coach, ¡y funcionó! Seguí haciéndolo durante todo el asalto. Volví a mi esquina para el descanso de 1 minuto. "¡Buena chica, pero ahora tienes que tirar! Cuando ella tire, ve al cuerpo y vuelve a la cabeza. ¡Hazlo!"

Comenzó el segundo asalto y Denise empezó con un jab que yo esquivé y le lancé un gancho de izquierda al cuerpo y de derecha a la mandíbula que aterrizó en el punto. Sus ojos se abrieron del todo y respondió con una dura derecha que sentí, pero no me acobardé y respondí de vuelta para un buen intercambio justo antes del final del asalto. "Mejor asalto, pero tienes que mover los pies después de lanzar. Te están pillando porque te quedas ahí admirando tu trabajo. ¡MUÉVETE!" dijo Coach justo antes de que empezara el último asalto.

Esta vez empecé con 2 jabs duros y rígidos que echaron la cabeza de Denise hacia atrás y luego me moví de lado a lado. Ella empezó a perseguirme y cuanto más me perseguía, más me movía yo. Lancé dos jabs y me moví. No podía atraparme y vi que empezaba a estar cansada y frustrada y entonces sonó la campana. "¡Un asalto más!" dijo su esquina, que en ese momento era su marido. "No, gracias, estamos bien. Es sólo la segunda vez que esta chica hace sparring, así que la próxima". dijo Coach mientras me quitaba el protector de cabeza y la boquilla. "Cuando lo haces bien, siempre quieren un asalto más para desquitarse, buen trabajo chica".

Fui a la sala de pesas para hacer 3 rondas de flexiones, abdominales y ejercicios de cuello. Coach siempre me decía: "Tenemos que deshacernos de esta grasa de bebé y ponerte fuerte". No creía que estuviera gorda con 125 libras. Simplemente no tenía mucho músculo. Cuando estaba terminando, Denise entró y me abrazó. Me cogió totalmente desprevenida. No estaba enfadada conmigo. "¡Chica! ¡Eres impresionante! ¡Vas a ganar los Guantes de Oro! Muchas gracias por el trabajo. ¿Podemos volver a entrenar el próximo fin de semana?" Me sorprendí. Me alegró la oportunidad de hacer potencialmente una amiga. "¡Gracias, Denise! ¡Tú también eres fuerte e increíble! Tienes que consultar con el Coach lo del sparring, no tengo nada más que hacer que entrenar, pero me encantaría", le contesté.

Mientras me estiraba, sentí que me latía la cabeza. Comprendí por qué tenía que seguir moviéndome después de asestar mis golpes.

Me tomé mi tiempo para cambiarme y Coach llamó a la puerta y gritó a través de ella: "¡Buen trabajo, chica! Tengo que irme corriendo a dar la clase de la Escuela Nueva. Vete a casa a descansar y el lunes entrenaremos de nuevo, pero en el Gimnasio Gleason. Nos reuniremos aquí e iremos juntos".

Para mí, hacer sparring en boxeo era muy diferente y más duro que hacer sparring en kárate. Aprecié mucho que el Coach se tomara el tiempo de entrenarme. Sentía que me debía a mí mismo aprovechar al máximo esta oportunidad, pero ahora tampoco podía defraudar al Coach. Ese sábado, después del entrenamiento, fui al cine y me compré una caja de dulces de sour patch kids como capricho para mí misma. Una de las cosas que más me gustaban eran los caramelos. Cuando crecía, rara vez podía comer caramelos, jugar o hacer cosas que hacen las chicas, así que tenía tendencia a sentirme atraída por las cosas que nunca llegaba a hacer.

Cuando me levanté al día siguiente para prepararme para mi rutina habitual de los domingos de correr y luego ir a la iglesia, vi a la Sra. Lenore. "Hola Patricia. ¿Cómo vas con la búsqueda de apartamento? Tenemos una pareja que pasará esta tarde para ver el apartamento del sótano. ¿Te parece bien?" No había pensado en la oferta de Adrian, pero puede que tenga que aceptarla temporalmente. "Sí, por supuesto Sra. Lenore. Estaré en la iglesia más tarde y volveré por la tarde. Le confirmaré para este miércoles la fecha de mi mudanza. Creo que he encontrado otro apartamento", contesté antes de salir corriendo.

Estaba dolorida por el entrenamiento de boxeo, pero corrí con fuerza. No quería pensar. Pensaría y rezaría en la iglesia. "Dios, por favor, guíame. No sé si estoy tomando la decisión correcta, pero no tengo otro sitio donde vivir. Por favor, protégeme dondequiera que vaya y en todo lo que haga", decía mientras rezaba de rodillas en la iglesia. Este nuevo apartamento estaría a unos 800 metros de donde crecí en Woodside, Queens. Las posibilidades de encontrarme con mis hermanas y mi madre serían altas.

El fin de semana pasó volando, al igual que mi jornada laboral. Me apresuré a reunirme con Coach después del trabajo y tomamos el tren hasta el Gimnasio Gleason's en la calle Fulton. Coach intentó entablar conversación en el tren y en el camino de media milla hasta el gimnasio. Mantuve mis respuestas en sí y no y lo más breves posible. No estaba segura de lo que pensaría si supiera por lo que había pasado y mi situación actual, pero tenía la sensación de que él tenía una idea.

Llegamos al Gimnasio de Gleason e inmediatamente me recordó a una escena de "Rocky II", cuando Rocky fue a entrenarse al gimnasio de boxeo de Apollo Creed. El 90% de los miembros del gimnasio eran negros y el 99% hombres, así que, naturalmente, cuando entré con Coach, que era super blanco y alto, montamos una escena. El dueño, Bruce, estaba registrando a las personas en la recepción y me cobró 10 dólares por entrenar.

"Ve al vestuario a cambiarte y empieza a calentar rápido. Vais a hacer unos cuantos asaltos de sparring y vamos a volver corriendo para coger el tren y terminar en Wall Street. Tengo clientes a los que entrenar", dijo Coach. No hice contacto visual con nadie e hice exactamente lo que Coach me pidió. Coach me estaba poniendo el protector de cabeza y un tipo llamado John se acercó completamente equipado saltando y lanzando puños al aire y dijo: "¿Estáis lista para empezar o qué?" Sentí que la sangre me subía a las mejillas y pregunté: "¿Voy a hacer de sparring con ese tipo?"

Coach me puso la mano en el hombro y me dijo: "Escúchame chica... nunca te pondría en peligro. Eres como mi niña. Vas a moverte con John durante 3 asaltos. Golpea y muévete y practica todo lo que has aprendido. Estaré justo al otro lado de las cuerdas observando". Sonó la campana y bailé alrededor del cuadrilátero durante todo el asalto sin lanzar un solo golpe. Tenía miedo. "¿Qué demonios estás haciendo? Si no lanzas ningún golpe en el próximo asalto, nos vamos y será el final por hoy", gritó Coach.

Comenzó el segundo asalto y salí con 2 jabs duros, un derechazo al cuerpo, un gancho de izquierda y otro derechazo que impactaron. John respondió con una combinación de gancho de derecha e izquierda que aterrizó a ras de mi barbilla y yo respondí de inmediato.

Sonó la campana y mientras caminaba de vuelta a mi esquina, me di cuenta de que había una multitud reunida alrededor del cuadrilátero. "Mejor asalto, pero ¿te olvidaste de los esquives? Defiéndete o seguirás recibiendo golpes", dijo Coach con firmeza.

Comenzó el tercer asalto y esquivé las combinaciones de John y contraataqué. Me pilló un par de veces y aunque John se estaba conteniendo, seguía siendo un hombre y yo sentía sus golpes, así que moverme era prioritario. Oía los comentarios de las personas que me observaban: "¿Quién es esa chica?" Terminó el tercer asalto y John le dijo a Coach desde el otro lado del cuadrilátero: "Os habéis conseguido una futura campeona".

Llevaba 3 meses viviendo en el apartamento del sótano de Adrian en Woodside. No era la situación ideal porque me hacía sentir incómoda y sabía que eso era una mala señal. Me encontraba yendo de puntillas cuando llegaba a casa del trabajo y del entrenamiento para evitar encontrarme con Adrian. Había dejado de ir a los entrenamientos de pista de los miércoles para evitar volver a casa con él. En su lugar, sólo corría los fines de semana o justo después de boxear. Pero una noche, me esperaba justo delante de la puerta.

"¡Hola Patricia! ¿Cómo va todo? ¿Cuándo es tu pelea de los Guantes de Oro?" Yo acababa de llegar de un largo día de trabajo y entrenamiento, pero él era el dueño del apartamento que alquilaba, así que tenía que ser educada. "Hola Adrian, estoy bien. He estado muy ocupada trabajando y entrenando.

Todas las mujeres deben presentarse y pesarse en los cuartos de final el viernes 15 de marzo, dentro de una semana en el instituto Holy Cross. Puede que no pelee si no hay suficientes mujeres en mi división o si me dan un pase libre", le dije.

Adrian respondió: "¡Allí estaré! Averiguaré toda la información y haré que venga todo el equipo del Club de Atletismo. Mientras tanto, cualquier cosa que necesites házmelo saber". Estaba muy cansada y él podía verlo en mi cara. Le di las gracias y entré. El torneo de boxeo Guantes de Oro de Nueva York estaba considerado uno de los torneos de boxeo más prestigiosos y ganarlo se consideraba un honor de por vida. Sin embargo, el boxeo femenino era todavía muy nuevo y en parte por eso las personas se quedaban intrigadas cuando se enteraban de que yo boxeaba.

Al día siguiente, el sábado, fui a Wall Street Boxing y me dediqué sobre todo al trabajo de golpes a los sacos e hice mucho boxeo de sombra. Estaba inscrita en la división de 119 libras, así que al final del entrenamiento, Coach quiso que me pesara. Mi peso después del entrenamiento era de 121 libras. "Vale, no está mal. Tienes un derecho de 2 libras en los cuartos de final, pero quiero que estés en tu peso. Tienes que comer limpio hasta el final de este torneo. ¿Me entiendes?"

Respiré profundamente y dije: "Sí, lo entiendo. Es que soy muy golosa". Coach me miró divertido y me dijo: "Come miel en lugar de azúcar este fin de semana y te veré aquí de nuevo el lunes". Estuve ansiosa el resto del fin de semana. r de evitar a Adrian y tener cuidado por dónde andaba para reducir la posibilidad de tropezarme con alguien de mi familia y ahora tratar de mantenerme en mi peso, empezaba a sentirme abrumada. En lugar de comprar cereales con azúcar, fui al supermercado y compré un tarro de miel tal y como me dijo Coach.

Corrí 6 millas después del entrenamiento, así que todo lo que quería hacer era descansar y ver la televisión y eso es exactamente lo que hice con mi tarro de miel. Me encantaba ver películas de miedo y una de mis favoritas era "A Nightmare on Elm Street" (Una pesadilla en la Calle Elm). Estaba inmersa viendo la película cuando me di cuenta de que ¡había consumido las 32 onzas enteras de miel! No me sentía nada bien y esperaba que se me pasara durmiendo.

Me desperté sintiéndome hinchada y descubrí que mi mejor amiga roja había llegado. Volví a dormirme y me desperté de nuevo casi 3 horas después porque Adrian estaba tocando la puerta. "Oh Dios, déjame en paz", murmuré en voz baja. "He hecho huevos, hash browns y tortitas extra si quieres," gritó Adrian desde el otro lado de la puerta. Me vendría bien la comida extra y no gastar dinero en la compra de hoy, pensé. "Vale, gracias Adrian. Subiré en unos minutos. Aunque tengo prisa para ir a la iglesia".

Subí y me dio un abrazo y un beso en la mejilla que me hizo estremecer. Sin embargo, era como siempre me había saludado y otra razón por la que le evitaba como a la peste. "¿Cómo se encuentra la campeona esta mañana?" me dijo. No pude ocultarlo y le dije: "No me encuentro nada bien, pero tengo que ir a la iglesia. Me encantaría llevarme el desayuno para comer más tarde, si le parece bien", dije. Puso cara de preocupación, pero dijo: "Sí, ¡por supuesto! Llévate lo que quieras. ¿Quieres que te lleve a la iglesia?" preguntó. Cogí el desayuno rápidamente y le dije: "¡Oh, muchas gracias por la oferta! La iglesia es algo personal y tengo que ir yo misma, pero se lo agradezco. Tengo que irme". Fui a la iglesia y me quedé después del servicio rezando y meditando.

El día de trabajo pasó rápido y deseé poder irme a casa ya que no me sentía al 100%, pero estaba comprometida a realizar el trabajo necesario para este torneo. "¡Eh, chica! Vamos a subirnos a la báscula antes de entrenar", dijo Coach en cuanto me vio entrar en el Wall Street Boxing Gym. Era mi segundo día con la regla y aún me sentía hinchada, pero tenía que hacer lo que Coach dijera, así que me desvestí hasta quedarme con los pantalones cortos y el sujetador deportivo y me subí a la báscula.

"¡QUÉ MIERDA!" gritó Coach. La báscula marcaba 125. Se me humedecieron los ojos y avergonzada dije: "Lo siento Coach. Comí la miel que me dijiste este fin de semana en lugar de azúcar y estoy en el segundo día de mi periodo. Le prometo que no comí ningún dulce". Coach estaba disgustado y confuso. "Bueno, entonces debe ser retención de agua por el periodo. Pero, ¿cuánta miel has comido?" Sentí una increíble pesadez en el pecho y dije: "Me comí un tarro de miel" Los ojos de Coach no podían ser más grandes. "¿QUÉ? ¿Quién demonios se come un tarro de miel excepto el oso Winnie the Pooh?" dijo, pero no se estaba riendo.

"Esto es lo que vamos a hacer. Vas a hacer ejercicio aquí y luego iremos a Central Park esta noche y correremos durante al menos una hora y no vas a tocar el azúcar ni la miel y comerás en pequeñas porciones. ¿Entendido?" No podía ni mirarle, pero le dije: "Lo entiendo y no volverá a ocurrir". Salté la cuerda durante 10 asaltos, practiqué boxeo de sombra durante 5 asaltos y golpeé los sacos durante otros 5 asaltos llevando una sudadera. Me puse una camiseta seca y cogimos el tren a Central Park, cerca de donde vivía Coach. Me dio su chaqueta y a uno de sus grandes perros Akita, Brando, antes de que saliéramos a correr 6 millas. Volví 90 minutos después agotada y me fui a casa y directamente a la cama sin comer nada.

Me desperté como un zombi y me di cuenta de que el gran evento de recaudación de fondos de Sanctuary for Families, Zero Tolerance, era esta noche, así que hoy no iba a ir al gimnasio de boxeo. Trabajé y apenas comí ni bebí nada por miedo. Durante el evento de la barra libre de comida, me comí un trozo de queso. Lo único que recordaba era lo disgustado que había estado Coach. No tenía báscula en casa, así que no tenía ni idea de cuánto estaba pesando, pero imaginé que tenía que ser menos, ya que apenas había comido en los últimos 2 días.

El miércoles, fui al gimnasio antes de lo habitual ya que tendría que tomarme el resto de la semana libre. "¡Eh, chica! Ve directa a la báscula", me dijo Coach. "Primero tengo que hacer pis, pero nos vemos en la báscula," le contesté. Realmente no sé por qué tenía que orinar ya que apenas había consumido líquidos, pero probablemente eran los nervios. "Dios, por favor, ayúdame", susurré. Me puse de nuevo el sujetador deportivo y los pantalones cortos y me subí a la báscula. Marcaba 120. Coach soltó un suspiro de alivio. "Buena chica. Esto no puede volver a pasar en la semana de pelear. Tienes que ser responsable. Comerse un tarro de miel no es normal y tenemos que ocuparnos de eso", dijo Coach.

Conseguí también dar un suspiro de alivio por ahora. "Lo sé Coach. No volverá a ocurrir. Vivo sola desde los 15 años y apenas tengo dinero para comer. A veces como caramelos o Frosted Flakes porque es lo más barato que encuentro y me hace sentir mejor. Por favor, no le digas nada a nadie," le contesté. Era la primera vez que le decía algo más que una frase mientras peleaba contra las ganas de llorar. "De acuerdo, chica. No te preocupes. No diré nada. Lo entiendo y tengo un amigo consejero al que podrás ver pronto. Pero no llores. Odio ver llorar a las chicas", me dijo.

Hice mi calentamiento habitual y me moví por el cuadrilátero para hacer unos cuantos asaltos con Coach. "Estás lista chica. Quiero que comas muy ligeros esta noche y mañana. Duerme bien y te veré el viernes en Holy Cross". Mientras estaba sentada en el tren, tuve recuerdos de mi trayectoria en el boxeo hasta el momento. Era el momento de ser fuerte como en las películas de boxeo que solía ver, aunque nadie pensaba que yo pudiera serlo, pero ésta es mi oportunidad. La preocupación por mi peso, mi periodo y el no comer me hacían sentir agotada. Me moría de ganas de dormir.

Me acercaba a la puerta de mi casa y entonces oigo desde arriba: "Eh, campeona, ¿estás lista para mañana? Me puse en contacto con el equipo y estaremos todos allí", dijo Adrian. No quise ni iba a subir y en su lugar empecé a abrir mi puerta y dije: "¡Impresionante! Tengo que descansar, pero gracias por el apoyo. ¡Buenas noches!" Me di una ducha caliente y luego herví un huevo y tomé un té sin azúcar ni miel y me fui a dormir escuchando el ruido de mi estómago hambriento.

Me desperté casi a las 10 de la mañana, lo que era raro, pero me sentía muy descansada. Entonces tocaron a mi puerta: "¡Eh, campeona! Tu nombre está en el periódico. Lo dejo delante de tu puerta". Rápidamente salté de la cama y cogí el periódico. El New York Daily Newspaper era patrocinador del torneo y publicaba los boxeadores programados cada semana. Lo abrí rápidamente por la sección de deportes y, efectivamente, mi nombre estaba allí: División 119 femenina, Patricia Alcivar de Wall Street, BC.

Esto va a pasar de verdad esta noche. Volví a hervir un huevo y un poco de té caliente y tomé eso para desayunar y almorzar de nuevo. Me eché una siesta a la hora de almuerzo, recé y cogí el autobús al instituto Holy Cross que estaba en Flushing, Queens y a una buena hora de donde yo vivía. Justo a la salida de la escuela, vi al Coach y a otro chico igual de grande que él. "Eh chica, este es mi hermano que nos va a ayudar esta noche y trabajará en tu esquina". Se parecía a Coach, pero más joven. Entramos y nos registramos.

"Bien, Alcivar, bienvenida a los cuartos de final. Tienes que ir a la sala marcada "Sala de damas" donde te pesarán y si llegas al peso te emparejarán. Hay 5 chicas en vuestra división, así que 2 pelearán esta noche y las otras 3 obtendrán un pase a las semifinales de la semana que viene. Buena suerte", dijo el señor.

Entré en la sala donde ya estaban todas las mujeres. "Los hombres que estén en esta sala tienen que salir mientras pesamos a las mujeres", dijo una de las funcionarias llamada Denny. Las mujeres habían empezado a desnudarse hasta quedar en calzones y sujetador deportivo. Todas tenían cara de malas menos Denise. Me alegré mucho de verla, se acercó y me abrazó. Era mi turno de subirme a la báscula y marcaba 120.0. "Estás bien. Ahora vístete y espera a que llamen a tu clase para que te emparejen", dijo Denny. Aunque había hecho peso, secretamente esperaba conseguir un pase a las semifinales la semana siguiente.

Coach volvió al salón. "Pesé 120 Coach", le dije. Me rozó la cabeza como si fuera una mascota, pero eso me pareció bien. Sabía que estaba contento, así que eso era lo único que me importaba. Entonces, de repente, Denny dijo con su voz más alta: "¡Mujeres de categoria 119 venid conmigo!" Continuó diciendo: "Sois 5. Escogeréis un número de este frasco. Los números 1 y 2 se boxearán esta noche. Los números 3, 4 y 5 pasarán a las semifinales la semana que viene".

Todas sacamos un papel doblado. Lo abrí lentamente y allí estaba el nº 1 y una mujer mayor de unos 30 años con una profunda cicatriz en la mejilla y de apellido Barbosa tenía el nº 2. "Numero 1 y Numero 2 salgan por favor", dijo Denny. Cuando Barbosa me miró, se rió y dijo "¡SI! ¡Va a ser un nocaut rápido esta noche!" Mantuve la calma, aunque por dentro me sentía como un cachorro asustado. Coach entró en la habitación buscándome con su hermano y yo le dije: "Voy a pelear esta noche contra Barbosa, la mujer de la cicatriz en la mejilla. Los dos miraron hacia ella y estaba haciendo boxeo de sombra con pesas de mano y hablando sola. "¿De verdad es una mujer?" preguntó bromeando, pero cuando vio que no me reía, se puso serio y dijo: "No te preocupes chica, ¡tú puedes! Ve a cambiarte y empezaremos a calentar. Eres el 5º combate de esta noche".

Fui al baño a cambiarme, pero también empecé a llorar. "Dios, por favor, dame el valor y la fuerza que necesito para pelear. No tengo a nadie excepto a ti. Por favor, no me dejes", susurré. Cuando salí, el hermano de Coach estaba fuera como un guardaespaldas. "¿Estás nerviosa?"

me preguntó. No quería ponerme a llorar otra vez y no podía mentir. Sin embargo, se me aguaron los ojos y asentí. Me puso la mano en el hombro y me dijo: "No serías humana si no estuvieras nerviosa. No pasa nada. No dejes que ese miedo te paralice. Cuando suene la campana, coge todo tu miedo, todo tu amor y todo lo que sientas y ¡desátalo sobre esa chica! ¿Me oyes?" Le miré directamente a los ojos y volví a asentir.

"ALCIVAR Y BARBOSA COMIENCEN A SALIR. ¡USTEDES SON EL PRÓXIMO COMBATE!" gritó uno de los oficiales. Coach me puso el protector de cabeza y la bata amarilla que representaba el color de mi esquina.

Barbosa estaba en la azul y salió primero entre fuertes vítores del público que había agotado las entradas. Yo salí unos segundos después y los vítores desaparecieron. Oí débiles aplausos con miradas de preocupación en las caras de las personas. Algunos decían: "¡Oh, no! Es tan bonita... Se va a hacer daño".

Entré en el cuadrilátero y Coach me quitó la bata. El árbitro vino a comprobar que tenía el protector bucal puesto y el protector pectoral y entonces el anunciador dijo a través de un micrófono alto: "¡Preparaos para un combate especial! Tenemos el único combate femenino de esta noche en la división de las 119 libras. En la esquina amarilla tenemos a PATRICIA ALCIVAR del BC Wall Street y en la esquina azul tenemos a BARBOSA peleando sin ataduras". Llegamos al centro del cuadrilátero y dimos unos golpecitos con los guantes y volvimos a nuestra esquina para el inicio de la campana.

Coach me dio un golpecito en la cabeza y me dijo: "Encárgate de la pelea, Alcivar". Asentí con la cabeza y pensé en lo que había dicho el hermano de Coach. "¡Que se desate!" fue mi último pensamiento y entonces sonó la campana. Barbosa corrió hacia mí y la paré en seco con 4 duros puñetazos rectos en la cara que le hicieron retroceder la cabeza. El árbitro intervino inmediatamente y le hizo un recuento de 8 segundos. Ella sacudió la cabeza y levantó los guantes inmediatamente para indicar que estaba bien para continuar.

El árbitro dijo "¡BOX!" y esta vez corrí hacia ella y empecé otra serie de furiosos golpes que la hicieron tambalearse de nuevo hacia las cuerdas y de nuevo el árbitro intervino para otro recuento de 8 en pie. Mantuve mi concentración y esperé al final del recuento de ocho. El árbitro volvió a decir "¡BOX!" y Barbosa salió golpeando, pero mis puños eran más fuertes y aterrizaron a ras de su cara y antes de que cayera, el árbitro intervino por última vez y detuvo el combate en el primer asalto. Conseguí un TKO (nocaut técnico) en mi primer combate de boxeo. Empecé a saltar y se me caían las lágrimas. "Buen trabajo, Alcivar", dijo Coach y ahora, el público que había dudado en animarme, estaba en pie aplaudiendo y gritando.

Después del combate, las personas del público querían darme la
mano y tomarse una foto conmigo. Yo era tímida y dudaba, pero Coach
no dejaba de insistirme para que siguiera adelante. "Tienes que ser socia-

ble y conseguir que el público y los aficionados te apoyen. Esto forma parte de tu trayectoria en el boxeo. Yo no te llevaría por mal camino, Alcivar".

Coach alternaba entre llamarme chica y Alcivar, pero en realidad no me importaba. Sólo quería que estuviera orgulloso de mí y por esa noche, parecía que lo estuviera. "¡Hey campeona! ¡Felicidades!" gritó Adrian que estaba acompañado por algunos de sus amigos y las personas del club de corredores. Me sentí incómoda, pero recordé lo que Coach acababa de decirme. "¡Muchas gracias!" dije mientras chocaba los cinco y me apresuraba a alejarme y me pegaba a Coach como si fuera goma.

"Aún nos queda mucho trabajo por hacer, así que nada de celebraciones. Mañana, descansad y corred el domingo y os veré de nuevo en el gimnasio el lunes. El próximo viernes son las semifinales y sólo se permite 1 libra, así que DEBES comer ligero y mantenerte en tu peso", dijo Coach en tono serio mientras me despedía en un taxi.

Estaba agotada mientras me acostaba en la cama. Aunque mi combate sólo había durado un asalto, todo el estrés, la excitación y el no comer mucho me pasaron factura esta noche. Recé y dije "Gracias Dios por ayudarme a ganar esta noche" y luego me sumí en un profundo sueño.

En mitad de la noche, empecé a sentir una sensación de inquietud en el pecho y el estómago y sentí como si hubiera alguien en mi habitación. Abrí los ojos y mi habitación estaba a oscuras. ¡No había apagado las luces! ¿Qué estaba pasando? Intenté gritar, pero no me salían las palabras. "Padre nuestro que estás en los cielos..." decía mentalmente. "Por favor, Dios, no dejes que me coja" me decía internamente mientras sentía que las lágrimas me caían por la mejilla y, de repente, solté un profundo suspiro y me levanté de la cama.

Tenía la cara mojada de sudor y lágrimas. Eran las 3 de la madrugada y encendí la televisión antes de quedarme dormida durante las dos horas siguientes. Me desperté y salí a correr unos 5 km y decidí ir al gimnasio de boxeo. No pensé que a Coach le importara. Mientras iba en el tren hacia el gimnasio de boxeo, recordé mi combate de la noche anterior.

Todo había sucedido muy rápido, pero lo que nunca olvidaría fue el sentimiento de orgullo que sentí al saber que no me había rendido ante los miedos. Sonreí para mí misma mientras entraba en el gimnasio.

"Eh, mirad quién está aquí", anunció Coach a los miembros. Todos se acercaron para darme la mano. Los resultados estaban en el periódico de hoy, pero Coach estaba contento y también se lo estaba contando a todo el mundo. "Hola Alcivar, me alegro de verte, pero creo que te dije que hoy te lo tomaras con calma", dijo Coach. Ya le había confiado a Coach mi situación de vida, así que mejor contarle también mis problemas para dormir y le dije: "Anoche no pude dormir ni siquiera después de ganar. Algo me molesta por la noche, así que dejé las luces encendidas." Para mi sorpresa, Coach no se asustó y en su lugar dijo: "Vale chica, no te preocupes. Vamos a ocuparnos de esto. Voy a llamar a mi amigo el padre Joe para ver cuándo puede verte. Ve a saltar a la cuerda y luego vamos a movernos unas cuantas rondas".

Me sentí mejor estando en el gimnasio en vez de ansiosa en casa. También me alegré de haberle contado al Coach algo que había guardado en mi interior durante tanto tiempo. Coach parecía entenderlo y eso era lo único que importaba por el momento. Me puse la dar golpes al saco durante 3 rondas y estiré y eso fue todo por hoy. "Quiero que tomes sopa y un poco de proteína cuando llegues a casa y luego descanses. Si no descansas, no podremos volver a ganar la semana que viene. Entendido, Alcivar", dijo Coach. Asentí y me despedí.

En el tren de vuelta a casa, donde solía repasar los eventos de mi día, recordé haber confiado en Coach. Confiar en alguien sobre mi pasado o las cosas que pasaban en mi vida era todo un reto, pero Coach era todo lo que tenía y parecía digno de confianza. Mientras bajaba de la estación de tren y me dirigía a casa, también pensé en mi situación vital, que sabía que tenía que cambiar en algún momento. El propósito de dejar un hogar abusivo era estar en paz y viviendo en el sótano de Adrian, la paz había empezado a disiparse.

Abrí la puerta de mi dormitorio y encontré rosas sobre mi cama con una nota que decía "Felicidades por tu victoria de anoche campeóna-

Adrian". No me gustó nada esta sorpresa y no entendía por qué demonios estaba este hombre en mi dormitorio dejando rosas en mi cama. Aunque no tenía mucha inteligencia callejera, sabía lo suficiente para saber cue esto no estaba bien. Un par de minutos después, tocó la puerta y dijo: "Oye, campeona, tengo pollo extra del Boston Market si quieres un poco".

Sentí que la cara me ardía de rabia, pero subí y le contesté: "Oye Adrian, muchas gracias por las flores, pero me sentiría mejor si no hicieras eso. Mi habitación es mi espacio privado. Ahora estoy muy cansada y sólo necesito relajarme". Su cara se puso roja también y dijo "No hay problema campeóna. ¿Qué tal si cenamos algo?" Le di las gracias una vez más y le dije: "Voy a bajar, estirarme y descansar. Estoy intentando mantener mi peso a raya y ya he comido sopa". No tomé sopa y en su lugar me comí un banano y di por terminada la noche.

Hice todo lo que se suponía que debía hacer y más a lo largo de la semana a medida que me acercaba al jueves por la noche, un día antes de las semifinales. No tenía báscula, pero había comido superligero toda la semana y rezaba para estar en mi peso. Me encontré con Coach a las 5 de la tarde en el vestíbulo de entrada del instituto Christ the King de Queens. Me saludó chocando los cinco y me preguntó: "¿Qué pasa chica? ¿Por qué esa cara larga? " Al crecer, mi familia siempre había dicho que llevaba mis sentimientos en las mangas. Tenía una cara muy expresiva y era imposible ocultar lo que sentía. Estaba nerviosa por mi peso, por el público, por mi oponente y por perder. "Estoy bien Coach, sólo un poco ansiosa", respondí mientras caminábamos para registrarnos.

Vi al Sr. Jimmy O marcar mi nombre con un círculo. Era la última de las 4 chicas de mi división en registrarme. Sonrió y me dijo: "Buena suerte esta noche, jovencita. Tienes un buen jab así que úsalo". Entramos y los entrenadores y las chicas nos miraron.

"¡Bajen y pésense! No se permite la entrada a los entrenadores". Mi corazón empezó a acelerarse y rápidamente me dirigí al pasillo y empecé a desvestirme. Había una chica: Christine Bruno, la campeona defensora del año pasado, ¡que se pesó completamente desnuda! Acababa de pesar exactamente 120 libras, de lo contrario le habrían dado una hora para ir a perder el peso extra.

Tienes una oportunidad para volver a pesarte antes de ser eliminada. "Alcivar, eres el siguiente", dijo Mercedes que era otra oficial de USA Boxing como Denny. Me subí a la báscula y Mercedes dijo en voz alta: "¡119.5!" Me sentí momentáneamente aliviada. "Bien señoritas, ¡escuchad! Vamos a emparejaros enseguida. Tendremos 2 combates esta noche. Las número 1 y 2 y 3 y 4 boxearán entre ellas", dijo Denny. Ahora, me sudaban las manos, pero metí la mano y cogí un papel y lo mismo hicieron las 3 mujeres restantes. "1 y 2 den un paso al frente", dijo Mercedes. Di un paso al frente para el número 1 y Christine dio un paso al frente para el número 2. "Dense la mano señoritas y tengamos un buen combate esta noche".

Volví y le dije al Coach: "119.5 y voy a pelear con Bruno esta noche". Coach saltó de su asiento y sin dudarlo dijo: "¡BIEN! Puedes vencer a la campeóna del año pasado y convertirte en la nueva". No entendía por qué creía tanto en mí y me preguntaba si sabía cuánto dudaba de mí misma. Me puse el pantalón de boxeo, la camiseta y las botas y empecé a calentar. Éramos el tercer combate y en el boxeo amateur sólo hay tres asaltos de 2 minutos, así que los combates pasaron rápido.

"ALCIVAR/BRUNO EN PUNTO", oí por los altavoces. No tuve tiempo de rezar, pero cerré los ojos y recé mentalmente: "Dios, tú eres mi salvador y protector. Por favor, ayúdame a tener valor y fuerza esta noche. Amén". El público había agotado las entradas y la mayoría animaba a Bruno. Después de todo fue la campeona del año pasado. Después de que se anunciaran nuestros nombres llegamos al centro del cuadrilátero y mientras el árbitro nos daba instrucciones, oí a alguien del público decir "¡NOQUÉALA CHRISTINE!" y entonces sonó la campana.

Bruno salió golpeando fuerte y conectó enseguida con un uno-dos (jab y combo de derecha) que picó y cuando estaba a punto de responder con un gran derechazo por encima de mi brazo, ¡sentí un dolor horrible! ¡Se me salió el hombro derecho! En los años que pasé como gimnasta, me animaban a dislocarme los hombros para una rutina de barra alta, pero eso me pasó factura esta noche. Hice una mueca de dolor, pero por suerte el protector de cabeza y el protector bucal me ayudaron a camuflar mi expresión facial. Trabajé en mi trabajo de pies durante el resto de la ronda mientras el público gritaba "¡Deja de correr!"

Terminó el primer asalto y me fui a mi esquina y Coach sacó rápidamente el banquillo y me dijo: "Has perdido ese asalto. Tienes que tirar más combinaciones y esa maldita mano derecha". Sabía que sólo teníamos un minuto, pero me las arreglé para decir: "¡Coach! Tengo el hombro dislocado." Coach reaccionó rápidamente y dijo: "Vale, vale, cuando ella salga vas a pararla con un duro y rápido jab a su nariz. Golpéala hasta que se te caiga el brazo izquierdo".

El comienzo del 2º asalto comenzó y cuando Bruno vino hacia mí, ¡le tiré el jab más duro de mi vida justo en el centro de su nariz! La cabeza de Bruno se echó hacia atrás y empezó a brotar sangre. Seguí golpeándole en la nariz y ahora era ella la que hacía muecas de dolor. El árbitro intervino y el médico le miró la nariz y paró la pelea antes de que terminara el segundo asalto. Tenía la nariz rota. Quería llorar, pero no lo hice. El público, que en su mayoría eran sus seguidores, aplaudió y algunos vitorearon, pero no me importó.

"Te dije que iba a ser bueno vencer a la antigua campeóna", dijo Coach. Me dolía el hombro, pero estaba bien. No me había dislocado el hombro a propósito desde mis tiempos de gimnasta, que ya hacía tiempo, así que me dolía. Después de cambiarme, los oficiales me dieron instrucciones: "¡Enhorabuena, Alcivar! Usted y Eileen Lacy pelearán el próximo viernes en la final en el teatro del Madison Square Garden y NO hay límite de peso. DEBES pesar 119 o menos." Estreché la mano del oficial y me fui con Coach.

"Vamos a hacer que veas a un fisioterapeuta para ese hombro después de esta pelea. Ahora mismo, vas a ir a casa a ponerte hielo en ese hombro y a descansar. Mañana, descansa y corre poco el domingo y ven al gimnasio el lunes para que podamos tener un plan para esta chica", dijo Coach mientras me metía en un taxi para volver a casa. Mi segundo TKO. "Gracias, Dios, por darme la fuerza y ayudarme a encontrar el valor incluso en la adversidad de esta noche", susurré con los ojos cerrados en el taxi. Estaba agotada y quería simplemente tumbarme en la cama sin interrupciones y esperaba no tropezarme ni saber nada de Adrian. Abrí la puerta lo más silenciosamente posible y vi que las luces del piso de arriba estaban apagadas, así que entré en silencio y me fui directamente a la cama.

Mientras estaba tumbada en la cama, seguía oyendo al locutor decir: "La ganadora por TKO a la 1:50 del segundo asalto, PATRICIA ALCIVAR". Para algo había servido esta noche y me desmayé con la lucecita de la cama encendida. Dormí profundamente por estar mental y físicamente agotada. Había aprendido muy pronto que mi mejor sueño venía después de un ejercicio intenso. Era como si dejara salir todo lo que sentía durante mis entrenamientos y cuanto más intensos, mejor podía descansar y más tranquila estaba.

Mis ojos se abrieron automáticamente a las 4:59 am sin alarma. Me dolía el hombro, pero no demasiado. Sé que Coach dijo que descansara hoy, pero realmente me gustaría salir a correr un poco. Me obligué a cerrar los ojos durante otra hora antes de vestirme y salir a correr 5 km. Mientras corría, recé y recordé mis dos últimos combates en los que nadie, excepto Coach, me daba posibilidades de ganar. Estoy en la final de los Guantes de Oro de la Ciudad de Nueva York en el Madison Square Garden y saldrá por televisión (MSG Cable). Dejé que todo eso se asentara y quise seguir corriendo, pero no lo hice.

"¡Eh, campeona! ¡Otro TKO anoche! ¡Felicidades! ¿Me has oído? Estaba gritando con mi amigo Angel. ¡Vamos a conseguir entradas hoy para tu último combate!" Gritó Adrian mientras salía a correr. "Muchas gracias. Estaba totalmente concentrada en pelear y oí los gritos de todo el público.

¡Qué bueno que vas a conseguir entradas para las finales en el Garden! Tengo que ir a darme una ducha y a hacer unos mandados", le contesté.

En cuanto llegué a casa, me di un largo baño caliente, me puse hielo en el hombro y estiré todo el cuerpo durante una hora. Aprendí de mis días de gimnasia la importancia de los estiramientos y los mantuve como parte de mi rutina diaria. No quería pasarme todo el día dentro, así que salí a dar un paseo a la hora de almuerzo y fui a comprar algunas opciones de comida saludable para esta semana. Era un hermoso y soleado día de primavera de abril y estaba disfrutando de mi paseo hasta que me paré en seco al ver a una de mis hermanas empujando un cochecito. Me quedé helada momentáneamente, pero habían pasado unos cuantos años desde que me fui de casa y no tenía absolutamente ningún contacto con nadie de mi familia. Crucé la calle y me paré justo delante de mi hermana. Ella no dudó en abrazarme y me dijo: "Te presento a tu sobrina, tiene 6 meses". Se me hizo un nudo enorme en la garganta y miré a la preciosa bebé.

La cogí en brazos durante unos segundos y le di un beso en la frente. En esos pocos segundos, pude ver lo preciosa e inocente que era. Algo que mi padre me había arrebatado cuando era demasiado joven. La solté y caminé con mi hermana durante la siguiente hora. Me dijo que estaba viviendo temporalmente en casa de mi madre hasta que pudiera ahorrar el dinero suficiente para tener su propia casa. Me dijo que mi madre estaba bastante bien y que debería ir a visitarla pronto.

Cuando llegó mi turno de compartir, le hablé brevemente de la maratón de Nueva York, del campeonato mundial de kárate y de que ahora era boxeadora. También le hablé de mi situación vital. Intercambiamos números y prometimos permanecer en contacto y nos abrazamos antes de despedirnos. Me quedé un poco en shock al ir al supermercado, pero feliz al mismo tiempo. Me alegró mucho ver a una de mis hermanas después de tanto tiempo. Pensé en lo que había dicho sobre visitarnos pronto. No estaba segura de cómo reaccionaría mi madre. En toda mi vida, nunca me había dicho "te quiero o estoy orgullosa de ti" y ni siquiera estaba segura de que quisiera verme, pero, la extrañaba. Tendría que dejar eso en un segundo plano hasta después de las finales.

Compré lechuga, tomates, cinco latas de sopa de caldo de pollo, una docena de huevos y té. Ése sería mi desayuno, almuerzo y cena de la semana siguiente hasta el viernes. Necesitaba comer lo menos posible. ¡NADA de peso para las finales! El día pasó rápido y volví a sentirme agotada emocionalmente. Llegué a casa y sólo tomé té -sin cenar- y me fui a dormir pensando en mi hermana y mi sobrina.

Me desperté con el estómago rugiendo de hambre y el olor a tocinos y huevos del piso de arriba. Me hice un té y me preparé para otra carrera ligera y pensaba ir a la iglesia. Abrí tranquilamente la puerta y salí a correr y me dirigí hacia el Queens Boulevard, donde había empezado toda mi actividad de corredora. Ya no me preocupaba encontrarme con nadie.

Corrí por todo Queens Boulevard hasta Forest Hills, cerca de los tribunales. Era un vecindario tan bonito que deseaba poder vivir allí algún día. Había bajado corriendo demasiado, pero había valido la pena. Di la vuelta y aumenté el ritmo a la vuelta. Me estaba acercando demasiado a la hora de ir a la iglesia. "¡Eh, campeona! ¿Quieres cenar conmigo y con mi amigo Angel más tarde?" me preguntó Adrian desde la terraza cuando estaba abriendo la puerta. "Muchas gracias Adrian, pero te agradecería mucho que no me invitaras a nada que tenga que ver con comida esta semana. Tengo que estar en peso y no quiero estresarme", le contesté y cerré rápidamente la puerta.

Llegué a la iglesia con un minuto de sobra y encontré asiento al final de la última fila, en la parte de atrás de la iglesia. Siempre me sentí segura dentro de la iglesia, como si allí estuviera protegida de cualquier daño. Creía de todo corazón que los ángeles siempre cuidaban de mí a pesar de haber tenido una infancia horrible. Me quedé después del servicio para rezar una oración especial y luego me fui a casa.

El lunes por la mañana en la oficina estaba tan ocupada como de costumbre recuperando los mensajes del fin de semana, asegurándome de que nuestra sala de suministros estaba totalmente abastecida y de que todas las máquinas funcionaban. Este trabajo en Sanctuary for Families me había enseñado tanto sobre la violencia doméstica, sobre servir de intérprete para el Departamento Legal, traducir documentos para los consejeros, escribir cartas de agradecimiento a los donantes y sobre ser una trabajadora fiable. Sin embargo, quería más y estaba teniendo la sensación de que pronto llegaría el momento de cambiar de trabajo.

En cuanto dieron las cinco de la tarde, me puse la ropa de entrenamiento y corrí al Wall Street Boxing. Todos los miembros me preguntaban cómo me sentía y si estaba preparada para las finales del viernes. Fue algo muy grande y me sentí abrumada por la atención. Coach se acercó y me dijo: "Acostúmbrate. Tienes que salir de tu cascarón. No puedes vivir en tu propio mundo cuando intentas convertirte en campeona". Sabía que tenía razón, pero no sabía cómo salir de mi cascarón. Me crie con un padre celoso y estricto que no me permitía hablar con nadie. Tuve una madre y una familia que se reían de mí. Apenas conocía a nadie que me apoyara de alguna manera, así que estar dentro de mi cascarón era lo único que conocía. "Lo sé Coach. Trabajaré en ello pronto. Así es como me criaron", le dije.

"No, vamos a trabajar en ello ahora mismo. Vas a acercarte a alguien de aquí que aún no conozcas y presentarte y contarle algo sobre ti. Si el boxeo es importante y quieres ser campeona, lo harás", dijo la Coach con firmeza. No había nada que deseara más que ser campeona. Era la hora pico en el gimnasio con las personas que venían del trabajo para hacer sus entrenamientos. Respiré profundamente y me acerqué a una mujer que se estaba vendando, le tendí la mano y le dije: "¡Hola! Me llamo Patricia Alcivar. Soy boxeadora y he llegado a la final de los Guantes de Oro el viernes y espero ser campeona algún día". La mujer sonrió y dijo: "¡Enhorabuena Patricia! Gracias por presentarte. Es un placer conocerte y por verte entrenar aquí, no me cabe duda de que serás campeona".

Nunca había oído algo así de mi madre ni de mi familia, pero una completa desconocida no tuvo ningún problema en decirme eso. Volví con Coach y empecé a vendarme las manos. "Vas a seguir haciéndolo de vez en cuando. Tienes que ser sociable. Algún día me lo agradecerás, pero por ahora vamos a trabajar en un plan para esta chica, Lacy. Es bajita, robusta y mucho mayor que tú, así que va a intentar cargarse con esa mano derecha. Tienes que pegar y moverte. Ahora practica eso en el cuadrilátero durante 3 asaltos", dijo Coach.

Practiqué "cortando el cuadrilátero" y mis esquives y combinaciones durante 3 asaltos. Lo hice mientras imaginaba a mi oponente, Lacy, que tenía unos 30 años y pertenecía al club de boxeo PAL de Suffolk. Su Coach y su gimnasio eran muy conocidos. Tenía unos brazos grandes y parecía fuerte, así que Coach tenía razón, necesitaba golpear y moverme. Después de golpear el saco, Coach me envió a casa y me recordó que comiera poco.

Parecía que cada vez que tenía un evento importante, no podía retrasar el tiempo. La noche del lunes se convirtió en la noche del jueves. Había comido poco durante toda la semana, pero no podía evitar sentirme ansiosa por mi peso y por esta próxima pelea. Me puse de rodillas antes de dormirme y recé: "Dios, por favor, ayúdame a ser fuerte mañana por la noche. Por favor, déjame pelear lo mejor que pueda y que sea tu voluntad sea cual sea el resultado. Amén".

Recordé que me sumí en un profundo sueño y tuve una horrible pesadilla. Soñé que estaba de vuelta en casa en una habitación oscura y una luz roja me iluminaba la cara y una presencia intentaba apretarme fuerte. Abrí los ojos y mi habitación estaba a oscuras. "Padre nuestro que estás en los cielos. ¡DIOS POR FAVOR!" Intenté hablar, pero no pude. La luz roja estaba en mi habitación y después de lo que me parecieron horas, solté un grito y pude respirar. Salté de la cama y fui a encender la luz.

Me eché una siesta corta y luego me di una ducha fría, pero me salté el desayuno. El pesaje era a las 12 del mediodía en el teatro del Madison Square Garden y no quise correr riesgos y planeé pesarme con el estómago vacío. Me tomé mi tiempo para prepararme y cogí el tren F hasta la calle 34/Herald Square y caminé unas cuadras hasta encontrarme con Coach en la entrada.

"¡Tienes buen aspecto, chica!", dijo Coach cuando me vio. No quise contarle lo que había pasado anoche y en su lugar sonreí nerviosamente y dije: "Sólo quiero pesarme y no preocuparme más". El Madison Square

Garden era el escenario más grande de la ciudad de Nueva York, donde juegan los equipos más importantes y se celebran los conciertos más famosos del mundo.

Era la primera vez que entraba en el Madison Square Garden y estaba impresionada. "De acuerdo, chica, primero vamos a pesarte y luego almorzaremos bien y podrás echarte una siesta en el gimnasio antes de pelear esta noche", dijo Coach. Entramos en el teatro y me quedé boquiabierta cuando vi el cuadrilátero brillar bajo las luces y las cámaras de vídeo sobre el cuadrilátero. "¿Es ahí donde voy a pelear esta noche?" le pregunté a Coach.

Su cara se iluminó y respondió: "Sí, Alcivar. Peleé aquí en las finales de los Golden Gloves hace tiempo, pero no gané. Ya no puedo pelear, así que vivo a través de ti. Tienes todo lo que se necesita para ganar. Tienes que salir ahí y darlo todo", Nunca había sentido esta presión. En mis días de artes marciales, no me importaba ganar o perder. Sólo peleaba duro y eso acostumbraba a ser suficiente.

Entré en la sala donde los oficiales metropolitanos de boxeo de EE UU estaban registrando a los boxeadores. Cuando entré, estaban hablando con el entrenador de mi oponente. Lacy ya se había pesado y quería quedarse para asegurarse de que yo estaba en mi peso. Entré con las oficiales y a Lacy le permitieron entrar, pero no a los entrenadores. "¡ALCIVAR-118.0!" gritó la oficial y lo anotó en mi libreta de boxeo y me dijo: "Ya estás lista. Puede ir a comer y descansar, pero asegúrese de estar de vuelta aquí a las 5 de la tarde. El primer combate es a las 8 de la tarde y eres el cuarto combate de la noche". Afirmé con la cabeza y volví a ver a Coach y le dije: "118.0 y tengo que estar de vuelta a las 5 de la tarde. Soy el 4º combate".

Coach me chocó los cinco y dijo: "¡Muy bien chica, muy bien! Vamos a comer algo y puedes echarte una siesta en el gimnasio". Ni siquiera tenía hambre, pero ¿quién puede decir que no a un trozo de pizza de Nueva York? Me pesaban los ojos y tenía muchas ganas de echarme una siesta. Llegamos al gimnasio y Coach apagó las luces y me encerró en la oficina del gimnasio. Me tumbé en el sofá de la oficina del gimnasio y utilicé su abrigo como cobija. Incluso con la música puesta y los sonidos de los miembros del gimnasio golpeando el saco, me sumí en un profundo sueño.

"Eh, chica, despierta. Son las 3 de la tarde", dijo Coach. Me sobresalté y durante unos segundos no supe dónde estaba ni qué día era, pero enseguida me di cuenta de que era uno de los días más importantes de mi vida. Agradecí la siesta y me sentí renovada. Pero entonces aparecieron los nervios. Me lavé la cara, cogí mi bolsa de lona y estaba lista para salir.

Coach y yo nos subimos al tren número 2 y nos bajamos en Penn Station, en la calle 34. "Antes de ir al Garden, tenemos que parar rápido en algún sitio", dijo Coach. Yo estaba confusa mientras él jalaba el cuello de mi chaqueta. "Pero Coach, son casi las 5 de la tarde. Vamos a llegar tarde", le supliqué. Entonces, vi que estábamos entrando en la iglesia de San Francisco de Asís. "Sólo tenemos que rezar una oración rápida para esta noche", dijo Coach.

Me arrodillé, cerré los ojos y sentí que las lágrimas corrían por mis mejillas. "Por favor, Dios, ayúdame a tener valor y fuerza esta noche y que sea tu voluntad. Amén", Nos apresuramos hacia el Madison Square Garden y entramos por la entrada lateral. Los guardias de seguridad chocaron los cinco con Coach y le dijeron: "¡Buena suerte campeona!" No me sentía como una campeona, pero me sentí bien al oírlo.

Me registré y me dirigieron a los vestuarios de la esquina amarilla. Me acomodé en mi vestuario que tenía luces, un sofá, sillas y mi propio baño. Entré y me puse mi pantalón negro con ribetes dorados, mi camiseta de tirantes amarilla y mis botas. Ya eran las 7:30 p.m. y los oficiales me habían dado el casco y los guantes para que me los pusiera. Ya podía oír al público desde mi vestuario. Fui al baño por última vez y luego me vendaron las manos con gasas y esparadrapo y me pusieron los guantes justo después. Coach sostenía las almohadillas. "Uno, dos y gancho al cuerpo y gancho a la cabeza, esquiva, esquiva y muévete", me dijo Coach una y otra vez hasta que entré en calor.

El 1er combate ya estaba en el cuadrilátero y oí al público enloquecer animando y gritando. El 1er combate había terminado en el 1er asalto.

Dos combates más y era mi turno. Eran sólo tres asaltos de 2 minutos con un minuto de descanso entre ellos, así que pronto entraría en el cuadrilátero. Coach me mantuvo en movimiento para mantenerme caliente y pronto oímos "¡ALCIVAR LISTA!" y la anunciaron primero: "En la esquina azul de Suffolk Boxing PAL, EILEEN LACY y en la esquina amarilla de Wall Street Boxing. PATRICIA ALCIVAR". Subimos al centro del cuadrilátero para recibir las últimas instrucciones y entonces sonó la campana oficial: "¡BOX!"

Tanto Lacy como yo salimos golpeando con furia y el público estaba en pie durante el primer asalto. En el intercambio, Lacy aterrizó con un fuerte derechazo que hizo que el árbitro saltara y me diera una cuenta de ocho en pie. "UNO, DOS, TRES", gritó el árbitro mientras levantaba visiblemente las manos, pero yo había levantado ambas manos inmediatamente desde el primer conteo para hacerle saber que estaba bien. Fue un buen golpe sólido, pero no me hizo ningún daño. Sonó la campana del final del primer asalto y me fui a mi esquina. "¡Tienes que moverte Alcivar! Pégale y muévete. Esta chica es fuerte y descuidada y viene con la cabeza agachada, así que lanza ese uppercut", me dijo Coach mientras me daba agua.

Empezó el segundo asalto y yo tenía la misión de devolvérsela. Empezamos de nuevo al mismo ritmo furioso y ahora yo estaba asestando los golpes más significativos y busqué la oportunidad de lanzar ese uppercut y efectivamente, ella entró con la cabeza agachada y yo lancé el uppercut más duro que pude y el árbitro saltó y ahora le dio un conteo de ocho en pie, "UNO, DOS, TRES, CUATRO", gritó por encima del rugiente público. Lacy levantó las manos al quinto conteo y entonces sonó la campana. Fui a mi esquina y Coach sacó el taburete, "¡Toma asiento, Alcivar! Ahora tienes que salir ahí fuera y mantenerte alejada de ella. Ella viene a vengarse. ¡PEGA Y MUÉVETE!"

Tercer y último asalto, llegamos al centro del cuadrilátero y nos dimos un toque de guantes. Yo era más alta que Lacy, con 5 pies 4 pulgadas frente a sus 5 pies 1 pulgada, y seguí marcándola con mi jab cuando ella entraba. La golpeaba y me movía y nos enfrentamos en un último intercambio del que salí vencedora cuando sonó la campana final. Lancé las manos al aire y pude oír al locutor, Gil Clancy, decir: "¡WOW! ¡QUÉ PELEA! Le doy la pelea a Alcivar basándome en ese asalto final".

Coach me chocó los cinco y me quitó la protección de la cabeza y yo volví al centro del cuadrilátero junto al árbitro y Lacy estaba en su esquina. Entonces el locutor dijo: "¡Un gran aplauso para estas dos mujeres! Después de 3 emocionantes asaltos, tenemos una decisión dividida.... La ganadora es... ¡DE LA ESQUINA AZUL!"

Me dolía el corazón y sentí que me entumecía. No quería ni mirar a Coach. Me acerqué, estreché la mano de Lacy y la felicité. Era lo correcto. Oí al público "BOO" por la decisión, pero no había nada que hacer. Salí del cuadrilátero y fui directa a los vestuarios. Coach me puso las manos en el hombro y me dijo: "Escúchame Alcivar, ¡GANASTE esa pelea! Fue por política. Ella tenía al entrenador más popular y eso apesta, pero no nos vamos a rendir. Eres la Campeona ante mis ojos y ante los ojos de esa multitud". Sólo pude decir: "Lo siento Coach. No debería haber estado tan cerca. Lo haré mejor la próxima vez". Coach me abrazó y salimos por la puerta trasera.

Caminamos hasta Gray's Papaya que era un lugar popular de perros calientes. Coach pidió unos 6 perros calientes y se los comió en pocos minutos. "Yo como cuando estoy disgustado y esta noche, realmente pensé que habías ganado chica. Asumo la culpa. Esto no volverá a ocurrir", fueron las últimas palabras de Coach antes de meterme en un taxi para volver a casa.

Capítulo Cinco - Asalto 5

Las **Nacionales de Estados Unidos**
"El propósito de la vida es vivirla. Saborear al máximo la experiencia. Alcanzar con ansia y sin miedo nuevas y más ricas experiencias", Eleanor Roosevelt

Era medianoche cuando llegué a casa después de mi torneo de Guantes de Oro. Intenté permanecer fuerte y no llorar delante de Coach, pero ahora estaba sola en mi habitación y me puse a llorar. Peleé con todas mis fuerzas y no gané. Quizás mi madre tenía razón y yo no servía para nada, pensé entre lágrimas. "Dios, supongo que era tu voluntad. Por favor, ayúdame a entenderlo y a aceptarlo. Por favor, ayúdame a ser fuerte y a ver las cosas con claridad", sollocé y luego me quedé dormida en el piso.

A las 8 de la mañana del día siguiente, Coach me llamó a mi nuevo teléfono móvil, pero no contesté. No quería hablar con nadie y, en su lugar, empaqué una pequeña mochila y cogí el tren a Central Park. Primero me dirigí al New York Road Runners Club para dejar mis pertenencias antes de salir a correr. Pregunté en recepción si el Sr. Allan Steinfeld estaba disponible sin darme cuenta de que era sábado. "Oh, lo siento cariño, pero es sábado y hoy no está. Puedes dejarle un mensaje si lo deseas", dijo la recepcionista.

Escribí una nota que decía: "Hola Sr. Allan Steinfeld, soy Patricia, la chica a la que ayudó con una inscripción para la Maratón de Nueva York el año pasado. Me gustaría volver a correrlo este año. Aquí tiene mi correo electrónico y mi número de teléfono móvil. Correr el Maratón de Nueva York me cambió la vida y me ayudó a sentirme viva. Acabo de perder mi combate de los Guantes de Oro anoche y correr es lo único que me ayuda a quitarme el dolor. Espero que se encuentre bien. Gracias. Patricia".

Era una mañana fría, gris y húmeda de abril, pero me sentí aliviada corriendo por Central Park. Corrí 2 vueltas completas que eran 12 millas y por fin pude respirar. Mientras caminaba de vuelta para cambiarme, sonó mi teléfono de un número que no reconocí. Decidí contestar y la voz de un hombre me dijo: "Hola Patricia, me llamo David González y me gustaría entrevistarte para un reportaje en el New York Times sobre tu pelea de los Guantes de Oro".

Dudé, pero contesté: "Hola, señor González, muchas gracias, pero ayer perdí mi pelea. ¿Por qué querría entrevistarme?" Se rió y dijo: "Vi tu pelea y Gil Clancy, el público y yo pensamos que ganaste ese combate. ¿Estás disponible para reunirnos hoy para una entrevista rápida? Puedo encontrarme contigo en cualquier sitio para tomar un café o comer". Dudé, pero respondí: "Bueno, acabo de terminar de correr, pero si quiere, podemos vernos pronto aquí cerca de Central Park o en Queens".

Volví a New York Road Runners, me lavé la cara en el baño y me cambié la ropa sudada. Me tomé mi tiempo caminando de vuelta a Central Park, donde me reuniría con el Sr. González para mi primera entrevista. Mientras caminaba, un hombre alto y delgado con gafas me llamó: "¡Señorita Alcivar!" Recordé lo que Coach me había enseñado sobre salir de mi cascarón y no ser tan tímida. Le tendí la mano y le dije: "Encantada de conocerle, señor González". Cruzamos la calle y nos sentamos en un banco dentro de Central Park. Tenía un comportamiento muy amable y me sentí cómoda durante toda la conversación y, por primera vez fuera del Coach, le conté al Sr. González que llevaba sola desde los 15 años, que había corrido la maratón de Nueva York, que trabajaba para Sanctuary for Families y que mi sueño era convertirme en campeona.

Sonrió y me dijo: "Srta. Alcivar, puede que ahora no se dé cuenta, pero sobrevivir por su cuenta, graduarse de la escuela secundaria con honores y ser quien es ya la ha convertido en una Campeona en la vida". Sabía que mi cara y mis orejas estaban rojas. Se levantó, me estrechó la mano y me dijo que llamaría a Coach y a la Sra. Laurie Guilfoyle, directora ejecutiva de Sanctuary for Families y que la historia aparecería en el New York Times el lunes por la mañana.

Cogí el tren a casa y sus palabras no dejaban de resonar en mi mente. Cuando volvía a casa, vi a Adrian esperándome fuera: "¡Felicidades, campeóna! ¡Te han robado! Todos estábamos allí animándote. Me gustaría llevarte a celebrar", me dijo. Sentí náuseas y le contesté antes de cerrar la puerta: "Te lo agradezco mucho, pero ahora mismo lo único que quiero es estar sola y descansar".

Cuando entré en mi habitación, vi un nuevo equipo de música con flores y una nota que decía: "Felicidades campeona, con cariño Adrian". Estaba enfadada porque otra vez estaba en mi habitación sin mi permiso. No quería subir de nuevo y lidiar con él. Sólo quería descansar. Entre la pelea del viernes y correr 12 millas hoy, estaba lista para caerme y me desvanecí sin siquiera darme una ducha.

Me desperté temprano y me di una larga ducha caliente y repasé los eventos de los últimos 2 días. Llamé a mi hermana y le pregunté si quería acompañarme al servicio de la iglesia por la tarde y cenar después. Aceptó y enseguida me sentí mejor. A veces me sentía sola y oír su voz me hacía sentir mejor.

Mi hermana se reunió conmigo en la iglesia y llevó a mi sobrina en su cochecito. Ver a mi sobrina me recordó sentimientos dolorosos que tuve de niña. Recuerdo que una vez le dije en voz alta a mi madre durante una discusión que nunca tendría hijos y les haría pasar por la tortura que yo estaba viviendo. Ahora, mi hermana era una joven mamá y me preguntó si quería cargar a mi sobrina que apenas tenía un año. Extendí nerviosamente los brazos. Recuerdo que me sentí abrumada por las emociones. Era preciosa, inocente y hermosa. La volví a colocar en su cochecito y escuchamos el servicio religioso. Después fuimos a Georgia

Diner, un restaurante local que se convertiría en uno de nuestros lugares favoritos para cenar. Le conté todo lo que había ocurrido en los dos últimos días y ella compartió lo que estaba pasando con su vida. Era un domingo agradable.

Cuando me apresuraba a coger el tren para ir al trabajo, Adrián me gritó: "¡Felicidades por el artículo del New York Times! He cogido unas cuantas copias". Le di las gracias y cogí el periódico mientras me alejaba a toda prisa hacia la estación de tren. Era el artículo principal de la sección Metro y decía: "Una cara amable, pero sus puños son feroces".

The Metro Section

The New York Times

DAVID GONZALEZ

About New York

A Kind Face, But Her Fists Are Fierce

MARTIN SNOW knew that Patricia Alcivar was different when the slender, raven-haired woman took his breath away. Actually, she knocked the wind out of him with a shot to the gut.

She was a student in his boxing-for-fitness class at the New School last year. She wanted to improve her karate punching skills but wound up becoming his fighter, training with the mugs and pugs at Gleason's Gym in Brooklyn.

She's different, and not just because she's a woman. Every day, before she joins the Rocky types at Gleason's, she works as the receptionist at Sanctuary for Families, an agency that helps battered women. She is often the first comforting face seen by the women and children who go there in search of legal advice, a safe bed or a caring heart.

It takes a real mental switch when she steps into the ring against other women, lest distracting moments of contradiction sneak up on her.

"In my job, I try to help women as much as I can," she said, after a sweaty workout at Gleason's. "This is a sport. I don't think of it as beating up other women. I look at it as a challenge."

She still has to bridge the gap between her compassionate, professional side, and the take-no-prisoners attitude her sport demands. Like the time last year she broke her opponent's nose.

"I saw her nose bleeding all over," she said. "At first I felt sorry and stopped punching. Then I said to myself, 'What's wrong with me?'"

DESPITE her doubts, the 20-year-old Woodside resident has already proved her mettle where it counts, in life. Her mother moved back to Colombia when Ms. Alcivar was 15, leaving her alone to work her way through school, balancing jobs with homework. She's now studying to be a paralegal so she can help the lawyers who represent battered women.

She has always been athletic. She went from a childhood obsession with gymnastics to karate, marathon running and boxing.

Mr. Snow, her trainer, said her drive and self-sufficiency were as impressive as any flurry of punches he has ever seen her throw. And while he appreciates the irony of her dual lives, he said the boxing ring represented equality for women and a chance for them to prove themselves alongside champs.

"It's not like she's talking about women's rights or feminism," he said. "She's doing it. So many talk a good game, but she's doing it."

Although she lost in the finals of the women's 119-pound division at the Golden Gloves, Mr. Snow says that she's good enough to turn professional. She has character, skills and smarts, he said. Not a bad combination.

Laurie Guilfoyle, the executive director of Sanctuary for Families, expresses a certain bewilderment with her receptionist's newfound passion. After all, her office is the ultimate violence-free zone.

"A lot of the women here have been knocked down a lot, and not just in the metaphorical sense," she said. "For a feminist, it makes us reflect on what feminism is. Where do you draw the line? There's been a whole line of things that women were told they shouldn't do because they're women. What's exhilarating is that Patricia has an ability to do it and do it well. But, oh my God, I'd never hit anybody except in defense of my life."

She's glad Ms. Alcivar has goals. She's also glad she's not her mother.

WITH a few bouts under her belt (a regular one, not the championship kind), Ms. Alcivar looks at her boxing as a way to build confidence. That kind of self-assurance, she said, was probably the most important thing she could tell any of the women who come to her office.

"I get mad when I hear women get beat up by their husbands," she said. "I wish they would learn boxing or self-defense. But it's not only about that. It's about self-esteem."

She suspects that her co-workers, who cheered for her during her Golden Gloves bouts, probably don't relate to what she's doing. And when she looks at her two lives, she goes to the neutral corner when asked if she's a feminist.

"I work with a counseling agency and I believe strongly in what we do," she said. "A lot of things that women go through are unfair. So is a lot of what goes on in New York City.

"I'm not a feminist. I just know the difference between right and wrong."

And right and left hooks, too.

Leí atentamente el relato en el tren. El Sr. David González resumió nuestra conversación de forma muy elocuente y, al parecer, también había hablado con Coach y con la directora ejecutiva de Sanctuary for Families. Escribió la misma frase que me dijo a mí sobre cómo yo ya me había ganado una medalla de campeona en la vida por haber sobrevivido viviendo sola a una edad tan temprana. Ahora, mi historia estaba ahí fuera y sentía menos miedo. Sin saberlo, cuanto más hablaba de mi pasado, menos poder tenía sobre mí.

Llegué al trabajo e intenté ponerme al día con los mensajes y actuar con normalidad, pero sólo pasaron unos minutos antes de que Laurie, la directora ejecutiva entrara por la puerta principal con el periódico en las manos. Me echó una larga mirada y luego extendió su mano para estrechar la mía. "Felicidades, jovencita. Eres una chica fuerte", dijo y sonrió, cosa que rara vez hacía, y luego se dirigió directamente a la sala de fotocopias. Ella misma hizo un montón de copias del artículo y luego empezó a entrar en las oficinas de todos los empleados y a dejar el artículo en sus escritorios.

El teléfono sonó en la línea privada y era Coach: "¡Eh, Alcivar! ¡Bonito artículo en el periódico de hoy! ¿Cómo te sientes? Quiero que pases hoy por el gimnasio. Quiero llevarte a comer pizza o algo así". Respiré profundamente y dije: "Coach, no he ganado. No merezco una comida de celebración. Sólo quiero volver a entrenar para el año que viene". Sabía que no le gustaba lo que decía, pero era realmente como me sentía.

"Los responsables de USA Boxing Metro me llamaron y me dijeron que el año que viene van a realizar el primer Campeonato Nacional de Boxeo Amateur Femenino de Estados Unidos. Este es nuestro nuevo objetivo. Vuelve aquí mañana y bajaremos a Gleason's a hacer sparring". Podía sentir cómo volvía a respirar. Había aprendido desde muy joven que la vida tenía más sentido cuando tenías algo por lo que luchar. "Campeonatos nacionales", sonaba increíble y ése sería mi nuevo objetivo sin olvidarme de los Guantes de Oro de Nueva York.

Antes de que Coach colgara el teléfono, me dio el nombre y la dirección de un consejero al que quería que viera, el padre Joe, de la iglesia de San Francisco de Asísi, en la calle 32, cerca del Madison Square Garden, donde habíamos parado antes de mi pelea de los Guantes de Oro. Al crecer, no tenía a nadie con quien hablar de mis sentimientos. No se me permitía decir mucho, pero yo también tenía que cambiar eso y ésta era la oportunidad de hacerlo.

Aprendí a través del material de lectura de Sanctuary for Families que yo o cualquiera en situaciones de maltrato tenía el poder de romper el ciclo del maltrato con consejería, conocimiento y el deseo de cambiar. Luchaba cada día por no ser como nadie de mi familia, así que ésta era mi oportunidad de dar sentido a tantas cosas que había mantenido en secreto durante tanto tiempo. Esperé hasta la hora de comer para llamar al número que me había dado Coach.

Una voz suave me contestó: "Hola, ¿en qué puedo ayudarle?" Y yo, nerviosa, respondí: "Hola, me llamo Patricia y mi Coach de boxeo me dio su número. Tuve unos padres maltratadores y vivo sola desde los 15 años. A veces sufro pesadillas y tristeza. Me dijo que usted puede ayudarme". Hubo una larga pausa, pero me dijo: "Patricia, si estás libre hoy a las 5 de la tarde, puedo verte. Me encuentro justo enfrente del Madison Square Garden, en la iglesia de San Francisco de Asísi". "Sé exactamente dónde está Padre Joe. Estuve allí recientemente rezando justo antes de pelear. Estaré allí hoy a las 5 de la tarde".

El Madison Square Garden estaba a sólo 15 minutos en tren expreso del trabajo, así que salí unos minutos antes y me apresuré a reunirme con el padre Joe. Llegué allí a las 4:59 p.m. y al acercarme a la iglesia de San Francisco de Asísi, un hombre de complexión media, de 5'8", pelo corto sal y pimienta y de unos 50 años me sonrió, me tendió la mano y me dijo: "Tú debes de ser Patricia". Me senté en un cómodo y viejo sofá y empecé a contarle al padre Joe mi historia desde que era un bebé. Me escuchó pacientemente. "¿Has tomado alguna vez el antidepresivo Prozac, Patricia?" me preguntó. "No Padre Joe. No me siento ni he estado nunca deprimida. Correr y boxear me hacen sentir viva y bien conmigo misma", le contesté.

Entonces el padre Joe continuó diciendo algo que todavía guardo cerca de mi corazón: "Has pasado por muchas cosas en tu corta edad Patricia y el hecho de que seas como eres te convierte en una anomalía. No tienes mucha inteligencia callejera, ¡pero tienes instintos dados por Dios! Escúchalos. No te fallarán. Me gustaría verte una vez a la semana, para que puedas sanar adecuadamente y trabajar algunas cosas para que no se conviertan en problemas en el futuro. ¿Qué te parece?" Sonreí y asentí, le estreché la mano y acepté verle una vez a la semana.

Cuando estaba lista para coger el tren de vuelta a casa, vi que tenía un mensaje de voz y era de Allan Steinfeld. "¡Patricia! ¡Enhorabuena por el maravilloso artículo en el New York Times! Me ha gustado mucho leerlo y, por supuesto, puedes volver a correr la maratón de Nueva York este año y siempre que quieras. Haré que mi asistente te envíe por correo una solicitud especial con la cuota exenta. Por favor, mantente en contacto". ¡Estaba encantada! Allan Steinfeld se convertiría en una de las raras personas de mi vida que fue genuinamente amable conmigo desde el momento en que me conoció sin esperar nada a cambio.

Trabajar en Sanctuary for Families se había convertido en una rutina y sabía que para mí eso no era una buena señal. Si algo no me desafiaba o no me ayudaba a crecer de alguna manera, sentía la necesidad de avanzar en otro camino. Mantuve ese pensamiento mientras disfrutaba de mi desayuno y comenzaba mi jornada laboral devolviendo llamadas telefónicas, haciendo referencias, traduciendo algunos documentos, encargando suministros y reponiendo la despensa de alimentos. Se acababa el día y me apresuraba a coger el tren expreso número 2 hacia Brooklyn.

En cuanto llegué a Gleason's, Coach se apresuró y me dijo: "Eh, chica, cámbiate rápido porque tengo que volver corriendo a Wall Street. Tengo que entrenar a un par de clientes privados". Así que me cambié lo más rápido posible, me vendé las manos y salté la cuerda durante 3 rondas. Cuando Coach me estaba poniendo los guantes, le dije: "¡Necesito venda! Me duelen las muñecas desde los Guantes de Oro". Coach parecía molesto, pero consigo mismo porque se había olvidado de traer esa cinta. "Sólo vamos a hacer 3 asaltos rápidos con Judah, así que no te preocupes", dijo Coach. Me puse muy nerviosa cuando dijo eso. Judah era uno de los mejores boxeadores amateur masculinos de Estados Unidos a punto de convertirse en profesional.

Judah no sintió la necesidad de llevar un protector de cabeza y siguió bailando por el cuadrilátero con una sonrisa de satisfacción en la cara que daba rabia. Lanzó un duro jab que aterrizó a ras de mi nariz e hizo que se me humedecieran los ojos. Instintivamente lancé la derecha más dura que aterrizó encima de su cabeza. Él sonrió lo que significaba que lo había sentido, sin embargo, yo sentí aún más el impacto en mi mano. Como no llevaba protector de cabeza, me sentí como si acabara de golpear una roca. Terminamos los 3 asaltos y descargué algunos buenos golpes al cuerpo y, en su mayor parte, boxeé muy bien. Judah me abrazó al final y estrechó la mano de Coach y le dijo: "Tienes una boxeadora con mucho talento".

Coach me quitó los guantes y el casco y corrí a los vestuarios a cambiarme. Me temblaba la mano derecha y me sentía muy rara. Ni siquiera podía sostener mi botella de agua, pero me cambié y cuando salí, Coach se había marchado. Judah se acercó y me dijo que Coach le había dicho que me dijera que tenía que irse pero que le llamara cuando llegara a casa. También se ofreció a acompañarme a la estación de metro, pero yo era muy tímida para eso y le dije que estaría bien.

Cuando llegué a casa, mi mano no paraba de temblar. Llamé a Coach y le dije: "¡Mi mano no deja de temblar, Coach! Me duele mucho y no puedo sujetar nada con la mano derecha". Me dijo que mañana avisara que estaba enferma en el trabajo y que me llevaría al hospital St. Luke de la calle 59. No pude dormir del dolor. Me reuní con Coach en el gimnasio de boxeo y cogimos el tren hasta el hospital. Recuerdo que me había dicho después de los Guantes de Oro que odiaba ver llorar a las chicas, así que seguí intentando contener las lágrimas. Llegamos al hospital y un apuesto médico me examinó la mano. "Vamos a hacerle una radiografía para asegurarnos de que no está fracturada", dijo el doctor.

El doctor volvió con los resultados de la radiografía y dijo: "Lo siento Patricia, tienes una fractura del hueso radial distal de la muñeca derecha. Esto requerirá que lleves un yeso desde los dedos hasta el codo durante 10-12 semanas para inmovilizar completamente esa muñeca y asegurar que se cure adecuadamente. No puedes mojar el yeso, así que puedes llevar una bolsa sobre él mientras te duchas. Necesitaré que me consultes cada dos semanas y me digas cómo te encuentras".

Ahora ya no pude evitarlo y ¡empecé a llorar! "Doctor, ¿está seguro?" preguntó Coach. Le enseñó la radiografía a Coach y le señaló exactamente dónde estaba la fractura y luego hablaron en una habitación aparte mientras yo hundía la cara entre las manos y sollozaba. Lloré durante todo el tiempo que me estaban poniendo el yeso en el brazo derecho. Coach volvió a salir, me puso la mano en el hombro y salimos. "No te preocupes, chica. Todo irá bien. ¿Sabes quién tiene el mejor jab de la historia del boxeo? Joe Frazier. A él le pasó lo mismo. Vas a tomarte el resto de esta semana libre del gimnasio y volverás la semana que viene y lo único que vamos a hacer es trabajar en tu mano izquierda. ¿Entendido?"

Empecé a llorar aún más. "Lo siento Coach. Sé que no le gusta ver llorar a las chicas. Sólo estoy triste ahora mismo, pero estaré bien, sólo necesito algo de tiempo a solas para sacarlo todo de mi sistema, pero volveré al gimnasio y trabajaré en mi mano izquierda".

Llegué a casa con un yeso y con los ojos hinchados de tanto llorar. Me miré en el espejo y no me gustó sentirme tan incapaz y triste. Me sentí mejor y empecé a orar: "Dios, ayúdame a ser fuerte y valiente. Esto está sucediendo por una buena razón que no veo en este momento. Por favor, ayúdame a ser paciente y a seguir adelante. Amén". Me quedé dormida en la alfombra y estaba soñando que estaba en la Competición Nacional de Boxeo y era el final del combate y el árbitro estaba a punto de levantar mi mano como la ganadora y, de repente, el sueño terminó cuando me desperté bruscamente al oír que golpeaban a mi puerta. "He comprado una ensalada de pollo extra del Boston Market para ti. Voy a dejártela aquí. Hablamos más tarde", dijo Adrian. No había comido nada en todo el día y me sentí un poco mal, pero abrí lentamente la puerta y cogí la ensalada de pollo.

Me comí lentamente la ensalada de pollo y pensé en la oración y en el sueño. La siesta me había sentado bien y me sentía mejor. "Se acabaron los lloros y los sentimientos de pena", me dije. Empecé a visualizar lo que quería hacer. Mañana me levantaré temprano e iré a correr y luego al trabajo y después compraré platos y utensilios desechables. Aprenderé a hacerlo todo con la mano izquierda. Nacer diestra supondrá un reto, pero no iba a dejar que estar con un yeso me impidiera hacer las cosas que me gustaban.

Sin que sonara el despertador mis ojos se abrían a las 5 de la mañana y todo, desde vestirme, atarme los zapatos, cepillarme los dientes e incluso ir al baño, era más difícil y me llevaba mucho más tiempo hacerlo con una sola mano. Era una típica mañana de verano en Nueva York, lo que significa caluroso y húmedo, y a los 5 minutos de correr ya estaba empapada en sudor. El yeso me resultaba caliente y pesado, pero me sentía bien corriendo. Acabé corriendo durante una hora entera y me dirigí de vuelta a casa.

Justo cuando me acercaba a la puerta de mi casa oí: "¡Eh, campeona! ¿Qué te ha pasado en el brazo? ¿Estás bien?" Me encogí, pero conseguí mantener la calma y decir: "Hola Adrian. Gracias por la ensalada de anoche. Te lo agradezco. Me fracturé la muñeca boxeando, pero estaré bien en un par de meses. Tengo que ducharme y ponerme a trabajar", le dije y entré corriendo.

Me quité la ropa y me envolví el yeso con una bolsa de plástico. Lavarme el pelo y el cuerpo con una sola mano fue un esfuerzo, pero me las arreglé. En mi viaje en tren al trabajo, pensé en cómo subestimamos nuestros cuerpos. Estaba agradecida de que este yeso y las molestias fueran temporales. Las personas del tren me ofrecieron un asiento debido a mi yeso, así que lo cogí. Agradecí la oportunidad de sentarme, cerrar los ojos y meditar durante los siguientes 45 minutos hasta llegar a mi parada.

Llegué a la oficina justo a las 9 de la mañana. Me senté en mi escritorio e inmediatamente sonó el teléfono. Coger el teléfono con la mano izquierda era incómodo y luego intentar teclear con una mano era aún peor.

Carla abrió los ojos cuando vio mi yeso y dijo "¡Dios mío Patricia! ¿Estás bien?" Le contesté tranquilamente: "Me fracturé la muñeca hace un par de días mientras boxeaba, pero estoy bien. El yeso me lo quitarán en un par de meses. Estoy 100% bien para trabajar, así que por favor no te preocupes Carla". Tendría que repetir esto mismo más de 20 veces a cada miembro del personal.

Era agradable que al menos se preocuparan, pero también me disgustaba que alguien sintiera lástima por mí. Siempre le decía al padre Joe que no me considero una víctima de nada, sino una superviviente y una luchadora. Aquel día, trabajé para aprender a teclear con la mano izquierda y hacer mi trabajo de la forma más normal y eficiente posible. El brazo me picaba y me daba mucho calor, pero se hizo más fácil y me sentí preparada para volver al gimnasio de boxeo tras una semana de adaptación. Estaba ansiosa por ir al gimnasio de boxeo sobre todo porque no quería explicarle toda la historia a nadie. Cuando llegué, Coach me chocó los cinco con la izquierda y me dijo: "¡Me alegro de verte, chica! Cámbiate y haz la máquina de correr y luego nos pondremos a trabajar". Le susurré al oído: "Coach, por favor, no me haga hablar con nadie. No quiero explicarle nada a nadie. No quiero que nadie sienta lástima por mí".

Era un caluroso y húmedo día de verano de julio en la ciudad de Nueva York en el que hasta los espejos y las ventanas se empañaban en el gimnasio de boxeo. Siempre estaba acomplejada por mi aspecto y por lo que llevaba puesto. Odiaba que las personas me miraran. Como latina, tendía a tener curvas y, aunque menuda con 5'4" de altura y 120 libras, mi peso se concentraba sobre todo en el trasero y las piernas, pero hacía tanto calor y humedad que llevaba pantalones cortos y un sostén deportivo mientras calentaba en la máquina de correr.

Salí de la máquina de correr 20 minutos después empapada en sudor. Me envolví sólo la mano izquierda y empecé a hacer boxeo de sombra en el espejo lanzando combinaciones con el jab, uppercut al cuerpo y gancho de izquierda a la cabeza. Después empecé a mezclarlo y a lanzar tres ganchos de izquierda consecutivos a la cabeza, luego un gancho de izquierda a la cabeza, un uppercut de izquierda al cuerpo y terminé con un gancho de izquierda a la cabeza. Luego lancé un jab y un gancho de izquierda a la cabeza.

"Eso es exactamente lo que quiero que hagas en el saco pesado, pero te vas a mover más y vas a añadir tus esquives y tejemanejes con esas combinaciones. Quiero que hagas 8 asaltos en el saco así y eso es todo por hoy", dijo Coach. Siempre me había gustado golpear el saco pesado. Era donde podía practicar todo lo que había aprendido, pero también era una válvula de escape. Empecé a moverme de lado a lado y a lanzar jabs, esquivando, deslizándome y luego empecé a lanzar combinaciones duras de izquierda. Estaba concentrada y recordé lo que había dicho Coach sobre que Joe Frazier tenía el mejor jab del boxeo. Tener un solo brazo durante más de 10 semanas en verano iba a ser todo un reto, pero iba a aprovecharlo al máximo y también recordé que mi objetivo era convertirme en campeona nacional.

Habían pasado 4 semanas y aprendí a hacer casi todo con la mano izquierda. Me apunté a la Police Chase 5k en Flushing Meadows Park, que tuvo lugar un viernes por la tarde después del trabajo, en pleno calor del verano de Nueva York. Un ex policía alto, encargado del evento, gritó breves instrucciones a través de un megáfono y luego hizo sonar la sirena y ¡no fuimos! Yo sólo conocía una velocidad, así que me puse en marcha y corrí con el pelotón de cabeza de las mujeres. "¡Qué guerrera!" gritó un espectador. Era un recorrido de 2 vueltas y lo repitió mientras yo pasaba corriendo y me señalaba. Agradecí el halago y corrí más rápido. ¡Me coloqué entre las 5 primeras mujeres! No me quedé para la entrega de premios. Estaba contenta de saber que había podido correr incluso con el brazo enyesado.

Ese fin de semana, apareció un artículo en la sección de deportes del NY Daily Newspaper en el que se anunciaba que ¡el Campeonato Nacional de Boxeo Femenino Inaugural de Estados Unidos se realizaría en Augusta, Georgia, el próximo verano! Respiré profundamente, cerré los ojos y oré. "Campeona nacional," eso sería increíble. Llamé a mi hermana y almorzamos con mi sobrina en nuestro restaurante favorito, Georgia Diner, y se lo conté todo. También aprovechó para pedirme que fuera la madrina de mi sobrina. Qué honor y no dudé en decir "¡SÍ!" Nunca pensé en mí misma como madre, pero tener una ahijada sería probablemente lo más cerca que estaría.

Cuando fui al gimnasio de boxeo ese lunes, Coach tenía el periódico. "Lo he leído todo Coach. Es lo que más deseo", le dije. "Vamos a trabajar más duro que nunca y vamos a quitarnos pronto el maldito yeso", me contestó antes de cambiarme y me subí al cuadrilátero para entrenar. Mi mano izquierda mejoró notablemente. Perdí la cuenta de cuántas rondas hicimos, pero me parecieron como cien.

Trabajé todo el verano en Sanctuary for Families, en el gimnasio y corriendo por las carreteras. Había sido un verano caluroso y desafiante y ahora nos preparábamos para el otoño. 12 semanas completas con el yeso y estaba deseando que me lo quitaran en mi cita en el hospital. Coach se reunió conmigo en la oficina del médico. Entré para hacerme una última radiografía y me puse a llorar cuando el médico me dijo que quería que siguiera con el yeso otras 4 semanas. "No estoy seguro de que su muñeca se haya curado del todo. Aunque las radiografías no muestran una fractura, hay una ligera sombra que no es concluyente", dijo el médico.

Salí corriendo del hospital y no esperé al Coach. Caminé hasta Central Park y di una vuelta entera de 10 km y luego me fui a casa. Apagué el teléfono y cerré los ojos. No quería hablar con nadie. Me desperté a las 5 de la mañana y me obligué a salir a correr y me alegré de haberlo hecho. El aire fresco del otoño que sentí en la cara mientras corría fue purificador y me ayudó a distraerme de los eventos de ayer.

Cuando llegué a casa, encendí el teléfono y tenía 10 llamadas perdidas y 3 mensajes de voz. Coach quería que fuera al gimnasio hoy después del trabajo. Sabía que tenía que ir al gimnasio y estaba preparada para que me gritara por salir corriendo como lo hice y luego apagar el teléfono. No pensaba en Coach como un padre, aunque siempre se refería a mí como "su muchachita". Coach tenía edad suficiente para ser mi padre y yo le respetaba, pero no era mi padre y yo tenía edad suficiente para hacer lo que me pareciera correcto. Preparé mi bolsa de deporte y planeé ir al gimnasio después del trabajo.

Sentí que se me revolvía el estómago mientras caminaba hacia el gimnasio después del trabajo. Cuando entré, Coach me gritó desde la oficina: "¡Eh, chica! Entra en esta oficina ahora mismo". Me imaginé a mi madre jalándome de la oreja cuando hacía algo que no le gustaba. "Perdone Coach por salir corriendo ayer y por apagar mi teléfono. Estaba muy disgustada y triste", le dije. Tenía un martillo y un serrucho sobre el escritorio y dijo: "12 semanas enyesada es suficiente. Ya estoy harto de este charlatán. Creo que sólo quiere verte más tiempo y mantenerte con ese yeso para siempre. Voy a quitarte ese yeso. Necesito que pongas el brazo sobre ese escritorio y no muevas ni un músculo".

Yo también estaba lista para librarme de ese yeso. Hice exactamente lo que me indicó Coach. Tardó casi una hora en quitarme completamente el yeso utilizando un martillo, un destornillador y un serrucho. Mi brazo derecho se veía tan pálido y delgado. Me miré el brazo y los dedos y me sentí tan rara al no sentir el peso de aquel yeso. "NO vas a golpear nada con esa mano derecha. Puedes hacer boxeo de sombra con ella y saltar a la cuerda, pero NADA de golpes todavía. Tenemos que acostumbrar esa mano o te la volverás a romper. ¿Me oyes ALCIVAR?" Le oí, pero seguía mirándome el brazo. "Sí Coach, lo entiendo", le contesté.

Me cambié, me vendé las dos manos y empecé a saltar la cuerda por primera vez en más de 3 meses. Inevitablemente empecé a sonreír viéndome saltar a la cuerda en el espejo.

Antes de la fractura de muñeca, solía saltar tres rondas de 3 minutos, pero hoy he saltado 6 sólo porque lo extrañaba mucho y luego he hecho boxeo de sombra otras 6 rondas con las dos manos. Vi a Coach a través del espejo también sonreír levemente viéndome boxear en la sombra.

Me puso los dos guantes sólo para que mi mano se acostumbrara a sentir el guante puesto de nuevo. Golpeé el saco pesado durante otros 6 asaltos, pero sólo con la izquierda. "Vamos a hacer que esa mano derecha vuelva a funcionar poco a poco. A partir de ahora, cada vez que termines tu entrenamiento de boxeo, vamos a ir a la sala de pesas y empezaremos a levantar pesas, a hacer flexiones y trabajo de abdominales. Necesitas perder esa grasa de bebé y estar fuerte para las Nacionales Alcivar". Me sentí insultada de que dijera que tenía grasa de bebé y sentí que mi cara se ponía roja, pero marché directamente a la sala de pesas.

Empezamos con flexiones e hice 3 series de 10 flexiones de pecho al piso y luego 3 rondas de sentadillas con sólo la barra en mi espalda seguidas de 3 rondas de abdominales y luego Coach me ayudo en la barra. "¿Cuándo cree que podré hacer una dominada por mi cuenta Coach?" le pregunté. Coach tenía una sonrisa de burla en la cara y respondió: "Bueno, Alcivar, las dominadas son muy difíciles y tienes que ser muy fuerte para hacerlas, pero si te dedicas, tal vez en un año o así puedas hacerlas por tu cuenta". Le devolví la sonrisa y pensé: "Las haré por mi cuenta antes".

Mientras volvía a casa en el metro, podía sentir cómo me temblaban las piernas y los brazos de cansancio, lo que significaba que había sido una sesión de entrenamiento productiva. Quizás, me quedaría dormida sin que mi mente diera vueltas. Mi mente pensaba en todo a la hora de dormir, desde mi infancia hasta mis sesiones de consejería, mis objetivos, mi situación vital, mi hermana, mi sobrina y mi futuro. La oración siempre ayudaba y esperaba quedarme dormida.

Llegué a casa sin hacer ruido, me di una ducha caliente y, afortunadamente, me dormí sin cenar. Mi rutina durante los meses siguientes consistió en correr 3 veces a la semana, trabajar en la oficina 5 días a la semana y boxear 5 días a la semana. Tenía fines de semana para mí en los que me dedicaba sobre todo a correr, ir al cine, ir a la iglesia o pasar el rato con mi hermana y mi sobrina. Había evitado a Adrian a todo costo.

Tenía que aguantar hasta que mi situación financiera mejorara. Después de las Nacionales, necesitaba encontrar un trabajo mejor pagado para poder mudarme.

Había llegado mi época favorita del año: ¡noviembre! Completé otra maratón de Nueva York y recorté casi 45 minutos de mi tiempo anterior. Lloré en la línea de meta por saber que había cumplido la promesa que me había hecho de completar un maratón al año. Incluso a pesar del dolor, me reconfortó mi logro. "Gracias Dios por la fortaleza y el valor", dije en voz baja mientras cojeaba para recoger mis pertenencias. Cuando llegué a casa, Adrian había dejado una nota diciendo que me uniera a él y al equipo de atletismo para una celebración en un restaurante cercano. Eso era absolutamente lo último que quería hacer. En lugar de eso, me di un largo baño caliente y pedí que me trajeran un pollo chino General Tso's ¡con dos Coca-Colas!

Mientras esperaba la llegada de mi cena, llamé a Allan Steinfeld y le dejé este mensaje: "¡Hola Allan! ¡Es Patricia! He terminado mi 2ª Maratón de Nueva York en 4:36, casi 45 minutos menos que la primera. ¡Muchas gracias por toda su bondad! Estoy deseando volver a correr el año que viene. Mientras tanto, tengo que recuperarme y volver a la preparación de boxeo. ¡Tengo que estar lista para las Nacionales del año que viene! ¡Que Dios le bendiga Allan!"

Mi cena llegó y comí lentamente recordando otras 26.2 millas en mi camino de la vida. Estaba comiendo sola, pero en paz. De alguna manera eso también me hizo llorar. Se lo contaría al padre Joe unos días después. Él me diría que estar melancólica era perfectamente normal y que lo más importante era reconocer y aceptar esos sentimientos. Hablar con el padre Joe me ayudaba a decir lo que pensaba en voz alta, cosa que rara vez podía hacer.

Poco después llegó el año nuevo y lo pasé corriendo en Central Park en la carrera de medianoche de los New York Road Runners. Al llegar la medianoche, hubo un hermoso espectáculo de fuegos artificiales a cargo de Zambelli Fireworks, la misma empresa que produce los famosos fuegos artificiales de Macy's del 4 de julio. El cielo se iluminó con impresionantes fuegos artificiales mientras se daba la bienvenida al Año Nuevo corriendo 4 millas. En mi familia, era muy tradicional emborracharse mientras se comían 12 uvas y se lloraba recordando todo lo doloroso. Lloré, pero era un sentimiento de gratitud y esperanza de que el Año Nuevo iba a ser especial. Ahora era enero de 1997 y faltaban 6 meses para las Nacionales.

Seguí entrenando y poniéndome más fuerte y más esbelta y un día, el 19 de febrero, que era el cumpleaños de mi madre. Me subí a la barra de dominadas después de mi entrenamiento de boxeo e hice la primera dominada de mi vida. Corrí por el gimnasio y dije: "¡Coach! ¡LO HICE! ¡He hecho una dominada YO SOLA!" Vi que algunas personas ponían los ojos en blanco, pero no importaba. Coach dijo: "Déjame verlo Alcivar". Volví corriendo a la sala de pesas.

Jalé desde mi centro y me concentré en las cosas que me motivaban y, de repente, volví a subir. Me llevó 3 meses de dedicación y creer que podía. Tenía que seguir aplicando esto a todo en mi vida. Coach me miró sorprendido y me dio una palmada en la cabeza. "Buen trabajo, chica. Tienes que seguir trabajando duro. La semana que viene vamos a empezar a hacer sparring de nuevo y voy a inscribirte en los Metro Games o en un espectáculo local como preparación para las Nacionales". Había empezado a lanzar mi mano derecha, pero fui precavida y nunca la lancé al 100% de fuerza. Mi mano derecha no se sentía tan fuerte, pero la izquierda sí. Tenía miedo de rompérmela de nuevo. A la semana siguiente, Coach llamó a Tito que era un boxeador con experiencia y también se estaba preparando para sus torneos y trabajaba como florista en la boutique de flores que estaba enfrente del gimnasio. Tito accedió a hacer de sparring conmigo y a ser moderado conmigo ya que era la primera vez que hacía de sparring desde que me fracturé la muñeca hace más de 6 meses.

Llegué al gimnasio justo después del trabajo en una tarde invernal de lunes. Calenté rápidamente y estaba lista para hacer el sparring. Tito bailó alrededor del cuadrilátero y luego se colocó frente a mí. Le lancé jabs y me agaché justo después pensando que iba a lanzarme algo. Estuvimos todo el primer asalto sin hacer gran cosa, excepto movernos. Durante el descanso de un minuto entre asaltos, Coach me gritó: "Tito, tienes que tirarle algo a esta chica. Tiene que trabajar. Nos estamos preparando para las Nacionales. Vamos, hombre". Entonces Coach se volvió hacia mí y me dijo: "Sé que es la primera vez que haces sparring desde hace tiempo, pero estamos aquí para trabajar. Muéstrame algo más en este asalto Alcivar".

En el siguiente asalto, fui más agresiva y tiré una combinación de jab y gancho de izquierda que le echó la cabeza hacia atrás. Tito me miró incrédulo y contraatacó con un duro jab de izquierda que me echó la cabeza hacia atrás, lo que me hizo devolverle la mirada con incredulidad. Coach gritó: "¡Bien Tito! Te agarró Alcivar porque te quedaste parada después de golpear. ¡MUÉVETE después de lanzar! ¡DEFENSA!" Tenía razón y después de recibir un duro golpe, me aseguré de esquivar o me movía después de lanzar el jab o cualquier combinación.

El segundo asalto había terminado y volví a mi esquina. "Mejor Alcivar, pero ¿por qué no lanzas ninguna mano derecha? ¿Te duele?" No quise decirle al Coach que tenía miedo de lanzar mi mano derecha y rompérmela de nuevo y entonces sonó la campana para el último cuadrilátero. En cuanto salió Tito, me agaché y le lancé un derechazo directo al centro del estómago, que estaba blando. Sabía que eso no me haría daño en la mano, pero a él sí. Tito escupió su boquilla y dijo: "¡Buen golpe!"

Miré a Coach y luego de nuevo a Tito. "Ahí lancé el derechazo", pensé entre mí. Entonces sonó la campana. Abracé a Tito después del último asalto y le di las gracias por trabajar conmigo. Todo el mundo sabía que Tito podía hacerme pedazos si desataba toda su potencia sobre mí. Era un hombre de 160 libras. Tito se convirtió en mi compañero habitual de sparring y fue fundamental para prepararme para las Nacionales. Los dos nos reuníamos a la hora de almuerzo unas cuantas veces a la semana para hacer unas rondas de sparring y yo volvía después del trabajo para terminar mi entrenamiento en los sacos, el piso y la sala de pesas. Tito sabía exactamente la cantidad justa de potencia que debía soltar. A veces me veía las estrellas por recibir golpes, pero me enseñó a no descuidarme después de golpear.

Ahora estábamos a un mes de las Nacionales y yo había sido constante con mis entrenamientos y había trabajado más duro de lo que nunca había trabajado en mi vida. Nunca olvidaré un caluroso sábado en el que estaba estirando después de una sesión de sparring y un entrenamiento increíblemente desafiantes. Estaba deseando que llegara mi único día libre del domingo y había hecho planes para ver a mi hermana por el Día de la Madre. Me había quitado la ropa sudada y me despedí de Coach mientras trabajaba con un cliente. Coach me gritó: "¡Nos vemos mañana a las 10 de la mañana!"

Casi se me salen los ojos y le dije: "Coach, ¡mañana es domingo! Es el Día de la Madre y tengo planes con mi hermana". Le dijo algo a su cliente y saltó del cuadrilátero y se acercó a mí. Me agarró del hombro y me dijo: "Escúchame bien. ¡Estamos en las últimas semanas! Tenemos que trabajar. Te quiero aquí 7 días a la semana. Mientras tus oponentes están tomando margaritas en la playa, tú vas a estar aquí dentro trabajando. Puedes ver a tu hermana por la tarde. Sólo quiero trabajar en algunas cosas en el piso y las almohadillas. Estarás fuera de aquí en una hora".

Coach sabía que estaba enfadada. Tenía la cara roja y los ojos llenos de lágrimas, pero no dije nada y me marché. Me dolía todo el cuerpo, pero sobre todo necesitaba un descanso mental y quería ese domingo ir a la iglesia y pasar tiempo con mi hermana y mi sobrina. La llamé y le dije que tenía que estar en el gimnasio por la mañana y ella lo entendió y me dijo que nos veríamos por la tarde para almorzar. Compré una ensalada César de pollo en Boston Market y volví tranquilamente a casa a ver la televisión mientras cenaba y me dormía.

El agudo dolor de estómago me despertó a las 5 de la mañana y descubrí que tenía la regla, para rematar la injuria. Los dos primeros días de mi ciclo eran siempre una pura tortura. Quería llamar a Coach y contárselo, pero pensaría que me lo estaba inventando. Temía hacer el largo viaje en metro hasta el gimnasio. Me di una ducha fría para ayudar a sacudirme el mal humor. De camino a la estación de tren, me traje un café fuerte de Dunkin Doughnuts. Llegué al gimnasio y no quise ni mirar a Coach. "¡Eh, chica! Entra en la oficina", me gritó en cuanto entré. "Toma asiento Alcivar. Sé que estás enojada por estar aquí un domingo. Algún día me lo agradecerás. Hoy no voy a matarte. La repetición es la madre de toda habilidad. Quiero que todo lo que practiquemos esté fresco en tu cabeza", dijo Coach.

Fui al baño y tuve que cambiarme inmediatamente. La toallita ya estaba completamente empapada de sangre. Había intentado usar tampones en el pasado, pero me provocaban un dolor de cabeza instantáneo y náuseas. Esos síntomas significaban que era una buena candidata para el SST (síndrome de shock tóxico), así que me mantuve alejada de los tampones.

La cabeza me latía con fuerza y los calambres estomacales eran duros, pero tenía que superar este entrenamiento. Tenía que aguantar las 3 semanas siguientes. Me puse los pantalones cortos y la camiseta más larga que tenía. Me sentía muy hinchada y realmente no me importaba mi aspecto. Salí y me vendé las manos y empecé a saltar a la cuerda durante sólo 3 rondas y luego a hacer boxeo de sombra. Coach tenía una sonrisa burlona y me dijo: "¿A qué viene esa ropa? ¿Vas a ir a jugar al baloncesto en Harlem?" Estaba haciendo todo lo posible por tener buena cara y actitud para este entrenamiento de domingo, pero él no me lo estaba poniendo fácil. Casi todo para Coach era una broma. Me encantaba reír, pero hoy no me estaba riendo. "Me duele el estómago Coach y no quería que nada me apretara el estómago", le contesté sin mirarle.

"Vale chica, vamos al cuadrilátero a practicar cómo cortar el cuadrilátero y tu defensa durante unos cuantos asaltos. Hoy nada de almohadillas ni sacos, sólo trabajo en el cuadrilátero y con los pies", dijo Coach. Exhalé un gran suspiro de alivio.

Me moví dentro del cuadrilátero, de lado a lado, por delante y por detrás e intenté practicar el corte del cuadrilátero que se utilizaba para acorralar a tus oponentes. Normalmente, mis contrincantes corrían directamente hacia mí y yo me colocaba justo delante e intercambiaba golpe por golpe, pero la estrategia de Coach para mí consistía en mejorar mi trabajo de pies, mi defensa y mis habilidades boxísticas.

Desde que empecé a boxear, veía a los profesionales hacer sparring en Gleason's y veía vídeos de Sugar Ray Leonard. Intenté tomar lo mejor y había desarrollado un trabajo de pies y unas habilidades de defensa excepcionales. Trabajamos durante unos 10 asaltos y entonces la regla me atravesó los pantalones cortos. Coach notó el gran círculo rojo en mi trasero. "Alcivar, creo que ya es suficiente por hoy. Deberías haberme dicho que tu tía Fluyó estaba de visita". Me sentí aliviada una vez más. Hice el trabajo que debía hacer hoy.

Terminamos justo a la hora. "Acabo de recibirlo esta mañana Coach", dije antes de correr al baño. Mi mejor amiga roja se había ido por todas mis piernas. Me quedé un rato en la ducha restregándolo todo. Coach tocó a la puerta y dijo: "¡Tengo que irme chica! Cierra la puerta cuando salgas y tómate mañana libre. Te veré el martes y entrenaremos con Tito. Disfruta de la cena con tu hermana". Sonreí y agradecí el día libre de boxeo de mañana. Aguantar hoy fue gratificante en muchos sentidos. Tenía ganas de ver a mi hermana y a mi sobrina, aunque no me sentía muy bien.

Me quedé dormida en el tren de vuelta a Queens y me desperté espontáneamente justo en mi parada una hora más tarde. Me moría de hambre ya que lo único que había tomado era ese café de Dunkin Doughnuts por la mañana. Mi hermana estaba llegando con mi sobrina mientras yo caminaba hacia Georgia Diner. "¡Feliz Día de la Madre!" le dije y la abracé. El comedero estaba lleno de familias que también lo celebraban. Era tan bueno ponernos al día y ver a mi sobrina que estaba creciendo tan rápido. Mi hermana estaba enseñando a mi sobrina a decir mi nombre y cuando me vio, me señaló y dijo: "¡Witcha!" Oír eso me hizo sonreír mucho y lo recordaría siempre. Mi sobrina tiene ahora unos 20 años y ¡aún me llama "Witcha!"

Le conté a mi hermana que hoy me había venido la regla y que estaba agonizando en el gimnasio. "¿Cuentas los días?" me preguntó. No tenía ni idea de lo que me estaba hablando. Desde que empecé a correr y a boxear, nunca sabía cuándo me venía la regla. Según mi hermana, tenía que contar 28 días desde el primer día de mi ciclo y eso me indicaría cuándo volvería a llegar. Si eso era cierto, lo tendría ANTES de las nacionales, lo que sería maravilloso y algo de qué preocuparme menos. Como no gané los Guantes de Oro de Nueva York, tuve que pagarme el viaje a Augusta, Georgia, y por eso iba a retrasarme en el pago del alquiler y me daba pavor decírselo a Adrian.

Cuando llegué a la oficina temprano al día siguiente, el lunes, una de las empleadas mayores que era asistente jurídica ya estaba allí. Salió y me dijo: "¡Buenos días Patricia! Sabes, eres muy joven y deberías seguir ascendiendo. No creo que Sanctuary te ofrezca suficiente crecimiento". Me sorprendió oír eso a primera hora de la mañana. En cierto modo tenía razón, pero seguía siendo extraño viniendo de ella. Nunca fue amistosa conmigo, así que me tomó desprevenida. "¡Gracias! Me encanta Sanctuary y ha sido un lugar increíble en el que he aprendido mucho. Ahora estoy centrada en mi próximo Torneo Nacional y estoy segura de que tendré una visión más clara de lo que quiero hacer en el futuro", le contesté.

Durante mi descanso de almuerzo, rellené mi formulario de "Solicitud de tiempo libre" y lo puse en el buzón de Carla. Estaría fuera una semana entera y necesitaba 5 días libres que definitivamente tenía acumulados y avisaba con 3 semanas de antelación. Cuando volví de comer, Carla se acercó y me dijo: "¡Hola Patricia! He aprobado tu tiempo libre. ¿Vas a algún sitio en especial?" Nerviosa, contesté: "¡En realidad sí! Me voy a Augusta, Georgia, a competir en el 1er Campeonato Nacional de Boxeo Femenino de Estados Unidos". Los ojos de Carla se agrandaron aún más detrás de sus gafas. "¡Vaya Patricia! ¡Eso es INCREÍBLE! ¡Buena suerte!" contestó y se marchó a comer. Mi hermana y Carla sabían lo de los Nacionales y ahora tenía que ocuparme de decírselo pronto a Adrian. Después de ir a la iglesia anoche y de pensarlo un poco, decidí que le dejaría una nota a Adrian el día que me fuera a Augusta.

No quería el estrés extra de que él supiera mis asuntos ni quería ningún regalo o comida extra en mi puerta antes de los Nacionales.

Todo lo que tenía que hacer era evitar cruzarme con él durante las siguientes semanas.

Durante las 3 semanas siguientes, me entrené a tope haciendo sparring, pesas y corriendo. Ni siquiera tuve que preocuparme por mi peso. Andaba por las 119 libras sin intentarlo de tanto entrenar. También habían pasado 28 días desde mi último ciclo y no me había venido la regla. "Tal vez, este mes me salte como tantas otras veces", pensé mientras saltaba a la cuerda.

Era viernes por la tarde y sería mi última sesión de sparring antes de los nacionales. Partiríamos el lunes por la mañana hacia Augusta, Georgia. "Bien Alcivar, los últimos 3 asaltos antes de las Nacionales. Quiero que practiques todo lo que hemos trabajado. Tito, hazla trabajar", dijo Coach antes de que sonara la campana. En lugar de salir corriendo, esperé a que viniera hacia mí y le sorprendí con 2 jabs duros y luego me agaché y me aparté antes de que lanzara. "¡Buena chica! ¡Sigue haciendo eso!" gritó Coach desde la esquina. Tito no me alcanzaría en ese asalto. En los 2 asaltos siguientes, hice más de lo mismo, pero Tito me atrapó unas cuantas veces. Cuando terminó el último asalto, Tito me abrazó y me dijo: "¡Vas a ganar las Nacionales! Sin ninguna duda". Eso me emocionó. Le di una pequeña tarjeta de regalo de Modells Sporting Store.

Coach extendió la mano y me dijo: "Estoy orgulloso de ti, chica. Has hecho todo lo que te he dicho y has trabajado más duro que nadie que yo conozca. Ve a estirar y llámame mañana por la tarde". No supe qué contestar y me limité a sonreír y decir: "Gracias Coach. Le llamaré mañana". Me sentía melancólica y no quería que se acabara el entrenamiento. Mientras me estiraba, repasé en mi cabeza la última sesión de sparring y las palabras de Tito: "Vas a ganar las Nacionales... Sin duda".

Pude conseguir un asiento en el tren de vuelta a casa y recordé que Carla me había dado una tarjeta en nombre de toda la oficina. La saqué para leerla y se me puso la piel de gallina al abrirla. Habían hecho una pequeña colecta y decía: "Ya eres una campeona para nosotros. ¡Buena suerte en Augusta!" ¡junto con las firmas de todos y dinero en efectivo!

Ya no tenía que retrasarme con el alquiler. Cerré los ojos y dije una oración de gratitud.

Cuando llegué a casa, me sentí abrumada, así que llamé al padre Joe y, afortunadamente, contestó enseguida. "Hola Patricia. ¿Estás bien?" me pregunto en tono preocupado. "Estoy bien, padre Joe. Me voy a Augusta el lunes. Estoy muy nerviosa", le dije. "¡Claro que estás nerviosa Patricia! Pero sé que has trabajado duro y te has sacrificado más que nadie. Todo lo que tienes que hacer es dar el 100% como siempre haces. Rezaré una oración por ti", me contestó. Respiré profundamente y le dije: "Sé que tiene razón, padre Joe, y necesitaba oírlo. Le agradezco las oraciones. Le veré cuando vuelva. Buenas noches".

Terminé mi ensalada de atún y conseguí relajarme y reír viendo repeticiones de "I Love Lucy" en la tele. Cuando era pequeña, mis hermanas y yo solíamos ver repeticiones de "The Honeymooners" y "I Love Lucy" y nunca dejaba de hacernos reír. Durante el fin de semana, empaqué una gran bolsa de lona. En las Nacionales, podías pelear cuatro días consecutivos si había suficientes competidores en tu división de peso. Consistía en: Las preliminares, los cuartos de final, las semifinales y las finales. Coach me dijo que estuviera preparada y que hiciera las maletas para pelear los cuatro días porque así era para mí. Sólo tenía 2 pares de pantalones de boxeo y tendría que reciclarlos. Empaqué mis pantalones de boxeo, 4 sostenes deportivos, 4 camisetas sin mangas, mis botas, boquilla, protector de pecho, protector de cabeza, venda y un cambio de ropa para cada día.

El programa provisional que nos envió USA Boxing era:

-Lunes llegada por la mañana: Registro y pesaje a las 6 p.m.

-Martes por la tarde/noche: Combates preliminares

-Miércoles tarde/noche: Combates de cuartos de final

-Jueves tarde/noche: Combates semifinales

-Viernes: LIBRÉ

-Sábado: Combates de campeonato

-Domingo: Salida a casa

Había terminado de hacer la maleta y revisado tres veces que no me faltaba nada. También tenía preparada la nota para Adrian con el dinero del alquiler que dejaré bajo su puerta el lunes por la mañana temprano antes de salir hacia el aeropuerto. "Hola Adrian, aquí tienes el alquiler del mes de junio. Estaré fuera los próximos días compitiendo en las Nacionales de Estados Unidos. Gracias, Patricia".

Por último, era hora de llamar a mi hermana y recibir su bendición antes de irme, así que la llamé y charlamos brevemente. Me di cuenta de que soy malísima para las despedidas. Me quité de encima la mayoría de las cosas estresantes que tenía que hacer y sentí que había sido una noche productiva y estaba lista para descansar bien.

Como un reloj, mis ojos se abrieron a las 5 de la mañana sin alarma. En realidad, no había necesitado una alarma desde que tenía 13 años y tenía que levantarme sobre esa misma hora para prepararme para recoger el Daily Newspaper y repartirlo. Había adquirido el hábito de orar en cuanto era consciente y eso siempre me ponía en el estado de ánimo adecuado. Así que eso fue lo que hice antes de vestirme y atarme las zapatillas para salir a correr.

Al ponerme los pantalones cortos, me di cuenta de que la ropa me quedaba super suelta. No tenía báscula, pero la forma en que me sentaba la ropa me indicaba lo que pensaba que podía ser mi peso, lo que no era la mejor idea antes de un torneo tan importante. Simplemente no tenía dinero para comprar una báscula. Coach me había pesado en el gimnasio hacía unas semanas y pesaba exactamente 119 libras. Estaba segura de que pesaba más o menos lo mismo.

Salí por la puerta y aunque el aire era espeso, me alegré de salir a correr. No tardé mucho en empezar a sudar y a los pocos minutos sentí las gotas en la frente y la nariz. Empecé a pensar en las Nacionales y en lo mucho que deseaba ser campeona. Sé lo que se siente cuando te levantan las manos al final de un combate y ansiaba esa sensación. También empecé a pensar en mi madre y me preguntaba si por fin me querría si me convertía en campeona. Acabé corriendo casi 8 millas. Coach me mataría si se enteraba. Se suponía que debía tomármelo con calma y correr sólo 5 km.

Me di una larga ducha y me preparé para ir a la iglesia. Era el único lugar en el que me sentía segura y nunca dejaba de aliviarme. Después hablé con el pastor y le pedí su bendición. Cogió sus dos manos y las puso sobre mi cabeza y oró y luego me dijo: "Todo lo puedes en Cristo que te fortalece". Llamé a Coach cuando llegué a casa más tarde ese mismo día e hicimos el plan de encontrarnos en el aeropuerto de La-Guardia, en la terminal Delta, a las 6 de la mañana. Nuestro vuelo salía a las 8 de la mañana. Me apresuré a colgarle el teléfono ya que no quería contarle la duración de mi carrera. Limpié el apartamento y, aunque sabía que me despertaría antes que el despertador, lo puse de todos modos a las 4 de la mañana.

Me desperté puntualmente antes de la alarma y me preparé café instantáneo. Estaba lista a las 5 a.m. y cogí mi gran bolsa de lona y mi bolso y cerré la puerta detrás de mí sin hacer ruido. Dejé la nota bajo la puerta de Adrian y salí rápidamente para llamar a un taxi amarillo. Viviendo en la ciudad de Nueva York, nunca faltaban taxis y apenas esperé 5 minutos antes de conseguir uno. "Aeropuerto de LaGuardia, terminal de vuelos nacionales de Delta, por favor", le dije al conductor.

Cuando llegué, Coach ya estaba allí y me chocó los cinco cuando me vio y dijo su frase habitual: "¿Qué pasa, chica?" Nunca supe qué responder a eso y en su lugar me limité a mirarle y a sonreír a medias. Nos registramos y teníamos menos de una hora antes de despegar. Afortunadamente, no nos sentaron juntos. Estaba nerviosa y no tenía ganas de hablar. El vuelo sólo duró 2 horas y antes de darnos cuenta estábamos aterrizando. Cogimos las maletas y nos fuimos en taxi al hotel Hyatt, que también era el hotel anfitrión y donde los boxeadores tenían que registrarse a las 3 de la tarde.

Cuando llegamos, vi a mi amiga Denise y nos abrazamos. Por un pequeño instante, sentí como si estuviera abrazando a mi hermana. Me sentí tan bien al ver una cara conocida a la que realmente le caía bien. A lo largo de los años, Coach me dijo muchas cosas que se me quedaron grabadas y una de ellas fue: "Ser una campeona es un camino solitario. Cuando vas perdiendo, todo el mundo quiere ser tu amigo, pero cuando vas ganando, no le caes bien a nadie. La miseria ama la compañía, recuérdalo Alcivar".

Denise y yo hicimos un pacto para permanecer juntas y mantenernos motivadas la una a la otra. Aunque estábamos en categorías de peso diferentes -Denise pesaba 139 libras y yo 119-, teníamos las mejores sesiones de sparring. Yo tenía mucha hambre, pero no quería comer mucho antes del pesaje y Denise también estaba nerviosa por su peso.

Todos nos registramos en nuestras habitaciones y Coach me dijo que debería echarme una siesta. Deshice las maletas y no me di cuenta de lo agotada que estaba y me quedé dormida durante una buena hora. "¡Hey Tú Alcivar! ¡Despierta!" dijo Coach mientras tocaba a mi puerta. Eran las 2:30 p.m. y tenía que prepararme para registrarme en el Ballroom del hotel. "¡Vale Coach! Deme 5 minutos", le contesté. Tenía la boca seca, pero no quería beber agua que pudiera añadir peso innecesario. Las reglas eran las mismas que en los Guantes de Oro en cuanto a los pesos permitidos: Preliminares- 3 libras, Cuartos de final -2 libras, Semifinales-1 libra, Finales- Sin peso permitido.

Cuando salí de mi habitación, Coach y Denise me estaban esperando y bajamos juntas. Ya había muchas mujeres esperando y mirando fijamente a cualquiera que entrara. Había periodistas, fotógrafos y muchísimas personas. Un reportero se acercó a mí y me preguntó: "¿Cómo se siente al competir en el primer Campeonato Nacional de Boxeo Femenino de la historia?" Respiré profundamente y recordé lo que me había enseñado Coach. "Como latina de Queens, en la ciudad de Nueva York, me siento orgullosa y agradecida de estar aquí. Mi Coach y yo hemos trabajado muy duro y es un sueño hecho realidad participar en un evento así", dije con una sonrisa. El reportero escribió mi nombre y me citó y luego me tomó una foto.

Vi que el equipo de Nueva York también estaba presente. La comunidad de boxeo femenino de Nueva York era pequeña y la mayoría boxeaba en Gleason's, así que vi muchas caras conocidas. "Las mujeres de la categoría de 119 libras tienen que pesarse ya en la sala A", gritó Mercedes, de la organización de USA Boxing. Coach no pudo entrar y me dio una palmadita en la espalda: "Ya lo tienes chica. Estaré aquí", dijo Coach. Mi división de peso era una de las más pobladas- 17 boxeadoras para ser exacta lo que significaba que, si todas llegábamos al peso, ¡yo pelearía en las preliminares a partir de mañana!

Todas parecían tan grandes y malas. Había una mujer en particular que no dejaba de mirarme de pies a cabeza de forma desagradable. Intenté ignorarla y miré hacia otro lado, pero me molestaba. Algunas mujeres se desnudaban completamente para hacer peso.

Una mujer pesaba 8 libras de más y tuvo que ser trasladada a la división de 125 libras, así que ahora éramos 16. Cuando llegó mi turno de pesarme, me dejé puestos el sostén deportivo y los calzones y contuve la respiración. "¡Alcivar, 117 libras!" gritó Denny, de USA Boxing.

¡Me sentí tan aliviada y eso también me dio algo de espacio para realmente tener una cena decente! "¡¡Bien, señoritas! Vayan a cenar algo y las hojas de los combates se publicarán en el Ballroom esta noche a las 8 p.m. Si van a pelear mañana en los preliminares, tienen que estar aquí abajo de nuevo a las 10 a.m. ¡Los combates empiezan al mediodía!" dijo Denny. Cuando salí, me alegró ver a Denise y a Coach esperando. "¿Cuál fue el peso chico?" preguntó Coach. Le dije: "¡117!" Coach abrió los ojos. "¡Guau, chica! Eso es todo ese trabajo duro. Ahora podemos ir a cenar y despreocuparnos", dijo Coach. Denise había ganado los Guantes de Oro y su hotel, sus vuelos y sus comidas diarias estaban pagados. Se fue a cenar con el equipo de Nueva York. Coach y yo fuimos al "Waffle House" que descubrimos que era una gran cadena del sur. Pedí una ensalada de pollo sin sabor que no me terminé y Coach se comió una hamburguesa con papas fritas.

Cuando estoy estresada, mi apetito desaparece. Estaba demasiado preocupada por con quién iba a boxear mañana. Esperaba que no fuera la mujer que me miraba mal. Volvimos al hotel a las 8 de la noche y nos apresuramos a ir al Ballroom. Los entrenadores y los boxeadores estaban pasando el rato y hablando de los combates de mañana. Me acerqué con

Coach y encontré la hoja de combates de la división 119 y decía: "12 del mediodía 119 combates: Alcivar, Nueva York contra O'Sullivan, Nueva York".

Conocía a O'Sullivan. Era una pelirroja irlandesa que boxeaba tanto en Gleasons como en Wall Street. Tenía más o menos la misma experiencia que yo. La había visto boxear antes y no me impresionó, pero nunca se puede subestimar a nadie en el boxeo o en general, así que seguí concentrada. "Vale chica, ya sabemos a lo que nos enfrentamos. Esta chica va a correr hacia ti e intentar quitártelo. Vas a pegarte y a moverte y a hacerla pagar cada vez que falle. ¿Me oyes?" dijo Coach. Las bromas se habían acabado. "Sí Coach. Voy a hacer exactamente lo mismo que entrenamos en el gimnasio", contesté.

Denise se acercó y se sintió aliviada por haber conseguido un pase para mañana. "¡Voy a estar allí animándote!" dijo. Estaba agotada y quería ir a mi habitación a dormir. Coach estaba hablando con los oficiales y con algunos de los otros entrenadores que conocía, pero vino poco después y me acompañó a mi habitación. "Descansa bien esta noche, chica. Vamos a estar peleando durante 4 días. Te recogeré a las 8 de la mañana para desayunar", dijo Coach antes de cerrar la puerta.

Me puse al borde de la cama, me arrodillé y oré: "Dios, por favor, ayúdame a ser valiente y a pelear lo mejor que pueda. Que sea tu voluntad. Amén". Sorprendentemente me dormí bastante rápido, pero me desperté en mitad de la noche tras tener una horrible pesadilla. Soñé que veía a mi padre entre el público y que se reía de forma malvada. Me desperté respirando agitadamente y sudando. "Es sólo un sueño horrible", me susurré a mí misma y volví a dormirme, pero no olvidaría el sueño.

Me desperté a las 6 de la mañana. Oré, me duché y leí mi libro de Eleanor Roosevelt que la enfermera me había dado en el hospital aquella vez. Era un libro que significaba mucho para mí. Aunque había memorizado casi todas las citas de ese libro, leerlo me ayudaba a sentirme fuerte cuando más lo necesitaba. La cita que tendría presente para hoy sería: "El propósito de la vida es vivirla. Disfrutar al máximo de la experiencia.

Alcanzar con ansia y sin miedo experiencias nuevas y más enriquecedoras", Eleanor Roosevelt.

A las 8 en punto, Coach tocó a mi puerta. Estaba lista, abrí la puerta y Coach me dijo: "¿Qué tal, chica? ¿Has dormido bien?" No miré al Coach y me limité a decir: "He dormido bien Coach. Sólo quiero desayunar. Tengo hambre". En realidad, no tenía hambre, pero no quería ponerme a hablar de mis pesadillas. Fuimos al restaurante dentro del hotel donde estaban sirviendo el desayuno. Comí 2 huevos duros y café mientras Coach comía tortitas, huevos y todo lo demás. Cuando Coach se pone ansioso le ocurre lo contrario y come. Ya eran más de las 9 de la mañana, así que nos apresuramos a volver a nuestras habitaciones.

Me puse mi traje de boxeo, el sostén deportivo y la camiseta sin mangas y empaqué una pequeña bolsa de lona con mis botas de boxeo, el protector del pecho, el protector de la cabeza, la boquilla, la botella de agua y el libro. Recé una última oración y me reuní con Coach fuera de mi habitación. Coach iba vestido con sus habituales jeans, camisa a cuadros y gorra de béisbol, pero también llevaba un cubo para escupir, gasas, esparadrapo y una toalla. Coach me chocó los cinco y bajamos en el ascensor.

Había entrenadores con sus boxeadores ya abajo en el salón esperando y vi a O'Sullivan y miré hacia otro lado. Mi reacción fue la contraria cuando veía a mis oponentes. No quería mirarlas ni estar cerca de ellas hasta que subiéramos al cuadrilátero. A las 10 de la mañana nos llamaron a una sala aparte y un médico nos tomó la presión arterial y las constantes vitales. Inmediatamente después nos registramos con USA Boxing. Yo era el tercer combate, lo que significaba que pelearía a las 12:30 o antes.

Una de las peores partes del boxeo en general para todos los boxeadores era la espera. Tenía 2 horas antes de mi combate y no podía ir a ninguna parte, así que leí mi libro, me estiré y cerré los ojos. A las 11:30 me puse las botas de boxeo y el protector del pecho. Coach empezó a vendarme las manos con gasas y esparadrapo, lo que siempre le llevaba unos buenos 30 minutos. A las 12, uno de los oficiales me dio los guantes de 10 onzas para que me los pusiera y Coach me sostuvo las almohadillas para que empezara a calentar. "Uno-dos, deslizamiento-deslizamiento" dijo Coach. Practicamos algunas combinaciones durante los 20 minutos siguientes antes de oír "ALCIVAR/O'SULLIVAN estén listas!"

"Ok Alcivar, ya sabes lo que tienes que hacer así que ¡HÁZLO!" dijo Coach mientras nos dirigíamos al cuadrilátero. O'Sullivan ya estaba dentro del cuadrilátero y lanzaba los puños al aire y me miraba fijamente. "¡Ánimo mamita! Es hora de ser Valiente", me dije mentalmente recordando las palabras del libro de Eleanor Roosevelt. Anunciaron nuestros nombres y entramos en el centro del cuadrilátero, nos tocamos los guantes y entonces sonó la campana.

O'Sullivan me atacó y empezó a tirar golpes, pero yo me esquivaba, esquivaba y eludía cada golpe. Entonces llegó mi turno y lancé la combinación de gancho de izquierda y mano derecha más dura que pude que hizo que su cabeza se echara hacia atrás. Me asombré por un instante de lo fuerte que era mi gancho de izquierda. Entrenar todos esos calurosos meses de verano sólo trabajando en mi izquierda dio sus frutos, como había dicho Coach. El árbitro intervino para un recuento de 8. En el momento en que el árbitro dejó de contar y nos ordenó "Box", me lancé hacia ella y le lancé 2 duros ganchos de izquierda seguidos de un derechazo que aterrizó a ras de su nariz y le hizo sangrar. El árbitro intervino de nuevo y ni siquiera contó y en su lugar paró la pelea.

"La ganadora por nocaut en el 1er asalto y avanzando a los cuartos de final es...de la esquina azul ALCIVAR", dijo el anunciador. No estaba muy segura de haberle roto la nariz a O'Sullivan, pero le estreché la mano y salí del cuadrilátero. Coach separó las cuerdas y dijo: "¡Buen trabajo Alcivar, 1 menos 3 para terminar!" Había tantos fotógrafos tomando fotos. "¡Felicidades Alcivar! Su cartilla se quedará con nosotros. Vuelva esta noche a las 8 p.m. para ver con quién boxeará mañana", dijo Denny. El médico volvió a tomarme las constantes vitales y me preguntó si me dolía algo. Sonreí y le dije: "Estoy bien, doctor". Me palpó la espalda, la cara y las manos buscando cualquier anomalía o dolor. "¡Muy bien, chiquilla! ¡Ya puedes irte! Mañana tienes que pesarte a las 8 de la mañana antes de desayunar y luego volver a examinarte. Los combates empiezan mañana a las 3 de la tarde". Respiré profundamente y recordé que no podía celebrarlo. Tenía que permanecer fuerte y concentrada.

Cuando salí, Denise y Coach me estaban esperando. Denise estaba sonriendo y me dio un gran abrazo. Ella también tenía que presentarse esta noche para ver si peleaba mañana. Coach me dijo que subiera a echarme una siesta y que él vendría a buscarme para cenar. Iba a quedarse a ver el resto de los combates, pero lo más importante era que quería ver pelear a mis otras rivales.

Llegué a mi habitación y me tumbé en la cama. Estaba agotada a pesar de que el combate había durado un asalto. Sentí que la cabeza me daba vueltas y caí en un profundo sueño. De repente, sentí que se me agarrotaban los brazos y me pesaba el pecho como si respirara a través de un sorbete. Vi que la habitación se ponía roja y quise gritar a Coach o a cualquiera que me ayudara, pero no podía hablar. "¡Dios, por favor, ayúdame! Padre nuestro que estás en los cielos".

Empecé a orar mentalmente y entonces pude moverme, me senté inmediatamente y empecé a llorar. No sabía qué pensar ni qué hacer. Miré el reloj y eran casi las 5 de la tarde y Coach llamaría pronto a mi puerta para cenar. Fui a darme una ducha y a sacudirme lo que acababa de pasar.

"¡Eh, chica! ¿Estás lista?" dijo Coach detrás de la puerta. Me había puesto unos pantalones cortos de jean que me quedaban súper sueltos, una camiseta y unas chanclas y abrí la puerta. "¿Qué te parece otra vez el Waffle House?" preguntó Coach. Asentí con la cabeza y nos fuimos al Waffle House. A Coach le gustó la hamburguesa de la última vez y a mí me pareció bien la misma ensalada de pollo que probablemente no me acabaría. Nos sentamos y pedimos exactamente lo mismo que ayer. "¿Has echado un vistazo a las chicas con las que voy a pelear?" pregunté.

"Sí. La chica, Leona de Nueva York ganó. Es dura. Paró a la chica y se puso a bailar en el cuadrilátero. No está nada bien. Luego está la chica de Arizona que es alta y tiene buen alcance que ganó su pelea y la última chica es de Hawái. Buena boxeadora, pero tú eres mejor que todas ellas. Puedes vencerlas a todas. ¿Me oyes Alcivar?" dijo el Coach. Sabía que Coach hablaba en serio cuando me llamaba Alcivar, de lo contrario era sólo chica. "Sé que estás nerviosa Alcivar. Deja que yo me preocupe. Tú sólo pelea. No tienen nada sobre ti. Confía en mí. Cuando terminemos de cenar, volveremos y averiguaremos contra quién vas a pelear mañana". Deseaba creer en mí tanto como lo hacía Coach.

Volvimos a las 8 de la noche y fuimos los últimos en consultar las hojas de combates. "119: 5º combate: Alcivar contra Salazar" decía la hoja de combates. No la había visto pelear, pero la vi a ella y a su entrenador mirándome fijamente desde el otro lado del salón. Ella era más alta, como de 5'7" y para mí sería la primera vez que peleara con alguien tanto más alta que yo. Es decir, había hecho sparring con Tito y los chicos de Gleason's que eran más altos que yo, pero ésta era una pelea de verdad. La ansiedad empezó mucho antes esta vez. "Vale chica, vamos al gimnasio. Quiero enseñarte un par de cosas", dijo Coach.

Entramos en el gimnasio del hotel y, para mi sorpresa, encontré a un grupo de chicas, incluida Denise, haciendo ejercicio. Algunas saltaban la cuerda y otras estaban en la máquina de correr con trajes de sauna. Supuse que querían asegurarse de que estaban en peso para el pesaje de mañana. Para los cuartos de final sólo había dos libras de peso permitido. Coach me agarró y me llevó a una oficina vacía. "Escúchame Alcivar. Quiero que tengas clara cuál debe ser tu estrategia para mañana. Esta chica es más alta que tú, así que vas a atacar el cuerpo. Empieza con el jab y la derecha/izquierda al cuerpo. Tienes que ser incansable", me dijo Coach con firmeza. Asentí con la cabeza y boxeé de sombra siguiendo sus instrucciones. "¡Eso es exactamente Alcivar! ¡Justo así! ¡Hazlo sin parar mañana!" dijo Coach antes de que volviéramos a subir.

Volví a mi habitación, oré y me fui a dormir. Los eventos de todo el día me habían pasado factura y el sueño se apoderó de mí. Por primera vez en mucho tiempo, pude dormir 8 horas seguidas. Me desperté a las 6 de la mañana y me sentía renovada. Oré de nuevo, me estiré y me reuní con Coach a las 7:30 a.m. "¿Estás lista, chica?" me preguntó Coach. Asentí con la cabeza.

Me disgustaba el pesaje casi tanto como la espera antes de pelear. A las 8 de la mañana, empezaron a pesar a las competidoras por categorías de peso. Yo pesé 116.5. No estaba segura de cómo había perdido media libra desde ayer. Me revisó el médico y recibí instrucciones de estar de vuelta a la 1 de la tarde. Coach siempre estaba ansioso por saber cuánto pesaba. "¡No estás comiendo lo suficiente Alcivar! Vamos a desayunar bien", dijo Coach. Teníamos una rutina establecida y me recordó la estrategia para pelear durante el desayuno.

Esta vez comí huevos revueltos con mi café solo y Coach tomó sus habituales tortitas, huevos, papas fritas y jugo de naranja. Vi al equipo de Nueva York y a otras competidoras pasar el rato y charlar. Nunca me gustó salir en grupo. En la escuela los evitaba a propósito, en parte porque no quería hablar con nadie de mi situación vital y la otra parte era que me sentía diferente a todas las demás chicas. Coach se había dado cuenta desde el principio de cómo las chicas me mantenían a distancia y me dijo algo que todavía me suena: "Si hubieras perdido la pelea ayer, todas esas chicas serían tus amigas e intentarían consolarte. Tú no eres como ellas. Estás en una clase propia". Aprendería a entender lo que Coach quería decir a lo largo de mi carrera deportiva y de mi vida.

Terminamos de desayunar y dimos un paseo hasta la tienda para comprar Powerade y algunos bocadillos, ya que no podría comer un almuerzo completo antes de mi combate. Volví a mi habitación para echarme una buena siesta y visualicé todo lo que debía hacer para el siguiente combate. "Mano derecha y luego izquierda al cuerpo. Golpes implacables al cuerpo. Golpea a la cara y baja al cuerpo", me susurré antes de dormirme. Me sentía bien estando sola en mi habitación sin preocuparme de Adrian, del trabajo o de pagar el alquiler. Prefería preocuparme por la pelea que por esas otras cosas.

Me desperté al mediodía. Preparé mi bolsa de lona con todo mi equipo y me puse mis pantalones de boxeo negros y amarillos favoritos. Me recordaban a la película "Rocky 2" cuando Rocky tuvo la revancha con Apollo Creed. Él llevaba exactamente el mismo color de pantalones que yo. Me puse una camiseta de tirantes negra y me dejé puestas las zapatillas de deporte. Me arrodillé en el extremo de la cama y recé mi oración de hoy: "Dios, ayúdame a pelear lo mejor que pueda. Ayúdame a ser valiente, implacable y a tener valentía en la lucha de hoy. Amén".

Cuando abrí la puerta a las 12:45 p.m., Coach estaba a punto de tocar y me dijo "Te ves bien chica", cuando vio mi conjunto. Fuimos directamente al salón y me puse en la cola con Denise que también peleaba hoy. Ella era el 8º combate y Coach trabajaría en su esquina después de que yo terminara mi combate. El mismo médico me registró y ahora empezaba el juego de la espera. Denise era todo lo contrario a mí y se fue a charlar con otras chicas del equipo de Nueva York. Permanecí concentrada por mi cuenta y de vez en cuando Coach me echaba un vistazo, pero en su mayor parte, hice lo mismo y releí mi libro, visualicé y estiré.

Coach vino a vendarme las manos a las 2 de la tarde y los combates empezaron a las 3, así que empezamos a calentar justo después de que me vendaran. "ALCIVAR y SALAZAR estén listas!" gritó uno de los oficiales. "¡Recuerda lo que hemos practicado! ¡Cabeza y cuerpo! ¡Implacable!" dijo Coach en mi oído. Mis ojos se encontraron con los de Salazar cuando entraba en el cuadrilátero. Era efectivamente más alta que yo y tenía unos brazos increíblemente largos. Llegamos al centro del cuadrilátero chocamos los guantes y sonó la campana. Ella lanzó un duro combo de uno-dos directo a mi cabeza. Su alcance era considerable y me aturdió durante un segundo. Respondí con un derechazo por encima de la mano que aterrizó en su barbilla y la hizo retroceder tambaleándose y entonces sonó la campana para el final del primer asalto.

"¡Estás esperando demasiado Alcivar! Si no fuera por esa gran mano derecha que acabas de aterrizar habrías perdido ese asalto. ¡Vamos! No dejes de lanzar. ¡Ponte a trabajar!" dijo Coach antes de que sonara la campana para el comienzo del 2º asalto. Me di cuenta de que tenía que acortar distancias, lo que significaba no hacer mi boxeo habitual y, en su lugar, pegarme a ella como pegamento. Volví a lanzar un derechazo por encima de la mano y seguí con derechazos e izquierdazos al cuerpo una y otra vez en el 2º asalto que seguían aterrizando mientras ella seguía golpeándome, pero no podía atraparme y entonces sonó la campana para terminar el 2º asalto.

"¡Mejor asalto Alcivar! Este es el asalto final, ¡así que sigue presionando y no pares hasta que suene la campana! ¡Implacable!" instruyó Coach. Comenzó el asalto final y salí golpeando, pero Salazar tenía la misma misión y comenzamos a intercambiar golpes en el centro del cuadrilátero. Me sorprendió con 2 duros puñetazos y rápidamente recordé deslizarme, agacharme y moverme.

Lo encendí en el último minuto y entonces sonó la campana final para terminar el asalto. Tenía la cara roja y estaba nerviosa. "¿Hice lo suficiente para ganar?" me pregunté. Coach me chocó la mano y me dijo: "¡Buen trabajo, Alcivar!" y pude ver a Denise en el público lanzando las manos al aire, lo que era una buena señal y entonces el locutor habló por el micrófono: "Un aplauso para estas 2 grandes competidoras.... Y la ganadora que avanza a las semifinales es.... De la ESQUINA AZUL, ¡PATRICIA ALCIVAR!"

"2 menos, quedan 2 Alcivar", dijo Coach mientras separaba las cuerdas para que yo saliera. Sonreí un poco al saber que sólo me quedaba la mitad. Estaba casi cegada por todos los fotógrafos que sacaban fotos, pero me apresuré a entrar para ver al médico y a USA Boxing para recibir más instrucciones. Coach se fue a trabajar a la esquina de Denise, que pronto empezaría a boxear. "Hola de nuevo jovencita... Enhorabuena por otra victoria", dijo el doctor. Intenté sonreír, pero me resultó difícil. Por mi experiencia en los Guantes de Oro, sabía lo que se sentía al estar tan cerca de ganar y luego no ganar, así que quería mantenerme concentrada y no celebrarlo demasiado pronto.

El doctor me palpó ligeramente la cara, la cabeza, el cuello y las manos para asegurarse de que no tenía nada lesionado. En cuanto me dio el visto bueno, me registré con los oficiales de USA Boxing. "Conservaremos su cartilla mientras siga ganando. Puede volver a revisar esta noche a las 8 p.m. para ver en qué combate está y con quién boxeará mañana. Los pesajes vuelven a ser a las 8 de la mañana y sólo se permite 1 libra", dijo el oficial de USA Boxing. Asentí con la cabeza y salí corriendo para ver el combate de Denise.

Estaba en el segundo asalto cuando por fin me senté a verla y era claramente la boxeadora más fuerte. Denise era profesora y jugaba al fútbol cuando no estaba boxeando. Ganó su combate y la abracé cuando salió. Estaba muy contenta. Para cuando salió de la revisión con el médico y USA Boxing, eran más de las 6 de la tarde. Se fue a cenar con el equipo de Nueva York y Coach y yo nos fuimos al Waffle House. Nos había funcionado los dos últimos días, así que cenamos allí rápidamente y volvimos para revisar las hojas de combates antes de que llegara más gente.

"119: 4º combate: ALCIVAR vs DOMEN" decía la hoja de combates. Noel Domen era una joven de 17 años de Hawái a la que entrenaba su padre. Yo la había visto boxear en sombra y recuerdo que me impresionó su agilidad y sus movimientos. Era joven como yo y una boxeadora pulida. "Vamos a buscar un espacio vacío y a practicar nuestra estrategia. Mañana vais a utilizar vuestras habilidades boxísticas", dijo Coach. Me sentí aliviada de haber vencido a la multitud y, sobre todo, no quería ver a mi oponente. "Esta chica es de tu altura y boxea igual que tú. No es agresiva, así que TÚ vas a ser la agresiva y vas a entrar, lanzar fuerte y moverte. Ella no podrá aguantar", dijo Coach.

La había visto pelear cuando me estaba haciendo revisar por el médico. Tomé al pie de la letra todo lo que me dijo Coach. Hice boxeo de sombra siguiendo las instrucciones de Coach durante unos buenos 20 minutos y luego me dirigí a mi habitación. Me tumbé en la cama y cerré los ojos: "Dios, gracias por ayudarme a llegar tan lejos. Mañana será mi tercer día consecutivo peleando. Por favor, ayúdame a permanecer fuerte y concentrada. Por favor, protege mi sueño esta noche y siempre. Amén". A las 10 de la noche estaba profundamente dormida y agradecí no tener ninguna pesadilla. Sin embargo, un intenso dolor de estómago me despertó a las 4 de la mañana y no pude volver a dormirme, así que fui a darme una ducha caliente y relajante.

Visualicé mi plan de boxeo para esta tarde mientras me estiraba. Mi oponente de hoy tenía a su padre en su esquina y había conseguido que su comunidad en Hawái recaudara más de 5000 dólares para que ella y su padre llegaran a esta competición nacional. Yo, en cambio, tuve que trabajar a tiempo completo y pagarme el viaje hasta aquí. Tuve que soportar vivir en el apartamento del sótano de un asqueroso para poder ahorrar dinero. No contaba con el apoyo de mis padres, familia o amigos. Mi estrategia era sencilla. Iba a pelear por mis sueños y hacer que todo lo que había tenido que pasar para llegar hasta aquí contara.

Salí al encuentro de Coach que, sorprendentemente, no estaba en la puerta de mi habitación. Esta vez fui a buscarle y llamé a su puerta. Eran casi las 8 de la mañana y Coach se había quedado dormido. Había pasado la noche viendo vídeos de mis oponentes. "¡Hola chica! ¿Cómo has dormido? Me quedé dormido, pero estoy listo. Vamos abajo", dijo Coach mientras nos apresurábamos a coger el ascensor. Cuando entramos en el ascensor, una de mis posibles oponentes del equipo de Nueva York estaba allí, Leona Brown a la que apodaban "pequeña Tyson" porque tenía una complexión musculosa, andaba con la característica camiseta de toalla cortada y noqueaba a todo el mundo.

Me miró de pies a cabeza y luego directamente a mí. No sé qué me pasó, pero le devolví la mirada. Era mucho más baja que yo, pero Leona había peleado con Eileen Lacy, contra la que perdí en la final de los Guantes de Oro, y la había derrotado. Cuando el ascensor se detuvo, ella me rozó antes de salir del ascensor. Coach me puso la mano en el hombro y me susurró al oído: "Veremos a esta payasa en la final. Recuerda mis palabras".

Vi a Denise esperando en la cola y me uní a ella. Tenía una gran sonrisa y dijo: "¡Semifinales Trish! ¿Te lo puedes creer? " Le gustaba llamarme así y no me importaba. Mientras esperábamos en la cola, Leona vino y se plantó delante de nosotras y fue tan ruidosa. "Vamos a ver a quién le toca quedar fuera de combate esta noche", se rió Leona. Denise y yo la miramos con disgusto. "¡Uf! Espero que pelees con ella en la final y la hagas callar", susurró Denise.

No quería pesarme tan cerca de ella así que caminé hasta el final de la fila. Tenía la sensación de que iba a pelearse conmigo y quería evitarla. Me pesé con un peso delgado de 115.5. Perdí media libra desde ayer. También tenía esa molesta presión en el centro del estómago. "Son sólo los nervios", pensé por dentro. Fui a buscar a Coach y le vi hablando con Denise. "¿Te ha molestado esa tipa?" me preguntó Coach. Me limité a encogerme de hombros. "Tenemos que comer ahora porque tenemos que volver a la una para las peleas de las tres", dije intentando ignorar la pregunta de Coach. Leona era una abusona y me recordaba a mi hermana mayor que solía comportarse aún peor conmigo cuando vivía en casa. He tratado con cosas mucho peores en la vida y la única manera de tratar con las personas así es tomar el camino más elevado e ignorarlas.

Fue agradable que Denise nos acompañara a desayunar esta vez. Me sorprendió lo mucho que era capaz de comer. Aunque teníamos la misma estatura, con 139 libras, estaba sana y fuerte. Todavía me dolía el estómago, pero me obligué a comer mis huevos revueltos. Terminamos de desayunar más tarde que ayer porque no parábamos de charlar y ahora eran casi las 11 de la mañana y tenía muchas ganas de echarme la siesta. Coach hizo de guardaespaldas y me acompañó directamente a mi habitación y me dijo que me recogería a las 12:45. Me estaba acostumbrando a estas siestas de mediodía y me dormí en cuanto mi cabeza tocó la almohada. Debí de estar en un sueño profundo durante una buena media hora antes de sentir que el pecho se me ponía increíblemente pesado e, instintivamente, me desperté antes de que la pesadilla me alcanzara. Media hora de sueño profundo era mejor que nada y me sentí aliviada de conseguir al menos eso.

Hoy me puse una camiseta de tirantes blanca, pero me pondría el mismo pantalón de rayas negras y amarillas de ayer. Eran mis favoritos y tenían mucho significado. Además de recordarme la película "Rocky 2" también fue el primer par de pantalones de boxeo que compré. Tuve que ahorrar el dinero suficiente para comprarlos y me los puse para pelear por primera vez en los Guantes de Oro de Nueva York.

Me miré en el espejo y asentí con la cabeza y cogí mi bolsa cuando oí que Coach llamaba a mi puerta. "¡Te ves bien chica! ¿Qué pasa?" dijo Coach y antes de que le contestara continuó diciendo: "Escucha, quiero que ignores a esa tal Leona. He oído que ha estado hablando mal de ti. Cree que, porque venció a Lacy, te vencerá si pelea contigo, pero ambos sabemos que tú venciste a Lacy". Me limité a asentir con la cabeza ya que no quería seguir hablando del mismo tema. Lo único que quería era centrarme en mi próximo combate.

Cuando llegué al salón, mi oponente, Domen y su equipo ya estaban allí. Evité mirarla y dejé que se registrara primero. Su padre se acercó a Coach y le dijo: "Buena suerte esta tarde. Que gane la mejor boxeadora". A Coach y a mí nos pareció extraño, pero supusimos que intentaba meterse en nuestras cabezas. Cuando terminaron, el doctor sonrió y dijo: "¿Cómo nos sentimos, campeona?" Le devolví la sonrisa y le dije: "No muy mal, Doctor", lo que le hizo sonreír aún más.

Ya eran más de las 2 de la tarde y ya oía llegar a la multitud. Las personas estaban entusiasmadas por ver la primera semifinal femenina del Campeonato Nacional de Boxeo de Estados Unidos. Me puse las zapatillas de boxeo y Coach empezó a vendarme las manos. Como yo era el 4º combate, sin duda pelearía poco después de que empezara el primero. Denise era el 6º combate, así que Coach volvería a ayudarla en su esquina. Hoy, la espera no fue tan brutal. Empecé el boxeo de sombra y luego me llamaron para enguantarme. El 2º combate, que era el de Leona, ya estaba en el cuadrilátero. Paró a la chica en el 2º asalto y el 3er combate empezó poco después.

"¡ALCIVAR/DOMEN estén listas!" dijo uno de los oficiales de boxeo de Estados Unidos. "Recuerda lo que hemos practicado. Eres la mejor boxeadora. ¡Lo tienes Alcivar!" dijo Coach mientras esperábamos. En el boxeo amateur femenino eran tres asaltos de 2 minutos, así que los combates pasaron muy rápido. El tercer combate terminó y ahora caminábamos hacia el cuadrilátero. Me preguntaba si Coach podría oír lo rápido que latía mi corazón.

Entré en el cuadrilátero y lo mismo hizo Domen en el extremo opuesto mientras se anunciaban nuestros nombres. Poco después caminamos hacia el centro del cuadrilátero. Ella me miró fijamente y yo le correspondí. "No vas a quitarme mi sueño" fue mi último pensamiento antes de que sonara la campana y salí agresivamente y lancé una combinación de gancho de derecha e izquierda que aterrizó e inmediatamente bajé y descargué dos golpes al cuerpo que la aturdieron y luego me aparté. Ella mantuvo la guardia alta, así que seguí golpeando al cuerpo. La campana sonó para poner fin al primer asalto.

"¡Bien Alcivar! Sigue acercándote a ella. Cierra la brecha y no te contengas", me dijo Coach mientras me sentaba en el banquillo de mi esquina. Tras un rápido sorbo de agua, sonó la campana para el segundo asalto. Domen intentó mantenerme alejada con sus jabs. Como estaba acostumbrada a sentir los golpes de boxeadores más grandes como Tito y Denise, sus golpes no me afectaron en absoluto. Pero en el boxeo amateur, si los golpes caen, puntúan. Aunque sus golpes no hacían daño, consiguió puntuar y tuvo un mejor asalto en el 2º.

"¡Alcivar, tienes que moverte después de golpear! No dejes que te siga marcando. Te lo va a quitar", dijo Coach. Sonó la campana para el comienzo del 3º asalto. Cargué contra ella con furiosas combinaciones que aterrizaron y la abrumaron. El árbitro intervino y le dio un recuento de 8 de pie, "UNO, DOS, TRES CUATRO...", gritó el árbitro, pero Domen tenía las manos en alto cuando el árbitro contó a cuatro. "BOX", gritó el árbitro. Ahora las dos estábamos mano a mano e intercambiamos golpes hasta que sonó la campana final.

Me fui a mi esquina y Coach me quitó la protección de la cabeza y me dijo: "3 abajo, queda 1". Caminé hacia el centro del cuadrilátero y esperé al anunciador, que dijo: "¡Pasando a la 1ª Final Nacional de Boxeo Femenino de la historia el sábado es...! desde la esquina AZUL, PATRICIA ALCIVAR!" El árbitro me levantó la mano y conseguí sonreír para las cámaras. Coach mantenía las cuerdas separadas y esperó a que saliera del cuadrilátero. "¡Buen trabajo, chica! Ve a ver al doctor y a USA Boxing y luego ven a ver pelear a Denise". Me di cuenta de que me temblaban un poco las manos mientras caminaba hacia la sala del doctor y de los oficiales de USA Boxing.

"¡Enhorabuena, jovencita! ¡Estás en la final!" dijo el Doctor sonriente. Y entonces oí a Denny decir: "¡Van a ser dos neoyorquinas en las finales!" Mi sonrisa se desvaneció casi de inmediato cuando me di cuenta de quién era la otra neoyorquina. El Doctor me preguntó si me dolía algo o si estaba lesionado. Negué con la cabeza y entonces hizo su rutina de revisar mis constantes vitales y buscar cualquier anomalía. "Disfruta de tu día libre mañana y nos vemos el sábado para las finales Patricia", dijo el Doctor. Intenté sonreír y asentí con la cabeza mientras me acercaba a ver a los oficiales de USA Boxing.

"¡Así que sois tú y Leona en las finales!", dijo Denny. Era la segunda vez que lo decía e intentaba ver si conseguía alguna reacción por mi parte. "Gracias Denny. ¿Hay algo que necesite saber antes del sábado?" pregunte. "¡Sí! Tienes mañana libre, pero tienes que venir por la mañana a recoger tu uniforme para las finales. USA Boxing te proporcionará los pantalones, la camiseta sin mangas, los calcetines y los zapatos. Los pesajes son el sábado por la mañana y DEBES estar en peso. NO hay extra peso permitido y los combates empiezan a las 6 de la tarde y se emitirán por ESPN".

Eso era mucha información y yo simplemente lo asimilé todo y dije: "Gracias Denny. Nos vemos mañana". Salí corriendo para ver el último asalto de la pelea de Denise, que ganó. Ahora, ambas estábamos en las finales. Había 12 categorías de peso olímpicas y el equipo de Nueva York tenía 6 de las categorías de peso representadas en las finales. A mí no se me consideraban parte del Equipo de Nueva York, a Leona sí. El enfrentamiento de la mejor boxeadora de 119 libras del país se reduciría a 2 neoyorquinas: Leona y yo. Fue la noticia de la noche. Abracé a Denise cuando la vi, pero fue Denise quien dijo: "¡Hemos llegado a la final Trish!" Quiero que vengas con nosotras mañana. Unas cuantas chicas nos vamos a juntar e iremos al centro comercial mañana y luego nos relajaremos en la piscina por la tarde después de que nos den los uniformes por la mañana".

La idea de ir al centro comercial y a la piscina me sonaba genial. "¡Sí! ¡Por supuesto! Muchas gracias Denise!" dije sonriendo de oreja a oreja. Me dio un último abrazo y dijo: "Te veré aquí mañana para la recogida del uniforme y luego desayunaremos en el centro comercial y después iremos a la piscina".

"Es tarde, chica. Vamos a comer algo rápido aquí en el hotel", dijo Coach. Efectivamente era tarde. Eran casi las 8 de la noche y mi estómago había empezado a molestarme de nuevo, pero tenía que comer algo. Caminamos hasta el restaurante del interior del hotel y pregunté si podía pedir 3 huevos revueltos. El camarero sonrió y dijo: "¡Por supuesto! Podemos encargarnos de preparárselos. Pero, ¿eso es todo lo que va a comer?" Odiaba desperdiciar comida y realmente no tenía hambre. "No tengo mucho apetito ahora mismo, pero gracias, eso será todo para mí". Sin embargo, Coach se adelantó y pidió el entrante de pollo a la parmesana con ziti al horno.

Mientras esperábamos a que nos trajeran la comida, Coach se volvió hacia mí y me dijo: "Escucha Alcivar, mañana no vas a ir a ningún sitio con Denise. Ni al centro comercial, ni a la piscina. Vas a descansar los pies en tu habitación y ver la televisión y relajarte todo el día de mañana. No necesitas estar paseando en un centro comercial lleno de gente y luego tostándote al sol. Ellos pueden hacer eso si quieren, pero tú no". Sabía que no debía discutir con Coach. Recordé todo el incidente de tener que ir al gimnasio el Día de la Madre. Coach tenía la última palabra y yo sabía que no iba a cambiar de opinión. Sin embargo, me dolió. Rara vez podía salir con alguien. Bajé la mirada intentando contener las lágrimas y dije: "Bien. Me quedaré todo el día en mi habitación".

Salió nuestra comida y apenas dijimos una palabra, pero Coach sí se adelantó y dijo: "Más adelante me darás las gracias por cuidar de ti. No me importa si ahora me odias, pero lo hago por tu bien". No estaba segura de sí el malestar estomacal era por los nervios, la rabia o qué, pero sólo quería irme a mi habitación. Coach inhaló su comida y yo terminé mis huevos revueltos y me alegré de estar de vuelta en mi habitación.

Estaba agotada esta noche y me alegré de quedarme dormida enseguida. No tendríamos que registrarnos para recoger nuestros uniformes hasta las 10 a.m. Le dije a Coach que pediría el desayuno en mi habitación y que me reuniría con él a las 10 a.m. Todavía estaba cansada cuando me desperté a las 6 a.m. y pensé que quizás era una buena idea que descansara todo el día de hoy. Me deleité con un panecillo con queso crema y café mientras leía el periódico local de Augusta que me habían dejado delante de la puerta.

El periódico tenía un artículo sobre los combates de anoche y anunciaba la venta de entradas para la primera final del Campeonato Nacional de Boxeo Amateur Femenino de Estados Unidos, mañana por la noche. "Esto está pasando de verdad!" pensé mientras terminaba mi desayuno y cerraba los ojos imaginando que el árbitro levantaba mi mano mañana por la noche. Sentí que se me calentaban los ojos, pero me levanté y me puse mis pantalones cortos de jeans favoritos y una camiseta y me reuní con Coach delante de mí puerta. "¿Cómo estás, chica?" me preguntó Coach. "Me duele el estómago desde hace dos días. Creo que podría ser mi periodo", respondí una vez que me di cuenta de que las molestias que tenía parecían dolores menstruales.

No me había venido la regla en todo el mes, así que había muchas posibilidades de que esa fuera la razón por la que me molestaba el estómago. "Olvidé meter en la maleta las maxi-compresas y las necesito por si acaso me viene", le dije a Coach. "De acuerdo, chica. Hablemos con Denise. Como ella va a ir al centro comercial más tarde, puede recoger algunas para ti. Estarás bien", dijo Coach mientras tomábamos el ascensor escaleras abajo. Las puertas del ascensor se abrieron con Leona de pie justo delante mirándome fijamente. "No la mires. Está intentando meterse en tu cabeza. Habla con los puños mañana", me dijo Coach al oído mientras entrábamos evitando cualquier contacto con ella.

Vimos a Denise al salir del ascensor y Coach le pidió que no me dejara sola una vez que entráramos en la habitación. "¡Alcivar! Ven a por tu uniforme", gritó Mercedes. Abrí la bolsa. Tenía una camiseta de tirantes azul marino de la talla pequeña, pantalones de boxeo azul real con rayas rojas y blancas a los lados y unas zapatillas de azul real con rayas rojas y blancas. ¡Eran preciosos! Y entonces oí una voz detrás de mí que decía: "¡Mañana te van a dar una paliza Alcivar!" Me di la vuelta y era Leona sonriendo.

Denise se acercó corriendo, me agarró y me dijo: "¡Vamos Trish! No escuches esa basura". Denise había visto a Leona acercándose a mí y sabía que quería provocar una pelea antes de las finales de mañana. Nunca en mi vida había dado un puñetazo fuera del cuadrilátero y no iba a empezar ahora. No dejé que sus palabras me sacudieran. Era una peleonera y Coach tenía razón, dejaré que mis puños hablen en el cuadrilátero mañana por la noche.

"¡Tienes que vencerla mañana, Trish! ¡Tienes que hacerla callar!" dijo Denise mientras salíamos. Asentí con la cabeza y vi que Coach se acercaba. "¿Qué pasa? " pregunto Coach. Vio que la cara de Denise estaba roja y agitada". Nada Coach. Leona sólo intentaba molestarme. Eso es todo", le expliqué con calma. "De acuerdo chica, sube ahora mismo a ver la televisión y descansa. Ahora tengo que hablar con Denise, pero vendré a recogerte para cenar temprano a las 4 p.m. ¿entendido?" Asentí y me fui. Era casi mediodía y empezaba a sentir esa molesta presión en el estómago, así que una siesta justo ahora no sonaba mal.

Entré en mi habitación y dejé mi nuevo uniforme sobre la cama y después de mirarlo durante unos minutos, decidí probármelo. Mi color favorito es el azul y me pareció interesante cómo había estado en la esquina azul durante todo el torneo y ahora para las finales otra vez y mi uniforme era mayoritariamente azul. Aunque la parte de arriba y la de abajo eran una talla pequeña, el uniforme me quedaba súper grande. Los pantalones cortos me llegaban por debajo de la rodilla y la camiseta de tirantes me caía por debajo del sostén deportivo.

Intenté utilizar imperdibles, pero estoy segura de que Coach se opondría a ello. Estaba somnolienta y me dejé caer como un saco de piedras sobre la cama después de quitarme el uniforme. "¡Eh, Alcivar, abre la puerta!" fue el sonido con el que me desperté junto con un desagradable dolor en el estómago. Sentí mis pantalones mojados y me horroricé al ver que mis sábanas estaban llenas de sangre. "¡Oh, no, Dios, ¡por favor!" grité. "Alcivar ¿qué pasa?" preguntaba Coach de nuevo desde detrás de mí puerta. Me apresuré y abrí la puerta. "Acabo de despertarme Coach y también me ha venido la regla. Tampoco tengo compresas" dije avergonzada. "Voy a llamar a Denise ahora mismo y le pediré que te compre tus cosas. Date una ducha y volveré en 30 minutos para que podamos cenar. Todo va a ir bien chica. Te lo prometo", dijo Coach antes de irse. Me di un baño caliente y dejé que el agua tibia corriera por mi espalda y luego me senté en la bañera. "Nunca sacrifiques tu vida por nadie. Eres demasiado valiosa y te debes a ti misma vivir tu vida al máximo", fue lo que me vino a la mente mientras intentaba no sentir lástima de mí misma. Nunca nada me resultó fácil y este estúpido periodo no iba a interponerse en el camino de mis sueños. Salí rápidamente de la bañera. Enrollé gruesas capas de papel higiénico y lo utilizaría hasta que Denise llegara.

Me sacudí lo que fuera que estuviera sintiendo. He pasado por dolores peores en mi vida y no quería volver a sentir el dolor de perder. He trabajado demasiado duro para llegar hasta aquí. Tengo que aguantarme 6 minutos y darlo todo mañana por la noche o vivir con el dolor del arrepentimiento. Salí por la puerta y esperé a Coach que apareció un minuto después.

"¿Qué te pasa chica?" preguntó. "Estoy bien Coach. Vamos a comer", le contesté. Fuimos al restaurante del hotel y yo comí mis huevos revueltos y Coach su hamburguesa con papas fritas y después dimos un pequeño paseo cerca del hotel. "Mañana es tu noche, chica. Sin excusas. No me importa ninguna regla. Trabajaste con una mano fracturada, sudaste todo el verano y pasaste las vacaciones en el gimnasio cuando todos los demás estaban en la playa y de fiesta. Haz que mañana cuente", dijo Coach. "No se preocupe Coach. Tengo mucho por lo que pelear mañana. Daré todo lo que tengo", le contesté.

Cuando volvimos, había una bolsa colgada en mi puerta. Denise había dejado las maxis compresas en mi puerta. "Duerme bien chica. Te veré mañana a las 7:45. Mañana por la noche se coronará a una campeóna de 119 libras. Está ahí para que te lo lleves", dijo Coach mientras cerraba mi puerta y se iba. Me arrodillé junto a mi cama y oré: "Dios, por favor, calma los miedos y ayúdame a pelear mañana con valor, claridad y fuerza. Que mañana gane la mejor boxeadora. Amén".

Tuve retortijones de estómago durante toda la noche, pero conseguí dormir un par de horas. Me sentía hinchada y esperaba que no se reflejara en la báscula. Me puse unos pantalones elásticos cómodos y una camiseta de tirantes y me recogí el pelo largo y rizado en un moño. Estaba ansiosa y no podía esperar, así que bajé y me senté fuera de la habitación de Coach. Coach se sobresaltó cuando me vio y dijo: "¡Eh, Alcivar! ¿Por qué no has tocado a la puerta?" Me limité a encogerme de hombros.

"Sonríe un poco Alcivar. Esta noche, ¡es una gran noche!" dijo Coach mientras bajábamos en el ascensor. Ya había 23 mujeres allí esperando para pesarse y recibir las instrucciones finales y conmigo eran 24- Dos boxeadores por las 12 divisiones de peso olímpico. En cuanto entré, Leona se levantó y empezó a mirarme y a golpearse la mano. "Te encargarás de esa payasa esta noche", me susurró Coach al oído y entonces me agarró y entramos donde estaban los oficiales de USA Boxing.

Vimos a Denise y Coach me entregó a ella antes de que le echaran de la sala. Denise se agarró a mi brazo y sonrió. Empezamos a quitarnos la ropa para prepararnos para que nos pesaran y empezamos a escuchar: "¡Alguien va a ser noqueado esta noche!" Reconocí la estúpida voz y no me molesté en darme la vuelta. Era mi turno de subir a la báscula, "ALCIVAR: 114.5" gritó Mercedes. Denise me hizo un gesto de aprobación mientras me bajaba y se preparaba para subir a la báscula.

Mientras me vestía, Leona vino por detrás y me empujó y Denise vino corriendo y gritó: "¡Qué te pasa! ¡Déjala en paz!" Leona se limitó a sonreír y dijo: "¡Nos vemos esta noche Alcivar! Nadie te protegerá en el cuadrilátero". Me quedé mirándola fijamente y me di cuenta de que algunos de los otros oficiales también veían lo que estaba pasando.

Había una oficial en particular llamada Melanie a la que todo el mundo conocía como "La abuelita del boxeo" porque era tan dulce como un pastel y parecía la abuelita de todo el mundo. "¡Tienes que darle una lección y vencerla esta noche Trish!" dijo Denise. Agradecí mantener la calma. "No te preocupes Denise, se lo haré pagar esta noche", contesté mientras intentaba olvidarme de mis dolores menstruales. Nunca tuve a nadie que me protegiera en casa, así que Denise dando la cara por mí era algo que siempre recordaría con cariño.

"Señoritas, el primer combate empieza esta noche a las 6 de la tarde. Queremos que todas se presenten a las 4 p.m. El orden de los combates está en la pared", gritó Denny. Denise me devolvió a Coach y nos dirigimos a la pared donde estaban anunciados los combates. "Finales del Campeonato 119: Combate numero 3: ALCIVAR/BROWN" estaba impreso en grandes letras gruesas. "¡Perfecto! ¡Te ocupas pronto de los negocios, Alcivar!" dijo Coach mientras nos dirigíamos al restaurante del hotel para desayunar.

Nos sentamos y pedí mis huevos revueltos con cebolla, tomate y una guarnición de tostadas y café. "¿Qué tal el peso chico?" preguntó Coach. Estaba indecisa, pero le dije: "114.5 a pesar de tener la regla". Se limitó a asentir con la cabeza y me dijo, "Esta noche es la más importante de tu vida. No me importa el periodo ni nada. Tienes que salir y pelear como si tu vida dependiera de ello porque así es. Tienes que hacer callar a todos esos odiosos. Haz que todos los días que te has pasado trabajando cuenten esta noche".

"Sé lo que tengo que hacer Coach. Lo haré. Lo prometo", dije justo a tiempo para cuando llegó nuestro desayuno. Me obligué a comer de todo porque sabía que iba a ser difícil comer una comida completa más tarde. Coach me dejó en mi habitación a las 12 del mediodía. El plan era echarme una buena siesta, pedir una pequeña comida/merienda a las 2 de la tarde, descansar y Coach me recogería a las 3:45 de la tarde.

Una siesta era lo ideal. El desayuno completo y la regla me dieron sueño. Me tumbé en la cama y oré: "Necesito tu fortaleza y tu valentía más que nunca esta noche. Dios, por favor, ayúdame a rendir al máximo esta noche y a ser valiente. No podemos dejar que las malas personas ganen. Amén". Dormí profundamente durante una hora. Cuando me desperté, sentía las piernas pesadas y pensé que la regla me había vuelto a atravesar los pantalones. Casi lo hizo. Me di una ducha rápida para espabilarme del todo y luego llamé al servicio de habitaciones para que me trajeran un plato de fruta, que sería mi última comida antes de pelear más tarde.

Cuando empecé a vestirme, me preocupaba si la menstruación traspasaría mi pantalón mientras peleaba en televisión. El flujo era extra abundante, pero no podía seguir preocupándome. Mi trabajo esta noche era dejarlo todo en el cuadrilátero y salir sin arrepentimientos. Cuando me miré en el espejo, vi que el pantalón prácticamente se me caía de la cintura y que la camiseta de tirantes me quedaba súper suelta y se me caía de los hombros y entonces oí que tocaban a mi puerta.

Era Coach, así que abrí la puerta. Coach tenía una sonrisa de burla en la cara y me dijo: "¡No puedes boxear con ese aspecto, Alcivar! Tenemos que arreglarlo". Coach sacó un poco de su cinta blanca para vendar y me pegó los tirantes a la espalda ¡y eso hizo una gran diferencia! Luego utilizó cinta alrededor de mi cintura como un cinturón para evitar que se me cayera el pantalón de boxeo.

Cogimos todo y nos dirigimos al vestíbulo para coger el ascensor. Antes de entrar, me dijo: "Escucha chica, va a ser una locura ahí abajo. Todo lo que hemos sacrificado para llegar hasta aquí está en la línea. Tú eres la boxeadora mejor preparada y hábil de aquí. Estás preparada. Esta es TU noche. Sal y sé la Campeona que eres". Las puertas del ascensor se abrieron y miré a Coach y le dije: "Lo haré lo mejor que pueda Coach".

Todo irá como debe en un par de horas pensé. Mientras nos dirigíamos a registrarnos, Denise se acercó y me abrazó con fuerza. El afecto no era grande en mi familia mientras crecía, así que fue reconfortante pero extraño que me abrazaran de esta manera.

"¿Estás lista Trish?" pregunto Denise con una enorme sonrisa. Estaba tan segura de sí misma y llena de energía y yo lo apreciaba de verdad. "Asentí con la cabeza, estoy lista" respondí.

Nos registramos con USA Boxing y vi a Melanie y a un montón de otras personas importantes en el salón. Anunciaron que el presidente del Comité Olímpico de Boxeo de Estados Unidos, Gary Toney, estaba allí y Sandy Pino, la directora de la AIBA para la Asociación Internacional de Boxeo, así como reporteros, fotógrafos y equipos de televisión. Antes no estaba demasiado nerviosa, pero ver a todas esas personas me dejó anonadada y sentí un dolor agudo en la zona lumbar y abdominal.

El Sr. Gary Toney se acercó, me estrechó la mano y me dijo: "Buena suerte esta noche, jovencita". Tenía el pelo gris pimienta como Richard Gere y unos penetrantes ojos marrones. Sentí que mi cara se enrojecía, pero conseguí responderle: "Muchas gracias, señor". Ya eran más de las 5:15 p.m. y Coach empezó a vendarme las manos. Podíamos oír al locutor dando la bienvenida a los espectadores y a la multitud que empezaba a llenar el auditorio. Mercedes, de USA Boxing Metro, se acercó y me entregó mis guantes azules y blancos. "Tienes que ponerte los guantes. Los tres primeros combates tienen que estar listos. Puedes quedártelos después de tu combate por haber llegado a la final", dijo Mercedes mientras se dirigía a revisar los combates uno y dos. Pude ver en su cara que no pensaba ni esperaba que yo ganara esta noche. Era la misma expresión que había visto a lo largo de mi vida y a lo largo de aquel día, pero todo estaba bien. No sería la primera ni la última vez que tendría que demostrarles que se equivocaban.

Coach me puso los guantes y quiso que hiciera boxeo de sombra. "Ya sabes lo que tienes que hacer. No dejes que se salga con la suya. Muévete y mantente suelta", me dijo Coach. Hice lo que me indicó y me mantuve suelta hasta que vinieron por los 3 primeros combates. Pude ver las luces, las cámaras, la televisión y el público en la sala de espera mientras las chicas del primer combate se dirigían al cuadrilátero.

Mi corazón empezó a latir muy rápido. "No quiero verlas pelear Coach. Sólo quiero centrarme en lo que voy a hacer", dije mientras me alejaba hacia un pequeño rincón para estirarme y moverme. El primer combate entró y salió del cuadrilátero rápidamente y el segundo estaba en su tercer asalto. Los oficiales y un equipo de cámaras vinieron a buscarme a la sala de espera. "Dios, por favor, ayúdame a tener valor. Sin miedo". Y sin más, estaba entrando en el cuadrilátero. Coach no necesitó decir mucho y se limitó a mirarme directamente a los ojos y a chocar los guantes justo antes de que sonara la campana para comenzar el primer asalto.

Leona se lanzó hacia mí cargando con esa mano derecha, pero yo sabía lo que tenía que hacer y di un paso atrás y me moví en círculos. Ella fallaba con cada bomba que lanzaba y entonces yo volvía y aterrizaba combinaciones. Tras una de sus grandes derechazos, me hice a un lado y aterricé con mi gran derecha y la envié de nuevo contra las cuerdas. Oí al público reaccionar y gritar mientras ella retrocedía tambaleándose antes del final del primer asalto.

Volví a mi esquina y Coach había sacado el banquillo y dijo, "Toma asiento Alcivar. Buen asalto. ¡No la dejes respirar y sigue haciéndole pagar cada vez que falle! Sal después de tirar". Segundo asalto, Leona volvió a atacarme, pero yo sabía su plan. Sabía que quería que me quedara ahí e intercambiara con ella. Hice que me persiguiera y le hice pagar cada vez que fallaba. La sorprendí con un duro golpe que le hizo echar la cabeza hacia atrás y, una vez más, el público gritó. Vi cómo cambiaba la mirada en sus ojos. Vi miedo por primera vez en sus ojos y entonces sonó la campana. "¡Un asalto más y serás campeona nacional Alcivar! Haz que el último asalto sea el mejor de todos".

Tercer asalto, Leona no había aprendido la lección y se lanzó sobre mí con un bombardeo de golpes, pero todos fallaron. Mi misión era que no asestara ni un solo golpe y no lo hizo. Terminé el último asalto con una oleada de combinaciones que la enviaron de nuevo a las cuerdas y de vuelta a su esquina. Sonó la campana final para terminar este combate por el título nacional. Levanté las manos y sonreí con lágrimas en los ojos mirando a Coach. "¡Lo hiciste Alcivar!" dijo Coach mientras me abrazaba.

Caminé hacia el centro del cuadrilátero a un lado del árbitro y Leona estaba al otro lado. El árbitro me sostuvo la muñeca mientras el locutor decía: "¡Un aplauso para este increíble combate femenino!" y el público se puso en pie y aplaudió. ESPN2 estaba en el cuadrilátero con nosotras mientras el locutor continuaba: "¡Su 1ª Campeona Nacional Femenina de Estados Unidos es...! desde la ESQUINA AZUL! Desde Nueva York, ¡PATRICIA ALCIVAR!" Mi primera reacción fue poner la cara entre las manos y llorar. Sabía que en el boxeo no se llora, pero no pude evitarlo. Por este momento, era lo suficientemente buena para algo.

Cuando bajé del cuadrilátero, Melanie Ley, Gary Fisher y Sandy Pino me dieron la mano y me abrazaron. "¡Felicidades Patricia! Por favor, quédate cerca. Queremos una foto del equipo de las campeonas nacionales después del combate final", dijo el presidente de USA Boxing, Gary Toney. Asentí con la cabeza y sonreí. Coach tenía que trabajar pronto en la esquina de Denise, así que me fui a sentar a un rincón intentando asegurarme de que aquello no era un sueño. No estaba segura de por qué me sentía feliz y triste a la vez. Lloré y di gracias en silencio a Dios por haberme dado la valentía y la fortaleza esta noche.

Denise era el 8º combate y sin ninguna duda, ganó y también se convirtió en Campeona Nacional. La abracé y me alegré mucho por ella. Por esta noche, el bien había ganado al mal. Los periodistas se turnaron para entrevistarme y fotografiarme y luego llegó el momento de tomar la foto del Equipo Nacional mientras tocaban una canción que nunca olvidaré, "We are the Champions" de Queen.

Capítulo Seis - Asalto 6

Redención
"Con el nuevo día llegan nuevas fuerzas", Eleanor Roosevelt

Tenía miedo mientras el avión aterrizaba en el aeropuerto John F. Kennedy. Tenía miedo de volver a la realidad, de volver a un apartamento en el sótano donde me acechaba un asqueroso, de volver a pasar miedo por la noche, de volver a los recuerdos que me atormentaban. Recogimos nuestro equipaje y esperamos un taxi. "Escucha chica, quiero que te tomes un par de semanas libres de todo. Tómate un tiempo para relajarte y dejar que tu logro se asimile. Eres la mejor campeona femenina de 119 libras del país", dijo Coach con orgullo. Se me llenaron los ojos de lágrimas y le estreché la mano antes de que cerrara la puerta del taxi.

Peleé durante 4 días consecutivos, gané todos los asaltos, vencí en todos los combates y me convertí en la primera Campeona Nacional de Boxeo Femenino de Estados Unidos en la división de 119 libras. Fue una hazaña increíble, pero no cambiaría nada y, de repente, sentí un gran vacío en mi interior. El taxi llegó frente a la casa y me bajé, entré a toda prisa y cerré la puerta suavemente. Pero entonces oí pasos y luego unos golpes en mi puerta: "¡Eh, campeona! ¡FELICIDADES! ¡Campeóna Nacional! ¡Hoy ha salido la noticia en el New York Daily News!" dijo Adrian.

No tuve más remedio que abrir la puerta y fingir una sonrisa mientras se me revolvía el estómago por dentro. "¡Muchas gracias! Acabo de llegar y quiero descansar," contesté. "¡Tenemos que celebrarlo! Quiero llevarte a uno de los mejores restaurantes de Nueva York", continuó. "Le preguntaré a mi hermana si puede venir y luego ya se nos ocurrirá algo. Gracias de nuevo y ahora debo irme a descansar", dije y cerré rápidamente la puerta. Tendría que convencer a mi hermana para que me acompañara esta vez. Intenté dormirme, pero mi mente no paraba de dar vueltas y pensar en tantas cosas.

Era domingo a primera hora de la tarde y mañana me regresaría al trabajo. Sabía que mi tiempo en Santuario para las Familias estaba llegando a su fin. Tenía que seguir adelante. No me gustaba sentirme estancada. También pensé en los Guantes de Oro de Nueva York. Sabía que allí también tenía asuntos pendientes. Me estaba poniendo ansiosa y decidí ir a Central Park a correr. Era uno de mis lugares favoritos, así que me cambié rápidamente y cogí el metro. Acabé corriendo una de mis vueltas de 10 km más rápidas de mí historia ¡en casi 45 minutos! Pasé por el New York Road Runners para ir al baño y vi a mi querido amigo, ¡el Sr. Allan Steinfeld!

"¡He leído todo sobre tu victoria en Augusta en el periódico Patricia! ¡Enhorabuena!" dijo Allan Steinfeld mientras me permitía recibir un abrazo suyo. Siempre ha sido amable conmigo y fue increíble verle. "¡Muchas gracias, Sr. Steinfeld! Acabo de llegar de Augusta hace unas horas, pero necesitaba correr antes de regresar al trabajo mañana", dije tímidamente.

"Estoy muy orgulloso de ti Patricia. Sé lo mucho que te gusta este lugar, así que, si quieres un trabajo aquí, sé que el Departamento de Eventos está buscando una directora de eventos para ayudar con sus carreras semanales. Si estás interesada, envíame tu hoja de vida y se lo pasaré a la persona encargada", dijo Allan Steinfeld mientras me daba la mano y salía por la puerta.

Me despedí y le dije: "¡Le enviaré mi hoja de vida por correo electrónico!" Por fin me sentí mejor y lo suficientemente tranquila como para llamar a mi hermana. Sin duda, se alegró mucho de oír sobre las Nacionales y también accedió a acompañarme a cenar con Adrian. Sabía que podía contar con ella. Coach me había dicho que me relajara, pero después de la carrera sentí que podía respirar mejor y pude dormir bien esa noche, incluso con las luces encendidas.

Mientras me preparaba para ir a la oficina al día siguiente, oré en silencio: "Dios, dame la fuerza para seguir avanzando en todos los ámbitos de mi vida". Cogí el tren para ir al trabajo y pensé en trabajar para New York Road Runners. Su oficina estaba literalmente enfrente de Central Park. Era hora de cambiar y mi prioridad hoy era enviar a Allan Steinfeld mi hoja de vida a la hora de almorzar. Cuando llegué a la oficina, encontré un pequeño ramo de flores sobre mi mesa con una tarjeta que decía: "¡Felicidades Patricia! Estamos admiradas de ti", firmada por Carla y Kristen. Me sentí culpable por querer buscar otro trabajo, pero sabía que tenía que permanecer fuerte.

Más tarde esa mañana, Coach me llamó y me dijo que quería que nos encontráramos en un lugar llamado "Two Boots" para comer algo rápido y hablar de lo que vendría después. Yo quería pelear en los Guantes de Oro, así que no dudé en aceptar. La mañana pasó rápidamente y a la hora de comer envié a Allan Steinfeld mi hoja de vida. Decidí dar un paseo durante el resto de la hora del almuerzo y recordé mi recorrido por Sanctuary. Estaba agradecida por la oportunidad ya que era mi primer trabajo de oficina al que me aferré con todo durante los últimos años empapándome de todo y además hice el mejor trabajo posible. Ya no había margen para crecer más, así que estaba segura de haber tomado la decisión correcta.

Cuando volví a la oficina, vi un mensaje de Allan Steinfeld y me mencionó que había reenviado mi hoja de vida a Jake, que era el vicepresidente de eventos de New York Road Runners, y que debería recibir noticias pronto, ya que querían contratar a alguien lo antes posible. Estaba segura de que el salario sería superior al que ganaba actualmente y eso me ayudaría a salir de la horrible situación vital en la que me encontraba. Tenía la buena sensación de que todo esto iba en una dirección positiva.

A las 5 de la tarde cogí el tren y me dirigí al restaurante "Two Boots" para reunirme con Coach. No era habitual que me pidiera que quedara con él para comer algo, pero si era para hablar de los próximos pasos, me pareció bien. Cuando llegué, Coach me estaba esperando afuera. "¡Eh, Alcivar! ¡Pasa!" me dijo con una gran sonrisa. Cuando entramos y nos dirigimos hacia la parte trasera del restaurante, había una larga mesa con un grupo del gimnasio de boxeo, así como su madre y su hermano. "¡Felicidades Campeóna!" gritaron.

El propósito de este "almuerzo" era celebrar mi victoria en el Campeonato Nacional Y también fui elegida "Atleta del Año" por el Comité Olímpico de Estados Unidos. Era la primera vez que se nominaba a una mujer en boxeo y al final también gané este honor, lo que me hizo entrar en los libros de historia. No sabía cómo sentirme, aparte de emocionada. Fue muy agradable ver a la madre de Coach y nos hicimos una foto sosteniendo mi cinturón. Mientras todos comíamos pizza, le mencioné a Coach que quería inscribirme y empezar pronto a entrenar para los Guantes de Oro de Nueva York. "¡Por supuesto chica! ¡Tienes que redimirte y ganar esos Guantes!" me dijo. Fue una tarde realmente agradable que recordaría durante mucho tiempo. Rara vez recibía sorpresas, así que esto fue genial.

Al día siguiente, recibí un correo electrónico del vicepresidente de eventos de New York Road Runners, Jake, en el que me decía que había recibido mi correo electrónico y que le gustaría que fuera a una entrevista con él y con algunas personas del banco JPMorgan Chase ese viernes por la tarde. Aunque aún no había recibido una oferta, tenía el presentimiento de que conseguiría el trabajo. Respondí enseguida diciendo que estaría allí e inmediatamente puse mi solicitud para tomarme medio día libre de Sanctuary for Families.

Unas semanas más tarde, tras mi entrevista, recibí un mensaje de Jake en el que me comunicaba que el personal de JPMorgan Chase y de los New York Road Runners querían ofrecerme el puesto de directora adjunta de eventos y que, si aceptaba, les gustaría que empezara en las próximas 2 semanas. Cerré los ojos y di gracias a Dios.

Llamé a mi hermana, que me ayudó a mantener la calma y a ver las cosas con más claridad. Tenía que hacer las cosas con inteligencia. Mañana hablaré con Carla y le daré mi preaviso de 2 semanas.

Sólo faltaban unos meses para los Guantes de Oro, así que mi plan era ahorrar suficiente dinero mientras tanto y encontrar un nuevo lugar para vivir después del torneo de los Guantes de Oro. Parecía un plan sólido, pero temía darle la noticia a Carla y al resto del personal. Mi puesto en Sanctuary ya no era para mí y me fui a dormir con un gran nudo en la garganta sabiendo lo que tenía que hacer al día siguiente.

Cuando estaba en casa, siempre temía decir algo a mis padres. El resultado era siempre el mismo: o me gritaban, o se reían de mí o, peor aún, me castigaban físicamente. Ese sentimiento de inseguridad nunca me abandonó. Cuando llegué a la oficina a la mañana siguiente, escribí a máquina mi carta de renuncia y mientras la estaba imprimiendo, entró Carla. "¡Buenos días, Carla! ¿Puedo hablar contigo un momento en tu oficina?" le pregunté.

"Claro Patricia. Hablemos mientras tomo mi desayuno," me contestó. Dios, sentía náuseas, ¡pero allá vamos! "Carla, Sanctuary ha sido una de las cosas más importantes de mi vida y siempre agradeceré la oportunidad de aprender tanto. He aceptado un trabajo con los New York Road Runners ayudando a organizar sus eventos clave", dije con un nudo en la garganta.

Para mi sorpresa, Carla sonrió suavemente y dijo: "¡Felicidades Patricia! Hemos tenido la suerte de contar contigo durante los últimos años. Te extrañaremos mucho y sabemos qué harás un excelente trabajo dondequiera que vayas". No me lo esperaba en absoluto. Recordé lo disgustada que se puso mi jefa de la tienda de zapatillas cuando le dije que había encontrado un nuevo trabajo. Mi instinto fue abrazar a Carla mientras le entregaba mi carta de renuncia con dos semanas de antelación y salía de su oficina.

Más tarde ese mismo día, por fin pude tener una sesión con el padre Joe. Le hablé de mi nuevo trabajo y de lo confundida que estaba por la reacción de Carla. "Has estado rodeada de personas poco sanas y disfuncionales durante la mayor parte de tu vida Patricia, pero la forma en que Carla reaccionó y trató tu noticia fue muy apropiada", dijo el padre Joe. Fue muy bueno verle y hablar con él.

Las dos semanas pasaron volando y Sanctuary incluso tuvo un almuerzo especial para mí en mi último día. Me tomé unos días libres antes de mi fecha de inicio oficial en New York Road Runners. Durante mi semana libre, fui al gimnasio de boxeo y pude ponerme al día con Coach. Me dijo que nos habían invitado a asistir a una cena a finales de otoño organizada por USA Boxing Metro. Me habían nominado y también ganaría el premio "Atleta del año de USA Boxing Metro".

Yo había hecho historia cuando fui nominada y gané el premio a la «Atleta del Año» por el Comité Olímpico de Boxeo de Estados Unidos tras ganar el primer Campeonato Nacional de Boxeo Femenino de Estados Unidos, así que todo esto parecía tan surrealista. Entonces Coach también me dijo algo aún más grande. Me dijo que estaba inspirado e iba abrir su propio gimnasio de boxeo y que ¡había encontrado un lugar!

"¡Tengo unos cuantos inversores y la construcción del nuevo gimnasio ya ha comenzado y deberíamos estar en marcha en unos meses!" me dijo Coach. Eran noticias increíbles y yo iba a tener que hacer mucho trabajo por mi cuenta ya que Coach estaría ocupado con la apertura del nuevo gimnasio.

Sabía que parte del boxeo consistía en estar en excelente forma física, así que iba a probar esta nueva clase de bootcamp al aire libre anunciada en el New York Daily Newspaper llamada "Platoon Fitness". Ofrecían un mes gratis y la clase se reunía en Central Park a las 5:30 a.m. Levantarme temprano nunca fue un problema para mí y sabía que Coach estaría preocupado con el nuevo gimnasio, así que iba a hacer lo que fuera necesario para estar en la mejor forma posible para los Guantes de Oro.

Ese domingo por la noche, antes de mi primer día en el nuevo trabajo, hice la maleta con mi ropa de trabajo y mis artículos de aseo. Mi plan era ir a Platoon Fitness por la mañana en Central Park y luego ducharme y cambiarme en el New York Road Runners, ya que tenían un lugar in situ para hacerlo para el personal. Oré y pedí a Dios que me protegiera, guiara y bendijera en mi nuevo trabajo.

Me desperté a las 4 de la mañana y me tomé mi café, me lavé los dientes, me cambié y cogí mi mochila ya preparada y salí por la puerta a las 4:30 y llegué a la Tavern on the Green de Central Park, en la calle West 67th Street, puntualmente a las 5:20. Mientras me dirigía al punto de encuentro, ¡un loco en bicicleta de montaña pasó a toda velocidad justo a mi lado y casi me atropella!

Al otro lado de West 67th Street, dentro de Central Park, había un gran camión blanco con un enorme logotipo de "Platoon Fitness" y justo delante estaban el instructor de la clase, Mike y el propietario de la empresa, Todd y un grupo de unas 40 personas y el loco de la bicicleta que más tarde me enteraría que se llamaba Brian.

Nos informaron sobre el plan de entrenamiento y nos dividieron en dos filas y trotamos codo con codo alrededor de una milla hasta las canchas de voleibol dentro de Central Park. El entrenamiento se realizó al "estilo militar" donde contábamos cada repetición y nos alineábamos de forma organizada. Me encantó y estaba agotada después de los 90 minutos de entrenamiento. Me moría de ganas de volver a hacerlo al día siguiente. Vi a ese tipo, Brian, quedarse después de que acabara la clase y charlar con todo el mundo. Yo estaba allí por el entrenamiento y me centré en ponerme en mejor forma para los Guantes de Oro, así que cogí mi mochila y troté 3 millas hasta el New York Road Runners (NYRR).

Cuando llegué a NYRR a las 8 de la mañana, el Coach Joe Kleinerman estaba abriendo la puerta. Fue muy agradable verle e inmediatamente sonreí y le dije: "¡Buenos días, Coach Joe! ¡Hoy es mi primer día de trabajo en el Departamento de Eventos! Acabo de terminar de hacer ejercicio y voy a darme una ducha". El Coach Joe solía ser un corredor empedernido en aquellos tiempos y si querías verle sonreír, lo único que tenías que hacer era hablar de correr. El Coach Joe vivía en el último piso del NYRR.

Se sonrojó y dijo: "Puedes quedarte con mi llave de repuesto del edificio para que puedas correr y cambiarte aquí siempre que quieras. Ahora sube a darte una ducha y asegúrate de desayunar algo antes de empezar a trabajar".

Mientras me daba una ducha caliente, oré para que este trabajo saliera bien y para tener la fuerza, el valor y la claridad para hacer el mejor trabajo posible. Me cambié rápidamente y corrí a la tienda que estaba convenientemente a media cuadra de distancia. Pedí un café negro extra grande con 4 cucharadas soperas de azúcar y dos panecillos con mantequilla. Uno para mí y otro para el Coach Joe. Al volver, le entregué su panecillo con mantequilla y le di las gracias por las llaves.

A las 8:45 ya estaba de vuelta en mi mesa revisando las carpetas de los eventos de los que sería responsable mientras desayunaba. Fui la única que estaba allí momentáneamente, antes de que Jake, el vicepresidente de eventos entrara y dijera: "¡Buenos días Patricia! Tómate la mañana para revisar esas carpetas y nos reuniremos con el resto del equipo esta tarde, pero no dudes en hacernos cualquier pregunta".

El equipo de eventos mientras yo estaba allí estaba compuesto por las 4 directoras del evento: Jessica, Ed, Ted y yo, después vino Claudia, que era la directora principal de eventos, y Jake, que era el vicepresidente de eventos. Todos se presentaron al entrar. Era un ambiente diferente al de Santuario para Familias y tuve la sensación de que este trabajo no iba a ser nada fácil. Los eventos que me encargaron para empezar fueron la carrera Empire State Building Run-Up en la que había un proceso de solicitud y sólo se permitía a unos 500 participantes subir corriendo 86 tramos de escaleras. También tenía un componente internacional, ya que se presentaban atletas de todo el mundo.

También fui responsable de tratar las solicitudes, el proceso de inscripción y parte de la logística del JPMorgan Chase Corporate Challenge, que sigue siendo el mayor evento de carreras corporativas del mundo, con dos noches de carreras consecutivas y más de 18,000 participantes cada día. Más tarde, en nuestra reunión de la tarde, me enteraría de que el Maratón de Nueva York era un evento para "todos los que trabajamos para NYRR", por lo que ya no había forma de que yo corriera en él. Fue un primer día de trabajo difícil, pero justo antes de irme, fui a visitar al Sr. Allan Steinfeld al 5º piso. Su sonrisa y su calidez fueron muy reconfortantes y me dijo que mientras trabajara duro, todo encajaría.

Durante el mes siguiente, mi rutina consistió en asistir a las clases de fitness del pelotón por las mañanas e ir directamente a trabajar, pero entonces las clases gratuitas del campo de entrenamiento matutino llegaron a su fin. Decidí continuar como miembro de pago. Había aprendido a amar los entrenamientos y se convirtieron en parte de mi rutina matutina diaria. También me hice amiga de Brian en los entrenamientos y verle se convirtió en un incentivo extra para asistir a las clases matinales de bootcamp.

Coach me llamó un mes más tarde para decirme que teníamos que reunirnos en el Gimnasio Gleason's al menos 3 veces por semana para entrenar y hacer sparring como preparación para los Guantes de Oro de la Ciudad de Nueva York. Mi deseo no se había desvanecido y tenía que hacer que funcionara. Mi primer día de vuelta al gimnasio de boxeo fue duro y me sentía oxidada. Aunque había estado entrenando con regularidad y me sentía muy bien físicamente, mi boxeo era deficiente. Coach también lo vio y me dijo justo antes de que me fuera a la estación de tren: "Escucha chica, mi prioridad ahora mismo es abrir este nuevo gimnasio, pero trabajaremos lo suficiente para que llegues a los Guantes de Oro. Tienes toda esa experiencia de las Nacionales y eso te ayudará mucho". Sentía lealtad hacia Coach y era la única persona en la que confiaba, especialmente en el turbio mundo del boxeo, así que tendría que adaptarme a su nuevo programa y hacer que funcionara también con mi nuevo trabajo.

A menudo me sentía fuera de lugar en el New York Road Runners porque el personal no era el más cálido ni el más amable, excepto Ted, que a menudo bromeaba conmigo. Así que decidí mantener mi boxeo en silencio por el momento. El único que lo sabía era el señor Allan Steinfeld y no tenía que preocuparme por él en absoluto. Tendría que confiar en las lecciones que aprendí en las Nacionales, en las que pensaba a menudo y que me acompañarían toda la vida. Tenía que mantener la calma, ser paciente y positiva a pesar de los obstáculos. Me encontré resentida con Coach ya que no recibía la atención que antes recibía de él.

Durante los dos meses siguientes, mientras me preparaba para los Guantes de Oro, fui con regularidad a la clase matinal del campo de entrenamiento y corría mucho los fines de semana. Me visualizaba levantando las manos en el Madison Square Garden cada vez que necesitaba inspiración. Me sentía sola durante esta ronda de preparativos para un torneo tan importante, pero la experiencia me estaba enseñando a ser autosuficiente.

Un par de semanas antes de las finales de los Guantes de Oro, Coach celebró la gran fiesta de inauguración de su nuevo gimnasio en el bajo Manhattan. Era precioso y constaba de 2 pisos. En un piso, había un cuadrilátero, sacos pesados de boxeo, sacos de velocidad y una zona para hacer boxeo de sombra y saltar la cuerda. En el segundo piso, había un lugar para estiramientos, entrenamiento con pesas y vestuarios para hombres y mujeres.

Este gimnasio de boxeo no era como los demás y atendería a una clientela más selecta como trabajadores de Wall Street, abogados, médicos y otros profesionales. Coach me explicó que así era como sobreviviría el gimnasio, entrenando a estos profesionales para que boxearan de forma recreativa y organizando espectáculos de boxeo en los que tendrían la oportunidad de boxear ante el público.

Estaba contenta por Coach, pero preocupada por mí. Una vez más llegué a la final de los Guantes de Oro del New York Daily News. Pelearía contra una boxeadora de Muay-Thai llamada Deborah Stein, que también pertenecía a un equipo de boxeo femenino llamado "Supreme Team".

Me mantuve en el buen camino con mi peso y lo comprobaba regularmente en el trabajo, donde había una báscula que utilizaba por las mañanas después de mis entrenamientos y, según eso, estaba en unas cómodas 120 libras. Una semana antes de mi combate final. Ese lunes por la mañana, notifiqué a Jake y Claudia que me tomaría libre ese viernes. La única persona que sabía de mi combate de los Guantes de Oro era el Sr. Allan Steinfeld y ¡había comprado entradas para ir!

El evento JPMorgan Chase Corporate Challenge era a principios de junio y, aunque sólo era abril, las solicitudes habían empezado a llegar a un ritmo emocionante. Estuve extremadamente ocupada en el trabajo revisando las solicitudes para el Empire State Building Run-Up además de mis otras tareas administrativas. Estar así de ocupada me ayudó a distraerme del estrés de mi próximo combate.

Hice ejercicio en la clase del campo de entrenamiento hasta el miércoles y me quedé después de clase charlando un rato con Brian. Éramos feroces competidores en clase y siempre corríamos el uno contra el otro cuando teníamos que completar un entrenamiento cronometrado. Le dije que no haría ejercicio hasta la semana que viene. "¿Ah, ¿sí? ¿Va todo bien?" me preguntó. "¡Sí! Todo va bien. Voy a competir en un evento especial y sólo necesito tomármelo con calma durante los próximos días", le contesté.

"¡Es fantástico! Me encantaría ir y apoyar, pero tengo un compromiso familiar. Por favor, dame tu número para saber cómo te fue", dijo Brian. Sentí que se me calentaban la cara y las orejas, pero pude darle mi número de teléfono móvil antes de despedirme. Brian estaba en el negocio textil con su padre y su hermano y trabajaba en una tienda en el bajo Manhattan.

Su tez clara me recordaba a la de mi madre y era alto con una complexión musculosa, pelo grueso y oscuro que tenía un buen parecido con el actor Ben Affleck. Su madre era irlandesa-italiana y su padre, persa-judío.

Volví trotando a la oficina e intenté quitármelo de la cabeza y centrarme en mi próximo combate. Había esperado mucho tiempo para este día y tenía que darlo todo. Cuando llegué a NYRR, me aseguré de subirme a la báscula ¡y marcaba 119.0 en punto! Esto fue después de mi entrenamiento, lo que significaba que tenía que comer muy liviano desde ahora hasta el pesaje del viernes por la mañana.

Después del trabajo, fui al gimnasio de boxeo y salté a la cuerda, hice boxeo de sombra e hice unas cuantas rondas en el saco de velocidad. De 5 a 8 de la tarde era la hora punta en el gimnasio y Coach estaba muy ocupado. Apenas pude golpear las almohadillas con él.

"Vale chica, ¡el viernes es la gran noche! Quiero que descanses, come liviano y me llames mañana para decirme cómo estas", dijo Coach. Me di cuenta de que no había nada que pudiera mejorar o trabajar en ese momento que pudiera marcar alguna diferencia en la pelea. Estaba cansada del campamento de entrenamiento, del trabajo y del boxeo de hoy, así que literalmente me desmayé cuando llegué a casa sin cenar.

Al día siguiente, intenté relajarme en el trabajo y a la hora de comer fui a ver a Allan Steinfeld a su oficina. Nunca dejaba de saludarme con amabilidad y el mero hecho de estar en su presencia durante unos minutos me hizo sentir mejor. Me estrechó la mano, me deseó suerte y me dijo que me animaría mañana por la noche. De camino a casa desde el trabajo, me detuve en la iglesia más cercana y oré y medité antes de irme finalmente a casa. Como era de esperar, Adrian estaba junto a su ventana y en cuanto llegué, salió. "¡Hola, campeóna! ¿Estás lista para mañana? " dijo en voz alta.

Había hecho un gran trabajo evitándole, pero ahora, estaba de guardia esperando junto a la ventana. "Hola Adrian, me concentro mucho antes de un gran torneo y necesito un poco de paz y tranquilidad. Aprecio que estés emocionado, pero realmente me gustaría bajar y descansar. Muchas gracias", respondí mientras evitaba cualquier contacto visual y me dirigía a las escaleras.

Mientras, calentaba mi sopa de pollo para la cena, se me agolpaban los pensamientos en la cabeza. Sabía que tenía que aguantar un poco más mientras ahorraba dinero y buscaba un nuevo lugar. Entrar de puntillas todos los días no era la paz, pero por ahora, este arreglo tendría que bastar. Necesitaba concentrar toda mi energía en dar el 100% mañana por la noche. Me tomé la mitad de la sopa y me tumbé en la cama hasta quedarme dormida.

Llegó el viernes y, mientras mantenía los ojos cerrados, recé una oración: "Dios, por favor, quítame todas las ansiedades y ayúdame a pelear con la mente clara y con valor esta noche. Amén". Me miré en el espejo y pude ver mis abdominales completamente planos e incluso se me veían las costillas, pero seguía nerviosa por no comer nada. La posibilidad de estar incluso un gramo por encima de mi peso y ver la decepción de Coach o ver la alegría de mi oponente sería suficiente para impedirme comer nada antes del pesaje oficial.

Empaqué la misma bolsa de lona que utilicé para las nacionales con mis pantalones de boxeo, las botas, la boquilla, y el protector del pecho. Decidí cerrar los ojos unos minutos más y me desperté asustada al darme cuenta de que estaba a punto de hacerse tarde. Cogí mi bolsa de lona y me apresuré a coger el tren que me llevaría al teatro del Madison Square Garden. Cuando llegué, Coach ya estaba allí, me agarró del brazo y entramos corriendo. Mi contrincante, Debra y su Coach, que era un negro alto llamado Lee, me miraron intensamente cuando entré en la sala. Debra tuvo problemas para hacer el peso, pero lo hizo en el segundo intento. Me quité la ropa rápidamente hasta el sostén y el bikini y me subí a la báscula. "Alcivar 118.1", gritó la mujer oficial. ¡Qué suspiro de alivio!

Me alegré de haber decidido no comer ni beber nada esta mañana, ¡pero ahora necesitaba absolutamente comer!

Los Oficiales nos dieron las instrucciones finales para esta noche, que consistían en estar de vuelta no más tarde de las 5 de la tarde, las puertas al público se abren a las 7 y el primer combate comienza a las 8 p.m. Yo era el 5º combate de la noche. Todo esto me había llevado mucho tiempo y ya eran más de las 2 p.m. "Bien chica, buen trabajo con el peso. Vamos por tu comida al Deli que hay a una cuadra del gimnasio, luego te echas una siesta y volvemos.

Tengo que sacar a pasear a los perros y hacer unas llamadas de teléfono, pero puedes echarte una siesta en el sofá después de comer", dijo Coach.

Desde que tengo uso de razón, los perros ocupan un lugar especial en mi corazón. Me encantaba todo de ellos y nunca dejaban de hacerme sonreír. Su inocencia y su capacidad para vivir en el momento sin preocuparse por nada me hacían quererlos más. Coach tenía 2 Akitas japoneses llamados Brando y Chayanne. Brando era mi favorito y era una de las razones por las que me encantaba venir al gimnasio, ¡a pesar de la absurda cantidad de pelo que dejaban por todas partes!

Cuando llegamos al gimnasio, me comí la mitad de mi sándwich Philly Cheesesteak que compramos en la tienda cercana y le di la otra mitad a Brando en secreto y luego me desmayé en el sofá mientras Brando se tumbaba a mi lado. En el pasado, Coach me había ofrecido llevarme a Brando a casa para que pudiera dormir mejor, pero yo tenía miedo de no devolvérselo nunca. Me sentó bien dejarme llevar por un sueño profundo. Esta siesta era probablemente la parte más importante de la pelea.

"¡Hola Patty! ¿Estás lista para patear traseros esta noche?" fue el sonido que me despertó. Un miembro del gimnasio demasiado excitado llamado Declan estaba gritando a través de la ventana de cristal. Sabía que las personas tenían buenas intenciones, pero también podía percibir su energía nerviosa y eso me hacía sentir incómoda. No me gustaba especialmente ver o hablar con nadie antes de mis peleas. Sonreí y saludé con la mano y luego llamé a Coach a su teléfono móvil. "¡Oye! ¿Por qué me llamas al móvil? " respondió Coach. "Declan acaba de despertarme con sus gritos en la puerta de la oficina. ¿Puedes venir a buscarle, por favor? Sólo quiero prepararme e irme. Ya estoy nerviosa", respondí.

Justo cuando estaba colgando el teléfono, Coach vino corriendo y habló con Declan. Entró en la oficina una vez que Declan se había ido y dijo: "Vale Alcivar. Prepara todo porque tenemos que irnos ya. Vamos a llegar tarde". Ya eran más de las 5 de la tarde y yo tenía que estar en el Garden pronto. Sabía que esta vez no íbamos a tener tiempo de pasar por la iglesia para rezar una oración, así que entré en el vestuario y cerré la puerta con llave y me arrodillé y recé mi última oración en privado.

Cuando salí de los vestuarios, Coach me estaba esperando, me agarró por la chaqueta y bajamos corriendo a la estación de tren. Por suerte, cogimos enseguida el tren número 2. En el trayecto en tren, Coach se inclinó sobre mí y me dijo: "Escucha chica, sé que el entrenamiento para estos Guantes no fue la mejor. Estaba muy ocupado abriendo mi propio gimnasio de boxeo, pero tienes la experiencia de las Nacionales y eres una dura. Sal ahí fuera y demuéstrales quién es la mejor boxeadora de Estados Unidos".

Todo lo que tenía que ver con este torneo era realmente diferente. Me encontraba enfadada con Coach la mayoría de las veces.

Estaba enfadada con él por abandonarme cuando más le necesitaba, pero me sentía segura de que al menos mi resistencia y mi forma física en general estaban a un alto nivel con todo el entrenamiento que hacía por mi cuenta en la clase de bootcamp 5 días a la semana junto con todas las carreras, pero lo más importante es que tenía la experiencia de las Nacionales, así como de haber peleado en los Guantes de Oro anteriores.

Me sentí aliviada cuando por fin llegamos a nuestra parada y nos apresuramos a ir al teatro del Madison Square Garden. "¡Llegas tarde, jovencita! Cámbiese y regístrese con el equipo de T.V. que quiere hacerle una entrevista", dijo Mercedes de USA Boxing Metro. Yo estaba en la esquina azul esta noche y rápidamente me cambié con mi pantalonetas azul y amarillo y mi camiseta de tirantes azul y fui a hablar con el equipo de T.V. Ganar los Nacionales sin duda me ayudó a pulir mis habilidades para las entrevistas y ya no estaba tan nerviosa hablando ante las cámaras como antes.

Justo después de que me entrevistaran, eran las 7:30 y ya había un pabellón lleno esperando a que empezaran los combates. Coach empezó a vendarme las manos mientras los oficiales metropolitanos de boxeo de Estados Unidos entraban para entregarme mis guantes azules y blancos de 10 onzas. "Todo el gimnasio está aquí por ti, chica. No dejes que ella ni nadie te quite lo que te pertenece. ¿Me oyes?" dijo Coach con firmeza. Le miré y asentí con la cabeza. Pude oír el rugido del público cuando el primer combate entraba en el cuadrilátero y esa fue mi señal para empezar a calentar.

Empecé a hacer boxeo de sombra en el vestuario y me imaginaba este combate desde que entraba en el cuadrilátero hasta que me levantaban los brazos al final del combate. Estaba tan concentrada que los 30 minutos que pasaron me parecieron uno y el cuarto combate ya estaba en el cuadrilátero. Coach entró y empezamos a caminar hacia el cuadrilátero mientras las cámaras seguían todos nuestros movimientos.

El 4º combate terminó y entonces empezó el anuncio: "¡Y ahora entra en el cuadrilátero en la esquina azul la 1ª Campeona Nacional Femenina de Estados Unidos, Patricia Alcivar!" La reacción de la multitud que llenaba el teatro del Madison Square Garden fue emociónate. ¡Podía oír a las personas gritar mi nombre! Cuando anunciaron a mi oponente, Deborah, también me sorprendió que recibiera una agradable ovación de bienvenida. Su Coach era popular y era también su novio y propietario del gimnasio de boxeo en el que entrenaba, así como el Coach del "Equipo Supremo".

Llegamos al centro del cuadrilátero y Deborah me miró fijamente a los ojos con rabia. Nunca entendería esa parte del boxeo. Para mí, pelear y ganar era una forma de construir la confianza que mis padres destruyeron cuando era niña. Ser atleta era mi manera de reconstruirme como mujer valiente, trabajadora y segura de sí misma y era alucinante la cantidad de personas con las que me encontraría que intentarían arrebatarme eso.

Sonó la campana para comenzar el primer asalto. Deborah cargó contra mí y me sorprendió con una rápida combinación de 3 puños.

Tenía velocidad en sus golpes, pero no sentí potencia en sus golpes. Le respondí inmediatamente con una combinación propia que la hizo trastabillar y le sacó sangre de la nariz casi de inmediato. La campana sonó para poner fin al primer asalto. Coach sacó el banquillo: "Buen trabajo Alcivar, pero no dejes que te atrape con golpes tontos. Ve tú primero y muévete. Esta es tu pelea".

Mientras escuchaba a Coach, me di cuenta de que me sentía realmente sin aliento. La falta de entrenamiento específica en boxeo era evidente, pero necesitaba empujar hasta que se me cayeran los brazos. Sabía que había ganado el 1er asalto, pero ahora tenía 2 asaltos más para sellar esta decisión. Sonó la campana para comenzar el 2º asalto y dejé que Deborah viniera a la carga contra mí porque podía ver que ella también estaba sin aliento.

Aunque cargó contra mí, la hice fallar y pagar con mis contragolpes. Justo a mitad del asalto, la sorprendí con un duro contragolpe de izquierda que le echó la cabeza hacia atrás y el árbitro intervino para darle un recuento de 8 en pie. Segundo asalto en los libros. "¡Bien Alcivar! ¡No te contengas en este último asalto! Recuerda, ¡este es tu combate y tienes que hacer que cada segundo cuente!" dijo Coach mientras me daba agua y sonaba la campana final.

Debra vino hacia mí con más fuerza. Las dos queríamos mucho esta pelea, pero no iba a dejar que me la arrebatara. Intercambiamos un aluvión de golpes, pero los míos tenían más chispa y causaron más impresión que los de ella. Sonó la campana final y conseguí colar el último puñetazo y Debra me lanzó la mirada más sucia que jamás había visto. Levanté las manos porque, fuera cual fuera la decisión, sabía que lo había dado todo y que merecía ganar.

Coach me chocó los cinco y me quitó la protección de la cabeza y los guantes mientras el árbitro recogía las tarjetas de decisión. Podía oír a las personas del gimnasio gritar mi nombre. Sonreí nerviosamente mientras caminaba hacia el centro del cuadrilátero. Las cámaras de televisión enfocaban a mi cara mientras se hacía el anuncio: "¡Y su campeona de los Guantes de Oro de la Ciudad de Nueva York de 1998 en la división femenina de 119 libras es...... desde la ESQUINA AZUL, PATRICIA ALCIVAR!" Puse la cara entre las manos e intenté contener las lágrimas, pero la emoción era demasiado grande. El árbitro me agarró del brazo y lo mantuvo en alto mientras la multitud me aclamaba.

"¡Lo he conseguido! Redención y campeóna de los Guantes de Oro de la Ciudad de Nueva York". Pensé para mis adentros mientras por fin conseguía sonreír ante las cámaras de televisión y los fotógrafos. Intenté estrechar la mano de Debra, pero ella y su Coach me dieron la espalda. Se convertiría en una actitud común de los competidores y las personas darme la espalda una vez que conseguía algo grande.

Después de ganar los Guantes de Oro, le dije a Coach que lo único que quería era irme a casa y dormir en paz. Nunca me gustaron las fiestas ni las celebraciones. Mi recompensa estaba en la experiencia, duro caminó y en el logro.

Aunque todo el mundo en el gimnasio quería salir de copas, eran más de las 11 de la noche y yo no era bebedora y para mí, no había mayor celebración que saber que por ese día, era realmente una campeona. Coach me dio una palmadita en la espalda y me envió a casa en taxi.

Llamé a mi hermana desde el taxi y se lo conté todo. Al llegar a casa, vi que las luces de Adrian estaban apagadas, lo que significaba que no había vuelto a casa de las peleas, lo que me hizo extra feliz. Aun así, entré de puntillas en el apartamento. Me tumbé en la cama repitiendo el combate en mi cabeza y la sensación de haber ganado un torneo tan prestigioso en el Madison Square Garden, en la Ciudad de Nueva York y entonces también me di cuenta de que mi teléfono me había estado avisando de nuevos mensajes en el buzón de voz. Ya había hablado con mi hermana, pero lo comprobé para asegurarme de que no me había fallado nada importante.

El primer mensaje era de Adrian. Ni siquiera terminé de escucharlo y lo borré enseguida. El 2º era de Allan Steinfeld. Eso me hizo sonreír de verdad. Había venido a verme pelear y me dijo que estaba muy orgulloso de mí. El 3er mensaje era de Brian que decía: "¡Hola Patricia! Me preguntaba cómo había ido tu evento de esta noche. Espero que haya ido bien y estoy deseando que me cuentes todo el lunes en el Bootcamp". Sentí que mi cara y mi cuerpo se calentaban. No esperaba escuchar ese tercer mensaje de voz. Me ponía nerviosa decirle que era boxeadora. Esperaría hasta el lunes por la mañana. Estaba somnolienta y ya tenía un plan de lo que quería hacer mañana. Dormí como un bebé esta noche, incluso con las luces encendidas.

Me desperté sobresaltada con el sonido de la puerta de arriba dando un fuerte portazo. Oí que se abría la puerta del garaje y que Adrian arrancaba en su coche. "Bien, ya se va", pensé. Me di una ducha y me vestí. Mi plan para hoy era tomar mi desayuno favorito en Dunkin Doughnuts, luego tener una sesión con el padre Joe y después cenar temprano con mi hermana en el comedero de Georgia Diner.

Cuando abrí la puerta para salir, encontré rosas y una nota de Adrian que decía: "¡Lo has conseguido! ¡Enhorabuena por ganar los Guantes de Oro anoche! ¡Eres mi campeona! ¡Os llevaré a ti y a tu hermana a Le Cirque el próximo viernes! Con amor, Adrian". Me estremecí y supe que ahora mi prioridad tenía que ser absolutamente ¡salir de este lugar!

Compré el periódico New York Daily Newspaper, que era patrocinador desde hace mucho tiempo de los Guantes de Oro de Nueva York, pedí mi café negro extragrande con un panecillo tostado con queso crema y me senté a leer el periódico. El titular de la sección de deportes decía: "Campeona nacional femenina y ahora campeona de los Guantes de Oro de la Ciudad de Nueva York". Había empezado un libro de recortes para guardar todos estos artículos impresionantes y utilizarlos como recordatorios de lo que es posible incluso contra todo pronóstico.

Cogí el tren para ir a ver al padre Joe y siempre me sorprendía lo abarrotados que pueden estar los trenes incluso en fin de semana.

Estaba ansiosa por alcanzar al padre Joe y cuando lo vi, estaba sonriendo, me estrechó la mano y me dijo con voz muy monótona: "Felicidades Patricia". Sabía que era mi consejero y que tenía que seguir siendo algo profesional, pero esperaba una reacción un poco más fuerte que esa. Le conté todo sobre la pelea, mis sentimientos de resentimiento hacia Coach y sobre ese tal Brian. Le dije que Brian me ponía nerviosa y que temía que quisiera invitarme a salir.

"¿Por qué iba a ponerte nerviosa que Brian te pidiera salir, Patricia?" preguntó el padre Joe. Tuve que respirar profundamente y ser completamente sincera antes de responder: "Bueno, padre Joe, tengo miedo de contarle sobre ser boxeadora y sobre mi familia y mi pasado". El padre Joe pudo ver que empezaba mis ansiedades al decir la última parte de la frase.

"Querida Patricia, tienes que ir paso a paso. Primero, no hay nada malo en ser una atleta y eso es lo que eres. Eres una atleta fuerte y hermosa. Si este Brian tiene sentido del gusto, lo verá y se sentirá orgulloso de ti. No tienes que soltarlo todo enseguida. Ni siquiera te ha pedido salir y ya te estás preocupando demasiado. Cruzaremos ese puente cuando lleguemos a él. Por ahora, disfruta de tu logro y no te preocupes por nada", me dijo con el porte más tranquilo que nunca.

Salí de su oficina sintiéndome menos ansiosa. El padre Joe tenía razón en cierto modo. El tipo ni siquiera me había invitado a salir y probablemente sólo estaba siendo amable conmigo. Estaba deseando ver a mi hermana y a mi sobrina para cenar. Prácticamente había pasado hambre toda la semana y me sentía y me veía muy delgada. Pude ver a mi hermana con el cochecito y a mi sobrina mientras me acercaba al Georgia Diner. Mi sobrina ya estaba más grandecita y hablaba más y me saludó con un abrazo y un beso.

¡Nos sentamos y pedí una hamburguesa con todo, aros de cebolla y una ginger ale! Mi hermana se río y pidió exactamente lo mismo más palitos de pollo para mi sobrina. "Escucha, necesito que me hagas un gran favor... necesito mantener las cosas algo tranquilas con Adrian y él insiste en llevarme a cenar fuera, especialmente ahora que he ganado los Guantes de Oro. Quiere llevarnos a un sitio elegante llamado Le Cirque el viernes. Tienes que venir POR FAVOR". Adrian había conocido brevemente a mi hermana y a mi sobrina, así que no fue ningún problema y aceptó.

El día había ido bien y yo estaba contenta. No podía evitar sentir ese incómodo vacío que siento a veces. Sabía que tenía que ver con mi madre y mi familia. Ahora era campeona nacional y campeona de los Guantes de Oro de la Ciudad de Nueva York, pero de alguna manera, seguía sintiéndome como un don nadie. Al día siguiente, corrí 3 millas y me sentí aliviada antes de ir a la iglesia. Fue un fin de semana agradable pero no muy diferente de cualquier otro fin de semana en particular.

Me sentía ansiosa por ir al campamento de entrenamiento a la mañana siguiente y volver al trabajo, pero me preparé la ropa, la mochila y la alarma antes de irme a dormir. Me encontraba luchando contra estos episodios de ansiedad a menudo, pero sabía que tenía que orar y seguir enfrentándome a ellos hasta que dejaran de ser obstáculos.

El padre Joe me había dicho que muchos de estos sentimientos eran el resultado de mi pasado abusivo, pero tenía que seguir haciendo lo que estaba haciendo y aunque los sentimientos nunca desaparecerían por completo, se harían más fáciles.

Me desperté antes del despertador y me preparé para el campamento de entrenamiento. Cogí el autobús Q60 a las 4:45 de la mañana que me dejó en la calle 60 con la 2ª avenida y luego troté algo más de un kilómetro hasta la calle 67, dentro de Central Park. Llegué al parque a las 5:25 a.m. y Brian ya estaba allí. "¡HEY! ¿Cómo te fue? ¿Recibiste mi mensaje?" me preguntó.

Me pregunté si sabría lo mucho que me estaba sonrojando, pero intenté disimularlo ya que acababa de llegar trotando. Intenté tragar mi saliva seca y le dije: "¡HEY! Muchas gracias por llamar y siento mucho no haberte devuelto la llamada. Me fue muy bien y gané mi competición de boxeo en la división femenina de 119 libras. Era la final de los Guantes de Oro de la Ciudad de Nueva York en el teatro Madison Square Garden".

Involuntariamente, miré al suelo mientras decía todo aquello. Brian se acercó y me levantó suavemente la barbilla con la mano y me dijo: "¡Eso es absolutamente INCREÍBLE Patricia! Deberías estar orgullosa y siento no haber estado allí para apoyarte". Se apartó cuando oímos al grupo trotar junto con el instructor Steve. Rápidamente nos unimos al trote y tomamos caminos separados. Fue un momento extraño pero agradable para mí y correr y hacer ejercicio ahora mismo iba a ser perfecto para ayudarme a liberar toda la aprensión que sentía. El entrenamiento de hoy era sencillo en cierto modo. Íbamos a hacer una carrera cronometrada a ritmo individual en una vuelta completa por Central Park y luego terminaríamos con calistenia en el Grinder.

Nos pusimos en fila y salimos. Algunas personas formaron equipos, pero yo me tomé la tarea en serio y me esforcé al máximo en esa vuelta. No quería pensar en nada y correr millas por debajo de los 7 minutos me ayudó a despejar la mente y prácticamente corría sola a ese ritmo y, como el final estaba a la vista, terminé sola justo por debajo de los 45 minutos.

Unos minutos más tarde, Brian llegó a trompicones a los 50 minutos y el resto del grupo se escurrió detrás de él. Vino a chocarme los cinco y me dijo: "¡Eres jodidamente RÁPIDA! Espero correr el maratón de Chicago este otoño en menos de 4 horas y me encantaría que alguien como tú me marcase el ritmo". No supe qué contestar y en su lugar respondí con una cálida sonrisa. Sólo había corrido el maratón de Nueva York unas cuantas veces y mi tiempo más reciente fue de 3 horas y 32 minutos a un ritmo sólido de 8 minutos por milla durante 26.2 millas. Aunque nunca había marcado el ritmo a nadie, agradecería la oportunidad de hacerlo con Brian.

Todos trotamos hasta el Grinder que era una cancha deportiva y terminamos nuestro entrenamiento con 3 rondas de 25 flexiones, 50 sentadillas y 100 abdominales. Se acercaba la temporada de verano y yo estaba completamente empapada en sudor después del entrenamiento. El grupo regresó andando a Tavern on the Green mientras yo me preparaba para trotar otros 5 km de vuelta a la oficina.

Oí cerca una bicicleta mientras subía resoplando la Cat Hill (Colina del Gato), que debe su nombre a que es una de las más empinadas de Central Park y a que casi en la cima de la colina hay una escultura de un elegante gato negro.

"¿No estás cansada?" me preguntó Brian mientras montaba en bicicleta a mi lado. Me alegré de volver a verle y le respondí con la misma pregunta: "¿No estás TU cansado?" También estaba recuperando el aliento subiendo la Colina del Gato y consiguió soltar: "Oye, si estás libre este viernes sobre las 6 de la tarde, me gustaría invitarte a cenar". No podía creer que me estuviera invitando a salir mientras yo parecía un desastre y sudaba a mares. Me sentía como si tuviera la cabeza en un horno, pero le contesté: "Me encantaría, Brian. Debería estar libre, pero lo confirmaré esta misma semana. Ahora tengo que ir corriendo al trabajo y te veré en clase". Aunque estaba cansada, aceleré y corrí tan rápido como pude. No estaba segura de sí sentía las piernas como gelatina por el entrenamiento o porque Brian acababa de invitarme a salir.

Ahora, ¡tenía que hablar con el padre Joe lo antes posible! Llegué a la oficina, me di una ducha, fui a comprar mi desayuno y le dejé un mensaje al padre Joe diciéndole que era urgente que tuviéramos nuestra sesión hoy después del trabajo. Mientras estaba sentada desayunando en mi escritorio, el Sr. Allan Steinfeld asomó la cabeza con una gran sonrisa cálida y me dijo: "¡Buenos días, campeóna!" y al mismo tiempo entraba también Ted. "¿Sabías que esta joven es campeona de boxeo?"

Ted era mi compañero de trabajo favorito porque no le importaba hacer chistes conmigo. Tenía una tonelada de experiencia en la dirección de eventos y, sin embargo, era humilde y nunca intentó hacerme sentir menos que los demás en aquella oficina. Pero, lo más importante de todo, me hacía reír cuando más lo necesitaba. "¿Qué? ¿Boxeo? No puede ser. ¡No veo a la pequeña Patty aquí pegando a ningún cuerpo!" dijo Ted con incredulidad. "¡Pues estás ante la recién coronada campeona de los Guantes de Oro femeninos de 119 libras de la Ciudad de Nueva York! También es la actual campeona nacional de Estados Unidos. La vi ganar con mis propios ojos en el Madison Square Garden el fin de semana pasado", respondió el Sr. Allan Steinfeld antes de subir a su oficina.

"Bueno, aquí no me voy a meter con Patty Boom Boom", me dijo Ted mientras se reía entre dientes y me golpeaba en las costillas. "¡Eh! Me gusta eso... ¡Patty Boom Boom! Si alguna vez me hago profesional, ¡la usaré!" me reí a carcajadas. "¡Mientras me des crédito, todo está bien! " dijo Ted antes de que Jake entrara con su café en la mano y entonces cesaron todas las risas. Tuve mucho cuidado de no traspasar ningún límite ni siquiera de mantener una conversación normal con Jake por temor a enfadar a Claudia. Parecía que le gustaba Jake ya que cada vez que Jake se acercaba para explicarme algo, ella me lanzaba dagas con la mirada.

Tanto Jake como Claudia eran al menos 10 años mayores que yo y tener cualquier tipo de contacto inapropiado con alguien en el trabajo iba completamente en contra de mis valores morales, así que Claudia no tenía nada de qué preocuparse. Sin embargo, eso no le impedía tratarme con indiferencia y frialdad.

En el tiempo que llevaba allí, había aprendido a hacer mi trabajo lo mejor posible y a no decir gran cosa. El Departamento de Eventos, con la excepción de Ted, no era el grupo más cálido conmigo.

Aprecié formar parte de una organización cuya misión era promover la salud y el bienestar a través del correr y organizar más de 100 eventos de correr a lo largo del año, incluido el Maratón de Clase Mundial de la Ciudad de Nueva York. También disfruté trabajando enfrente de Central Park y corriendo antes del trabajo o a la hora del almuerzo, así como de mis conversaciones matutinas con el Coach Joe y del apoyo del Sr. Allan Steinfeld.

Lo bueno superaba a lo malo por ahora en NYRR, pero había oído un rumor de que el Sr. Allan Steinfeld estaba a punto de marcharse y que tomaría el relevo una mujer llamada Mary Wittenberg, que actualmente era la vicepresidenta. Esperaba de todo corazón que eso no ocurriera, ya que tenía la sensación de tener hielo en las venas por mis escasas interacciones con ella. Confiaba en mis instintos divinos cuando se trataba de las personas y casi nunca me fallaban cuando decidía escuchar.

El padre Joe accedió a verme al día siguiente después del trabajo, así que esperé pacientemente sabiendo que después de hablar con él vería las cosas con más claridad. Decidí pasar por la iglesia de camino a casa desde el trabajo y rezar una oración. Aparte del padre Joe y en ocasiones de mi hermana, no tenía a nadie en quien confiara lo suficiente como para compartir mis sentimientos y hablar con Dios a través de mis oraciones siempre me hacía sentir mejor.

Mientras caminaba hacia la iglesia, sentí alivio al saber que los Guantes de Oro habían terminado y podía tomarme un respiro durante un tiempo. Pero al mismo tiempo, me sentía ansiosa por no saber qué era lo siguiente. Siempre tenía un incentivo; algo a lo que aspirar. Me sentía algo perdida, lo que se sumaba a la ansiedad que ya sentía.

Me senté en la iglesia y me limité a respirar profundamente mientras tenía los ojos cerrados. Luego me arrodillé y oré: "Dios, gracias por permitirme convertirme en la campeona de los Guantes de Oro de la Ciudad de Nueva York y por mi trabajo, mi salud y por ser mi amigo, mi padre y mi fortaleza. Por favor, guíame y ayúdame a encontrar mi propósito. Tú eres todo lo que tengo. Te necesito. Amén". Me sentía mejor hasta que llegué a casa y Adrian estaba fuera: "Eh, Campeóna, tengo reservaciones para Le Cirque para ti, tu hermana y para mí este viernes. ¿Estás lista?"

¡Oh Dios! Ya he acordado ver a Brian este viernes. ¡Me olvidé totalmente de Adrian! "Hola Adrian. Ha surgido algo para este viernes. ¿Podemos cambiarlo al sábado o al domingo en su lugar?" le dije. Tenía la cara roja y me di cuenta de que estaba enfadado, pero se obligó a esbozar una sonrisa falsa y decir: "Claro, campeona. No hay problema. Lo cambiaré para el sábado a las 6 p.m. en su lugar, así que tienes que estar lista a las 4:30 p.m.". Llamé a mi hermana antes de irme a dormir y le informé del cambio.

Ella aceptó enseguida y vendría a buscarme al apartamento. Esa noche, me dormí profundamente hasta que sentí que una luz roja brillante me daba en la cara e intenté despertarme y no podía moverme. "¡Por favor, no! ¡Dios! Padre nuestro que estás en los cielos...". Me esforcé por decir en voz baja. Los sueños paralizantes volvieron esta noche. Pero mi instinto siempre me guiaría a orar y eso me salvaría todas y cada una de las veces.

Al menos hoy hablaré con el padre Joe y me pregunté si debería confiarle estos horribles sueños. Pasé el día en la oficina procesando miles de solicitudes para el próximo evento del Corporate Challenge que sería en un par de semanas. Estar así de ocupada era perfecto para no permitirme pensar en nada más hasta que llegara la hora de marcharme.

Para añadir más locura al día, tras recibir un correo electrónico de todo el personal se hizo oficial que el Sr. Allan Steinfeld se "jubilaba" y que Mary Wittenberg sería la nueva presidenta de New York Road Runners.

Seguiría estando cerca cuando fuera necesario y permanecería activo como miembro de la junta. Esto sucedió increíblemente rápido y me sentí triste porque mi único amigo de verdad en NYRR se marchaba. Antes de irme, le envié un correo electrónico dándole las gracias por todo.

Después de lo que me pareció una eternidad en el metro, llegué a la oficina del padre Joe. La hora punta en el metro de la ciudad de Nueva York en verano era una aventura en sí misma. La ciudad estaba llena de turistas y la humedad del verano me hacía sudar incómodamente mientras me sentaba en el sofá del padre Joe. Forcé una sonrisa y dije: "¡Hola, padre Joe! ¡Estoy a punto de vomitar de toda esta ansiedad que siento! ¡Brian me invitó a salir este viernes! Le dije que sí, pero ahora me estoy arrepintiendo". Él sonrió tranquilamente y dijo: "Eso es maravilloso Patricia. Aunque no debería sorprenderte. Eres una joven hermosa y debes ir y disfrutar. Si es el hombre adecuado, todo fluirá con naturalidad. Quédate tranquila. Este tipo parece un caballero y si no lo es ya sabes cómo defenderte". Antes de salir de su oficina, me cogió de la mano y rezó una oración por mí para ayudarme a calmar mi ansiedad.

En el viaje de vuelta a casa, recordé las palabras del padre Joe: "Eres una joven fuerte y hermosa". Nunca me consideré realmente hermosa y durante toda mi vida luché con mi autoestima. Luchaba por quererme a mí misma ya que las personas más importantes de mi vida no me lo demostraban.

También era consciente de que tenía el poder interior de no ser un producto de mi entorno y de que mi pasado no determinaba mi futuro. A través de la oración, la lectura de libros de autoayuda, la asistencia a seminarios educativos, así como la consejería, supe que podía sanar de alguna manera. Sabía que tenía el poder de romper el círculo vicioso. Lo que no sabía entonces es que, aunque las cosas mejoran con el tiempo y siendo proactiva, es un proceso que dura toda la vida y que requiere paciencia, fe y una acción constante e incesante.

Paré en Boston Market para comprar una ensalada César de pollo a la parrilla al recordar que mi nevera estaba vacía. Escuché un mensaje de parte de Coach mientras cenaba.

Me dijo que tenía una entrada extra para un evento con cena de etiqueta dentro de 2 semanas en el que habría famosos boxeadores como Evander Holyfield y que la persona que se suponía que iba a asistir al evento con él acababa de cancelarlo debido a una emergencia familiar.

Quería saber si yo estaba libre para ir. ¡Vaya! Evander Holyfield era uno de mis boxeadores favoritos por aquel entonces. Había perdido un trozo de oreja durante una loca pelea con Mike Tyson y ¡me encantaría conocerle en persona! Llamé enseguida a Coach y le dije: "¡Sí! ¡Iré a la cena Coach! ¡Quiero conocer a Holyfield!" Estaba tan emocionada que ni siquiera esperé a que Coach dijera nada, pero me contestó: "De acuerdo, chica. Es dentro de una semana a partir de este sábado. Tengo otra llamada, pero llámame mañana y dime cómo haz estado". Y antes de que pudiera decir nada más, colgó.

Tenía 3 grandes cenas en mi agenda con: Brian, Adrian y Coach, ¡y no tenía nada que ponerme! Así que llamé a mi hermana e hicimos una cita para vernos en el centro comercial Queens Center mañana a las 6 p.m. Mi hermana tenía un gran gusto para la moda y confiaba en que me ayudaría a elegir los mejores atuendos para los próximos eventos.

Antes de dormirme, recé una oración y recordé lo que me había dicho el padre Joe. Necesitaba relajarme y disfrutar de este viaje. Me fui a dormir pensando en Brian y aprendí lo que significaba tener "mariposas en el estómago".

Me desperté renovada y estaba deseando llegar a la clase del Boot Camp y a un día entero de trabajo que me esperaba. Al bajarme del autobús Q60 y trotar hasta Central Park, agradecí la cálida brisa que golpeaba suavemente mi cara antes de que esa primera gota de sudor resbalara por mi frente y mi nariz. Llegué al punto de encuentro de Tavern on the Green a mi hora habitual y me decepcionó no ver allí a Brian.

"Quizá sólo se esté retrasando", susurré a mí misma. Pero los miembros empezaron a llegar y a las 5:30 a.m., el instructor Steve nos llevó a hacer una corrida de calentamiento hasta Bethesda Fountain, uno de mis lugares favoritos de Central Park. La Fuente de Bethesda se encuentra en la Terraza de Bethesda de Central Park y es una de las fuentes más grandes de la ciudad de Nueva York, con un ángel de bronce de dos metros y medio conocido como el Ángel de las Aguas y que se alza sobre cuatro pequeños querubines que representan la salud, la pureza, la templanza y la paz. No era casualidad que estar aquí me hiciera sentir bien en todos los sentidos. No estaba segura de por qué Brian no estaba en clase hoy, pero iba a liberar cualquier ansiedad durante este entrenamiento y luego concentrarme en todo el trabajo que tenía que hacer hoy en la oficina.

Realizamos ejercicios de velocidad en las escaleras, seguidos de repeticiones en las colinas adyacentes y terminamos con calistenia y estiramientos. Fue una clase estupenda y supe que me había esforzado mucho por el temblor de mis brazos y piernas, pero me gustó esa sensación. Para mí, significaba que me había esforzado más allá de mi zona de confort. Era algo que había hecho durante toda mi vida.

Lo que las personas no entendían era que me empujo contra mí misma y me esfuerzo al máximo para ser mejor que antes y, al hacerlo, estoy honrando a mi poder superior por mi vida y mi salud y, en el proceso, liberándome de cualquier toxicidad mental o física.

Fue un reto volver trotando a la oficina, pero me las arreglé para hacerlo a paso lento y me tomé el tiempo para contemplar la belleza de Central Park. Me sentí afortunada de poder ducharme y cambiarme en las instalaciones de la oficina. Por aquel entonces, New York Road Runners estaba situada en un lujoso vecindario de Manhattan, en un viejo edificio de piedra marrón de 6 plantas construido en 1902. A veces no parecía una oficina. Me había tomado la libertad de dejar un par de conjuntos de ropa en uno de mis cajones.

Mary, la nueva presidenta entró mientras desayunaba y me miró de arriba abajo con sus fríos ojos azules y ni siquiera me saludo. Por desgracia, ese tipo de comportamiento era muy común en muchos lugares de trabajo y eso me deprimía a veces. Sin embargo, uno de los chicos que trabajaba en el mantenimiento del edificio entró con un pequeño pero bonito y colorido arreglo de flores. "Alguien piensa que eres especial", dijo el joven trabajador mientras me entregaba las flores.

Me quedé perpleja, pero abrí el pequeño sobre que contenía una nota. Decía: "Hola Patricia. Hoy he fallado en hacer ejercicio contigo en la clase de entrenamiento. Tengo algunos compromisos laborales esta semana y no puedo ir al campo de entrenamiento, pero espero verte el viernes por la noche en el restaurante Pomodoro. Hasta pronto, Brian". Leer esa nota me dejó literalmente sin aliento. Era la primera vez que recibía flores.

Quité el papel de envolver y coloqué las flores sobre mi escritorio, lo que suscitó las preguntas de todas las personas que entraban en la oficina del Departamento de Eventos. Claudia se alegró especialmente de ver esas flores ya que eso significaría que potencialmente tenía a alguien importante en mi vida.

Los comentarios a lo largo del día fueron entretenidos y ayudaron a que el día pasara rápido antes de encontrarme con mi hermana en el centro comercial Queens Center. Cuando por fin la vi, por supuesto, le conté lo de las flores.

"¡Vale! Este es un tipo con clase y tenemos que conseguirte algo apropiado para ponerte el viernes", dijo mi hermana. Fuimos directamente al Departamento de Macy's a la sección de "ropa formal". Era la primera vez que estaba en esa sección y ¡todo parecía tan caro! Entramos en el estante de liquidación y elegimos todo lo que estaba disponible en talla 0, que no era mucho. Tenía 3 vestidos diferentes para probarme. El primero que me probé era un vestido negro de corte en V ceñido al cuerpo y sin mangas hasta la rodilla.

Me miré en el espejo y ni siquiera me reconocí. Parecía una mujer, no una niña, y eso me hizo sentir rara. Estaba incluso nerviosa por enseñárselo a mi hermana, pero abrí lentamente la puerta del probador y salí. "¡OH DIOS MÍO! ¡Ese es el vestido para ti!" dijo mi hermana. La etiqueta del precio decía: "¡50% de descuento! $59.99 Venta final rebajado de $119".

Podía comprar este vestido, pero SÓLO este vestido. No tenía dinero suficiente para dos vestidos más. Este vestido era tan increíble que serviría usándolo para los 3 eventos.

Invité a mi hermana y a mi sobrina a cenar pizza. A todos nos encantaba la pizza y no estaba segura de qué era lo más destacado de este día: las flores de sorpresa, el vestido negro o la pizza para cenar con mi hermana y mi sobrina. Estaba agradecida por este día y esperaba ansiosa la noche del viernes. Sin embargo, esa noche tuve un sueño paralizante. Cada vez que empezaba a sentirme algo feliz, algo no quería permitirme tener ese privilegio. Hice lo único que siempre me ha ayudado y fue orar.

Al día siguiente, decidí saltarme el campamento de entrenamiento y llegar a la oficina muy temprano para poder hacer todo el trabajo posible relacionado con el evento de Corporate Challenge. Sin embargo, a la hora de comer, tenía ganas de salir a correr, así que eché mano de la ropa que me sobraba en el cajón y salí a dar unas vueltas por el Reservoir a la hora de comer. El embalse de Central Park, rebautizado como "Jaqueline Kennedy Onassis Reservoir", cuenta con un camino de tierra de 1.58 millas que abraza la masa de agua. Me deleité con las vistas de los paisajes de la ciudad de Nueva York y sentí alivio y gratitud por esta carrera a la hora del almuerzo.

Por mucho que deseaba que el viernes no llegara tan rápido, el día pasó a toda velocidad. Ya estaba en el tren de vuelta a casa y me sentía agotada por no haber dormido la noche anterior y haber salido a correr. Esperaba tener un sueño tranquilo esta noche e inevitablemente me dormí en el tren. Me desperté bruscamente cuando mi frente cayó sobre el hombro de un desconocido. Por suerte, era un hombre mayor al que no le importó. Viajar en el metro de la ciudad de Nueva York era una tirada de dados y nunca sabías si te encontrarías con alguien amable o con alguien maleducado.

Cuando llegué al apartamento, no tenía hambre. Desde que tuve que pasar hambre para estar en peso para los Guantes de Oro, a veces era fácil saltarme la cena. Así que, en lugar de eso, aproveché la oportunidad de sentirme tan cansada y me fui a dormir a las 7 de la noche.

¡Me pareció increíble que pudiera dormir hasta las 6 de la mañana del día siguiente! Mi cuerpo y mi mente estaban desesperados por conseguir el tan necesario descanso. Esperaba que la hinchazón de mis ojos privados de sueño desapareciera a lo largo del día antes de mi gran cena posterior. Me puse el vestido negro y dejé que mi largo pelo rizado cayera hoy sobre mis hombros en lugar del habitual moño o coleta. La mayoría del personal del Departamento de Eventos se tomó un día libre por haber trabajado en un evento el fin de semana anterior, excepto Ted, que decidió tomarme el pelo: "Ohhhh la pequeña Patty Boom Boom se ha puesto un vestido... ¿Y adónde vamos hoy?" bromeó. Le pinché con fuerza en el centro de la barriga y no contesté. Creo que se dio cuenta de que me sentía avergonzada y me dejó en paz el resto del día. El Corporate Challenge era la semana siguiente, el miércoles y el jueves, y me sentí realizada por tener todo lo que necesitaba hecho por el momento.

A las 5 de la tarde me tomé mi tiempo y caminé los 3 km hasta Pomodoro, en la calle 60 con la 2ª avenida. Llevaba zapatos que me cambiaría en el bolso cuando estuviera a una cuadra. Cuando me acerqué al restaurante a las 5:45 p.m., pude ver a Brian de pie en la esquina esperando. Me puse rápidamente mis zapatos de tacón medio y caminé hacia él.

"Hola Brian", dije suavemente cuando le vi. Llevaba una elegante camisa blanca de verano con botones con jeans oscuros y mocasines negros. "¡Estás preciosa Patricia!" me contestó. "¡Jajaja! Diferente de la ropa sudada que llevo durante el campamento de entrenamiento ¿eh?" le contesté. No recordaba que nadie me hubiera dicho nunca que estaba guapa en ese tono, así que responder con una broma me ayudó a digerir un poco mejor aquel cumplido. Entramos en el restaurante que había atenuado las luces y tenía pequeñas velas como centros de mesa en cada mesa.

Pomodoro era una versión saludable y acogedora de restaurante de cocina italiana. Pedí un té de manzanilla caliente con extra de miel y limón y Brian pidió agua con gas y con limón y una ración de pan de pita con hummus cuando el camarero vino a tomar nuestro pedido de aperitivos. "¿Te encuentras bien?" preguntó Brian cuando pedí el té de manzanilla. Por alguna razón, una vez que llegaba la noche, después de las 6 de la tarde, mi temperatura corporal tenía tendencia a bajar y sentía un escalofrío interno. "Tengo frío por la noche y siempre bebo té para ayudar a estabilizar mi temperatura corporal" respondí.

La conversación a lo largo de la noche fue divertida y relajada mientras comíamos nuestras cenas de pollo a la parmesana sin gluten. Hablamos de correr, de hacer ejercicio y de objetivos. Ambos recordamos nuestras experiencias corriendo la Maratón de Nueva York. Brian completó los maratones de Nueva York y Filadelfia y me recordó lo mucho que deseaba ahora correr el maratón de Chicago con el objetivo de bajar de las 4 horas. Entonces, le recordé mi mejor tiempo de 3:32 en mi maratón más reciente de Nueva York. Brian quedó impresionado y volvió a preguntarme si le ayudaría a superar las 4 horas y se ofreció a llevarme a Chicago para marcarle el ritmo.

Pasamos más de 2 horas en el restaurante y ya era hora de irnos. Pidió un taxi para mí y me dio el mayor abrazo de oso de la historia y me besó en la frente antes de cerrar la puerta del taxi. Le dije adiós con la mano mientras el taxi se alejaba. Volví a meter la cabeza en el taxi y cerré los ojos pensando en la gran noche que había sido. Sin embargo, me abrazó y sólo me besó en la frente y no estaba segura de lo que esto significaba. Llamé al padre Joe y le dejé un mensaje sobre esta noche totalmente sin esperar que me devolviera la llamada hasta la semana que viene, pero un par de minutos después de dejarle el mensaje sonó mi teléfono.

"Hola Patricia. Es el padre Joe. Sólo quería que supieras que ese tal Brian está BIEN en mi lista. Te besó en la frente porque te respeta. Esa es una buena señal así que por favor vete a dormir feliz esta noche", dijo el padre Joe. Respiré aliviada y contesté: "Me siento mucho mejor oyendo eso de usted, padre Joe. Muchas gracias por llamarme y espero que tenga un buen fin de semana".

Cuando llegué a casa, tendí bien mi vestido en una silla, ya que me pondría ese mismo vestido mañana por la noche y de nuevo el fin de semana siguiente. Me dormí con una sonrisa en la cara. Pero esos sentimientos nunca duran lo suficiente. Me desperté temprano con una sensación de náuseas en el estómago. Sabía que era la sensación de no querer salir a cenar con ese pervertido, pero al menos mi hermana estaría allí. Decidí salir a correr todo el Queens Boulevard hasta los juzgados y volver. lo que serían cerca de 8 millas.

Mientras corría y pasaba por el cementerio Calvary, el gimnasio Bally's Fitness, el centro comercial Queens Center y todos los monumentos significativos que hay a lo largo de esta ruta, recordé mi primera carrera por esta ruta yo sola en la que tuve ese horrible punto en el costado y cómo seguía corriendo más lejos cada vez a pesar de la falta de experiencia o de recursos. Eran recuerdos llenos de tantas emociones. Nadie en mi familia apoyaba mis sueños, pero seguí adelante y continué con mi entrenamiento y completé docenas de carreras y maratones, gané un Campeonato Mundial de Artes Marciales y ahora un Campeonato Nacional de Boxeo y Guantes de Oro.

Mi estómago se sentía mejor después de correr y sentía que podía respirar con mucha más facilidad. Mi hermana se reuniría conmigo pronto así que podríamos pasar por la iglesia y luego cambiarnos e ir a cenar. La

ducha caliente me tranquilizó y, en cuanto salí de la ducha, oí que tocaban la puerta. Eran mi hermana y mi sobrina. Lo primero que me preguntó fue sobre mi cita con Brian. También le hablé de la invitación a la
maratón de Chicago.

Aunque mi hermana era actualmente madre soltera, era una buena
madre para mi sobrina y la trataba de forma muy diferente a como nos
habían educado a nosotras. Era muy cariñosa y nunca levantó un dedo
para pegar a mi sobrina, sino que le hablaba con firmeza cada vez que
mi sobrina necesitaba un refuerzo para ser respetuosa con sus mayores o
con las normas. Me ofrecí a ayudarla en todo lo que pude y me aseguré
de que mi sobrina tuviera un buen vestuario, zapatos y juguetes.

El tiempo que pasamos juntas en la iglesia tuvo un efecto tranquil-
izador instantáneo y regresamos rápidamente para prepararnos para la
cena. Mientras nos cambiábamos, mi hermana dijo que ayudaría a di-
rigir la conversación y a no dejar que se acercara demasiado a mí. A las
4:30 en punto, tocaron con fuerza a mi puerta: "¡Eh, Campeóna! ¿Estás lista para irnos?" dijo Adrian. Mi hermana abrió la puerta y dijo:
"¡Wow Adrian! Cálmate. Estamos listas". Estaba agradecida, ni siquiera
tuve que preguntar, pero mi hermana se sentó en el asiento delantero
y yo en el trasero con mi sobrina. Ella era muy consciente de las intenciones de Adrian, así que me sentí aliviada de que mi hermana se hiciera
cargo de esta noche. Una hora más tarde, llegamos a Le Cirque, clasi-
ficado entre los mejores restaurantes del mundo con exquisitos platos
franceses.

Mi pequeño vestido negro era apropiado para este lugar, pero no
pude evitar sentirme fuera de lugar. Se notaba claramente que las personas que cenaban aquí gozaban de una buena posición económica.

Aparte de la última noche en el restaurante Pomodoro con Brian,
nunca había salido a un buen restaurante. El único recuerdo que tenía
de haber comido fuera era de las pocas veces que mi padre nos llevó a
Tad's Steak House, en la calle 34, cerca de los grandes almacenes como
Macy's.

Tad's Steak House era un lugar popular tipo bufé donde podías elegir entre costillas, filete o pollo con una patata asada cargada de mantequilla. Pero ahora, estaba en Le Cirque donde todos los camareros llevaban esmoquin como uniforme sin un pelo fuera de lugar.

Un joven camarero alto y atractivo de pelo oscuro con acento francés se acercó y nos entregó a cada uno un menú. Me sentí como si estuviera en una sala de vapor. "Hola señorita. ¿Puedo traerle vino blanco o tinto?" preguntó. "Claro, vino blanco por favor. Gracias", contesté. Pude ver que la cara de Adrian también estaba roja y parecía enojado. Mi hermana estaba concentrada en practicar lo que iba a pedir: "Me gustaría el filete Black Angus término medio", dijo unas cuantas veces antes de que entregara su orden al camarero.

"¿Están listas para pedir?" preguntó. Mi hermana quería acabar de una vez y dijo: "Estoy lista. Por favor, ¿podría pedir el Black Angus Snake?" El camarero pareció asustado y yo estallé en carcajadas hasta el punto de que se me salían las lágrimas. Mi hermana se corrigió y dijo: "Lo siento mucho, quería decir el Black Angus Steak de medio termino por favor". Yo pedí lo mismo y Adrian pidió el Filet Mignon. La cena fue deliciosa y luego tomamos la Crème Brule de postre que estaba deliciosa. Fue una cena maravillosa y yo estaba realmente agradecida, pero de alguna manera sentí como si no debiera haber aceptado esta invitación.

Mi hermana se aseguró de sentarse en el centro y nunca dejó que Adrian se acercara demasiado. No estaba segura de que aceptar esta invitación fuera la decisión más inteligente, pero él quería celebrarlo y ésta sería la última vez que aceptara algo así de él. Llevó a mi hermana a casa y justo antes de que entrara en mi habitación, me abrazó fuerte y me besó en la mejilla, pero cerca de la comisura de los labios. Le aparté de un empujón y entré corriendo. Me sentí asqueada y supe que buscaba algo más.

Pensé en llamar a mi hermana, pero ya había hecho bastante por mí esta noche, así que me di una ducha caliente e intenté acostarme y me di cuenta de que tenía un mensaje de voz. Era de Brian y decía: "¡Hola!

Estaba pensando en ti esta noche. Espero que hayas tenido un gran día. Si estás libre mañana por la tarde para comer, puedo ir a recogerte. Si no, iré en auto el lunes y puedo pasarme por tu casa y recogerte para el campamento de entrenamiento. Sólo házmelo saber".

Fue una dulce sorpresa y sólo eran las 9 de la noche, así que respiré profundamente y le llamé. Su móvil sonó unas cuantas veces antes de que por fin descolgara y dijera: "¡Hola Patricia! Qué sorpresa tan agradable". Intenté mantener la calma y me reí un poco antes de contestarle: "¡Tu mensaje ha sido una sorpresa más agradable! Mañana voy a la iglesia en Woodside, en la calle 58 y Queens Boulevard, pero estoy libre a cualquier hora después de las 2 de la tarde si te parece bien".

Hubo una pequeña pausa, pero luego dijo: "En realidad eso funciona perfectamente. Tengo algunas personas que me gustaría que conocieras. Dulces sueños y espero verte mañana".

Me desperté empapada en sudor y no recordaba si había tenido una pesadilla. Probablemente fue mi rabia con Adrian por intentar acercarse demasiado a mí la noche anterior. Era domingo por la mañana y aún tenía tiempo de salir a correr y ducharme antes de ir a la iglesia.

Entonces, recordé que también había quedado en volver a ver a Brian después de la iglesia. No tenía ni idea de qué ponerme, pero rápidamente me puse la ropa de correr y salí corriendo por la puerta. Eran sólo las 8 de la mañana y las calles aún estaban tranquilas. Corrí en dirección contraria por Queens Boulevard hacia el puente Queens Borough Bridge.

El Maratón de Nueva York pasa por aquí en la marca de las 16 millas en dirección a Manhattan por una pendiente empinada y constante durante 1.5 millas. Es un punto de inflexión para muchos corredores en el que deciden caminar. Esta mañana, me sentí atraída a ir en esa dirección. Desde donde vivía en ese momento hasta el puente Queens Borough Bridge, había unos 5 km y luego otros 1.5 km sobre el puente y de vuelta para un total de 9 millas sólidas. Hoy me encantó correr por el puente. Me sentía más fuerte y era una corredora diferente a la primera vez que corrí por ese puente.

Volví al apartamento casi a las 10 a.m. Correr esta ruta hoy fue una idea genial. No estaba planeado; simplemente me dejé llevar por lo que sentía y me sentí genial. Mientras me duchaba, recordé que tenía un bonito vestido de verano que nunca me había puesto. Era un vestido de color azul cielo que tenía tirantes de espagueti, una cintura alta que me abrazaba y me llegaba hasta las rodillas.

Había dejado mi mente a la deriva y, al salir de la ducha, vi que eran las 11 de la mañana. Me puse el vestido y saqué un suéter negro para ponérmelo por encima mientras estaba en la iglesia. No tuve tiempo de secarme el pelo, así que dejé que mi larga melena rizada se secara al aire mientras caminaba los 800 metros que me separaban de la iglesia. Llegué precisamente a las 12 del mediodía y mientras leíamos la biblia, oí cómo me rugía el estómago por no haber desayunado.

Cuando la iglesia terminó casi a la 1:45 p.m., recé una oración extra para ayudar a calmar mis ansiedades. Abrí la puerta para salir de la iglesia y vi a Brian aparcado justo fuera en un Camaro plateado. Sorprendentemente, mantuve la calma y logré esbozar una sonrisa cuando Brian salió y abrió la puerta del coche. "¡Hola! ¡Bonitas ruedas!" dije antes de sentarme y darle un beso en la mejilla. "Estás muy guapa Patricia. ¿Tienes hambre?" preguntó Brian. Esperé que no oyera el ruido de mi barriga antes de contestarle: "¡Por supuesto! Corrí antes de ir a la iglesia y no tuve tiempo de comer nada".

Brian dijo: "¡Perfecto! Mis padres viven en Rego Park, cerca de Forest Hills, así que vamos a comer sushi en Forest Hills con los míos". No estaba segura de qué decir o hacer, pero decidí dejarme llevar, así que dije: "¡Genial! Las dos cosas suenan geniales".

Deseé poder llamar al padre Joe o a mi hermana, pero confié en mis oraciones silenciosas y unos minutos después nos acercábamos al restaurante. Encontró aparcamiento cerca y salió rápidamente del coche para abrirme la puerta. Brian era sin duda todo un caballero.

Cuando entramos en el restaurante sus padres y su hermano pequeño, Jason, ya estaban sentados y se levantaron cuando nos acercamos. Su madre, Pam, era una mujer alta, elegante y hermosa, de piel clara y ojos avellana brillantes; no estaba segura de por qué llevaba peluca, pero el pelo rubio corto complementaba bien sus rasgos. Su padre, Danny era un hombre mayor con clase de alrededor de 1.70 m de estatura, de complexión fornida, de tez morena y pelo corto blanco que se parecía a Giorgio Armani.

El hermano menor, Jason, era un tipo bien parecido con una mezcla del aspecto de sus dos progenitores que se había graduado recientemente en la universidad y vivía en un apartamento compartido en Manhattan con 2 compañeros de piso.

Sólo era un par de años más joven que Brian, pero para mí, Brian tenía una cualidad especial diferente. Cada uno de ellos me tendió la mano por turnos y me dio la bienvenida para que me sentara.

Inmediatamente me sentí cómoda con Pam. "¡Tienes un pelo rizado muy bonito, Patricia!" dijo Pam. "¡Oh, gracias! Creo que nunca estamos satisfechas. Mi hermana mayor tiene el pelo liso y al crecer deseábamos tener el pelo de la otra", contesté. La siguiente pregunta de Pam estaba formulada de forma cómica e inofensiva, al menos así me lo tomé cuando dijo: "¡Y tú debes tener algo de sangre latina con tu aspecto exótico Patricia! ¿Cuál es tu origen?" Afortunadamente, tenía buena práctica de todas las entrevistas de boxeo y lo único que nunca negué fue mi origen. A pesar de todos los retos y de la falta de apoyo, estaba orgullosa de ser latina y de ascendencia colombiana, así que contesté: "Mi madre es de Barranquilla, Colombia, pero yo nací en Nueva York, así que soy una orgullosa latina americana".

Danny pidió 20 tipos diferentes de sushi para que todos los compartiéramos con pedidos de sopa de miso, ensalada de algas y edamame para la mesa. Antes le había dicho a Brian que era alérgica al marisco y le oí comentárselo a su padre. Danny parecía mayor que Pam y supuse que tendría entre 50 y 60 años. Era un hombre respetado originario de Irán. Era persa/judío y llegó a Estados Unidos con sólo unos pocos dólares en el bolsillo trabajando durante muchos años cargando y descargando textiles de un camión, así como llevando el inventario. Aprendió todo sobre el negocio hasta convertirse en director y ahora en propietario de la empresa textil. Fue muy admirable e inspirador escuchar su historia.

Me recordó a mi madre, que también vino a este país en busca de una vida mejor. Sin embargo, ella no lo consiguió tan bien como Danny. Mi madre se estancó en el campo del mantenimiento y conoció a un monstruo que le mintió y acabó con todos sus sueños. Danny tenía un comportamiento frío, pero también podía ver que podía ser una fuerza a tener en cuenta y que no tendría ningún problema en mostrar su otro lado si fuera necesario. Después de terminar el edamame, la sopa y la ensalada, los rollos de sushi vinieron justo después.

Variaban entre rollos de atún, salmón, aguacate y vegetales. Brian me puso en el plato 2 rollitos de aguacate y uno de vegetales. "Si quieres más, podemos pedirte más", me susurró al oído. Después de comerme 2 rollos, me sentí muy llena y Brian me ayudó a terminar el tercero.

Jason bromeó durante toda la cena, pero pronto descubrirían que no hacía falta mucho para hacerme reír. Tanto Jason como Brian trabajaban en el negocio textil de su padre y a veces hablaban entre ellos del trabajo. Mantuvimos la conversación ligera durante la hora del té. Agradecí que Pam y Danny no me interrogaron con preguntas personales. Cuando salimos por la puerta, Pam me dio un cálido abrazo maternal y me dijo: "¡Ha sido un placer conocerte y esperamos volver a hacerlo muy pronto!" Danny se acercó y me dio un beso en cada mejilla, algo tradicional en los países de Oriente Medio.

Inconscientemente dejé escapar un suspiro de alivio delante de Brian. "¿Estás bien Patricia? Espero que esto no te haya hecho sentir incómoda", preguntó Brian mientras caminábamos hacia su coche. "Tu madre es súper dulce. Me cae muy bien. Gracias por todo lo de esta tarde Brian", le contesté. Durante el corto trayecto de vuelta al apartamento del sótano, Brian me contó que Pam había estado en remisión del cáncer de mama durante 10 años, pero que había le habría vuelto y que se estaba sometiendo a tratamientos de quimioterapia, lo que explicaba la peluca. Le encantaba la valentía y el espíritu de luchadora de su madre y me dijo que yo le recordaba a ella. Intenté aligerar la conversación y le dije que "Scooby-Doo" era mi dibujo animado favorito cuando era niña. Nos miramos y empezamos a reírnos simultáneamente.

Nos detuvimos frente al apartamento del sótano y Brian me abrió la puerta y, al levantarme, nuestros labios se encontraron por fin por primera vez. Me atrajo con fuerza y me sentí segura en su abrazo. Me dio su característico abrazo de oso de peluche y me dijo: "Te veré mañana en el campamento de entrenamiento. Buenas noches Scooby". Le devolví el abrazo y le contesté: "Buenas noches, Raggie". Raggie era como Scooby-Doo llamaba a su mejor amigo Shaggy en los dibujos animados. Mientras caminaba hacia mi apartamento, vi a Adrian asomarse por la ventana y sonreí por dentro. Me alegro de que se diera cuenta del beso. Tal vez, ahora me dejaría en paz.

Me tumbé en la cama y sólo podía pensar en el beso. Sentía un cosquilleo por todo el cuerpo y sonreía de oreja a oreja hasta que oí un fuerte golpe en mi puerta que me sobresaltó. "¿Quién es?" pregunté con firmeza. Hubo una larga pausa y luego se hizo el silencio. Fue muy extraño y me estremeció. Estaba segura de que era Adrian, pero no tenía ni idea de qué podía querer a esas horas. Recé mis oraciones y me dormí pensando en Brian. Sabía que volvería a verle mañana y eso me hacía feliz.

Me desperté como de costumbre antes de que sonara la alarma y me sentí descansada. Me preparé rápidamente y salí por la puerta. Durante el trayecto en autobús, no dejaba de pensar en cómo debía saludar a Brian y eso me ponía nerviosa.

El autobús me dejó bajar y empecé a trotar hacia el punto de encuentro y, a medida que me acercaba, pude ver que Brian ya estaba allí y el corazón me latía con fuerza. Finalmente me detuve justo delante de Brian y antes de que pudiera decir o hacer nada, me sujetó la cara y me besó en los labios.

"Buenos días", le dije con una sonrisa. "Me alegro mucho de volver a verte Patricia", contestó y entonces empezaron a llegar el instructor Steve y los miembros del grupo. No sabía mucho, pero sí sabía que Brian tenía una buena cabeza sobre los hombros y me dejaría guiar por sus acciones.

El entrenamiento de hoy era en otro de mis lugares favoritos de Central Park, el Castillo Belvedere, que es uno de los elementos más emblemáticos del parque. El Castillo Belvedere es un castillo en miniatura situado en lo alto de un enorme afloramiento rocoso dramático conocido como Vista Rock. Para llegar al castillo hay una empinada cuesta de 400 metros seguida de 4 tramos de escaleras. Nuestro entrenamiento de hoy consistió en una docena de repeticiones de colina hasta el castillo y terminamos con ejercicios de calistenia en la cima con vistas al majestuoso Castillo Belvedere.

Mientras terminábamos la parte de estiramientos, el instructor Steve anunció que se marcharía al norte del estado de Nueva York para abrir su propia empresa de abogados y que Platoon Fitness estaba buscando un instructor sustituto. Fue una noticia triste para mí, ya que Platoon Fitness se había convertido en una parte importante de mi vida diaria, me ayudaba a empezar bien el día y disfrutaba mucho formando parte del grupo, pero lo más importante es que fue donde conocí a Brian.

Después de clase, Brian se quedó y quiso hablar conmigo. "Oye, ahora que Steve se va, la directiva me ha preguntado si podría convertirme en uno de los instructores. Soy un entrenador certificado y me encantaría aceptarlo, pero creo que tú también serías una instructora maravillosa", dijo Brian. Me quedé momentáneamente en shock y respondí: "¡Creo que serías un excelente Instructor Brian! Sin embargo, no estoy segura de serlo. Además, no estoy certificada". Entonces Brian dijo algo que me impactó para el resto de mi vida: "Escucha Patricia, eres una atleta increíble. Eres fuerte y hermosa y las personas te admiran, incluyéndome a mí. Te ayudaré a conseguir la certificación mientras enseñas. Puedo hablar con Platoon y decirles que ambos podemos codirigir la clase de fitness de Platoon en Nueva York".

Confié en Brian y acepté nerviosamente. Tomaría las clases de certificación los fines de semana y enseñaría una o dos veces por semana. Antes de que cada uno siguiera con su jornada laboral, me besó en los labios y volvió a abrazarme. Sentí como si conociera a Brian desde hacía años. Nunca había estado tan cerca de nadie y sentí como si por fin pudiera bajar la guardia y así lo hice.

Las cosas en el trabajo en New York Road Runners habían cambiado rápidamente. Al ser Mary la nueva directora general, la dirección también cambió.

Un día, tanto Jake como Claudia se habían ido y el nuevo director del Departamento de Producción de Eventos sería un tipo llamado Peter. Era muy diferente a Jake en todos los sentidos de la palabra, pero yo sólo quería seguir haciendo mi trabajo lo mejor posible, especialmente con mi reciente ascenso a directora de Eventos.

Peter mantenía frecuentes reuniones con el equipo de eventos para asegurarse de que la logística de los eventos fuese impecable. Recuerdo que en muchas ocasiones me quedaba a dormir en la oficina si el evento que estaba gestionando tomara acabo ese fin de semana. De todos modos, la hora de llamada solía ser sobre las 3 de la mañana. Había muchos más cambios de personal que hacían las cosas más difíciles. Los conflictos de personalidad eran algo con lo que me encontraba a menudo en el mundo laboral. La gente que sólo quería tener la autoridad, pero no trabajar proactivamente para mejorar era un tema común en el lugar de trabajo.

La semana había estado llena de tantos imprevistos que me había olvidado por completo de la cena de boxeo de los famosos de este sábado. Brian me llamó durante mi hora de almuerzo y me preguntó si estaba ocupada durante el fin de semana y le hablé de la gran cena a la que asistiría Evander Holyfield, así que me invitó a mi primer espectáculo en Broadway al día siguiente. Me llevó a ver El fantasma de la ópera. Después del espectáculo, durante el trayecto de vuelta a casa, Brian me preguntó si quería ser su novia. Me dijo que quería verme en exclusiva. No dudé en decirle que sí, pero siempre había sido exclusiva con él desde el día en que empezamos a hablar.

Me desperté con el estómago hecho un nudo y una sensación de pesadez en el pecho. Me sentía ansiosa y no entendía por qué. Se suponía que esta noche iba a ser una gran noche para conocer a gente del boxeo y saldría con Coach. Más adelante en mi vida, llegaría a comprender que necesitaba escuchar las señales que me enviaba mi cuerpo, ya que eran una forma de guiarme. En aquel momento, sin embargo, no estaba segura de sí eran sentimientos de inseguridad. Sabía que correr me ayudaría, así que salí a correr por la Queens Boulevard.

Después de recorrer 8 millas, volví al apartamento y me sentía mejor hasta que vi a Adrian de pie justo fuera. Se me volvió a hacer un nudo en el estómago. "Hola campeóna, ¿cómo estás? Parece que hiciste una buena carrera. He estado queriendo preguntarte. ¿Quién era el tipo que te dejó la otra noche? ¿Es tu novio?" preguntó Adrian. Me asustó su tono, su mirada y sus preguntas, pero contesté: "Hola Adrian. Sí, en realidad es mi novio y se llama Brian. Es un gran muchacho". La cara de Adrian estaba roja de ira. Parecía loco y eso me inquietó.

"Bueno, realmente deberías tomarte las cosas con calma y no precipitarte. Estoy aquí sí necesitas hablar", dijo. No quería estar cerca de él y le contesté: "Bueno, gracias Adrian. Me gusta mucho Brian y yo decidiré el ritmo de la relación. Cuídate Adrian". Me apresuré a entrar sintiéndome asquerosa ya que odiaba la forma en que me miraba. Me di una larga ducha y me preparé para reunirme con mi hermana y mi sobrina. Ella se ofreció a peinarme para el evento de boxeo de los famosos.

Menos mal que tocaron a mi puerta y fuimos a dar un paseo por la avenida Roosevelt con mi sobrina en el cochecito. En nuestro paseo hasta nuestra panadería colombiana favorita, en la calle 60 con la avenida Roosevelt, le hablé hasta por los codos a mi hermana y la puse al día sobre Brian y lo que estaba pasando con Adrian. Esta panadería colombiana siempre estaba llena porque todo lo que vendían era delicioso. Pedimos empanadas y arepas con queso derretido.

"¡Tienes que salir de ese sitio! Creo que he encontrado un sitio en Rego Park y debería saberlo pronto, pero también tengo que encontrar un trabajo mejor. ¿Por qué no hablas con Brian y quizá pueda ayudarte a encontrar un sitio? " sugirió mi hermana mientras comía su empanada y daba de comer a mi sobrina al mismo tiempo. Me daba vergüenza contarle a Brian la horrible situación en la que me encontraba, pero ella tenía razón. Cuando vuelva a verle el lunes para la clase del campamento de entrenamiento, le contaré lo que ha pasado con mi situación vital y le pediré ayuda. Sin darnos cuenta, nos habíamos pasado de la hora en la panadería y ¡eran casi las 4!

Volvimos corriendo al apartamento y me puse rápidamente mi vestido negro y mi hermana empezó a secarme el pelo. Tenía buenas manos y era naturalmente hábil con todo lo que tuviera que ver con la belleza y la moda. Siempre me la imaginé como la próxima Coco Channel latina. Casi una hora después, terminó de peinarme y maquillarme. Cuando terminó, tenía una sonrisa divertida en la cara y soltó: "Ten cuidado esta noche y no dejes que nadie se propase contigo". La abracé mientras salíamos juntas.

Mientras iba en el tren, la gente no dejaba de mirarme. Aunque esta noche parecía una mujer adulta, distaba mucho de cómo me sentía por dentro. Me sentía como una niña asustada. Me pregunté si este sentimiento mejoraría alguna vez. Recé en silencio y salí a la calle 34. No me gustaba caminar con tacones y prefería mis zapatillas de correr, pero haría una excepción para las ocasiones especiales. Eran las 7 en punto y vi a Coach de pie a pocas cuadras del lugar del evento. "¡Vaya! Estás muy guapa, ¡Alcivar!" dijo Coach con un tono que nunca había oído de él.

Coach llevaba un esmoquin negro con el que nunca le había visto antes, pero para mí, él era Coach. En todos los años que lo había conocido, siempre lo había visto como una figura paterna. Le respetaba y había llegado a confiar en él. Siempre me había llamado su "niña", así que no le di importancia a sus comentarios. "Tenemos que caminar rápido y conseguir nuestros asientos, así que agárrate a mi brazo y te ayudaré a caminar más rápido y a no caerte con esos tacones", dijo Coach. Así que me agarré a su brazo, aceleramos y llegamos al Ballroom del Manhattan Center.

El salón estaba elegantemente decorado y nos registramos y había placas de identificación en una gran mesa redonda con capacidad para 12 personas.

Había boxeadores famosos por todas partes y Coach me llevó de un lado a otro para conocer a todos y tomarme fotos. Incluso vi a Evander Holyfield bailando en la pista y no dudó en tomarse una foto conmigo. La velada pasó rápido. Se dieron algunos premios y presentaciones, pero eran casi las 11 de la noche y yo estaba realmente cansada.

"Eh, Coach, estoy muerta de cansancio. Podría quedarse, pero voy a coger un taxi para irme a casa", le dije. Coach se levantó enseguida y dijo: "Yo también estoy bien. Saldré contigo". Probablemente no debería haber corrido tanto hoy, pero estaba muy contenta de haberlo hecho. Mientras caminábamos por la calle, Coach me rodeó con el brazo, lo que me resultó extraño.

"Está haciendo viento, acércate", dijo Coach. En mi mente, pensé que habíamos caminado hasta el Gimnasio Gleason para hacer sparring a temperaturas bajo cero en invierno y nunca me había rodeado con el brazo.

Nos detuvimos en una intersección cerca de Penn Station donde pude ver pasar taxis amarillos. Mientras estábamos allí parados, Coach me puso de repente las manos en el hombro y se inclinó para besarme en los labios. Me quedé helada mientras mis ojos se llenaban de lágrimas. Me mareé y estoy segura de que la expresión de mi cara hizo que Coach me preguntara: "¿Estás bien?" Le miré incrédula y le dije: "No. Me encuentro mal y tengo náuseas. ¿Cómo ha podido?" Afortunadamente paró un taxi y me dijo: "¿Adónde va?" y sin dudarlo me subí al taxi.

Le dije al taxista mi dirección y luego me quedé mirando por la ventanilla en estado de shock. La única persona en la que había aprendido a confiar me había traicionado. Era igual que mi padre y peor. Me llamó su niña y me dijo que, si alguna vez tenía una hija, querría que fuera como yo. Las lágrimas corrían por mis mejillas. Llegué al apartamento 30 minutos después, me derrumbé en la cama y empecé a sollozar: "¿Por qué Dios? ¿Por qué otra traición?"

Le había confiado a Coach lo que mi padre me había hecho. Coach era al menos 15 años mayor que yo y conocía mi historia. Estaba dolida y confusa. Siempre traté a Coach con respeto. Me sentí hiperventilar y jadear en busca de aire. El dolor era insoportable. Esa noche, le pedí a Dios que me llevara con él donde no sintiera ese dolor y sentí que mi visión se volvía borrosa y luego me desmayé.

Me desperté casi 8 horas después todavía con el vestido negro y maquillada por toda la cara. Rápidamente recordé los acontecimientos que habían tenido lugar y las lágrimas comenzaron de nuevo. Mi teléfono sonó y vi que era mi hermana y lo cogí, "¡Hola Patricia! ¿Cómo te fue ayer? ¡Estaba esperando tu llamada! Se me hace un poco tarde, ¡así que resérvame un sitio en la iglesia y nos vemos allí!" dijo mi hermana antes de que yo dijera ni una palabra y colgó.

Me obligué a darme una ducha fría, me preparé rápidamente y me apresuré a ir a la iglesia. No habría ido de no ser porque mi hermana me había llamado. Llegué temprano a la iglesia y guardé un sitio para ella y mi sobrina. Me veía y me sentía como un zombi.

Unos minutos más tarde, mi hermana llegó con mi sobrina y yo hice lo que pude para escuchar el sermón cuyo tema era "El perdón". El tema sería uno con el que lucharía toda mi vida. "¿Cómo se puede perdonar y olvidar todo el dolor y la traición?" era la pregunta que me haría toda la vida. Sería un proceso que duraría toda mi vida. Lo único que recordé al final del sermón fue cuando el pastor dijo: "Confíe en Dios y en que hay un propósito para las pruebas y tribulaciones por las que este pasando y cuando se sienta débil y vulnerable, rece y siga orando sin césar".

Me sentí mejor por haber ido a la iglesia y aprecié y me aferré a la última frase de ese sermón. Después del servicio religioso, caminamos hacia la panadería colombiana. "¿Cómo te fue?" preguntó mi hermana. Bajé la mirada unos instantes y luego respondí: "¡Terrible! Bueno, empezó muy bien y pude conocer a muchos boxeadores famosos, pero luego Coach se comportó de forma extraña y cuando me acompañó a coger un taxi, intentó besarme en los labios." La cara de mi hermana pasó del asombro a la rabia y entonces preguntó: "¿Le diste un puñetazo en la cara? ¡lo siento Patricia! Sé que era como de la familia para ti. Deberías contárselo al padre Joe y ver qué dice. Por ahora, sólo reza y tómate un tiempo para ti".

Mi hermana tenía razón y yo necesitaba tomarme un tiempo libre del boxeo y de Coach. Había conseguido muchas cosas en el boxeo femenino y a menudo se referían a mí como una pionera en este deporte por haber sido dos veces campeona de los Guantes de Oro de Nueva York, campeona nacional de EE UU, campeona internacional, campeona de los Estados Occidentales, campeona del Metro Boxing y la primera mujer en ser votada y ganar el premio "Atleta del Año" por el Comité Olímpico de Boxeo de EE UU.

Ya había hecho historia y nadie podía cambiar eso. Lo único que faltaba en mi currículum de boxeadora eran las Olimpiadas, pero el presidente del boxeo amateur, Gary Toney y Sandy Pino le dijeron a Coach que el boxeo femenino nunca llegaría a ser deporte olímpico y que no perdiera el tiempo esperando.

Recuerdo que le pregunté a Coach sobre la posibilidad de convertirme en profesional del boxeo, pero no me puso mucha atención. Siempre he sabido desde el principio que, si no hay incentivos, no veo ninguna utilidad en continuar. Quizás este incidente con Coach fue mi señal para alejarme del boxeo, aunque, siempre sentí que tenía asuntos pendientes en este deporte. Estaba decepcionada y triste y por ahora, me tomaría un descanso y haría otras cosas que he estado deseando hacer como un triatlón, una carrera de aventura y ser novia.

Capítulo Siete - Asalto 7

El amor es más que una palabra de 4 letras
"Una mujer es como una bolsita de té; nunca sabes lo fuerte que es hasta que está en agua caliente", Eleanor Roosevelt

Después de la iglesia, de comer y de hablar con mi hermana, caminé un par de horas más antes de ir finalmente al apartamento. Me sentía emocionalmente agotada y llamé al padre Joe para dejarle un mensaje: "Hola padre Joe. Necesito hablar urgentemente con usted mañana después del trabajo, por favor. Es sobre el evento de la cena de boeo. Después ocurrió algo horrible". Justo cuando estaba a punto de dormirme, el padre Joe me llamó: "Hola Patricia. Puedo verte mañana, pero ¿estás bien ahora?" Respiré profundamente y contesté: "Buenas, padre Joe. Sí, ahora estoy bien y se lo contaré todo mañana. No quiero hablar de ello ahora. Muchas gracias".

Dormí profundamente y estaba deseando tener una buena clase de entrenamiento y ver a Brian. Él daba clase hoy, así que quería asegurarme de que estaba allí como fuente de apoyo. No iba a decirle nada sobre Coach todavía hasta que hablara con el padre Joe más tarde. Preparé mi mochila y salí por la puerta. Cuando llegué a Tavern on the Green, Brian me saludó con un beso, una sonrisa y un abrazo. "¡Buenos días, preciosa!" me dijo. Solté una risita y le dije: "¡Que tengas una buena clase! Lo harás genial". Y entonces empezó a llegar el grupo. Brian llevó al grupo a "Dog Hill" hoy para el brutal entrenamiento. Dog Hill también conocida como "Cedar Hill" se encuentra en la parte superior este de Central Park. La empinada colina cubierta de hierba alberga muchos cedros rojos que forman una línea de macizos en su cresta.

Me encantaba este lugar ya que veía a muchos perros salir a dar sus paseos matutinos, sin embargo, hoy corrimos aquí repeticiones en colina que dejaron a la clase sin alientos en la cima. Las repeticiones en cuesta fueron seguidas de 10 burpees después de cada una de las 20 repeticiones en cuesta que tenían una longitud de unos 400 metros. Brian me pidió que dirigiera el estiramiento como una forma de facilitarme el papel de instructora. También me estaba preparando para dar clases la semana siguiente.

Mis cursos de entrenamiento personal estaban saliendo bien y también nos había programado para hacer pronto un curso de certificación al aire libre. Fue una clase fantástica y a juzgar por todas las caras sudorosas y felices, el grupo también lo pensaba.

Mientras dirigía los estiramientos, sonreí e intenté animar a los miembros durante un rato. Recordé a lo largo de todos los años en el boxeo lo importante que era salir de mi caparazón y que todo empezaba con una sonrisa. Estaba agradecida a Brian por animarme a convertirme en entrenadora certificada, así que tenía que hacer un buen esfuerzo. El entrenamiento me había distraído del dolor de los acontecimientos ocurridos durante el fin de semana. Me lo guardaría para mí por el momento.

Una vez que todos se fueron, Brian me levantó y me apretó súper fuerte. "¡Jajaja! ¿Qué haces Raggie?" pregunté mientras me reía. Brian se rió también y dijo: "Estoy contento, eso es todo. Ha sido una clase estupenda y tú también lo has hecho muy bien al final. La semana que viene empezarás a enseñar Scooby". Yo también me sentí feliz incluso durante esos breves momentos. Acordamos volver a vernos al día siguiente y nos despedimos con un beso.

Trotando lentamente hacia la oficina, sentí esa sensación de inquietud en el estómago. No estaba segura de por qué, pero intenté correr más deprisa con la esperanza de que esa sensación remitiera. Alguien de la oficina había gastado toda el agua caliente y acabé dándome una ducha helada que me ayudó a despejarme. Cuando bajé las escaleras para coger mi desayuno, oí por casualidad a las chicas de recepción decir que había una vacante de recepcionista/coordinadora de servicios del edificio. Inmediatamente pensé en mi hermana y la llamé mientras salía a por el desayuno y le dije: "¡Eh! Hay una vacante aquí en el New York Road Runners para una recepcionista/coordinadora de servicios a edificios. Puedo ayudarte a actualizar tu currículum y entregárselo a Lynn, la señora a la que reportarías. ¿Qué me dices? "

"¡Hola Patricia, por supuesto! Pronto me mudaré a ese nuevo apartamento, así que necesito un trabajo mejor que el del supermercado y estoy dispuesta a aprender. Estoy nerviosa, pero por favor, adelante, actualiza mi currículum y preséntaselo a Lynn. Muchas gracias", respondió mi hermana.

Sólo eran las 8:30 de la mañana cuando volví a la oficina, así que aproveché la media hora que tenía antes de que empezara a entrar gente para trabajar en el currículum de mi hermana. A las 9 de la mañana, entraba en el despacho de Lynn para entregarle personalmente el currículum de mi hermana. Lynn era una mujer mayor, de unos 60 años, y la directora del edificio. También era una de las pocas empleadas veteranas que quedaban y que llevaban allí un tiempo considerable. Circulaba el rumor de que se jubilaría pronto. "¡Hola Lynn! He oído que tenías una vacante para la recepción y que la persona también te ayudaría en las operaciones del edificio", le dije con mi voz más alegre.

Lynn respondió: "¡Sí! Llevo tiempo buscando. ¿Tienes a alguien en mente?" Creo que me emocioné demasiado y le dije: "¡Tengo a la persona perfecta para ti, Lynn! Es mi hermana, que es muy trabajadora y aprende rápido, pero lo más importante es que es madre soltera y realmente necesita este trabajo. Aquí está su currículum." Pude ver que Lynn era muy comprensiva y me dijo: "Bueno, si se parece en algo a ti, ¡la contrataré enseguida! Simplemente no quiero armar un gran alboroto por aquí porque sois hermanas y aunque estaría en departamentos diferentes, no queremos dar una impresión equivocada a nadie. Puedo llamarla ahora y pedirle que venga para una entrevista lo antes posible".

Después de hablar con Lynn, me dediqué a ultimar la logística para mi evento del próximo fin de semana, que sería la carrera de 4 millas de Central Park Conservancy.

Lo tenía todo listo con la logística, que incluía la lista de equipamiento/colocación y las instrucciones específicas para el personal del almacén, la hora de llamada y las instrucciones para los voluntarios y el personal a tiempo parcial del evento y otras instrucciones específicas relacionadas con el marketing y los patrocinadores.

Pasé la mañana confirmando los proveedores para el evento, entre los que se incluían A Royal Flush para inodoros portátiles, el proveedor de fruta para la comida posterior a la llegada y la actualización del P & L. Peter estaba muy al tanto de todas estas cosas y tuve una reunión con él esta tarde para repasar estos temas. Cuanto más ajetreado era mi día, más rápido transcurría y apenas me quedaba tiempo para pensar en otra cosa. Con los años, había aprendido a realizar varias tareas a la vez, lo que me ayudaba a mantener la concentración y funcionaba bien con mi déficit de atención.

Al terminar mi jornada laboral, vi que mi hermana me había dejado un mensaje diciéndome que ¡iba a venir a una entrevista al día siguiente! Fue la mejor noticia del día, pero mientras caminaba para coger el tren, tuve dudas sobre ver al padre Joe. He estado tan acostumbrada a no hablar de nada y a interiorizarlo todo que tenía miedo de hablar con el padre Joe sobre lo que había pasado con Coach. Pero me sentía perdida y sabía que tenía que hablar con él. Siempre parecía tener las respuestas y siempre me sentía mejor después de hablar con él. Cuando se acercaba mi parada de tren, recé una oración en silencio y me limité a esperar lo mejor.

"Hola Patricia, me alegro de verte", dijo el padre Joe al abrir la puerta de su despacho. No podía ni mirarle y tenía la cabeza gacha mientras entraba y me dejaba caer en el sofá. Al cabo de unos instantes, no pude evitar echarme a llorar. "Patricia, por favor, mírame y cuéntame qué ha pasado", dijo el padre Joe mientras me pasaba también unos pañuelos de papel. Hice una pausa en el llanto, me limpié la nariz y empecé: "Se suponía que Coach tenía que ir con un amigo que no podía ir, así que me invitó a una gran cena de boxeo en la que había boxeadores famosos. Confiaba en Coach y todo iba bien hasta que se ofreció a acompañarme a coger un taxi después del evento por la noche. De repente, ¡me agarró e intentó besarme! Me siento tan triste padre Joe. ¿Cómo pudo hacerme esto?" Pude ver el shock en los ojos del padre Joe y entonces el llanto comenzó de nuevo.

"Lo siento Patricia. Puedo entender por qué estás disgustada y estoy seguro de que él tiene una buena explicación. ¿Has intentado hablar con él?" preguntó. "Sí, intentó llamarme, pero no le contesté. ¡Traicionó mi confianza, padre Joe! ¡Siempre me llamó su niña! Le he perdido todo el respeto', respondí sin dejar de llorar. Nada de lo que dijo me hizo sentir mejor esta vez y él lo sabía. "Bueno Patricia, esto es lo que puedo hacer. Puedo llamarle y escuchar lo que tiene que decir. Creo que es mejor que te tomes un tiempo libre del boxeo. Puedo volver a verte la semana que viene y espero que podamos encontrar una solución mejor", dijo el padre Joe para concluir nuestra sesión. Salí de su despacho sintiéndome peor y temiendo volver a casa. Me eché una siesta muy necesaria en el tren y, por desgracia, me desperté justo en mi parada.

Quería aprovechar la sensación de somnolencia y tal vez pudiera dormir bien esta noche. Al acercarme a la puerta de mi casa, vi a Adrián esperándome con el rostro serio. "Hola Patricia. Parece que alguien ha entrado en mi casa esta tarde. Vi que la puerta estaba abierta y presenté una denuncia a la policía. No faltaba nada en mi casa, pero pensé que debía hacértelo saber y que deberías ver si te faltaba algo", me dijo.

Me sentí mortificada y corrí al apartamento del sótano. Empecé a comprender la incómoda sensación que había tenido en el estómago durante todo el día. Miré rápidamente en mi cajón y, efectivamente, ¡mis collares de los Guantes de Oro habían desaparecido! Caí de rodillas y empecé a llorar. No faltaba nada en toda la casa excepto mis collares de los Guantes de Oro a pesar de que las paredes de la casa de Adrian exhibían arte caro y él también poseía joyas costosas como varios relojes Rolex y una caja fuerte que estaban intactos. Yo guardaba mis collares de los Guantes de Oro dentro de unos calcetines en el fondo de mi cajón y de alguna manera, ¿el "ladrón" supo mirar y llevarse sólo eso de toda la casa?

Volví arriba y le dije a Adrian que mis collares de los Guantes de Oro habían desaparecido, pero no pude evitar añadir: "Adrian, es muy extraño que no haya desaparecido nada de tu casa a pesar de que tienes cosas muy caras. Por favor, ¡devuélveme mis collares! Sé que fuiste tú". La expresión de culpabilidad de su cara me confirmó que, efectivamente, había sido él quien me había robado los Guantes de Oro, pero también supe que era su forma de vengarse de mí por haberle rechazado y por tener novio.

"Patricia, siento que haya pasado esto. No tengo nada que ver con ello y puedo llamar a la policía mañana", dijo mirando al suelo. Me sentí asqueada y supe que no había forma posible de permanecer en este horrible lugar. Bajé las escaleras y preparé la misma bolsa de lona que había empaquetado cuando abandoné mi abusivo hogar. Tenía todo lo que necesitaba y cogí un taxi para ir a la oficina. El evento que dirigía era este fin de semana, así que no tenía más remedio que planear quedarme en la oficina al menos un par de noches.

Eran las 9 de la noche cuando llegué a la oficina. Cogí mis llaves, abrí la puerta sin hacer ruido y utilicé el ascensor para subir con mi pesada bolsa de lona. Entré en la oficina de Eventos y cerré la puerta con llave cuando llegué a mi escritorio. Llamé a mi hermana y le conté lo sucedido. Ella también estaba horrorizada y en estado de shock. "¡Hay Dios Mio, Patricia! ¡Qué SUCIO! Escucha, si todo va bien con la entrevista de trabajo de mañana, debería mudarme a ese pequeño lugar en Rego Park en una semana más o menos. Podemos compartir el apartamento todo el tiempo que necesites", dijo mi hermana.

Afortunadamente, mañana ya era viernes y luego el evento era el sábado, así que planearía dormir aquí mismo el resto del fin de semana mientras el nuevo lugar de mi hermana estuviera disponible temporalmente, pero también buscaría un apartamento. Me quedé dormida en mi silla de la oficina del Departamento de Eventos durante unas horas cuando un fuerte golpe en la puerta a las 4 de la mañana me sobresaltó y salté de la silla. Entonces, oí "¿Hola? ¿Quién está ahí?" preguntó la voz masculina detrás de la puerta.

Me di cuenta de que era Coach Joe, así que abrí la puerta y dije: "Hola, Coach Joe, soy yo, Patricia. Entraron en el lugar donde vivía y me robaron mis cosas personales. No tenía otro lugar adónde ir, así que vine aquí, pero hoy buscaré un nuevo lugar", le dije.

Coach Joe siempre ha sido muy amable conmigo. Me puso la mano en el hombro y me dijo: "Es terrible y siento que te haya pasado esto, muchachita. No diré ni una palabra a nadie. Quédate el tiempo que necesites", y se marchó. Me invadió un abrumador sentimiento de tristeza al darme cuenta de que no tenía hogar y de que me sentía tan sola. Se me llenaron los ojos de lágrimas y sólo pude hacer lo que sabía que no me fallaría y era orar. Cerré los ojos y aunque no me salían las palabras, recé en silencio y tuve fe en que de alguna manera todo funcionaría.

Tenía muchas ganas de ir a clase de bootcamp, pero me avergonzaba mi situación. En su lugar, saldría a correr una vuelta de 10 km por Central Park. Era lo suficientemente temprano como para no toparme con nadie y a las 4:30 de la mañana la intensa carrera me quitó temporalmente el dolor. Corrí tan fuerte que sentí que contenía la respiración todo el tiempo, pero durante esos 45 minutos no pensé en nada excepto en la carrera.

Dejé que el agua caliente corriera por mi espalda en la ducha durante unos minutos dejándome aliviar, aunque fuera durante unos segundos. Cuando volví a mi escritorio, vi que tenía unas cuantas llamadas perdidas de Brian y un mensaje de voz suyo. Sentí que me temblaba la mano al marcar para escuchar su mensaje de voz: "¡Eh, Scooby! Te he echado de menos en clase esta mañana. Espero que estés bien. Es viernes y me gustaría mucho verte hoy o este fin de semana si no estás muy ocupada. De cualquier manera, por favor llámame. Sólo quiero saber que estás bien", dijo Brian en su mensaje de voz.

Una de las cosas que me encantaban de Brian era que no tenía miedo de mostrar su cariño por mí. Era algo que nunca había experimentado y le estaba agradecida por ello. Cerré los ojos y pedí que me guiara y luego llamé a Brian esperando que no contestara, pero lo hizo enseguida: "¡Hola Scooby! Me alegro mucho de que hayas llamado. ¿Estás bien? " preguntó. Hice lo que pude para mantener la calma y contesté: "¡Hola Brian! Siento no haberte visto esta mañana. Estoy dirigiendo el evento de mañana en Central Park y tengo mucho trabajo y luego tengo que estar en el sitio a las 4 a.m., así que voy a dormir en la oficina esta noche".

Hubo una breve pausa antes de que dijera: "No me gustaría que pasaras la noche en la oficina. ¿Qué tal si te recojo a la hora que hayas terminado y cenamos algo y duermes en mi casa y mañana te llevo en coche a Central Park? Si necesitas un par de manos extra para el evento, también puedo ayudar". Este tipo era un sueño. ¿Cómo podía ser tan amable? Volví a respirar profundamente y le contesté: "Eres un ángel. No sé qué decir, excepto ¡muchas gracias! Creo que todas tus sugerencias son perfectas. Debería terminar con todo lo que tengo que hacer aquí sobre las 6 de la tarde. Tenemos gente a la que pagamos para que venga a ayudarnos en nuestros eventos de fin de semana, así que me aseguraré de añadirte a nuestra lista. Gracias de nuevo y hasta luego Raggie". Y entonces colgué rápidamente el teléfono aún incrédula.

Me recompuse y envié la logística del evento al personal, a los empleados del almacén, a los voluntarios y al personal a tiempo parcial de fin de semana, entre los que también se encontraba mi hermana y ahora también Brian. Reconfirmé a todos los proveedores y añadí las últimas actualizaciones al P & L del evento para Peter.

Unas horas más tarde, mi hermana me llamó para decirme que la entrevista con Lynn había ido bien y que ¡había conseguido el trabajo! Lynn le hizo una oferta al final de la entrevista y ¡empezaría ese mismo lunes! Fue una noticia increíble y me alegré mucho por ella.

Llegó el final de la jornada laboral y yo era la única que quedaba en la oficina de Eventos a las 5:30. Brian vendría a recogerme pronto y me sentí nerviosa. Tenía que contarle lo que había pasado con Coach, con Adrian y, encima, pasaría la noche en su casa. "Todo va a salir bien. Dios, sé que estás conmigo. Por favor, guíame y protégeme esta noche y siempre", recé. A las 6 de la tarde, metí algo de ropa en la mochila y bajé las escaleras. Vi el coche de Brian aparcado justo enfrente. Respiré y me acerqué. En cuanto me vio, salió del coche para saludarme y abrirme la puerta. Le abracé tan fuerte como recordaba haber abrazado a alguien y él me devolvió el abrazo. "¿Estás bien Scooby?" me preguntó.

Aguanté unos segundos más y estoy segura de que mi cara lo delataba, pero contesté: "Estaré bien, pero tengo que contarte algo que ha pasado". Brian me agarró del brazo antes de abrir la puerta del coche y me dijo: "Puedes contarme lo que quieras. Te dejaré decidir si quieres ir a cenar en Queens o recoger algo y comerlo en mi casa". Subí al coche y no estaba segura de por dónde empezar, pero empecé con: "Espero que lo que voy a contarte no te asuste, pero prefiero que sepas la verdad. Vengo de una familia muy abusiva y disfuncional. Vivo sola desde los 15 años. Las dificultades económicas me llevaron al lugar en el que vivía hasta anoche. El dueño de esa casa me robó mis Guantes de Oro porque rechacé cualquiera de sus insinuaciones y se enfadó cuando le dije que eras mi novio. Recogí mis cosas y me fui anoche. Mi hermana se muda a su nueva casa dentro de una semana, y puedo quedarme con ella hasta que encuentre un nuevo lugar".

Sentí que empezaba a temblar y, una vez más, Brian se agarró a mi brazo y me dijo: "Nada de lo que me digas me alejará de ti. Siento todo lo que te ha pasado y desearía poder quitártelo todo. Puedes quedarte conmigo toda la semana hasta que te mudes con tu hermana o más tiempo si lo necesitas". Sentí que la ansiedad y el miedo se disipaban en el aire cuando dijo eso.

Compramos albóndigas al vapor, arroz y ternera con verduras en uno de los sitios favoritos de Brian en Queens y lo llevamos a su casa. Brian vivía en un espacioso y luminoso apartamento de 2 dormitorios en la hermosa Forest Hills que compartía con su amigo Neal. Era más bien un apartamento de solteros y eso me ponía un poco nerviosa. Cenamos en la mesa del comedor mientras repasaba la logística del evento en el que él trabajaría y me ayudaría al mismo tiempo.

"Cualquier cosa que necesites que haga, sólo tienes que decirlo. No me importa un poco de trabajo duro", dijo Brian. Todo lo que dijo me tranquilizó y se lo agradecí mucho. Eran las 9 de la noche y teníamos que levantarnos por lo menos a las 3 de la mañana para poder estar en Central Park a las 4, así que pregunté con aprensión: "Entonces, ¿cuáles serán los arreglos para dormir, Raggie? Sé que las 9 de la noche de un viernes es una locura de temprano para que estés pensando en dormir, pero tenemos que estar en el parque a las 4 de la mañana". Brian volvió a cogerme del brazo y me dijo: "Sé que ha sido un momento estresante para ti y no quiero que te estreses en absoluto. Será tu elección. Puedes dormir en el sofá cama aquí en el salón, puedes dormir en mi cama y yo puedo dormir aquí en el sofá cama o podemos dormir los dos en mi habitación y puedo prometerte que no pasará nada. Lo que te haga sentir más cómoda Scooby".

Decidí que podíamos dormir los dos en la habitación de Brian. Fui al baño, me puse mi pijama, me lavé los dientes y me preparé para dormir. Antes de apagar la luz, Brian me besó en la frente y me abrazó fuerte antes de que los dos nos durmiéramos y no pasaría nada esa noche tal y como había prometido. Dormí plácidamente con las luces apagadas y sin ninguna pesadilla. Era la primera vez que sentía que me estaba enamorando.

La alarma sonó a las 3 a.m. y ambos saltamos de la cama y empezamos a prepararnos y estábamos de vuelta en su coche conduciendo hacia Central Park antes de las 3:30 a.m. "¿Dormiste bien Scooby?" preguntó Brian mientras conducía por Queens Boulevard en dirección al puente Queensboro. "¡SÍ! ¡Muchas gracias! Hacía tiempo que no dormía tan bien. No es por entrar en grandes detalles, pero el sueño ininterrumpido suele ser un reto para mí y normalmente he tenido que dormir con las luces encendidas para evitar las horribles pesadillas", contesté.

Brian parecía perplejo, pero siguió conduciendo y dijo: "Bueno, me alegro de que ambos pudiéramos dormir bien anoche. Después del evento de hoy, mi padre nos ha pedido que nos reunamos con él y mi madre en London Lenny's para cenar temprano, si te parece bien". London Lenny's es una de las marisquerías familiares más antiguas, conocida por su excelencia en comida fresca y deliciosa. "¡Oh! ¡Por supuesto, me encantaría salir con tus padres más tarde!" respondí.

Como era tan temprano, encontramos aparcamiento enseguida y nos dirigimos a toda prisa a la zona del Bandshell, dentro de Central Park, donde empezaba y terminaba todo para el evento de hoy. El Naumburg Bandshell de Central Park es un elemento original del parque y mucho más que un escenario de música clásica. También es un lugar donde se han pronunciado discursos históricos de Martin Luther King, Jr. y se ha leído un panegírico por John Lennon. La carrera de 4 millas de la Central Park Conservancy empezaría y terminaría justo en la transversal de la calle 72, adyacente al Bandshell.

Presenté a Brian al resto del personal a tiempo parcial y a los voluntarios, a Peter y más tarde a mi hermana, a la que también había llamado para trabajar en este evento. Todos empezaron a colocar los cientos de barricadas en la línea de meta y a colocar toda la señalización.

Más tarde vería a Brian barriendo la zona de la línea de salida. Era muy trabajador y se enorgullecía de todo lo que hacía. Era una cualidad que me atraía aún más de él. Periódicamente, se acercaba y me preguntaba si necesitaba ayuda con algo. Y como extra, se juntó con mi hermana y parecía trabajar y llevarse muy bien con ella.

La carrera de Central Park Conservancy comenzó puntualmente a las 8 de la mañana en una cálida mañana de verano. Como sólo era una carrera de 6 km, los primeros y los últimos corredores cruzaron la línea de meta mucho antes de las 10 a.m. Mientras los corredores disfrutaban de los festejos posteriores al evento en el Bandshell, el personal del evento desmontó la zona de salida/llegada y empezó a limpiarlo todo. Fue un evento impecable y habíamos terminado y regresado al coche a mediodía.

Brian se ofreció a llevar a mi hermana a casa. Todos estábamos cansados, pero mantuvimos una divertida conversación en el trayecto de vuelta a Queens. Después de dejar a mi hermana, volvimos corriendo a casa de Brian. Eran ya cerca de las dos de la tarde e íbamos a reunirnos con sus padres a las cuatro. Los dos queríamos ducharnos y quizá echar una siesta rápida, pero no iba a ser posible. Cuando llegamos a su casa, su amigo y compañero de piso Neal estaba allí y tuvo que presentármelo y se pusieron a charlar mientras yo me duchaba. Me sentía un poco mal por quedarme en la habitación de Brian. Esperaba que la semana pasara rápido.

Cuando Brian volvió a su habitación, se sorprendió al ver que me había duchado y estaba vestida y lista. "¡Qué rápido! Sé que esto ha sido duro para ti, pero quiero que te sientas cómoda. Haré todo lo posible para que no tengas que preocuparte por nada durante la próxima semana mientras estés aquí. Tenemos clase de campamento de entrenamiento por las mañanas y puedo pasar a recogerte después del trabajo y podemos volver juntos desde el lunes hasta el viernes. ¿Qué te parece?" me preguntó mientras se sentaba a mi lado cogiéndome de la mano. Era como si supiera lo que pesaba tanto sobre mis hombros. "Gracias, Raggie. Me parece muy bien", dije.

Cerré los ojos mientras Brian se iba a duchar y me desmayé profundamente durante 20 minutos antes de que saliéramos a toda prisa por la puerta y nos metiéramos en su coche. Mientras conducíamos para reunirnos con sus padres, pregunté espontáneamente: "Oye Raggie, ¿alguna vez has tenido pesadillas recurrentes? He tenido estas extrañas pesadillas recurrentes que se sienten tan reales en las que no puedo moverme y como que jadeo por aire. Sólo quería avisarte por si me ves luchar por la noche". No podía creer que acabara de soltar eso, pero sentí que lo necesitaba hacer.

"¡Gracias por compartir eso Scooby! Sé que decir esto puede no ayudar mucho, pero recuerda que es sólo una pesadilla y que nadie puede hacerte daño sin tu permiso. Cualquier cosa que pueda hacer para ayudar, sólo házmelo saber", contestó Brian mientras entrábamos en el aparcamiento del restaurante.

Pam y Danny ya estaban sentados en el restaurante y me alegré mucho de verlos. Pam tenía unos preciosos y profundos ojos color avellana que penetraban a través de mi alma. Podía ver y sentir que había sufrido mucho con el cáncer. Llevaba el brazo izquierdo en cabestrillo porque los nervios se habían dañado en una de las últimas operaciones para extirpar los ganglios linfáticos cancerosos. La abracé con fuerza cuando la saludé y ella me abrazó más fuerte y me susurró al oído: "Me encantaría ver a mi hijo casarse antes de morir".

Intenté mantener mi cálida sonrisa y ocultar la reacción de estupefacción de mi cara mientras iba a darle a Danny el doble beso en las mejillas. "¿Tenéis hambre y estáis listos para pedir o qué?" preguntó Danny. La verdad es que me moría de hambre y estoy bastante segura de que Brian también. "Llevamos levantados desde las 3 de la mañana y he ayudado a Patricia con el evento que estaba organizando en Central Park, ¡así que los dos estamos hambrientos!" dijo Brian. Antes de compartir todo sobre nuestro día, me aseguré de avisarles de que era alérgica al marisco y pedí la ensalada de pollo a la parrilla, Pam pidió el pescado con papas fritas y Brian y Danny pidieron el plato de salmón y una orden de calamares para empezar para todos nosotros.

Les conté a Pam y Danny en qué consistía mi trabajo en el New York Road Runners. Aunque era un trabajo exigente, me encantaba porque implicaba correr y me suponía un reto diferente a cualquier otro trabajo que hubiera tenido en el pasado. Ser directora de eventos me ayudó a ser creativa, a realizar varias tareas a la vez, a resolver problemas y a valorar al personal que mucha gente no valoraba, como los voluntarios, el personal a tiempo parcial y el del almacén.

Brian seguía pellizcando a Danny en los costados bromeando y luego le dijo: "¿Has hecho spinning esta mañana, papá?" A Danny se le iluminaron los ojos y contestó: "Oh, muchacho, esa clase de spinning fue muy dura, pero lo hice bien. El instructor me dijo que hice un buen trabajo". Brian me había contado que su padre era un gran aficionado al spinning y que se empeñaba en ir los fines de semana mientras Pam se reunía con sus amigas. Pasamos más de 2 horas en el restaurante y volvimos a su casa que estaba a sólo 10 minutos en coche.

Pam era una gran aficionada al juego de mesa Scrabble, así que Brian, Pam y yo jugamos durante un par de horas. Brian y Pam eran feroces competidores y no paraban de retarse a buscar palabras en el diccionario para asegurarse de que eran palabras reales. Yo no era una experta y me alegré de estar jugando y de no pensar en nada estresante para variar. Finalmente nos despedimos y acordamos provisionalmente reunirnos pronto en las próximas semanas con su hermano Jason y su novia Jessica.

Ya era de noche cuando volvimos a casa de Brian y no había nadie. "Probablemente Neal haya salido esta noche, así que tendremos algo de paz y tranquilidad esta noche. ¿Quieres dormir, ver una película o algo?" preguntó Brian. Yo estaba somnolienta y sabía que mi cara le decía lo mismo, así que le dije: "Oye, Raggie, me siento muy agotada y, si no te importa, me encantaría tumbarme hasta que me duerma". Brian no lo dudó y empezó a prepararse para irse a la cama. Eran cerca de las once de la noche, lo que ya había pasado mi hora de acostarme.

Brian y yo tuvimos vidas tan diferentes mientras crecíamos. No se lo reprochaba, pero sabía que era difícil de entender para él. Aunque su padre, Danny emigró a Estados Unidos, les dio a Brian y a su hermano una vida completamente diferente a la que yo tuve mientras crecía. En su mayor parte, sus padres fueron alentadores y nunca abusaron de ellos. Crecieron en un bonito vecindario hasta que decidieron vivir por su cuenta y siguieron manteniendo una buena relación con sus padres y su familia. Ya me había puesto mi pijama y me estaba tapando con las cobijas cuando Brian vino a tumbarse a mi lado y me preguntó: "¿Qué tienes en mente, Scooby?"

Mi cara siempre tenía que delatar mis emociones y pensé que Brian merecía saber lo que sentía, así que, aunque lo que dijera lo podría alejar, tenía que compartirlo. "Realmente aprecio todo lo que has hecho desde recogerme, ayudar en el evento, la cena con tus padres y dejarme quedarme aquí Brian. Nunca nadie había sido tan amable conmigo. Sólo tuve emociones al ver cuánto amor hay con tus padres. Nunca tuve eso y me puso un poco melancólica, así que te pido disculpas si estoy un poco apagada. Estaré bien". Brian apagó las luces y se limitó a abrazarme fuerte hasta que me dormí.

Hacia las dos de la madrugada sentí que me pesaba el pecho y no podía moverme. Vi una sombra oscura e intenté gritar el nombre de Brian. 'En el nombre del Padre, del Hijo y del Espíritu Santo", empecé a rezar mentalmente mientras buscaba de aire para respirar y entonces Brian se despertó instintivamente y empezó a sacudirme y a gritar: "Scooby ¿estás bien? ¡Despierta!" ¡GRACIAS A DIOS! Finalmente pude moverme y respirar mientras las lágrimas caían por mi cara. "Gracias Raggie. Estoy bien. Ha sido la pesadilla", contesté mientras recuperaba el aliento. Brian me abrazó fuerte una vez más e intentamos volver a dormirnos. Era la primera vez que alguien me veía teniendo esta horrible pesadilla paralizante. Al menos ahora alguien podía ver que era real, pero yo seguía teniendo la sensación de que estaba espantando a este muchacho. Afortunadamente, ambos nos dormimos poco después.

Al día siguiente, el domingo por la mañana, Brian me llevó a Forest Park. Me dijo que su madre solía llevarlos allí a él y a su hermano cuando eran niños para explorar los senderos. Forest Park es un parque de Queens con más de 500 acres y no tan popular como Central Park, Flushing Meadows Park o Prospect Park, por lo que nunca había sabido de su existencia. Me quedé boquiabierta ante las bellezas de Forest Park, que contaba con una pista de atletismo, un campo de golf, una glorieta y más de 16 kilómetros de senderos ¡justo aquí, en Queens! Éramos como dos niños en el parque y pasamos allí toda la mañana y parte de la tarde sin una preocupación en el mundo.

Casi a las 3 de la tarde, los dos teníamos sed y hambre y Brian me preguntó dónde quería comer, así que naturalmente le dije: "¿Has estado alguna vez en Georgia Diner, aquí en la Queens Boulevard?" Él negó con la cabeza y accedió a probarlo. Estaba a sólo 10 minutos en coche y enseguida nos sentamos en un reservado.

Pedí mi plato habitual en este comedor que era una hamburguesa de bisonte con extra de lechuga tomate y cebolla y una ensalada de acompañamiento y Brian pidió una fuente de pollo a la parrilla con arroz y una guarnición de pan de pita y hummus. "¡Gracias por enseñarme Forest Park Raggie! Realmente lo necesitaba. Espero que anoche no te asustara demasiado con mi pesadilla. Intenté avisarte. Llevo mucho tiempo teniendo esas pesadillas. Son tan reales y siento como si algo me persiguiera. Tengo un consejero llamado padre Joe al que se lo he contado, pero no creo que me crea", le dije.

Brian se levantó de su lado de la cabina y se sentó a mi lado, justo a mi lado, me cogió del brazo y me dijo: "Te creo Scooby y todo lo que puedo decirte es que estaré ahí para protegerte siempre que pueda. Si hay algo que pueda hacer para ayudar solo dilo. No me voy a ninguna parte". Le di a Brian un beso en la mejilla y le toqué suavemente las orejas. "Sabes que mi padre solía frotarme las orejas así cuando era un bebé para ayudarme a dormir", dijo. Noté que algo reflejaba la luz en los bordes de sus orejas y entonces me di cuenta de que tenía unos pelitos peludos monísimos que me recordaban a mi osito de peluche. En español, "Osito" es el nombre del osito de peluche y le conté toda la historia de mi osito de peluche y de cómo mi padre lo botó.

Ese sería otro nombre con el que llamaría a Brian: Osito. Hablamos durante unas horas en el comedero hasta que casi oscureció fuera. Volvimos a su casa para ducharnos y prepararnos para el entrenamiento y el trabajo temprano por la mañana. No tardé mucho en caer profundamente dormida en los brazos de Brian. Esta noche no tuve ninguna pesadilla. Antes de que sonara la alarma, abrí los ojos a las 3:30 a.m. y fui al baño, me cambié y preparé mi maleta para el día. Volví y me senté junto a Brian y le vi dormir tan plácidamente. Le froté las orejas, le di un beso en la frente y le dije: "Buenos días, Raggie. Son las 4 de la mañana y tenemos que irnos pronto al campo de entrenamiento". Brian me abrazó fuerte y se levantó rápidamente para prepararse.

Hacía poco que había completado mi certificación como instructora personal, de grupo y de actividades al aire libre y estábamos enseñando el NYC-Platoon Fitness Bootcamp tres veces a la semana, los lunes, miércoles y jueves a las 5:30 a.m. y sentí que mejoraba como persona y como instructora. Agradecí los ánimos de Brian.

Al acercarnos a Central Park, vimos carteles de "Prohibido aparcar el viernes, sábado y domingo por el triatlón de NYC". El Triatlón de

Nueva York es un acontecimiento emblemático desde 2001 que consiste en un triatlón de distancia olímpica que comienza con 1.5 kilómetros de natación en el río Hudson, 40 kilómetros en bicicleta por la autopista West Side y termina con una carrera de 10 kilómetros desde la autopista West Side hasta Central Park.

"¿Has hecho alguna vez un triatlón, Raggie?" pregunté con entusiasmo. "No, pero me encantaría. ¿Y tú Scooby?" preguntó. Dudé momentáneamente, pero contesté: "No sé nadar. Mi padre me tiró a un lago cuando era niña y casi me ahogo. Desde entonces me da miedo meterme en aguas profundas, pero me encantaría participar algún día en un triatlón".

Cuando terminó de aparcar el coche, se volvió hacia mí y me dijo: "¡Hagamos un triatlón entonces! Podemos planificarlo bien. Sólo estamos en junio, pero sé que hay un triatlón en el parque estatal de Harriman en septiembre y podemos prepararte con clases mientras nos entrenamos también para el maratón de Chicago en octubre".

Me sentí agradecida. Necesitaba este cambio. Necesitaba el descanso del boxeo, así que esto era perfecto. "Hagámoslo Raggie. Hablaremos un poco más, ¡pero estoy emocionada!" dije mientras salíamos y empezábamos a trotar para reunirnos con el grupo. Era mi turno de enseñar, así que llevé la clase a las canchas de voleibol de playa. Después de nuestro trote de calentamiento y estiramiento, envié a la clase a dar 3 vueltas cronometradas al prado de ovejas, que era un hermoso césped de 15 acres y el perímetro era de aproximadamente 1.25 millas cada vuelta. Luego les hice hacer diferentes ejercicios pliométricos dentro de las pistas de voleibol llenas de arena que iban desde saltos de rana, sprints cortos, carreras hacia atrás y corridas laterales. Al final del ejercicio, todo el mundo estaba arenoso, sudoroso y cansado, lo que para mí significaba ¡una gran clase!

En cuanto terminó la clase y todo el mundo se fue, Brian me cogió en brazos y me abrazó fuerte. Me perdí besándole contra un árbol junto a las pistas de voleibol. Fue un perro ladrando lo que nos sobresaltó a los dos. "¡Gran clase Scooby! Eres una instructora increíble. Te recogeré en la oficina sobre las 6 de la tarde".

Recordé que hoy tenía una sesión con el padre Joe, así que le contesté: "Tengo una sesión con mi consejero, el padre Joe, a las 5, pero debería haber terminado a las 6. Está justo en la iglesia de San Francisco de Asís, en la calle 32, cerca del Madison Square Garden. Me encantaría presentártelo". Brian no lo dudó y dijo: "¡Trato hecho! Te recogeré justo a las 6 de la tarde y saludare al padre Joe. Que tengas un buen día en el trabajo, Scooby".

Empecé a correr hacia la oficina y me animé a dar unas cuantas vueltas del sendero para ayudar a expulsar cualquier energía nerviosa. Era el primer día de trabajo de mi hermana en el New York Road Runners y con el nuevo personal directivo, me sentía estresada y correr 8 km era exactamente lo que necesitaba. Tras una ducha rápida, empecé a trabajar en la logística del siguiente evento que iba a gestionar, que era una de las Carreras de Entrenamiento de Maratón que se celebraban en un par de semanas y en las que los corredores que se preparaban para una maratón de otoño podían elegir entre completar de 1 a 4 vueltas (6 millas, 12 millas, 18 millas o 24 millas) de Central Park. Aunque no era una carrera, el NYRR proporcionaba las estaciones de agua, Gatorade, geles energéticos, porta baños, señalización del recorrido, cronometraje y apoyo, por lo que requirió una gestión logística, ya que también atrajo a más de 3500 participantes.

Estaba tan concentrada en mi trabajo que apenas me di cuenta de que pasaban las horas hasta que mi estómago empezó a rugir para hacerme saber que ya había pasado la hora de comer, así que decidí dar un paseo y buscar algo de comer.

Cuando bajé, vi a mi hermana atendiendo los teléfonos de la recepción. "¡Hola! ¿Cómo va todo?" pregunté mientras ella terminaba su llamada. "¿Vas a comer? ¡Yo también estoy lista para ir! Puedo reunirme contigo fuera, si quieres". Asentí con la cabeza y la esperé al final de la cuadra, lejos del edificio. No esperaba salir con ella en su primer día, así que fue un bonito detalle.

Cuando por fin vi a mi hermana, estaba saltando como un cachorro. "¿Cómo va tu primer día?" le pregunté. "Cálmate... Va bien. Estuve atendiendo teléfonos por la mañana y esta tarde, Lynn me enseñará los procedimientos del edificio, la biblioteca y otras cosas. Hasta ahora todo va bien. Mis compañeras de trabajo son, cuando menos, interesantes, así que tendré que sacar lo mejor de ello, pero estoy agradecida por este trabajo", respondió mi hermana.

Caminamos unas cuadras hasta un pequeño restaurante llamado Chirping Chicken que servía raciones de almuerzo de pollo asado con su elección de ensalada, papas o arroz. Puse a mi hermana al corriente de mi fin de semana con Brian. "¡Se ha portado de maravilla conmigo! Sólo me siento incómoda quedándome en su habitación, pero al menos será sólo por unos días más. ¿Cómo va todo para tu mudanza del sábado?" le pregunté. "Todo está listo y de hecho puedo mudarme el viernes si quiero. La guardería estará convenientemente en Rego Park, así que simplemente cogeré todas nuestras cosas y cogeré un taxi hasta el nuevo lugar después del trabajo el viernes y me mudaré directamente ya que el lugar ya está amueblado en su mayor parte", contestó.

Aunque me alegré de que mi hermana consiguiera un lugar propio, no pude evitar pensar en mi madre. Ahora, por fin estaría sola. Mientras crecía, siempre solía decir a diario: "Preferiría estar sola en paz" y ahora conseguiría su deseo. No quedaba nadie. Todas mis hermanas se habían ido de casa y tenían hijos propios. Siempre me pregunté qué haría mi madre si me viera. ¿Me diría algo? ¿Me abrazaría? Sabía que algún día tenía que dejar a un lado todos mis sentimientos e ir a verla, pero no estaba en un buen momento mental para pensar siquiera en eso ahora. Tenía demasiado dolor, resentimiento y confusión y tenía que trabajar primero con esas emociones.

Terminamos nuestro almuerzo y volvimos a la oficina. Fue agradable tener compañía para comer, para variar. He hecho tantas cosas sola durante la mayor parte de mi vida que me acostumbré a ello. Normalmente pasaba la hora del almuerzo corriendo, caminando o trabajando hasta la hora de comer. Terminé el resto de mi jornada laboral y me dirigí de nuevo a ver al padre Joe. Tenía tanto que contarle que, cuando me vio, lo supo enseguida. "¡Hola Patricia! Me alegro mucho de verte. Me he estado preguntando cómo estabas", dijo el padre Joe.

No sabía por dónde empezar, pero empecé con: "¡Han pasado tantas cosas en tan poco tiempo, padre Joe! El hombre donde vivía me robó mis Guantes de Oro, así que me fui de esa casa inmediatamente. Se inventó una historia de que alguien había entrado, pero no le robaron nada de su casa. Se enfadó porque le rechacé y se vengó de mí robándome algo tan preciado para mí. Me quedé una noche en la oficina y Brian me ha dejado quedarme en su casa las últimas noches, pero este sábado me mudaré temporalmente con mi hermana hasta que encuentre mi propio apartamento".

"¡Vaya Patricia! ¡Eso es mucho! Pero parece que lo estás llevando bien, así que me alegra verlo. ¿Cómo te sientes acerca de quedarte con Brian y mudarte con tu hermana?" preguntó el padre Joe. "Bueno, padre Joe, a lo largo de mi vida, siempre he sentido que iba de una crisis a otra, pero la oración siempre me ha ayudado a mantenerme fuerte y, al final, todas estas experiencias me están ayudando a convertirme en la persona que Dios quería que fuera. Llevo viviendo sola de forma independiente desde que tenía 15 años, así que todo esto me pone muy nerviosa, pero lo estoy haciendo lo mejor que puedo. Brian ha sido una bendición y me ha ayudado mucho. Va a recogerme aquí a las 6 de la tarde", le dije.

Hablamos sin parar hasta que se acabó el tiempo. Hablamos de tantas cosas en lo que pareció mucho más de una hora. Incluso hablamos de Coach. Por ahora, me estaba tomando un descanso del boxeo y me estaba centrando en mi primer triatlón, el maratón de Chicago y en descubrir cosas nuevas hasta que estuviera lista para volver a boxear, si es que alguna vez lo estaba. Cuando bajamos, Brian estaba sentado en la sala de espera y se acercó a estrechar la mano del padre Joe. "Encantado de conocerle, padre Joe. Patricia habla muy bien de usted", dijo Brian. El padre Joe miró a Brian como si lo estuviera inspeccionando, pero luego sonrió y dijo: "Igualmente Brian. Encantado de conocerle. Que tengan un buen viaje a casa".

Brian me rodeó la cintura con la mano y nos dirigimos a su coche y, antes de que abriera la puerta del pasajero, le di un fuerte abrazo. Le había echado de menos durante todo el día y estaba muy contenta de verle. Me devolvió el abrazo con fuerza y abrió la puerta del coche. Hablamos de nuestro día en el trayecto hasta su casa y compramos una de las pizzas de masa fina más deliciosas que había probado nunca. Era de un sitio llamado Dee's Wood Fired Pizza Kitchen. Llevaban sirviendo en Forest Hills desde 1993 y están consideradas una de las mejores pizzerías de Queens.

Brian rara vez cocinaba y normalmente compraba la cena en algún sitio. Siempre bromeaba diciendo que su madre era una pésima cocinera, lo que me hacía reír porque yo no era mejor. Cenamos nuestras pizzas mientras veíamos algo de televisión y luego nos dirigimos a la cama, pero esta noche era diferente.

Me lavé los dientes y me puse mi pijama mientras Brian se duchaba y después me conto que ya nos había apuntado a los dos al triatlón de Harriman en otoño y que también había comprado los boletos de avión para Chicago. Y que empezaríamos nuestras clases de natación este miércoles después del trabajo en el centro de la ciudad con un entrenador de natación.

¡No estaba segura de sí estaba soñando o qué! Le di un abrazo súper fuerte y empezamos a besarnos muy apasionadamente y el momento se convirtió en la experiencia más íntima de mi vida. Aunque Brian era un tipo muy atractivo, me había enamorado de su corazón, su compasión y su generosidad.

Yo no le pedía nada y, sin embargo, él me animó a convertirme en una instructora de fitness, me ayudó en mis eventos de trabajo y ahora me estaba ayudando a aprender a nadar y me inscribió en mi primer triatlón y a correr con él la maratón de Chicago, entre otros gestos increíblemente detallistas. Aquella noche fue una noche que nunca olvidaría. Por primera vez en mi vida, dormiría sin ropa y abrazada a él durante una noche que deseé que no acabara nunca.

A la mañana siguiente no teníamos que dar clases en el campo de entrenamiento, así que pudimos dormir un poco más. Me desperté con un delicioso olor a desayuno y con Brian mirándome. "¡Buenos días, Raggie! ¿Estás cocinando?" pregunté incrédula. Brian esbozó una sonrisa de satisfacción y contestó: "Buenos días, Pretty Woman... ¡Sí! He pensado en prepararte café, huevos y tostadas antes de que vayamos a la ciudad". Brian sabía que "Pretty Woman" era una de mis películas favoritas y, por ese momento, me sentí especial. Era agradable sentir que alguien ponía ese tipo de esfuerzo.

Me duché, me cambié y me dispuse a desayunar. Me sentía resplandeciente desde dentro hacia fuera. No quería que esa sensación desapareciera nunca. El desayuno fue estupendo, pero lo mejor fue que lo preparó Brian. Brian me cogió de la mano mientras me llevaba al trabajo. Cuando llegamos a la oficina y abrió la puerta, me susurró al oído: "Que tengas un buen día, Scooby. Te recogeré más tarde. Te quiero". Yo no dudé en decirle: "Te quiero, Raggie".

Brian nunca sabría el impacto de lo que acababa de decirme. Era la primera vez en mi vida que alguien me decía "te quiero" y era la primera vez que yo también lo decía. Al crecer, nunca oí esas palabras de nadie de mi familia. No formaba parte de su vocabulario. A lo largo de mi vida, oía a la gente decírselo y me entristecía por dentro preguntándome si alguna vez lo oiría. En la iglesia, oía al pastor decir que "Dios nos ama" y encontraba consuelo en ello, pero hoy por fin me dijeron esas palabras y significaron el mundo para mí.

Hoy, para variar, no era la primera en la oficina y todas las personas con las que me cruzaba tenían que comentar de mi rostro resplandeciente y las flores de mi escritorio. Sí que me sentía resplandeciente, pero no por las razones que mucha gente pensaría. Por primera vez en mi vida, me sentí querida a través de los atentos detalles, el cuidado y las palabras. Pero entonces recordé las palabras de mi madre sobre los hombres: "El amor no dura. Cambiará. Todos lo hacen cuando se aburren".

A la hora de comer, mi resplandor se había convertido en ansiedad, así que salí a correr por los senderos de Central Park. Al final de mi carrera, miré al cielo y recé. Recordé haberle dicho a Brian lo importante que era la fe para mí y haberle preguntado por sus creencias.

Su padre, Danny, era judío y su madre, Pam, católica; sin embargo, él y su hermano se criaron en la religión del judaísmo, que era importante para su padre. Celebraban ambas fiestas y Brian practicaba más por respeto a su padre, pero no era un verdadero creyente de nada. Me dijo que respetaba mi religión y mis creencias.

Brian me recogió en la oficina, compramos sushi para cenar y pasamos otra hermosa velada. La semana pasaba rápido y pronto nuestro breve tiempo de convivencia llegaría a su fin. Brian y yo nos llevábamos muy bien porque parecía que nos gustaban muchas de las mismas cosas. A los dos no se nos daba bien cocinar y nos gustaba comer fuera, nos encantaba ver películas y hacer ejercicio. Sin embargo, más adelante aprendería que todas esas cualidades eran buenas, pero no la esencia de una relación duradera.

Después del trabajo, cogí el tren hasta el centro de la ciudad y quedé con Brian en un edificio de apartamentos de aspecto caro. Nuestra clase de natación sería en una piscina cubierta en la azotea. El instructor, Nicholas, que era originario de Grecia, se reunió con nosotros delante, nos llevó arriba y nos enseñó el vestuario. Brian me dio un beso en los labios y fuimos a nuestros vestuarios separados para cambiarnos. Mientras me ponía el bañador, sentí que me temblaban las piernas. Brian sabía nadar y no le tenía ningún miedo al agua, pero nunca había competido en un triatlón y quería mejorar sus técnicas de natación.

Nicholas ya nos estaba esperando en la piscina y nos hizo sentar en el borde de la misma y nos estuvo preguntando por nuestra experiencia en natación. Le dije: "Tengo cero experiencias nadando. Casi me ahogo de niña y desarrollé miedo al agua a raíz del incidente, así que, por favor, tenga paciencia conmigo". Asintió y dijo: "Vale, gracias. Déjeme ver lo que tiene. Por favor, poneos las gafas los dos y nadad hasta el otro extremo de la piscina".

Brian fue primero y me impresionó. Necesitaba algo de trabajo para aprender a inspirar después de cada 2-3 brazadas y mejorar la eficacia de sus brazadas, pero sin duda estaba a un nivel diferente del mío. Respiré hondo e intenté nadar, pero en cuanto metí la cara en el agua, empecé a hiperventilar. Nunca había experimentado ese tipo de ansiedad. Odiaba repetir que mi padre me había tirado al agua cuando era niña y me había desmayado en el agua. "Vale, vale, no te preocupes querida Patricia, por favor, cógeme de la mano y obsérvame primero e intenta hacer lo mismo. Podemos hacerlo juntos", dijo Nicolás. Se sumergió completamente bajo el agua y sopló burbujas durante unos segundos y volvió a salir varias veces.

Cuando llegó mi turno, empezó la hiperventilación y el llanto. Brian se acercó y me cogió la mano y Nicholas me cogió la otra. A la cuenta de 3, los tres bajábamos a soplar burbujas durante 5 segundos y volvíamos a subir. Hicimos eso durante una hora entera hasta que fui capaz de hacerlo sola y, al final de la hora, era capaz de soplar burbujas bajo el agua sin llorar ni hiperventilar durante 10 segundos. Después de volver a ponernos la ropa, Nicholas nos programó por separado en días distintos ya que claramente teníamos necesidades diferentes.

"Estoy orgulloso de ti Scooby. Hace falta mucho valor para meterse en el agua después de lo que pasaste de niña", dijo Brian. Me sentí avergonzado y dije: "¡Lo siento mucho, Raggie! No tenía ni idea de que reaccionaría así. Nunca había hiperventilado ni me había sentido así. Gracias por ayudarme a calmarme y por enseñarme a soplar burbujas". Lo de soplar burbujas se convertiría en algo que hacía cada vez que me metía en el agua pasara lo que pasara. Me ayudaría a prepararme mental y físicamente antes de cualquier chapuzón.

Mientras conducíamos hacia Queens, me di cuenta de que mañana sería nuestro último día juntos, ya que ahora mi hermana se mudaría el viernes después del trabajo. "Hola Raggie, sólo quería agradecerte de nuevo que me hayas dejado quedarme contigo todos estos días. ¡Me has salvado la espalda de dormir en la oficina! ¡Jajaja! De hecho, mi hermana se muda este viernes después del trabajo en lugar del sábado, así que quiero estar allí y ayudarla", le dije. Brian respondió tranquilamente: "¿Ah, ¿sí? Bueno, ha sido un placer y no hay ninguna prisa. Para cualquier cosa que necesites, estoy a tu disposición. Puedo ayudarte si lo necesitas, sólo dímelo Scooby".

No estaba segura de sí estaba cegada por el amor que sentía por él, pero no podía encontrar ningún fallo en Brian. Me acostumbré a dormir, comer y hacer ejercicio juntos y me sentí increíblemente unida a él, así que cuando llegó el viernes, me sentí muy triste hasta el punto de llorar cuando me dejó en el trabajo con todas mis cosas. "¿Estás bien Scooby?" me preguntó Brian cuando me noté notablemente callada en el trayecto. "¿No estás un poco triste Raggie de que ya no me quede contigo?" le pregunté. Cuando Brian quería tranquilizarme con algo, me agarraba las manos en señal de su sinceridad.

Así que eso fue lo que hizo y me dijo: "Sé que has pasado por mucho y sólo quiero que hagas lo que creas que es mejor. No me voy a ninguna parte y no estoy triste porque estaremos juntos y puedes pasar la noche en mi casa cuando quieras". Nos dimos un beso de despedida y llevé mi bolsa de lona a la oficina.

Ese día, sentí que mis inseguridades y demonios estaban siempre presentes, acechándome. Brian había tenido una infancia sana y era querido por toda su familia, así que su reacción era normal. Yo, en cambio, no entendía en ese momento por qué me sentía abandonada y triste. Me sentí aún peor cuando me llamó a la hora de comer y me dijo que iba a pasar el fin de semana con sus amigos jugando al baloncesto y que iban a salir a tomar algo por la noche. Mi corazón se sentía completamente roto, así que llamé urgentemente al padre Joe. Me dijo que tenía que calmarme y confiar en Brian. Me repitió varias veces: "Deja ir, deja a Dios".

Esa sería una frase que recordaría y me diría a lo largo de mi vida cuando las cosas estuvieran fuera de mi control y tuviera que confiar en mi poder superior. Ese viernes ayudé a mi hermana a mudarse y dormí en el sofá. No me sentía nada bien con aquello, pero tendría que aguantar hasta que encontrara mi propio sitio.

Cuando por fin volví a ver a Brian ese lunes para el Bootcamp, le confié lo destrozada que estaba de saber que había salido con sus amigos y mi miedo a que me fuera infiel. Una vez más, me agarró la mano y me dijo: "Scooby, te quiero. No voy a hacer nada para perderte. Siento que te sintieras así por haber salido con mis amigos. Mis amigos son importantes y me encanta jugar al baloncesto, pero entiendo lo de beber en un bar. Intentaré evitar lugares así a partir de ahora. Este fin de semana tenemos cena y Scrabble con mis padres, mi hermano y su novia, ¿vale? "

Nunca tuve ningún problema con que pasara tiempo con sus amigos, era el bar y la bebida lo que me incomodaba. Sabía que tenía razón en su mayor parte y me sentía tonta por decirle lo que sentía, pero esa inseguridad persistente no quería abandonarme. Miré al cielo y asentí con la cabeza: "Confío en ti Brian y estoy deseando reunirme con tu familia este fin de semana", le dije y luego le di un beso de despedida.

Hasta el momento presente en que escribo este libro, nunca he ido a bailar a ningún club y salir de copas con amistades, era algo que nunca hacía ni era mi deseo hacerlo. A veces me sentía como si fuera un extraterrestre y no fuera de este mundo, pero llegué a darme cuenta de que ésa es la norma y la forma en que la gente pasa el tiempo socializando.

A mitad de semana, después del trabajo, fui a mi clase de natación con Nicholas. Me cambié, me estiré y me metí lentamente en la piscina que estaba a una temperatura ambiente perfecta. Nicholas se acercó, me cogió de las manos y me dijo: "Vale Patrizia, ya sabes lo que tienes que hacer... Esta vez estaré contigo, pero harás esta parte tú sola cada vez antes de empezar tus ejercicios de natación o cualquier actividad en el agua. Recuerda, esta es tu oportunidad para relajarte y prepararte mentalmente para el agua". Uno, dos, tres... y abajo fui a soplar burbujas. En la primera ronda, salí jadeando después de 3 segundos e hiperventilando un poco, pero volví a bajar y mejoró mucho después de la 5ª ronda. Hice esto durante unas 10 rondas. Después Nicholas me dio una tabla de natación e hice ejercicios de patadas arriba y abajo en la piscina durante otras 10 rondas. Este día también utilicé aletas y palas de natación. Estaba agotada después de esta lección, pero feliz. Siempre que estaba así de cansada, me sentía realizada y como si me hubiera ganado el derecho a un sueño reparador.

Me encantaba pasar tiempo con mi hermana y mi sobrina, pero también echaba de menos mi intimidad y mi tiempo a solas. Estaba tan acostumbrada a ser independiente y a tener mi espacio para volver a casa después de un largo día, pero intenté sacar lo mejor de la situación ya que sería temporal. Cuando llegué al apartamento de mi hermana, me preparó la cena, lo que fue estupendo. Tener una comida casera me calentó el alma de muchas maneras. Era uno de los buenos recuerdos que tenía de mi madre.

Al crecer, se nos consideraba justo por debajo de la clase media. Rara vez comíamos fuera y mi madre era una gran cocinera cuando no se trataba de la temida sopa. Mi hermana aprendió de la mejor y nunca le decía que no a nada de lo que cocinaba. Mientras cenábamos, hablamos de mis próximas pruebas de triatlón y maratón de Chicago. Mi hermana mencionó casualmente que quería estar más sana y perder algunos kilos.

Antes incluso de que terminara sus pensamientos, la interrumpí y le dije: "Tienes que tener un objetivo y utilizarlo como incentivo para levantarte de la cama y hacer ejercicio. Puedo ayudarte a ponerte en forma e incluso puedes venir a mi clase de boot camp y podemos correr juntas durante la hora de almuerzo si quieres".

Mi hermana pudo ver lo emocionada que estaba y me preguntó: "¿Qué tipo de incentivo? ¿Como un evento o algo así?" Mis ojos brillaron, sonreí y respondí: "¿Qué tal el maratón de Nueva York? Como eres personal, aún puedes apuntarte y es el momento perfecto para empezar a entrenar". Mi hermana es un par de centímetros más baja que yo y pesaba unos 20 kilos por encima de lo que idealmente debería pesar, pero lo más importante era que yo quería que viviera una experiencia más que especial que le cambiara la vida como me la cambió a mí.

Estuvo de acuerdo y me permitiría ayudarla a entrenar y guiarla durante las siguientes 16 semanas. Pondría todos mis conocimientos y experiencia como corredora, instructora y atleta. Mi plan consistía en que ella entrenara en clase de boot camp 1-2 veces por semana, corriera a la hora de comer 2 veces por semana y realizara sus carreras largas los fines de semana. Brian llamó antes de irme a dormir y pude compartir los detalles sobre mi clase de natación y las noticias sobre mi hermana. Se alegró por nosotros y accedió a recogernos para ir al campo de entrenamiento a la mañana siguiente. Le echaba de menos y estaba deseando verle.

La alarma sonó a las 4:15 de la mañana, pero yo ya estaba levantada y preparándome. La alarma era más bien para mi hermana, que no estaba acostumbrada a levantarse tan temprano. Mientras preparaba una taza de café esperando a mi hermana, recordé lo mucho que les rogaba a mis hermanas que corrieran conmigo cuando éramos más jóvenes. Me ofrecí a hacerles las tareas e incluso a darles parte de mi pequeño sueldo. Cualquier cosa con tal de no correr sola por las oscuras y solitarias calles, pero por mucho que rogara, nunca nadie corría conmigo.

Media hora más tarde, Brian tocó el claxon para avisarnos de que nos estaba esperando. Corrí hacia el coche mientras mi hermana dejaba a mi sobrina en el apartamento de la vecina. Resolvimos esa parte durante el fin de semana. La vecina también era madre soltera y trabajaba por las tardes, así que se llevó bien con mi hermana casi de inmediato. Intercambiarían favores así constantemente durante los años siguientes.

Cuando vi a Brian, ¡le di el abrazo más fuerte! Sentí como si no le hubiera visto en años. "¡También me alegro de verte Scooby! ¿Estás bien?" dijo mientras me devolvía el abrazo con fuerza. Mis ojos lagrimearon involuntariamente, asentí con la cabeza y le contesté: "Te he extrañado mucho, Raggie, eso es todo".

Entonces, mi hermana subió al coche y nos fuimos. A Brian le caían bien mi hermana y mi sobrina y la admiraba por todo lo que hacía como madre soltera, pero eso no le impedía burlarse de ella. Se trataban como hermanos y se molestaban mutuamente en cualquier oportunidad que tenían.

Hoy me tocaba a mí dar clase y empezamos con un calentamiento de 3 km hasta otro lugar asombroso de Central Park llamado el Obelisco o la Aguja de Cleopatra. El Obelisco fue creado alrededor del año 1425 a.c. en Heliópolis, Egipto. Se encuentra en una colina rocosa conocida como Greywacke Knoll, frente al Museo Metropolitano de Arte. Central Park es la tercera ubicación de este monolito de 220 toneladas, una sola pieza de piedra tallada en granito. En la década de 1870, el gobierno egipcio regaló un obelisco a Inglaterra y el segundo a Estados Unidos. Se instaló en Central Park en enero de 1881.

Después de nuestro calentamiento de 3 km, hice que la clase realizara una serie de estiramientos dinámicos y luego pasamos directamente a nuestros ejercicios que incluían 3 rondas de 10 ejercicios pliométricos y calisténicos diferentes que iban desde saltos de escalera, saltos de estrella, flexiones, fondos, gateos de oso, porteos de compañero, sentadillas y planchas. Terminamos la clase con otra corrida de 3 km por los senderos seguido de estiramientos estáticos. Fue un verdadero ejercicio cardiovascular y de todo el cuerpo y, a juzgar por sus caras tranquilas y sudorosas, mi misión para hoy estaba cumplida.

"¡Guau! ¡Qué clase! ¡Ya estoy dolorida!" dijo mi hermana. Me eché a reír de cómo pronunciaba cada palabra de esa afirmación. Brian también se rió y estuvo de acuerdo con ella. "¡Bien! Eso significa que estoy haciendo mi trabajo. Necesito que traigas tu trasero aquí todas las semanas al menos una o dos veces para prepararte para tu maratón", le contesté. Brian se ofreció a llevarla a la parada de tren más rápida para que pudiera ir a casa a dar de comer a mi sobrina, ducharse, dejar a mi sobrina en la guardería y ponerse a trabajar.

Platoon Fitness se había convertido en algo más que una clase de bootcamp. El programa de Nueva York contaba con unos 80 miembros. La mitad de esos miembros eran asiduos que asistían a todas las clases lloviera o hiciera sol. Pasé de ser alumna a convertirme en instructora y también me permitió crecer como persona en muchos sentidos. Sentí mucha gratitud mientras hacía mi propia carrera antes del trabajo. Mientras corría en el sendero, también pensaba en mi madre. Pensaba en ella a menudo.

Ahora que se acercaba el fin de semana, le dije a mi hermana que tenía planes de fin de semana con Brian y que no estaba segura de sí dormiría en su apartamento. Mi hermana aprovechaba los fines de semana para pasar tiempo de calidad con mi sobrina, hacer sus tareas domésticas, visitar a mi madre y hacer sus carreras largas, así que me alegré de no estorbar. Dormí en casa de Brian de viernes a domingo.

El sábado, nos llevó en coche a un parque de Nueva Jersey llamado Wawayanda State Park que tiene más de 60 millas de senderos y unas 20 de esas millas son un tramo del popular Sendero de los Apalaches. Corrimos 16 millas por los preciosos senderos. Después nos dimos un chapuzón en el lago y nos tumbamos en la arena para echar una siesta muy necesaria. Estábamos hambrientos y, en el camino, de vuelta, nos detuvimos en Cheesecake Factory para cenar. No se me ocurría un día más perfecto que éste y volví a preguntarme si algún día cambiaría.

Al día siguiente, el domingo, tomamos juntos una clase de yoga caliente y Brian sufrió mucho, pero los estiramientos profundos era exactamente lo que necesitaba para sus doloridas rodillas. De adolescente, se había roto el menisco jugando al baloncesto y tenía algunas otras lesiones que a veces reaparecían como molestos dolores. Podía ver sus molestias, pero por alguna razón, no me expresaba ninguna de ellas. En el trayecto de vuelta a su casa, nos vimos atrapados en un tráfico increíble debido a un accidente de tráfico. Fue la primera vez que vi a Brian rechinar los dientes y me asusté. "¿Estás bien, Raggie?" le pregunté. "Realmente odio este tráfico y me molesta la rodilla, así que lo siento si parezco molesto Scooby", respondió.

Esta era una nueva faceta de Brian que nunca antes había experimentado y no estaba segura de qué hacer. Me paralicé y me quedé notablemente callada. Quería darle espacio, pero habíamos quedado con su familia en un par de horas y necesitábamos prepararnos, así que dejar que me dejara en casa de mi hermana no era una gran opción. En un momento dado, pude ver cómo se le abultaban las venas del lateral del cuello cuando el tráfico no se movía, pero de repente se abrió y respiré aliviada. Necesitaba hablar con el padre Joe sobre esto.

Volvimos a su casa con sólo una hora para prepararnos, pero sabía que tenía que decir algo. "Oye Raggie, sé que el tráfico fue estresante para ti y que te duele la rodilla, así que no me importa si quieres reprogramar la cena y la visita con tu familia. Siempre puedo ir a casa con mi hermana y darte algo de espacio para respirar", le dije. Brian parecía serio y contestó: "Te quiero, Patricia. Siento haberme enfadado. Es algo en lo que tengo que trabajar, pero ahora estoy bien y me encantaría que lo olvidáramos y fuéramos a cenar con mi familia", Asentí y fui a ducharme y a prepararme rápidamente.

Por suerte, no había tráfico para llegar a casa de sus padres. Me alegró volver a ver a Pam y le di un fuerte abrazo cuando la vi. Jason, el hermano de Brian, ya estaba allí con su novia Jessica. Al parecer, la relación con ella iba por el lado serio ya que rara vez traía a alguna de sus novias a casa para conocer a sus padres. Jessica era una joven alta y delgada de unos 20 años con el pelo rubio sucio que se había graduado recientemente en la universidad. Sus padres se considerarían de clase alta ya que su padre era ejecutivo en una conocida empresa de juguetes, así que, por supuesto, su educación estaba totalmente financiada por sus padres. Sin embargo, eso no era lo que me resultaba molesto de ella.

Aunque Jessica se había graduado de la universidad, no tenía ni idea de lo que quería hacer y estaba pensando en ampliar sus estudios para obtener un máster en enseñanza, pero se tomaría un descanso mientras se decidía. No tenía empleo y vivía en casa de sus padres. Hablaba con un aire de derecho y toda su actitud me desagradaba, pero hice todo lo que pude para no mostrar lo que sentía por ella.

Asistir a la universidad y que tus padres te la pagaran era un privilegio en mis ojos y tanta gente como ella no lo agradecía de verdad. Eso me molestaba y era algo que me costaría comprender y aceptar en general de la gente.

Danny había pedido comida persa para todos nosotros. Ayudé a Pam y a Danny a sacar los platos y las tazas y ayudé a poner la mesa. No sabía cuánto me iba a gustar la comida persa. Probé el Kebab Koobideh que era carne picada, así como al arroz mientras Jessica jugaba con el arroz de su plato. Disfruté mucho probando esta nueva comida. Nos sentamos a hablar durante una hora y luego Pam quiso que todos jugáramos al Scrabble. Seríamos Pam, Brian, yo y Jason y Jessica que jugarían en equipo.

Jugamos 3 rondas y estaba yendo bien hasta que yo estaba ganando la última ronda y Jason se estaba enfadando. Era muy competitivo con Brian, pero yo no estaba segura de por qué se enfadaba porque yo estaba ganando una tonta partida de Scrabble. Noté la tensión en la cara de Jason mientras Brian les contaba a sus padres nuestros planes de correr juntos la maratón de Chicago y cómo nos estábamos entrenando para nuestro primer triatlón y de lo bien que nos iba dando clases para Platoon Fitness. Yo era demasiado ingenua entonces para darme cuenta de que su propio hermano estaba celoso, pero era la triste realidad.

También me daría cuenta de que Brian daría su vida por defender a su hermano, a su padre y a su familia antes que a nada ni a nadie y que no podían hacer nada malo, aunque lo hicieran. Intenté asimilar lo bueno y en el viaje de vuelta le pedí a Brian que me dejara en casa de mi hermana, lo que hizo que Brian se preocupara. Me dijo: "Lo que quieras Scooby, pero ¿está todo bien? Pensé que podrías pasar la noche en mi casa para que dieras clases mañana". No me hizo ninguna gracia tener que mentir, pero sentí que no tenía elección y contesté: "Gracias Raggie, pero olvidé que tengo una reunión temprano para la que tengo que prepararme. No pude terminar mi trabajo el viernes y tengo que estar en la oficina muy temprano, así que siento haberme acordado. Puedo dar clase el miércoles en su lugar si te parece bien".

Sólo quería relajarme y dormir todo el día, así que eso fue lo que hice. Al día siguiente, corrí con mi hermana a la hora del almuerzo y le conté todo sobre Jason, Jessica y todas las tonterías del día anterior con su furia al volante.

Ella pensó que debía hablar con Brian y contarle lo que pensaba, pero yo decidiría después de mi sesión con el padre Joe más tarde ese mismo día. El padre Joe no le daría demasiada importancia a lo que le contara. Pensó que estaba exagerando y que debía calmarme y conceder a Brian y a su familia el beneficio de la duda, aunque también fue él quien me dijo que confiara siempre en los instintos que Dios me había dado.

A pesar de los desafíos, las semanas y los meses fueron pasando y Brian y yo nos fuimos acercando. Me quedaba en su casa la mitad de la semana y la otra mitad en casa de mi hermana y entonces, un día después de clase, me dijo: "Scooby, quiero encontrar un sitio para que tú y yo vivamos juntos. Prácticamente ya lo hacemos de todas formas, así que creo que deberíamos irnos a vivir juntos oficialmente en cuanto encontremos un sitio bonito en Forest Hills. ¿Qué te parece?" No sabía qué pensar. Me quedé sin palabras. Sin embargo, él tenía razón y pasábamos mucho tiempo juntos, así que tendría sentido. Era un acto de fe que tenía que dar, así que respiré profundo y dije: "¡Hagámoslo, Raggie! Creo que hacemos un gran equipo, así que mudarnos juntos tiene sentido". Me agarró y me abrazó muy fuerte.

Los dos estábamos orientados a las tareas, así que ese fin de semana nos pusimos manos a la obra para encontrar un apartamento de inmediato. Debimos de ir a más de una docena de jornadas de puertas abiertas, pero encontramos un apartamento cooperativo en Forest Hills que nos gustó mucho a los dos. Estaba a sólo una cuadra de su apartamento actual, por lo que el vecindario era exactamente dónde nos sentíamos más cómodos y presentamos una oferta. Brian tuvo que pasar por una exhaustiva aprobación de la junta y los bancos, pero al cabo de un mes nos aceptaron y planeábamos mudarnos poco después.

El fin de semana anterior al que planeábamos mudarnos juntos, nos preparábamos para participar en nuestro primer triatlón. No me había perdido ni una sesión de natación en los últimos 3 meses, mi carrera y mi bicicleta eran todo lo buenas que podían ser, así que no estaba segura de por qué me sentía tan nerviosa. Nos despertamos a las 4 de la mañana y a las 4:45 ya estábamos en el coche con el equipo y las bicicletas. Harriman estaba a 75 minutos en coche y la salida era a las 7 de la mañana, así que nos daría el tiempo justo para recoger los numeros y montar las bicicletas en la zona de transición.

"¿Estás nervioso Raggie?" le pregunté porque no lo notaba. Aunque Brian era un alma genuinamente amable, a veces me costaba leer sus emociones. Él no tenía ningún problema nadando, montando en bici o corriendo, así que supongo que realmente no tenía nada por lo que estar nervioso y yo sólo estaba proyectando mis sentimientos en él. "No Scooby... sin embargo estoy emocionada por los dos. Eres una de las personas más fuertes que conozco, así que estarás bien", me respondió mientras nos dirigíamos al lugar de inscripción.

La ola masculina saldría primero y la femenina 15 minutos después. Calentamos y Brian se dirigió al lago Sebago con el resto de los hombres. Perdí de vista a Brian en el mar de gorros de natación y entonces sonó la pistola. Hubo un chapoteo furioso por todas partes mientras se abrían paso alrededor de las grandes boyas naranjas para completar la parte de natación de 800 metros que tenía un tiempo límite de 30 minutos. Animé a Brian cuando salió del lago y entró en el centro de transición para la parte de la bicicleta. Parecía tan fresco como un pepino mientras mi corazón estaba a punto de salirse del pecho cuando me dirigía al agua.

Entré en el lago y en ese momento me pareció una buena idea estar justo en el centro. Sin embargo, por primera vez en mi vida, sentí una intensa presión en el pecho y entonces ¡se disparó el arma! No tuve tiempo de soplar ninguna burbuja para calmarme y metí la cara en el agua oscura donde ni siquiera podía ver mis manos ni el fondo del lago. Los codos chocaban contra mí y las manos se agarraban a mis pies. Volví a levantar la cabeza y no podía respirar. Boqueaba en busca de aire y poco sabía que estaba experimentando un ataque de pánico por primera vez.

Un joven socorrista en un kayak se dirigió hacia mí y me gritó: "¿Estás bien? ¿Necesitas que te rescaten?" Me agarré momentáneamente al lateral del kayak para recuperar el aliento y dije: "No, estoy bien. Lo siento... es mi primer triatlón" Pude ver la expresión de preocupación en la cara del socorrista, pero entonces me dijo: "Si estás bien tienes que soltar el kayak y empezar a nadar antes de que te descalifiquen y recuerda que tienes que salir del agua en menos de 30 minutos".

Eso era todo lo que necesitaba oír, lo que encendió un fuego bajo mi trasero para ponerme en marcha. Solté el kayak y me puse de espaldas y empecé a nadar usando la brazada de espalda y alternando con una brazada lateral, el remo de perrito y nuevas brazadas que inventé por el camino siempre que mi cara no estuviera en el agua.

No poder ver lo que había debajo de mí me asustaba, pero el miedo al fracaso era aún mayor. Salí del agua en último lugar en 29:30 con 30 segundos de sobra y corrí a la zona de transición para prepararme para la parte de la bicicleta.

Sentía que me temblaban las piernas mientras me ponía los calcetines y las zapatillas de ciclismo. Me até el casco y salté a la bicicleta con la misión de recuperar tiempo. Ser la última mujer en salir del agua me impulsó a darle a los pedales y darlo todo. Adelanté a más de la mitad del pelotón femenino en las empinadas cuestas. Sentía las piernas pesadas después de las 12 millas de bicicleta mientras corría hacia la zona de transición para dejar la bici, cambiarme de calzado y tomar agua antes de la parte final que sería una carrera de 5k.

Sentía como si mis tobillos tuvieran pesas mientras corría rápidamente fuera del área de transición, pero entonces vi que muchos atletas tenían la misma zancada pesada. Algunos incluso cojeaban y otros caminaban. No era la única que se sentía ahumada, así que sólo tenía que seguir adelante. Apreté el ritmo e intenté dejar de lado todo lo que sentía. Mi respiración estaba bien, pero eran mis músculos, articulaciones y espalda los que temía que entraran en espasmo.

"¡Vamos Scoob! ¡Termina fuerte!" oí mientras me acercaba a la línea de meta. Brian me levantó y me abrazó mientras cruzaba la línea de meta de mi primer triatlón. "¡Enhorabuena Scooby!" dijo Brian. "¡Tú también Raggie! ¡Felicidades! ¡Te veías tan bien saliendo del agua!" le contesté. Terminé entre las 5 primeras mujeres de mi división de edad y entre las 25 primeras de la general.

Teniendo en cuenta que casi me descalifican, salí la última del agua y tuve un ataque de pánico, estaba muy agradecida por haber completado este triatlón y no estar paralizada por el miedo. Este triatlón fue simbólico en muchos sentidos. Me di cuenta de que, si no afronto mis miedos, nunca viviré mis sueños. Al igual que mi pasado, sería un proceso y tenía que seguir con ello hasta que el miedo no fuera tan fuerte.

Llegaría a completar más de dos docenas de triatlones a lo largo de mi vida, desde Sprint, Olímpicos y hasta un Medio Ironman. Actualmente, uno de mis objetivos sigue siendo completar un Ironman completo algún día.

Brian estaba contento y estuvimos un rato hablando de nuestra experiencia y luego fuimos a Cheesecake Factory para celebrarlo con una buena comida. Vi un folleto de una carrera de obstáculos por equipos llamada "The High Rock Challenge" en el condado de Staten Island dentro de unas semanas. "Oye Raggie, ¿por qué no nos apuntamos a esta carrera de obstáculos por equipos?" le pregunté mientras esperábamos nuestra comida. Y añadí: "Podemos inscribirnos en la división de equipos mixtos y llamarnos El Dream Team o algo así". Pude ver que Brian dudaba, pero respondió: "Podemos intentarlo Scoob, pero me duelen las rodillas y no quiero que te hagas ilusiones de ganar o quedar en la división mixta. Sólo quiero que nos divirtamos".

"¡SÍ! ¡Nos divertiremos, pero sé que también podemos hacerlo muy bien Raggie!" le dije. Lo que Brian no entendía era que empujar más allá de mi zona de confort era una necesidad y la necesidad de sentirme limpia mientras superaba los miedos. Esperaba que él sintiera lo mismo y que pudiéramos seguir experimentando estos eventos juntos. Pensé que el Desafío de High Rock sería también una gran y última puesta a punto antes del maratón de Chicago.

Mientras el camarero nos traía nuestro pollo teriyaki sobre arroz blanco al vapor, se me pasó por la cabeza que, a estas alturas, la semana que viene, estaremos viviendo juntos y eso me impulsó a preguntarle: "Raggie, ¿estás nervioso por la semana que viene, cuando nos mudemos juntos?" Brian no lo dudó y dijo: "No Scoob... Hasta ahora, nos llevamos muy bien y nos gustan muchas de las mismas cosas y hemos sido capaces de superar desacuerdos tontos, así que tenemos que dar el siguiente paso y ver cómo nos va".

Me hubiera gustado que estuviera así de tranquilo cuando se trató de la situación de la furia al volante, pero tuve que asimilar lo bueno con lo malo y le di la razón. Había decidido ausentarme ese viernes del trabajo para adelantar la mudanza mientras Brian estaba en la oficina. Mi hermana me apoyó en mi mudanza con Brian. Lloré en silencio mientras empaquetaba mis pequeñas pertenencias de su apartamento y luego cogí un taxi hasta el nuevo apartamento con todas mis pertenencias.

El nuevo lugar en Forest Hills era un luminoso y espacioso apartamento de 2 dormitorios con una cocina con suelo de mármol, el salón y el baño tenían suelos de madera en la 3ª planta de un complejo de edificios de antes de la guerra de 6 plantas. Sería el lugar más bonito en el que había vivido nunca. Me puse manos a la obra enseguida y empecé a quitar el polvo, barrer y limpiar todo el apartamento.

Brian envió a uno de sus trabajadores del almacén llamado Sam, que era un hombre corpulento afroamericano de mediana edad con una larga barba blanca al que consideraba uno de sus mejores y más fuertes empleados. A Sam no le gustaban las conversaciones. Sólo quería hacer el trabajo. Como el antiguo apartamento de Brian estaba a sólo una cuadra de distancia, cargamos todas las cajas en una plataforma rodante y carretillas de mano y lo llevamos todo sobre ruedas. Nos llevó toda la mañana completar la mudanza.

Luego nos entregaron el nuevo sofá y la mesa del comedor mientras Sam montaba los muebles del dormitorio. Todo estaba en su sitio cuando Brian llegó a casa sobre las 6:30 p.m. "¡Vaya Scoob! ¡No me puedo creer que hayáis hecho todo esto hoy! No tengo nada que hacer excepto llevarte a cenar a Dee's". Estaba agotada, pero quería que todo fuera exactamente así. Me di una ducha rápida en nuestro nuevo apartamento y nos dirigimos a Dee's.

Los dueños de Dee's conocían a Brian no sólo porque era cliente habitual, sino porque pedía siempre lo mismo, que era una pizza grande de queso con hummus, y yo pedí la ensalada de pollo a la parrilla tricolor con hummus. Nuestra primera noche y semana en el nuevo apartamento no pudieron ser más perfectas. Su familia y sus amigos bromeaban a menudo diciendo que estábamos "atados de pies y manos" pero yo no veía nada malo en ello. Entrenábamos juntos, trabajábamos juntos para Platoon Fitness y vivíamos juntos. Brian era mi mejor amigo, amante y compañero. Rezaba a diario para que él tampoco se cansara.

Un día, después del trabajo, llegué a casa y me encontré con una entrega de cajas. Las cajas contenían zapatillas de trail, pantalones de correr, chaquetas, gorros y todos estos maravillosos accesorios de mi talla y en todos mis colores favoritos. "¡Raggie! ¡Dios mío! ¡Gracias! ¿Es nuestro aniversario o algo así? ¿Cuál es la ocasión especial?" pregunté. Brian esbozó una sonrisa divertida y contestó: "Me encantan las ofertas y mi tienda online favorita, Sierra Trading Post tenía una gran venta de almacén para la próxima festividad del Labaor Day (Día del Trabajador). Sé que necesitabas algo de equipo y vi una gran oferta en tus tallas así que te las compré".

Estos actos desinteresados son los que hicieron que me enamorara profundamente de Brian. Yo no tenía ninguna marca cara ni ropa de calidad, así que lo apreciaba mucho. Al crecer en casa, todo era muy caro para que mi madre nos lo comprara a los 4, así que normalmente me quedaba con la ropa de mi hermana mayor que se le había quedado pequeña o nos poníamos los zapatos hasta que tenían huecos visibles. No recordaba que nadie en mi vida me hubiera comprado ropa y zapatos aparte de mi madre y yo, así que fue un momento emotivo para mí que sabía que Brian no entendería.

Me devolví al momento presente y abracé a Brian con fuerza tratando de expresarle mi gratitud. Todo el equipo me vendría muy bien ya que pasábamos mucho tiempo al aire libre y pronto sería el momento de participar en la carrera de obstáculos High Rock Challenge Trail Obstacle Race y pronto en el maratón de Chicago.

Sabía que estrenar zapatillas para una competición no era la mejor idea, pero estaba tan contenta por mis regalos que me arriesgué. ¡Tenía que llevar mis nuevas zapatillas de trail para nuestra primera competición en equipo juntos! "¡Buenos días, Raggie! Te he traído un zumo para desayunar y te he empaquetado ropa extra y sandalias para después de la carrera", le dije mientras se dirigía al baño. Brian era la primera persona de la que había oído decir que no le gustaba el café ni las bebidas calientes. En los estresantes momentos de ser madre primeriza, Pam no le calentó la leche cuando era un bebé, así que nunca se acostumbró ni le gustaron las bebidas calientes.

Era una historia clásica de Pam que me hacía reír a menudo. A Brian le gustaban los batidos y las bebidas proteínicas por la mañana para desayunar en lugar del café. Sorbía su jugo de Naked Juice en el coche mientras nos dirigíamos a Staten Island. El High Rock Challenge es una carrera de trail de 10 km con obstáculos y retos misteriosos que hay que completar en equipo de dos miembros. Vimos a muchos equipos haciendo estiramientos y calentamientos cuando llegamos a la zona de aparcamiento del camping.

"Equipo-Dream Team, Brian y Patricia, os tenemos... Número 119. Empezáis en 30 minutos", dijo Matthew, el director de carrera. Fijamos nuestros números y empezamos a calentar inmediatamente después. Los equipos mixtos eran los más grandes y competitivos, así que teníamos mucho trabajo por delante, pero tuve una buena sensación mientras nos alineábamos dando saltos para evitar empezar demasiado tiesos. Cuando empezó la cuenta atrás de 10 segundos, Brian me dio un beso en los labios y me dijo: "Vamos a divertirnos Scoob, te quiero", ¡y nos pusimos en marcha!

Yo quería esprintar, pero me di cuenta de que somos un equipo y teníamos que permanecer juntos, así que corrí justo al lado de Brian. "Toma la delantera Scoob y marca el ritmo. Yo te seguiré", gritó Brian. Asentí y marqué un ritmo ambiciosamente rápido justo antes de llegar a nuestro primer obstáculo que nos tenía en un kayak donde teníamos que remar a través de un lago antes de continuar nuestra carrera por los senderos. "¡Scoob, tú remas a la derecha y yo a la izquierda!" gritó Brian.

"¡Listo Raggie!" le grité. Oímos a los equipos enzarzarse en discusiones e incluso vimos a una pareja caerse de sus kayaks. Nos mantuvimos concentrados y seguimos avanzando tan duro como pudimos. Completamos más de una docena de obstáculos y cruzamos la línea de meta en menos de 90 minutos. Nos abrazamos y besamos eufóricos por haber terminado en una pieza y sonriendo en lugar de peleándonos como tantos.

Estábamos sucios, embarrados de mugre y sudados, pero felices. Nos sentamos en la hierba estirándonos y sonriendo mientras continuaban los vítores de apoyo a los equipos que cruzaban la línea de meta antes de la ceremonia de entrega de premios. "No creo que hayamos ganado nada Scoob, pero podemos quedarnos si realmente quieres", dijo Brian.

Creo que estuvimos impecables y que hicimos una carrera muy fuerte. Sabía en mi corazón que teníamos que haber quedado entre los 3 primeros de nuestra división. "Bueno, Raggie, me encantaría escuchar los tiempos de los ganadores para saber a qué aspirar el año que viene, si te parece bien", respondí.

El director de carrera cogió el micrófono y empezó a dar las gracias a los espectadores, patrocinadores y participantes antes de empezar a anunciar a los 3 primeros equipos de cada división, que primero sería Masculina, luego Femenina y, por último, Mixta. Cuando llegó a la división mixta (coed), apreté la mano de Brian y entonces oímos: "¡Los ganadores de la división Coed son el número 119, el Dream Team, Brian y Patricia!". ¡Salté como si acabara de oír los números ganadores de la lotería! "¡Te lo dije Raggie! ¡Lo conseguimos!" susurré al oído de Brian. Brian no esperaba en absoluto oír nuestros nombres, pero caminamos hasta la pequeña plataforma y recibimos nuestras medallas de primer puesto junto con chalecos de corredor bordados del evento para cada uno de nosotros.

Mi sonrisa no podía ser más grande. No había sentido esa sensación de satisfacción desde la última vez que había boxeado. Nuestro duro trabajo dio sus frutos y me sentí orgullosa de nosotros. Más tarde ese mismo día, habíamos quedado con sus padres para cenar temprano y ver una película. Jason y Jessica también iban a estar allí, así que nos saltamos echar una siesta en la hierba y comer, ya que apenas llegaríamos a tiempo.

En el viaje de vuelta, hablamos y nos reímos del evento. Uno de los retos era una carrera de 3 piernas de unos 500 metros en la que cada uno teníamos que tener una pierna atada al otro. Con Brian midiendo 1.80 m frente a mi estatura de 1.70 m, fue muy cómico.

Fue bueno llegar a nuestra pequeña casa y tomar una ducha en nuestro cuarto de baño. No quería que acabara este día. Era surrealista y deseaba poder acurrucarme en la cama. No me importaba ver a Pam, pero tenía sentimientos encontrados respecto a los demás. Me tumbé en la cama después de ducharme mientras Brian se duchaba y me preguntaba cómo estaría mi madre. Pensaba en ella todos los días de mi vida. A pesar de todo lo sucedido, ella me dio la vida y yo rezaba para que algún día volviera a verla. Sentí que una lágrima rodaba por un lado de mi cara y rápidamente salté de la cama y me vestí.

Eran casi las 4 de la tarde y teníamos tanta hambre que nos apresuramos a reunirnos con todos en la pizzería de Nick, que estaba a 10 minutos a pie para nosotros. La pizzería Nick's era otro restaurante favorito del vecindario conocido por su deliciosa pizza de masa fina, pero también servían otros platos y ensaladas. Todo el mundo estaba ya allí cuando llegamos y Danny nos hizo pasar. Brian y yo saludamos a todo el mundo con un beso y me dirigí a sentarme junto a Pam, que estaba preciosa como siempre.

Noté que algo era diferente en Pam. Estaba más encorvada y parecía muy cansada. "¡Hola Pam, te he extrañado! ¿Cómo estás?" le pregunté.

Pam me miró con sus grandes ojos, me apretó la mano y me dijo: "Yo también te he extrañado, cariño. ¡Es tan bueno verte! Haces feliz a mi Brian y eso me hace feliz a mí. Este maldito cáncer no quiere dejarme y me está haciendo pasar un infierno. Pero he vivido una buena vida". Le volví a apretar la mano y le susurré al oído: "Te quiero Pam. No te preocupes por nada".

Aparte de Brian, Pam era sólo la segunda persona a la que le había dicho "te quiero". Pude ver el dolor en sus ojos y deseé poder quitárselo. Brian se acercó y nos dio un fuerte abrazo a los dos y dijo bromeando: "¿De qué están hablando tan seriamente mis dos damas favoritas? " Admiraba a la familia de Brian por ser tan cariñosa. Se abrazaban y besaban constantemente. Recuerdo que el padre Joe me dijo que se supone que esa es la forma en que las familias sanas se tratan entre sí. Lamentablemente, mi familia era tóxica en todos los sentidos, pero nunca era demasiado tarde para aprender un camino diferente.

Entonces, Brian y yo retomamos la conversación sin querer. Pam y Danny querían saber cómo iba el nuevo apartamento, así que les pusimos al día y también les contamos nuestro debut en el triatlón y nuestra victoria en el High Rock Challenge. Normalmente me emociono demasiado cuando hablo de algo que me apasiona. Pam y Danny se reían histéricamente cuando les contamos lo de correr con las piernas atadas y lo de mi experiencia en el triatlón, lo que despertó la curiosidad de Jason, que dijo: "Creo que Jessica y yo podríamos hacerlo muy bien en esa prueba por equipos. Jessica es corredora, así que estudiaremos la posibilidad de inscribirnos el año que viene".

De alguna manera, no me sorprendió el comentario de Jason, pero tampoco sabía qué decir, así que me quedé callada. Terminamos de comer y caminamos unas cuadras hasta el teatro Midway, que lleva en Forest Hills desde 1942. Es un monumento muy apreciado entre los lugareños. Danny ya había comprado entradas para ver "La habitación del pánico" con la actriz Jodie Foster y el actor Forest Whitaker. Disfrutaba viendo todo tipo de películas, pero siempre apreciaba un buen visionado de dramas y miedo y esta película lo tenía todo.

Nos despedimos después de la película y Brian y yo nos fuimos andando a casa. "Oye Raggie, ¿Jason siempre es tan competitivo contigo?" le pregunté. La cara de Brian cambió. No estaba enfadado, pero me di cuenta de que le molestaba mi pregunta. No seguí con la pregunta y en su lugar dije: "No importa Raggie. Creo que no me expresé correctamente. Sólo me sorprendió oír a Jason decir que iba a participar en el concurso con Jessica el año que viene en vez de felicitarnos." La cara de Brian se relajó un poco y contestó: "No te preocupes por eso Scoob. Jason puede ser una cabeza hueca a veces, pero tiene buenas intenciones. El hecho de que incluso se interesara por la misma competición es un cumplido para nosotros". Aquélla sería una de las muchas veces que

Brian puso excusas por el comportamiento de su hermano. Cometí el error de intentar olvidarlo. Las cosas así no desaparecen sin más.

A medida que nos acercábamos al apartamento, la brisa se sentía diferente. El verano se había convertido en otoño y lo siguiente era el maratón de Chicago en unas semanas y quería centrarme en estar preparada para ello. Iba a marcarle el ritmo a Brian para que rompiera las 4 horas, así que se trataba de ayudarle a cumplir su objetivo.

Unas semanas después del maratón de Chicago, mi hermana correría su primer maratón. Su entrenamiento había sido todo un reto, pero yo sabía que iba a superarlo y ¡me moría de ganas de verla cruzar la línea de meta!

Nos tomamos un día libre en nuestros trabajos y partimos hacia Chicago un viernes por la mañana. Era nuestro primer viaje juntos y yo estaba deseando vivir esta nueva experiencia y visitar una nueva ciudad. Sin embargo, me preocupaba lo apegada que estaba con Brian. Simplemente formaba parte de mi personalidad. Llegamos a Chicago casi a la hora de almorzar y fuimos directamente al centro de exposiciones para recoger nuestros números y kits.

Me encantaban las exposiciones de maratón porque me recordaban al maratón de Nueva York. Aunque mi primera experiencia en un maratón fue agridulce, atesoré los recuerdos y las sensaciones. La experiencia siempre me recuerda la belleza de la fe, la fortaleza y el valor. Brian compartía mi emoción en la Expo y los dos éramos como niños en una tienda de caramelos mirando y deseándolo todo. Sin que Brian me viera, cogí 2 pulseras de ritmo: una para 3:40 y otra para 3:50. Basándome en mi último par de maratones en los que corrí en 3:29 en el Maratón de Nueva York, sabía que podía marcarle el ritmo a Brian para que rompiera las 4 horas sin problema y los brazaletes me ayudarían a evaluar dónde tenía que estar.

Salimos de la Expo casi 4 horas después y decidimos cenar temprano en P.F. Chang's. Compartimos un pedido de su delicioso aperitivo de envolturas de lechuga con pollo y luego tomamos el entrante de la cena carne de Mongolia con arroz al vapor. Estábamos llenos y nos dirigimos al hotel que estaba a un buen kilómetro y medio andando y una vez que nos registramos en el hotel, nos dimos una ducha por turnos y luego tendimos la ropa. El pronóstico anunciaba temperaturas muy bajas, de unos 30 grados Fahrenheit, que eran muy frías para los estándares de octubre y me pusieron nerviosa. Nos acurrucamos y dormimos profundamente durante 7 horas enteras antes de que sonara la alarma a las 5 a.m. Ambos estábamos listos a las 5:45 a.m. y bajamos a tomar un desayuno ligero antes de empezar a caminar el kilómetro y medio hasta la salida en Grant Park.

Llegamos a nuestro corral a las 7 de la mañana, una hora antes de la salida de nuestra oleada, y nos turnamos para esperar en la cola para usar uno de los porta baños, luego nos estiramos y calentamos. Hacía mucho FRÍO, 25 grados Fahrenheit, pero recé una oración mientras abrazaba a Brian para mantener el calor. Cuando empezó la cuenta atrás, me besó en la frente y me dijo: "Te quiero Scoob, gracias por estar aquí. Hagamos una buena carrera". Y entonces sonó la pistola. Estaba demasiado emocionada, pero también tenía mucho frío y empecé demasiado rápido.

La primera milla fue a un ritmo de 6:30 por milla y pude ver que Brian se quedaba sin aliento y me dijo: "¡Scoob, vas demasiado rápido!" En cuanto vi el tiempo, aminoré el paso y le contesté: "Lo siento Raggie, iré más despacio. Sólo tenía frío, pero ya estoy mejor".

El recorrido era el más plano que había corrido nunca, así que no tuve problemas con el ritmo. Chicago era una ciudad preciosa, pero ese día descubrí la razón por la que la llamaban "La Ciudad del Viento". No dejaba de mirar a Brian para asegurarme de que estaba bien y a mi reloj para asegurarme de que íbamos a buen ritmo. Se comportó como un soldado hasta el kilómetro 20 y fue entonces cuando empezó a dolerle la rodilla. Se tomó un Advil y le dije: "Raggie, sé que ahora es duro, pero tienes que seguir adelante. Estamos a punto de superar las 4 horas. PUEDES hacerlo". Mi sudor se había secado y ahora sentía escalofríos por el viento atacante. Podía ver la temperatura digital que se mostraba en la cartelera que marcaba 29 grados Fahrenheit.

Brian asintió con la cabeza y siguió empujando justo detrás de mí durante las últimas 6 millas. Mientras volvíamos a Grant Park, la multitud gritaba en señal de apoyo y la música sonaba a todo volumen. En los últimos metros antes del final, Brian estiró sus largos brazos y me cogió de la mano y cruzamos juntos la línea de meta ¡en 3:51! "¡LO HAS CONSEGUIDO RAGGIE! ¡Has partido las 4 horas!" dije mientras me secaba las lágrimas.

Esa sería una de las muchas aventuras que hicimos juntos. Participamos en más de una docena de maratones, triatlones y en carreras de aventura por equipos, pero cuando todo estaba dicho y hecho nos daríamos cuenta de que sólo había una verdadera aventura que valía la pena realizar y en la que sólo unos pocos tienen éxito.

Capítulo Ocho - Asalto 8

La boda
"Dar amor es una educación en sí misma", Eleanor Roosevelt

Un año después de irnos a vivir juntos, una mañana de primavera de lunes, cuando llegábamos a Central Park para dar la clase de bootcamp, los propietarios de Platoon Fitness, Todd y Mike, ya estaban allí esperándonos. Me sorprendió, pero no le di demasiada importancia. Nos comunicábamos con ellos semanalmente por correo electrónico para ponerles al día sobre el grupo de Nueva York, así que no estaba segura de por qué simplemente aparecieron desde Filadelfia sin mencionar nada. Era mi turno de enseñar, así que aproveché la oportunidad para hacer que la clase fuera un reto extra. Mike y yo teníamos una relación de hermano/hermana, amor/odio, así que disfrutaría viéndole esforzarse durante los ejercicios desafiantes.

Brian pidió que hiciéramos el enfriamiento en el "Grinder" también conocido como canchas de voleibol, lo que me pareció extraño, pero acepté. La clase normalmente se colocaba en sus filas en el Grinder para prepararse para los ejercicios y los estiramientos, pero hoy formaron un gran círculo a mi alrededor. Brian entró en el centro del círculo, me cogió la mano, se arrodilló sobre una rodilla y me dijo: "Patricia, ¿me harías el honor de casarte conmigo?" mientras me colocaba un anillo de diamantes de corte princesa en el dedo anular.

Nunca hubiera esperado lo que acababa de ocurrir. La cara me ardía y sentí que los ojos se me llenaban de lágrimas. "Sí Brian, me casaré contigo", respondí. La clase empezó a aplaudirnos y a vitorearnos como si acabáramos de cruzar la línea de meta de la maratón de Nueva York. Todd y Mike lo grabaron todo en vídeo y nos felicitaron. Ahora, toda la rareza del día tenía sentido. Aquí es donde Brian y yo nos conocimos por primera vez, así que era apropiado que compartiera este momento tan especial en el lugar que nos unió. Muchos de los miembros también se habían convertido en nuestros amigos íntimos, así que era simplemente perfecto.

"¿Estás bien Scoob?" preguntó Brian cuando estábamos a punto de tomar caminos separados para seguir con nuestra jornada laboral. "¡Por supuesto, Raggie! Es sólo que todavía estoy un poco en shock. Me has sorprendido totalmente, pero estoy feliz. ¿Estás realmente preparado para comprometerte con nosotros?" Brian sonrió, me cogió de las manos y me dijo: "Scoob, he salido de fiesta y he vivido mi vida plenamente. Estoy preparado. Sé que estás nerviosa, pero hemos vivido juntos el último año y formamos un gran equipo. Sólo puede ir a mejor... El tiempo de mi madre es muy limitado, así que tenemos unos 3 meses para planearlo y hacerlo realidad. Mi madre te llamará y vosotras dos podréis discutirlo todo, pero si en algún momento te sientes abrumada, házmelo saber, ¿de acuerdo, Scooby?"

Me sentí mareada, pero me lo guardé y le di un beso de despedida. Caminé. No corrí de vuelta a la oficina. Estaba emocionada, pero no estaba segura de por qué no estaba más contenta y llamé al padre Joe justo después de ducharme y acomodarme en mi escritorio.

"Hola padre Joe. ¿Podríamos cambiar nuestra sesión del miércoles para hoy a la hora de almuerzo? Brian me propuso matrimonio durante nuestra clase matutina de bootcamp y me siento abrumada", le dije. "Hola Patricia. ¡Felicidades! Por supuesto. Por favor, ven hoy a la 1 de la tarde. Hasta luego", me contestó.

Mientras sorbía mi café negro azucarado, me sobresalté cuando sonó mi teléfono. Contesté rápidamente y era Pam. "¡Felicidades, cariño! Cuéntamelo todo sobre esta mañana", me dijo. Era la primera vez que Pam me llamaba a la oficina, pero me alegró mucho oír su voz y le contesté: "¡Hola Pam! Siempre es tan bueno oír tu voz. Brian me propuso matrimonio hoy al final de la clase de bootcamp mientras la clase daba vueltas a nuestro alrededor". Pam continuó contándome que ella, Danny y Jason lo sabían todo antes de que ocurriera. De hecho, Danny quería que Brian entrara a caballo en Central Park como un caballero de brillante armadura.

Tuvimos una conversación sobre los costos y la planificación. Dijo que Danny y ella misma se harían cargo de los costos y que preguntarían a su familiar, David, que por aquel entonces era el propietario de la hermosa sala de funciones para eventos, Capitale, si podíamos celebrar allí nuestra boda en junio, exactamente dentro de 3 meses. Capitale, situado en el corazón del centro de Manhattan, fue originalmente la Caja de Ahorros de Bowery, construida en 1893, y es un monumento histórico nacional. Su interior presenta altas columnas corintias, bellos techos abovedados y una claraboya de cristal artístico. Es uno de los espacios para eventos más lujosos y sofisticados de Nueva York.

A Pam le habían puesto recientemente oxígeno suplementario y su estado se había deteriorado mucho, así que comprendí por qué había que planificar esta boda lo antes posible. Me pidió que confeccionara la lista de invitados lo antes posible y mencionó que teníamos un límite de 200 personas. Me eché a reír y le dije: "¡Pam! ¡Puedo contar con una mano cuántas personas querría en mi boda! Pero hablaré con Brian esta noche y te daré nuestra lista pronto".

Pam y Danny tenían muchos amigos y una familia muy grande. Pronto me daría cuenta de que éste iba a ser un extravagante evento de despedida para Pam y no sólo mi boda. Después de la charla con Pam, me entregaron un impresionante ramo de flores y lo pusieron sobre mi escritorio. La nota decía: "¡Hacemos un gran equipo! ¡Te quiero Scoob!" Y entonces mi compañero de trabajo, Ted, entró en la oficina y se fijó en mi anillo y dijo: "¿Es un anillo de compromiso? ¿Se va a casar la pequeña Patty Boom Boom? " Me sonrojé y asentí con la cabeza mientras miraba hacia abajo. Ted me dio un fuerte abrazo y supe que estaría en mi lista de invitados.

Bajé corriendo las escaleras para decirle a mi hermana que sería mi dama de honor y que mi sobrina sería la portadora del anillo. Mi hermana estaba exultante. Siempre había tenido muy buena opinión de Brian y pensaba que era un tipo maravilloso. Le confié que me sentía nerviosa, pero ella pensó que era normal. La mañana pasó rápidamente, ya que se corrió la voz en la oficina y la gente no paraba de pasar para felicitarme y ver mi anillo. A las 12:30 salí corriendo para ver al padre Joe y cuando llegué a su despacho, me senté y me eché a llorar. "Dios mío Patricia, ¿por qué lloras? " me preguntó. Me sentí aliviada de haberme desahogado. Para mí, llorar no era un signo de debilidad, sino que me permitía desahogarme. En cuanto me sentí preparada, le solté todo lo que me hacía sentir ansiosa. Le conté lo preocupada que estaba por la lista de invitados y por todo el cambio de vida. "Bueno Patricia, ya hace casi un año que vivís juntos. Las cosas no serían tan diferentes. ¿Qué es lo que realmente te preocupa?"

Tuve que ser sincera y dije: "Vivir juntos con Brian como novio y novia ha sido genial padre Joe, pero .me mencionó que, si alguna vez nos casábamos, deberíamos tener 1 cuenta bancaria conjunta y que él se encargaría de nuestras finanzas. ¡He sido tan independiente toda mi vida! También tengo miedo de que él cambie. Mi madre siempre me decía que los hombres cambian una vez que se casan. Tengo tanto miedo padre Joe". Agradecí que el padre Joe me diera el espacio que necesitaba para desahogarme. No era habitual que pasáramos de la hora de sesión, pero hoy hizo una excepción y hablamos durante casi 2 horas. En esta sesión incluso hablamos de volver a hablar con Coach e invitarle a la boda, así que llamé a Coach desde su despacho. Esperaba que no contestara al teléfono, pero lo hizo. Inspiré profundamente y le dije: "Hola Coach. Sé qué hace tiempo que no hablamos, pero quería invitarte a mi boda este verano".

Hubo una pausa momentánea y luego Coach dijo: "¡Es estupendo saber de ti, Alcivar! ¡Lo has conseguido chica! Estaré allí, pero quiero que vengas pronto al gimnasio para que podamos hablar. Siento mucho todo lo que ha pasado". Aunque no se dijo mucho después de eso, fue mucho y hacía tiempo que debía haberlo hecho. Me sentía menos ansiosa y mejor en general, pero nunca me libraría de ese persistente malestar en el centro de mi alma. Un sentimiento persistente que en realidad era y es una guía de lo alto.

Durante los 3 meses siguientes, nuestras vidas se consumirían con la planificación de esta boda. Brian y yo elegimos nuestra canción de boda para nuestro primer baile como marido y mujer, "Con te partiro" de Andrea Bocelli. Era una canción de uno de los CD que él me regaló una vez. Era y sigue siendo una de mis canciones favoritas de todos los tiempos. "Con te partiro" significa "Hora de decir adiós" y en aquel momento, la canción para nosotros significaba que era hora de decir adiós a nuestras antiguas vidas y entrar en nuestras nuevas vidas como pareja casada. También nos apuntamos a clases de bailes de salón después del trabajo.

Una semana después, Pam, su hermana, mi hermana y yo pasamos un sábado juntas buscando mi vestido de novia. Quería ser lo más considerada posible teniendo en cuenta que Danny y Pam estaban absorbiendo los gastos, así que sugerí "David's Bridal Department Store" en Westbury, Long Island, que estaba a un corto trayecto de 20 minutos de Forest Hills. Cuando llegamos, nos asignaron inmediatamente a una mujer para que me ayudara.

Elegimos 6 vestidos para probarnos. Cada uno tenía su propio estilo que iba desde sexy, sofisticado, precioso, elegante y de ensueño. Yo elegí "el de ensueño" que tenía un corsé ceñido al cuerpo en forma de corazón en la parte superior y luego se soltaba y fluía en la parte inferior como Cenicienta. También era el vestido menos caro, justo por debajo de los 300 dólares. El velo que elegí era un velo tipo "Virgen María" que honraría mi fe. Todo mi atuendo de novia estaba completo y también habíamos elegido los vestidos de las damas de honor, que era un sencillo vestido entallado hasta la rodilla de color salvia claro.

Ahora necesitábamos encontrarle un vestido a Pam, pero éste no iba a ser el lugar para buscarlo. Fuimos a varias boutiques caras y encontramos un vestido que nos dejó con las bocas abiertas. El vestido de Pam sería un elegante vestido de satén color champán oscuro que llevaba piedras recortando la parte superior del corsé. Era absolutamente precioso. Era ya un día largo para Pam y decidimos volver a su casa y pedir comida allí y continuar con nuestra planificación ya que Brian, su padre y su hermano estaban fuera probándose los esmóquines y cenando.

Pam se sentó en la mesa de la cocina sorbiendo su té helado mientras mi hermana y su hermana iban a buscar comida para todos. "¿Tienes la lista de invitados, cariño?" preguntó Pam mientras sacaba su cuaderno personal. Asentí con la cabeza mientras rebuscaba en mi bolso. Brian tenía a 20 de sus amigos personales y yo tenía a 10 personas en mi lista y también invitamos a otro pequeño grupo de nuestros clientes personales del bootcamp, así que nuestra lista tenía 50 personas en total. Las 150 personas restantes serían la familia y los amigos de Pam y Danny.

Mi hermana y mi querida amiga boxeadora, Denise, sería mis damas de honor y le pediría a Coach que me llevara al altar. Había decidido perdonar e intentar olvidar lo ocurrido con Coach. Este iba a ser un nuevo capítulo en mi vida y quería empezar de cero. Tendríamos una boda católica/judía. El padre Joe celebraría una parte de la ceremonia y un rabino haría la otra. Faltaban 8 semanas para la fecha de la boda y Pam ya había elegido el menú, los centros de mesa y ahora que tenía la lista de invitados completa, las invitaciones se enviarían ese mismo lunes.

Aún quedaba algo en lo que yo nunca había pensado porque no era importante para mí, pero Pam sí. "Cariño, le he pedido a Jessica que planifique tu despedida de soltera con tu hermana, así que eso debería ocurrir pronto", dijo Pam. Hice todo lo que pude para no acobardarme. No tenía muchas amigas y las despedidas de soltera me parecían una tontería, aunque nunca había estado en una. "Muchas gracias Pam, pero creo que estaré bien si no tengo despedida de soltera y odio molestar a nadie con eso", contesté justo cuando nuestras hermanas regresaron con hamburguesas y patatas fritas para todos.

"Ya está planeada y tendrá lugar la semana que viene, así que no hagas planes para competir en ninguna carrera dijo", Pam mientras miraba a mi hermana en busca de confirmación. Mi hermana soltó una risita y dijo: "Bueno, quería que fuera una sorpresa, pero sí, algunas de las chicas de tu clase de bootcamp, Jessica y yo ya hemos planeado llevarte a Caroline's el Club de Comedias para cenar y tomar algo y luego salir a bailar. Seremos unas 8 en total, así que será una noche divertida". Nunca había salido de copas ni a un club de comedia ni a un club de baile, así que ésta sería una noche interesante, seguro. Me alegré de que al menos mi hermana estuviera allí. Eso era realmente todo lo que necesitaba.

Los chicos llegaron poco después y ya era tarde, así que nos dirigimos a casa. "Oye Raggie, ¿vas a tener una despedida de soltero?" pregunté mientras conducíamos a casa. Brian sabía que podía ser una noche larga cuando surgió el tema de "salir con tus amigos". Aunque Brian era de confianza, yo necesitaba que me tranquilizara y, al principio, no tuvo ningún problema en proporcionármelo. "¡Sí Scoob! Los chicos y yo vamos a jugar al paintball y luego cenaremos y tomaremos unas copas. Probablemente volveré a casa antes que tú. Les he dicho a los chicos que no quiero strippers ni nada por el estilo. Te prometo que no tienes nada de qué preocuparte. Te quiero y no voy a hacer nada que nos ponga en peligro", me contestó mientras me cogía la mano con fuerza.

Suspiré aliviada. No había por dónde coger el tema. Me limité a abrazarle y a darle las gracias. Aunque funcionaba bastante bien para ser una persona con mi trauma pasado, una de las cosas con las que luchaba constantemente era la desconfianza, las dudas, las inseguridades y los miedos. Trabajaba en estos temas a diario a través de la oración, la fe, la consejería, la autorreflexión y el ejercicio.

Algunos días eran buenos y otros no tanto y luchar contra los demonios internos era una batalla continua que esperaba ganar algún día. Yo era mi mayor proyecto, un interminable trabajo en curso que requeriría fe, valor y ser siempre proactiva.

En el día de nuestras despedidas de soltero y soltera, todavía estaba muy nerviosa. Mientras Brian salía por la puerta para reunirse con sus amigos para ir a Long Island a jugar al paintball esa tarde, me consoló con su promesa de no tener ningún comportamiento que pusiera en riesgo nuestra relación. Le creí y me vestí para salir a correr sola por los senderos de Forest Park. Corrí con fuerza, aunque estuve tentada de parar unas cuantas veces para acariciar a los lindos perros que vi por el camino. 10 km en menos de una hora era lo que necesitaba para despejarme.

Cuando volví a casa de mi carrera, llamé a mi hermana e hice un plan para encontrarnos en la estación de tren de la Avenida Roosevelt a las 7 p.m. Nos íbamos a reunir todos en el Club de la Comedia de Caroline que solía estar situado en el corazón de Times Square y por el que habían pasado cómicos legendarios como Jerry Seinfeld, Billy Crystal, Rosie O'Donnell y Jay Leno entre otros.

Teníamos una mesa reservada hasta las 10 de la noche para cenar, tomar unas copas y asistir a algunos espectáculos de monólogos antes de dirigirnos a uno de los clubes nocturnos más famosos de Nueva York, llamado Roseland.

Justo antes de meterme en la ducha, sonó mi teléfono y me sorprendió ver que era Brian. "¡Hola Raggie! ¿Estás bien?" le pregunté. Él susurró: "Estoy bien Scoob, sólo quería llamarte rápidamente y desearte una gran noche. Diviértete y no te preocupes por nada... te quiero". Entre la carrera, la llamada de Brian, la ducha y una oración, me sentí bien para salir. Me puse mis jeans negros y un top de botones negro transparente acompañado de unos botines de tacón alto.

Mientras caminaba hacia la estación de tren, oí algunos silbidos de los coches que pasaban y me pregunté si me había pasado con mi vestuario. Me apresuré a coger el tren y me moría de ganas de ver a mi hermana. Esperaba que llegara a tiempo al menos esta noche. Tenía fama de llegar tarde a casi todo y a veces me volvía loca, pero esta noche, llegó puntualmente a las 7 de la tarde y la abracé fuerte cuando la vi. Ella soltó una risita y dijo: "¡Guau, tienes buen aspecto!" Las dos nos echamos a reír a carcajadas.

En el trayecto en tren hasta Times Square pudimos ponernos al día sobre su forma física, el trabajo y mi sobrina. Con unos minutos de sobra, paseamos por Times Square y llegamos a Caroline's justo a las 8 de la noche, donde ya nos esperaban todas las chicas, que aplaudieron cuando entramos. Éramos Mary, Bonnie, Denise, Kimberly, Jessica,

Melissa, mi hermana y yo. Me sentaron inmediatamente en el centro después de saludar a todas con un abrazo. El camarero vino a tomar nuestros pedidos de bebidas. No tenía ni idea de qué pedir, pero todos sabían lo golosa que era, así que me pidieron un martini de manzana ácida. "¡Qué rico! Esto sabe igual que uno de mis caramelos favoritos: ¡los Sour Patch Kids!" dije mientras daba un sorbo demasiado rápido a mi martini de manzana ácida. Kimberly, uno de los miembros habituales de la clase de bootcamp se rió y me pidió otro y siguió rellenando mis bebidas durante el siguiente par de horas.

Los cómicos eran geniales y yo me reía bastante, pero probablemente de los martinis de manzana ácida y no de los chistes. A las 10 de la noche, llegó la hora de dirigirse al club de baile. Empezamos a levantarnos y se me doblaron las rodillas y caí de espaldas en mi asiento. "¡Vaya! Me cuesta ponerme de pie", le dije a mi hermana. Mi hermana y Bonnie se miraron y entonces Bonnie dijo: "Probablemente fueron todos esos martinis de manzana ácida que bebió. Creo que deberíamos coger un taxi y traerle un café. Pronto se pondrá bien". Volví a levantarme, pero esta vez mi hermana estaba a un lado y Bonnie al otro ayudándome a salir. Paró un taxi y me metí dentro. Estaba en medio de Bonnie y mi hermana y, de repente, todo se volvió negro y me desmayé.

"¡Dios mío! ¡No respira! ¡Tenemos que llevarla a la Sala de Emergencias!" le gritó Bonnie a mi hermana. El taxi nos dejó en la Sala de Emergencias del Hospital de Nueva York. Estaba completamente desorientada cuando me desperté y vi a un hombre de pie sobre mí que me agarraba del brazo, ¡así que instintivamente le di un puñetazo en la cara! "¡Tranquilícela!" gritó el médico y entonces sentí un dolor agudo en el muslo antes de volver a desmayarme. La siguiente vez que desperté, Brian me sacaba del hospital en una silla de ruedas. Recogió el informe ambulatorio que decía en letras grandes: "¡NO BEBER EN LA BODA!"

El médico le explicó que, aunque poco frecuente, yo había sufrido una intoxicación etílica y que beber algo más que un vaso de alcohol podría ser fatal para mí. Más tarde reflexionaría sobre la ironía de mi sensibilidad al alcohol a pesar de ser hija, nieta, sobrina y prima de alcohólicos. Teórica y estadísticamente, se suponía que debía seguir la tradición.

Estaba aturdida, tenía náuseas y un desagradable y punzante dolor de cabeza mientras empezaba a recordar vagamente retazos de la noche anterior. "Scooby, te voy a llevar a casa para que puedas descansar, ¿vale?" Asentí con la cabeza mientras me sujetaba el muslo derecho dolorido por la inyección de tranquilizante. El lado positivo fue que dormí profundamente hasta primera hora de la tarde. Fue una noche que sin duda nunca olvidaría y cada vez que cuento la historia, consigo reírme.

La noche anterior a nuestra boda, Brian se quedó a dormir en casa de sus padres. Pam pensó que sería bueno para nosotros estar separados y darnos espacio para prepararnos antes del gran momento. Antes de vivir con Brian, pasé años viviendo sola y disfrutaba de mi tiempo a solas, así que agradecí la oportunidad. Vi una película en casa mientras comía sorbete, hablé con mi hermana, recé y me fui a dormir.

Mi hermana toco el timbre a las 10 de la mañana. Mi hermana, mi sobrina y yo teníamos una cita para peinarnos y maquillarnos en el salón de peluquería Spectrym de la calle Austin, un salón de belleza moderno y un negocio de la comunidad desde hace mucho tiempo. Mientras charlábamos en el paseo de 15 minutos hasta el salón, pensé en lo bueno que era que mi hermana y mi sobrina estuvieran conmigo en este día. La peluquera echó un vistazo a mi velo de "Virgen María" y me sugirió un elegante peinado recogido a lo "Audrey Hepburn". Nunca imaginé ser capaz de conseguirlo, pero acepté y decidí dejarme llevar. Me relajé mientras ella lavaba, secaba y utilizaba la plancha de pelo para alisar cualquier encrespamiento. Después de todo, era un caluroso y húmedo día de verano de junio en Nueva York.

Me pidió que no me mirara al espejo hasta que todo estuviera terminado. La maquilladora trabajó durante otra hora más o menos y optó por el look natural suave. La peluquera me puso el velo antes de que por fin pudiera levantarme y mirarme al espejo.

Mi hermana sonreía mucho y casi lloro cuando vi mi reflejo en el espejo. No tenía exactamente el aspecto de una novia. Me recordaba a cuando hice la primera comunión, pero no me importó. Parecía una versión elegante más madura. A mi hermana y a mí nos encantó.

Ya eran casi las 3 de la tarde y debíamos llegar a Capitale en 1 hora. La ceremonia de la boda empezaba a las 6 de la tarde, así que corrimos a casa intentando no sudar, recogimos nuestros vestidos y llamamos a un taxi. El tráfico de Nueva York en una tarde de verano de sábado, como era de esperar, era ridículo y tuvimos suerte de llegar 75 minutos más tarde. El exterior de Capitale tenía dos leones de aspecto imponente y una larga alfombra roja al subir las escaleras. Dentro, había una preciosa jupá de seda que es un dosel judío para bodas con cuatro lados abiertos. El rabino celebraría la ceremonia dentro de la jupá.

Al lado de donde estaba colocada la jupá había un espacio abierto separado que tenía una preciosa escalera de caracol por la que Brian y yo bajaríamos después de la ceremonia para bailar nuestro primer baile como marido y mujer. Todo el montaje era un sueño y durante todas las semanas transcurridas hasta el momento, no podía deshacerme de esa incómoda sensación de hundimiento en las tripas. "¡Ahí estás cariño! ¡Vamos a vestirte!" dijo Pam mientras su hermana la transportaba en la silla de ruedas hasta donde yo estaba. Pam ya estaba vestida con su precioso vestido. Sentí que sus ojos se infiltraban en mi alma. Volví la mirada hacia ellos y pude sentir su melancolía. No quería llorar, así que la besé en la frente porque el sentimiento era mutuo.

Después de que mi hermana y mi sobrina se vistieran, mi hermana me ayudó a ponerme el vestido. "¿Cómo te encuentras Patricia?" me preguntó preocupada. Mi cara probablemente estaba delatando mis verdaderos sentimientos, así que era inútil decir una mentira piadosa, así que contesté: "Probablemente sean los nervios, pero he estado teniendo una sensación horrible en el estómago y en el pecho. Estoy segura de que desaparecerá después, así que no te preocupes". Poco después entraron mi amiga Denise, Coach y el padre Joe. Nunca había visto al padre Joe con su atuendo de sacerdote. Era un sacerdote monje, así que llevaba una túnica. "Te ves bien Alcivar", dijo Coach mientras tanto él como Denise se acercaban para abrazarme por cada lado.

La ceremonia estaba a punto de empezar y todos fueron a ocupar sus lugares. Empezó la canción del cortejo nupcial y mi corazón palpitaba muy rápido. El rabino y el padre Joe salieron primero seguidos de los padrinos de Brian. Luego Brian caminó con Pam y Danny a cada lado seguidos por mi sobrina que sostenía los anillos y luego Denise y mi hermana y finalmente fue mi turno.

Coach me tendió el brazo y me dijo: "¡Vamos muchacha, es la hora del espectáculo!" Rápidamente me sequé una lágrima que caía por un lado de mi mejilla mientras veía una imagen de mi madre en mi cabeza. Respiré profundamente y empezamos a caminar hacia la salida.

Durante los momentos más abrumadores de mi vida, mi mente y mi cuerpo habían aprendido involuntariamente a disociarse. Es un mecanismo de supervivencia, especialmente para quienes han sufrido traumas intensos, lo que explicaba por qué muchas cosas de mi vida parecían borrosas. Sólo recordaba haber respirado profundamente y después todo quedaba en blanco. Sin embargo, con la tecnología moderna, todo quedó registrado en vídeo, teléfonos móviles y fotografías que me ayudaron a recordar cada momento del día de mi boda.

Después de que el padre Joe realizara su parte de la ceremonia, entonces el rabino tomó el relevo e hizo su parte y durante la parte final de la ceremonia, me entregó una ketubah, que es un contrato matrimonial judío y el padre Joe hizo entonces la parte del intercambio de anillos y Brian rompió el cristal con los pies lo que significa "Así como este cristal se rompe, que vuestro matrimonio nunca se rompa" para finalizar la ceremonia nupcial. Brian y yo nos besamos y los fuertes sonidos de "Zaghrouta" o ululación de las mujeres ahogaron los aplausos.

Todo el mundo se dirigió rápidamente a la sala contigua y Brian y yo nos apresuramos a subir a lo alto de la escalera de caracol cuando oímos el comienzo de "Con te partiro". Brian me besó en los labios y bajamos por la escalera de caracol y nos encontramos en el centro de la pista de baile. Me cogió la mano y me la besó antes de que empezáramos nuestro baile coreografiado al ritmo de Andrea Bocelli. No había ni un ojo seco en la sala mientras terminábamos nuestro baile con Brian cogiéndome en brazos y terminando con una gran vuelta para el final.

La imagen que nunca olvidaré es cuando eché un vistazo y Pam estaba sentada en su silla de ruedas respirando con oxígeno suplementario, pero durante nuestro baile estaba en paz. Fue una boda increíblemente emotiva, pero hermosa, y ahora éramos marido y mujer. No nos íbamos de luna de miel porque no estábamos seguros de la salud de Pam y no queríamos estar lejos en caso de emergencia.

Pam falleció por complicaciones derivadas del cáncer de mama un mes después. Tenía unos 50 años y se fue demasiado pronto. Apenas tuvimos tiempo de disfrutar de ser recién casados y pasamos directamente al luto, pero yo estaba agradecida por haberle dado la oportunidad de estar con todos sus seres queridos por todo lo alto, como ella había deseado.

Por el momento, la vida de casados no era muy diferente de nuestra vida anterior, ya que habíamos vivido juntos casi un año antes, salvo que nos hicimos una cuenta conjunta a la que iban a parar nuestros dos sueldos y Brian gestionaba nuestras finanzas. Yo me encargaba del mantenimiento de nuestro hogar. Hacía la cama todas las mañanas y mantenía el apartamento ordenado y limpio durante toda la semana, además de lavar la ropa y cocinar siempre que podía. Durante los meses siguientes, hice todo lo posible por apoyar a Brian tras el fallecimiento de Pam. Aunque no era buena cocinera, le pedía a mi hermana recetas fáciles que pudiera seguir. Mi arroz siempre salía demasiado empapado, pero para mi sorpresa, a Brian le encantaba. Solía bromear diciendo que parecía "papas majadas", pero sabía tan bien.

Seguíamos dando nuestra clase matutina de bootcamp, trabajábamos en nuestros empleos, competíamos en eventos como carreras de aventura, triatlones y carreras pedestres de varias distancias e íbamos al cine los fines de semana.

La vida en su mayor parte era buena, pero extrañaba tener objetivos específicos; algo significativo por lo que luchar. Extrañaba la sensación purificadora de la superación y el logro. Tenía la sensación de que tenía mucho más que hacer que ser ama de casa. Una noche, durante nuestra cena, mencioné que aún tenía asuntos pendientes en el boxeo. Mucha gente, incluido Brian, pensaba que yo ya había conseguido lo suficiente en el boxeo femenino al haber sido dos veces campeona de los Guantes de Oro de Nueva York, campeona nacional e internacional y la primera mujer en ser votada y ganar el premio de "Atleta del Año" en boxeo. Lo único que le faltaba eran los Juegos Olímpicos, pero Coach dijo que todo el mundo al que le preguntó le dijo que el boxeo femenino nunca sería un deporte olímpico, así que el siguiente paso sería convertirme en profesional, lo que sería un paso enorme y algo que Coach nunca hizo.

Hay muchas diferencias entre los amateurs y los profesionales. En el boxeo amateur, se utiliza un protector de cabeza, se pelea con guantes de entre 10 -12 onzas, los asaltos suelen ser de 3 a 4 asaltos y no se recibe ninguna compensación económica. En el boxeo profesional, te quitas el protector de cabeza, los guantes son de 8 onzas, peleas entre 4 y 12 asaltos y te pagan por pelear. Yo quería llegar hasta el final. Brian no estaba en contra de la idea, pero tampoco saltaba de alegría. Sabía que mi relación con Coach era tensa y que sería un mundo del que no sabía nada.

También aprovechó para mencionar que su padre Danny se jubilaría pronto y que él y su hermano Jason se harían cargo del negocio. No le di mucha importancia, ya que Brian y Jason ya se encargaban de las operaciones cotidianas. Danny hacía la mayor parte de los viajes para reunirse con los clientes y desarrollar nuevos negocios, mostrar muestras de tejidos y vender, así que Brian tendría que hacerse cargo de esa parte, lo que no me gustaba demasiado. Pero lo que sí llamó mucho mi atención fue cuando Brian mencionó que los alquileres de Nueva York seguían subiendo y afectando a sus beneficios y que en algún momento tendrían que trasladar el negocio fuera de Nueva York y que ya tenían un lugar en mente en el Carolina del Norte.

"¿Carolina del Norte? Raggie ¿hablas en serio?" le pregunté. Por la expresión de su cara y todo su comportamiento, era obvio que llevaba tiempo planeando esto con su hermano y su padre. "Scoob, no tenemos elección. Mi negocio no puede sobrevivir pagando estos alquileres tan altos. No vamos a renovar nuestro contrato de alquiler que se vence el próximo verano. El espacio en Asheville, Carolina del Norte, es 3 veces más grande por una cuarta parte del alquiler que pagamos ahora, lo que significa más dinero en nuestros bolsillos y simplemente una vida mejor en general", razonó.

Llevábamos casados sólo unos meses y ya era enero, lo que significaba que quería que nos mudáramos a un Estado totalmente nuevo en 6 meses. "Raggie, pero mi trabajo, mi hermana, mi sobrina, el boxeo y todo lo que conozco está aquí en Nueva York. ¿Qué voy a hacer en Carolina del Norte? ¡Ni siquiera conduzco!" le supliqué. "Sé que estoy pidiendo mucho Scooby. No sé qué decir. Lo único que se me ocurre es tener un matrimonio a distancia. Podemos turnarnos para visitarnos, pero preferiría que estuviéramos juntos", me contestó. Sentí que se me retorcía el estómago y esa horrible sensación en el pecho. "Esto no puede estar pasando", pensé para mis adentros.

"Raggie, no creo que una relación a distancia funcione. Ojalá lo hubiera sabido antes de casarnos. Todo lo que sé está aquí, en Nueva York. Tengo metas y una de ellas es que quiero volver a ver y hablar con mi propia madre, que vive aquí", dije entre lágrimas. Me puse las zapatillas y salí corriendo por la puerta y me adentré en los senderos de Forest Park. Estaba triste, enfadada, confusa y lo solté todo en los senderos. Corrí durante 2 horas sin parar y habría seguido si no estuviera anocheciendo y tuviera trabajo al día siguiente.

Cuando volví a casa, Brian se había dormido en el sofá y se quedó dormido mientras yo me duchaba. Decidí dejarle allí y me fui a la cama. "Dios, tú estás a cargo de mi destino. Por favor, protégeme y ayúdame a ser fuerte y a ver las cosas con claridad", recé mientras estaba en cama con lágrimas cayendo por mi rostro. Esa noche, el sueño paralizante volvió poco después de quedarme dormida. "Padre nuestro que estás en los cielos", dije mentalmente antes de poder finalmente moverme de nuevo.

Me desperté a las 5 de la mañana y preparé un batido para Brian y luego le desperté con un suave beso en la frente y le dije: "Buenos días

Raggie, es hora de levantarse". Brian se sobresaltó un momento y luego se dio cuenta de que se había quedado dormido en el sofá. "¡Vaya! ¡Lo siento Scoob! No me di cuenta de que me quedé dormido en el sofá cuando saliste a correr. Sé que todo esto de la mudanza es muy difícil para ti y te agradezco que intentaras ser abierta de mente por nosotros. Estoy en deuda contigo", me dijo. Sentí que empezaba a emocionarme, respiré profundo y le contesté: "Esto es mucho que asimilar, Raggie, pero voy a hacer todo lo que pueda por este matrimonio. Voy a decírselo a mi hermana y al padre Joe hoy y a mi trabajo poco después. También tenemos que dar la noticia a Platoon Fitness para que puedan empezar a buscar pronto un sustituto para nuestras clases. Voy a seguir adelante y tomar el tren al trabajo y te veré más tarde después del trabajo". Le di un beso en la frente y me fui.

Era viernes por la mañana, pero llamé al padre Joe y concerté una cita urgente para verle a la hora de mi almuerzo. Aceptó y dijo que también tenía algo importante que decirme. Todo parecía estar dando un giro salvaje en mi vida y necesitaba ser fuerte. Mientras bajaba a por el desayuno, vi a mi hermana y le conté la noticia de que me mudaría a Carolina del Norte dentro de 6 meses.

La noticia la estremeció momentáneamente, pero me dijo: "Tu matrimonio es tu prioridad y tienes que hacer todo lo posible para que funcione. Sólo asegúrate de visitarnos a menudo". No había ninguna duda al respecto y me propondría visitarla a menudo, pero mis pensamientos se centraban en volver a ver a mi madre, así que le pregunté: "¿Crees que mami querría volver a verme? Me gustaría verla antes de mudarme, aunque la visitaré a menudo". La cara de mi hermana se iluminó y dijo: "¡Claro que le encantaría verte! Siempre pregunta por ti, pero ya sabes cómo es.... Su orgullo se interpone, pero no dudes en ir a verla. El mes que viene se jubilará de su trabajo después de 45 años, así que tendrá mucho tiempo libre".

Me sentí algo aliviada de poder desahogarme y contárselo a mi hermana. Más tarde, ese mismo día, vi al padre Joe y le di la noticia. Pensó que el cambio era bueno y que debía darle una sólida oportunidad a

Carolina del Norte por el bien de mi matrimonio. También pensó que aún podía seguir adelante con mis objetivos en el boxeo, pero que allí encontraría gente nueva, un entrenador y un gimnasio. "Patricia, mi tiempo en este lugar también ha llegado a su fin. Me van a trasladar a Paramus, Nueva Jersey, así que ésta será nuestra última sesión", dijo el padre Joe con su porte más tranquilo. Eso era lo último que esperaba que saliera de su boca y me encontré molesta por cómo lo soltó sin ninguna emoción.

"¿Usted también padre Joe? Lo estoy pasando muy mal con todos estos cambios. No voy a despedirme de usted. Simplemente no lo haré", dije mientras salía por la puerta llorando. El despacho del padre Joe estaba dentro de una iglesia, así que entré en ella y me arrodillé rezando y llorando. Recordé que el padre Joe me había dicho que los retos y los cambios en la vida están hechos para ayudarnos a crecer y convertirnos en la persona que Dios quiere que seamos.

Brian me recogió del trabajo más tarde ese mismo día y me dijo que le había contado a Platoon Fitness lo de nuestro traslado a finales de verano. Estaban en estado de shock, pero lo entendieron y empezarían a coordinar las pruebas de instructor con nosotros durante los próximos meses. Y justo cuando las cosas no podían ponerse más interesantes, Brian me dijo que su padre quería reunirse con nosotros y con Jason y su novia para cenar ese domingo ¡para que conociéramos a su nueva novia!

¡Yo estaba completamente incrédula! "Raggie, ¿estás de broma? ¡Sólo han pasado unos meses desde que tu madre falleció! ¿Cómo puedes estar tan tranquilo? ¿De verdad esperas que vayamos a conocer a su nueva novia durante la cena?" pregunté. Sé que a menos que se tratara del tráfico, Brian rara vez mostraba alguna emoción real, ¡pero esto era una locura! "Scooby, tenemos que mostrar respeto por mi padre. Él ayudó a cuidar de mi madre durante muchos años. Se merece encontrar la felicidad. No encuentro nada malo en lo que está haciendo", dijo Brian.

Antes de casarnos, rara vez estábamos en extremos opuestos de algo y ahora parecía que no podíamos ponernos de acuerdo en nada. Sentí que algo dentro de mí empezaba a cambiar involuntariamente. Una de las principales razones por las que me había sentido tan atraída y enamorada de él, además de su afecto y su atención a los detalles bonitos, era el hecho de que sentía que éramos un equipo y nos cubríamos las espaldas mutuamente. Esto estaba en gran peligro y sentí miedo.

Recordaba que Brian siempre se ponía de parte de su hermano y de su padre cuando éramos novios y recordaba cómo cambiaba su comportamiento cuando se decía algo remotamente negativo sobre ellos. Lo había notado y me preocupaba, pero no lo abordé del todo. Había esperado que las cosas mejoraran, pero ahora, los mismos problemas habían vuelto, pero mucho más grandes.

Ese domingo, nos reunimos todos en un asador de la ciudad. Cuando Brian y yo llegamos, Jason y Jessica ya estaban allí, así como Danny y su nueva novia. No podía ocultar mi disgusto. La nueva novia era más joven que todos nosotros, ¡tenía poco más de 20 años! Era tan alta como Brian con casi 1.80 m, rubia y canadiense. Nunca se me ha dado bien mentir ni fingir. Brian me dio un codazo en las costillas mientras nos acercábamos y me dijo: "Scooby, sé que esto es difícil, pero por favor, sonríe e intenta pasártelo bien".

Le tendí la mano y le dije: "Encantado de conocerte, Elise", mientras forzaba una media sonrisa. Al parecer, ella y Danny se habían conocido en un bar hacía unos meses. Ella provenía de una familia adinerada que actualmente vivía en Florida, así que supuestamente, ella no estaba con Danny por su dinero me enteraría más tarde por Brian ya que me quedé zonificada cuando ella habló. Mi atención volvió cuando Jason anunció que le había pedido matrimonio a Jessica y que se casarían en Buffalo, de donde Jessica es originaria y donde vivían sus padres. Se casarían allí antes de que todos nos mudáramos a Carolina del Norte.

Sentí que me entumecía. Antes de todos estos anuncios impactantes, Brian y yo teníamos una relación íntima estupenda, pero estaba empezando a mostrar signos de problemas porque mi mente, mi corazón y mi alma se sentían desconectados. Me entregué porque había sentido una conexión espiritual con Brian, pero el hecho de verme obligada a tomar decisiones dolorosas como mudarme y dejarlo todo atrás, así como aceptar la sustitución de Pam y tolerar las pretensiones de Jessica, estaba comprometiendo ahora mis valores morales. No podía fingir que todo en mi interior estaba bien porque no era así.

En los meses siguientes, le dije a Peter, mi jefe en New York Road Runners que no tenía más remedio que renunciar a mi puesto debido a mi traslado a Asheville, Carolina del Norte. "Patricia, ¿estás segura de este traslado? Tengo grandes planes para ti en este departamento. En mi evaluación de tu rendimiento, dije que eras un "diamante en desarrollo" porque creo sinceramente que lo eres. Por favor, piénsate esta decisión", me dijo. Había trabajado muy duro para obtener los conocimientos y la experiencia como directora de eventos y estaba destacando en mi puesto, pero tenía las manos literalmente atadas.

Todo esto era realmente doloroso y me encontré resentida con Brian. Él estaba haciendo esta mudanza y tendría a su hermano y a su cuñada, su trabajo en una nueva oficina, una ciudad sin tráfico y paz. Yo en cambio no tendría nada. Sin trabajo, sin amigos ni familia, sin transporte y sin iglesia. Todo esto me impulsó a ir finalmente a ver a mi madre. Me tomé un viernes libre en el trabajo y me presenté en el mismo viejo apartamento de Woodside, Queens, donde vivía mi doloroso pasado.

Mi madre es una persona de costumbres y rara vez cambiaba. Su trabajo de mantenimiento empezaba a las 5 p.m., así que normalmente empezaba a cocinar a las 2 p.m., comía a las 3 p.m. y se iba a las 4 p.m. Nada cambió desde que éramos niñas, así que pasé por la panadería colombiana y le compré su pan de queso colombiano justo antes de empezar a caminar hacia el apartamento. Me sudaban las manos y me faltaba el aire antes de tocar a la puerta. Tuve recuerdos de la música a todo volumen que mi padre ponía todos los fines de semana y que hacía temblar todo el apartamento.

Toqué el timbre a las 12 del mediodía. La oí mirar por la mirilla y, tras una pequeña pausa, abrió la puerta. "Hola Mami, ¿cómo está?" le dije conteniendo las lágrimas y la besé en la mejilla. Ella no me abrazó, pero me puso la mano en el hombro y me devolvió el beso y me dijo: "Bien gracias, Patricia", respondió y me invitó a pasar. Nos sentamos en la mesa del comedor y tomamos café y pan con queso y hablamos durante un par de horas. Mi madre siempre hacía un excelente trabajo ocultando sus emociones.

Le conté todo sobre mi reciente matrimonio, mi futura mudanza y mis deportes. Era lo máximo que le había dicho nunca a mi madre, pero me sentí bien. Me habló de que pronto se jubilaría de su trabajo y se quejó de la gente que conocíamos mutuamente, así que no había cambiado nada. Después de salir de su casa, llamé a mi hermana y le dije que teníamos que organizar una fiesta de jubilación lo antes posible y que aprovecharía para presentarle a Brian. Mi hermana pensó que era una idea fantástica y que empezaríamos a trabajar en ello de inmediato. Se puso en contacto con los amigos de mi madre y con algunos familiares. Encontré y pagué el alquiler del local, las flores y la torta, además de ayudar a recopilar fotos para un collage de fotos.

Experimenté una montaña rusa de emociones a lo largo de todos estos acontecimientos que interioricé puesto que ya no tenía al padre Joe con quien hablar. Ya no confiaba nada en Coach y Brian ya no era mi mejor amigo. Recé más que nunca. Sentía que me alejaba cada vez más de Brian emocionalmente a medida que se acercaba el traslado. Solicité para ser estudiante en la Escuela de Masaje y Yoga de Asheville, que era un programa certificado de 18 meses que esperaba utilizar para encontrar trabajo al graduarme y apoyar mi formación continua en Salud y Bienestar en la Universidad de Carolina del Norte en Asheville. Al menos, ése era el plan que yo había previsto.

Asheville es una ciudad del oeste de las montañas Blue Ridge de Carolina del Norte. Fue votada la ciudad más feliz de Estados Unidos durante 5 años consecutivos y es conocida por una vibrante escena artística y arquitecturas históricas, la inmensa finca Biltmore del siglo XIX que exhibe obras de arte de maestros como Renoir. Es el paraíso de las personas activas aficionadas a la escalada, el senderismo y el rafting y Asheville es también conocida por sus impresionantes vistas, sus mágicas cascadas y su aire puro y fresco.

Es la meca de la salud holística, los masajes y el yoga. Brian estaba de acuerdo con que yo volviera a estudiar, pero sospechaba que accedería a casi cualquier cosa que le sugiriera con tal de mantener lo que quedaba de nuestra paz. En los meses siguientes, Brian viajó a menudo a Asheville para supervisar parte de la construcción del nuevo espacio de oficinas, así como para encontrar nuestro apartamento temporal. Quería alquilar mientras buscábamos una casa permanente para comprar. Jason y Jessica se casaron. Ella estaba más pretenciosa que nunca. Sus padres les regalarían a ella y a Jason una casa nueva en Asheville como regalo de bodas y ella se quedaría embarazada poco después de su boda.

Un mes antes de mudarnos a Asheville, mi hermana y yo sorprendimos a mi madre con su fiesta de jubilación. Ella lo sabía y se arregló el pelo y se puso un precioso traje rosa nuevo. Después de trabajar para la misma empresa de mantenimiento durante más de 40 años, se merecía arreglarse y una fiesta. No era un trabajo fácil y los altos directivos no eran amables con ella. Recuerdo que mi madre estaba constantemente estresada y de mal humor a causa de ese trabajo, pero no tenía elección. Tenía que pagar el alquiler y alimentar a sus hijas.

Se presentaron unas 50 personas en total. Asistieron familiares que no había visto desde que era niña y conocí a algunos compañeros de trabajo de mi madre. Mi madre también tuvo la oportunidad de conocer por fin a Brian. Aunque Brian conocía toda la historia de la familia, no le guardaba rencor a nadie y fue un caballero con mi madre, lo cual agradecí. A mi madre le cayó bien de inmediato. Consiguió bailar, conversar y disfrutar de la noche, lo que nos hizo felices. Ella no tenía mucha visión al jubilarse excepto relajarse y eso se convertiría en un problema muy grande más adelante.

Platoon Fitness no tuvo ningún éxito a la hora de encontrar instructores que nos sustituyeran para la clase matinal de bootcamp de Nueva York. Tuvieron alrededor de una docena de instructores diferentes que probaron, pero a los clientes no le gustaron y o no pudieron comprometerse con el horario de 3 días a la semana por la mañana temprano, por lo que se vieron obligados a cerrar el programa de Nueva York. Sin embargo, la noticia más importante fue que Danny y su novia, Elise, se casaron y ella estaba embarazada.

Danny tenía 63 años y unos 40 más que su nueva novia, con un bebé en camino. Habían comprado una casa grande y nueva en un campo de golf de la zona de Fort Lauderdale, que es donde iban a vivir ahora.

Ahora estaba oficialmente jubilado y Brian y Jason se encargaban por completo del negocio, pero Danny seguiría recibiendo una pensión mensual del negocio. Aunque parecía que todo el mundo a nuestro alrededor estaba teniendo bebés, era lo último que quería. Desde muy joven supe que los niños no estaban en mi futuro. Pensaba que sólo era una fase que pasaría, pero el deseo de no tener hijos no hizo más que fortalecerse con el tiempo. No me parecía justo para nadie traer a este mundo a un niño que pudiera sufrir. Un niño inocente se merece algo mejor. Probablemente era algo de lo que Brian y yo deberíamos haber hablado antes de casarnos, pero el tema nunca surgió.

Mi último día de trabajo en el New York Road Runners fue decepcionante. Después de casi 7 años de duro trabajo, ni siquiera hubo un almuerzo de despedida ni un abrazo sincero de nadie. El padre Joe solía decirme que dejara de esperar cosas de las personas y me decepcionaría mucho menos a lo largo de la vida. Brian había puesto varios anuncios de "venta por mudanza" para nuestro último fin de semana en Nueva York y vendimos casi todo lo que teníamos en el apartamento.

Era casi otoño y no hice a propósito ningún plan especial de cena de despedida con mi hermana o mi madre porque sabía que volvería pronto de visita. Le dije a Brian que tenía que volver en los próximos 3 meses y él estuvo de acuerdo. A pesar de que iría de visita, lloré mientras empaquetábamos la furgoneta con las pertenencias que nos quedaban y durante las 13 horas que duró el viaje de Nueva York a Asheville, Carolina del Norte. "Adiós por ahora Nueva York... volveré" me susurré a mí misma.

Capítulo Nueve - Asalto 9

Asheville, Carolina del Norte
"Si pierdes dinero, pierdes mucho. Si pierdes amigos, pierdes más. Si pierdes la fe, lo pierdes todo", Eleanor Roosevelt

La fe, las oraciones y la iglesia han sido y serán siempre una parte importante de mi vida y son esenciales para mi bienestar general. Ha sido la única constante en mi vida y nunca habría podido sobrevivir sin ella. Teníamos casi todo resuelto, desde la escuela, las visitas a la familia y los arreglos temporales de vivienda, excepto la iglesia. En Nueva York, asistía a una iglesia cristiana especial llamada Iglesia de Dios Ministerial de Jesucristo Internacional (IDMJI) que fue fundada por una mujer excepcional llamada María Luisa Piraquive en 1972. La iglesia tiene más de 500 sedes en todo el mundo y también ofrece servicios de audio/interpretación en inglés y otros idiomas.

Mientras Brian se concentraba en conducir, yo busqué la iglesia IDMJI más cercana en Carolina del Norte y me emocioné cuando vi que tenían una sede en Charlotte, Carolina del Norte. "¡Raggie! ¿A qué distancia está Charlotte de donde vamos a vivir?" le pregunté. Brian parecía confuso, pero contestó: "Charlotte está a unas dos horas en coche de Asheville". "¿Por qué Scooby? ¿Qué hay en Charlotte?" Mi excitación se convirtió rápidamente en melancolía. Sabía que a Brian le disgustaba todo lo que implicara una conducción prolongada y no iba a llevarme más de 4 horas de ida y vuelta a la iglesia semanalmente. "Raggie, ahí es donde se encuentra la iglesia IDMJI más cercana. Sé que odias conducir durante largos periodos de tiempo, pero si al menos pudiéramos ir allí una vez al mes, te lo agradecería mucho y tal vez podrías quedarte a un servicio", le dije.

"Scoob, hay otras iglesias cercanas en Asheville. De hecho, encontré una que no es de ninguna denominación llamada "Nueva Vida" a la que podemos ir los dos. No hay necesidad de conducir hasta Charlotte. Podemos intentarlo el próximo fin de semana si quieres", me contestó. Este sería otro gran problema que abriría una brecha en nuestra relación. Había invitado a Brian unas cuantas veces a la iglesia IDMJI a la que asistía en Nueva York, pero siempre había una excusa. Siempre que me invitaba al templo o a cualquiera de las reuniones religiosas de su familia, yo iba con la mente y el corazón abiertos a pesar de que mi iglesia no estaba a favor de que asistiéramos a ninguna otra reunión religiosa fuera de nuestra creencia. Necesitaba resolver algo rápido y caí en cuenta de que ¡tenía que aprender a conducir lo antes posible!

"Comprendo que estoy pidiendo mucho para que me lleves en coche a Charlotte para ir a la iglesia, Raggie. Me encantaría conducir yo misma con el tiempo, así que sólo necesito que me enseñes a conducir ya que parece que el transporte público no es una opción donde vamos a vivir", pedí como si se lo estuviera pidiendo a uno de mis padres. Me sentía incómoda con el hecho de que, por el momento, dependería totalmente de Brian para casi todo, desde el transporte, la compañía, el dinero y el apoyo en general. Literalmente no tenía nada excepto mi fe e incluso eso estaba en peligro porque no tenía medios para llegar a mi iglesia. Brian parecía frustrado y con muchas dudas respondió: "Scoob, no soy profesor de autoescuela, pero estoy de acuerdo y necesitas aprender a conducir. Puedo iniciarte con unas lecciones en un aparcamiento cercano y luego podemos seguir desde ahí".

Tenía mucho trabajo por delante y decidí que solicitaría el permiso apenas llegue a Asheville. Este sería el comienzo para recuperar mi independencia. Después de casi 12 horas, por fin llegamos a nuestro nuevo y espacioso apartamento de 2 dormitorios en Asheville. El lugar estaba en una ubicación estupenda, cerca de la famosa finca Biltmore, y totalmente amueblado en su mayor parte, ya que estaríamos allí temporalmente. Desembalamos el camión y nos fuimos directamente a la cama. Apenas pegué ojo mientras Brian roncaba toda la noche.

A la mañana siguiente, Brian se despertó y tenía la agenda llena en el trabajo mientras que yo no tenía ninguna agenda prevista. La Escuela de Masaje no empezaría hasta dentro de unas semanas. Cuando Brian se fue a su oficina, me aventuré a salir a correr y descubrí que vivíamos justo al lado de un tramo del hermoso sendero "Mountain to Sea" (montaña al mar), que se extiende 1175 millas desde los Smoky Mountains hasta los Outer Banks. La carrera por el sendero de 7 millas fue reconfortante y me ayudó a motivarme para programar un examen para mi permiso de conducir en el Departamento de vehículos motorizados de Asheville la semana siguiente. Descargué el manual del permiso y empecé a estudiarlo enseguida. Limpié todo el apartamento, lavé la ropa y preparé la cena a primera hora de la tarde.

Quería bajar a la calle y tomar un café, un tentempié o lo que fuera, pero no podía. Asheville no tenía una charcutería en la esquina, una bodega o cualquier tipo de tienda a la que pudiera ir dando un paseo. Todo estaba a un corto trayecto por coche. La tienda más cercana estaba a 30 minutos a pie del "Supermercado Inglés", así que decidí dar un paseo hasta allí. Asheville es una gran defensora de los negocios locales y no acogía fácilmente a las cadenas comerciales. Además, yo destacaba por ser una latina de piel aceitunada y pelo largo y rizado con acento de Nueva York y español, lo que hizo que el cajero me dijera con un marcado acento sureño: "Usted no es de por aquí, ¿verdad?"

Aunque ese comentario debería haberme molestado, me hizo soltar una carcajada y contesté espontáneamente mientras pagaba mis compras: "He escuchado que Asheville ha sido votada como la ciudad más amable y feliz de Estados Unidos durante 5 años consecutivos por la revista Outside, así que acabo de mudarme aquí desde Nueva York". Me ardían los antebrazos de cargar con dos bolsas de la compra todo el camino hasta casa, pero me sentía como si hubiera hecho algo útil por ese día.

Pasé la tarde preparando mi computadora y tenía una lista de cosas que investigar y empecé por el gimnasio de boxeo más cercano. En mi búsqueda, descubrí que Asheville no tenía ningún gimnasio específico de boxeo. Tenían gimnasios de MMA y CrossFit que disponían de sacos de boxeo para entrenar, pero el gimnasio específico de boxeo más cercano sería Dyme Boxing en Charlotte, NC, White Rock Boxing en Carolina del Sur y Decatur Boxing en Atlanta, GA. Era el momento de ponerme los pantalones de niña grande y entrenarme aquí en Asheville durante unos meses mientras aprendía a conducir y una vez, aprendiera a conducir, me pondría en contacto con los gimnasios de boxeo para hacer sparring y quizás entrar en el torneo de los Guantes de Carolina del Norte antes de convertirme en profesional.

Este traslado a Asheville me hizo darme cuenta más que nunca de que tenía asuntos pendientes en el boxeo y en la vida. Eran casi las 5 de la tarde y Brian debería estar de camino a casa, pero en lugar de eso me llamó y me dijo que no llegaría hasta mucho más tarde y que además tenía que organizar el viaje para los próximos días a una exposición textil en Texas. Apoyé la cabeza en la computadora y empecé a llorar y entonces sonó mi teléfono. Era mi hermana y cogí el teléfono enseguida: "¡Me alegro tanto de que hayas llamado!" dije entre lágrimas. "Sentí el deseo de llamarte Patricia. ¿estás bien?" preguntó mi hermana.

Odiaba hacer que se preocupara, pero no podía ocultar mi tristeza. Me sequé las lágrimas y entre mocos contesté: "Estoy bien, sólo me has pillado en un mal momento. Me siento muy sola aquí fuera. Se suponía que Brian debía estar en casa, pero estará trabajando hasta tarde y viajando durante los próximos días. No hay transporte público y Brian no tiene paciencia para enseñarme a conducir y no tengo trabajo, ni amigos ni a nadie y la iglesia más cercana está a más de 2 horas y Brian no me llevará hasta allí ". Hubo una larga pausa en silencio, pero mi hermana contesto: "¡Creo que éste sería el momento perfecto para tener un perro! Siempre te han gustado los perros y dijiste que con el tiempo querías ser mamá de un perro. Mantente fuerte y reza. Dios está utilizando todo esto para convertirte en la luchadora que siempre has sido. Intenta descansar bien y mantente positiva".

Mi hermana tenía razón en todo lo que decía. La única forma en que iba a sobrevivir esto era rezando y manteniéndome fuerte y positiva. También me tomé un momento para registrarme en Petfinder.com que me notificarían cuando hubiera que rescatar a un cachorro macho joven de raza pequeña. Ambos nos haríamos un gran servicio rescatándonos mutuamente en este momento. Siempre me habían gustado los perros y a lo largo de los años había visto "El Dog Whisperer", así como leído todos los libros de César Millán, y sentía que tenía las herramientas para ser una buena madre de un perrito.

Mi momento culminante de los días siguientes mientras Brian estaba fuera en Texas fue recibir una llamada de mi antiguo jefe de la serie de eventos JPMorgan Chase Corporate Challenge, Dan Brannen. Siempre le respeté no sólo como mi supervisor, sino como persona y atleta. Se enorgullecía del trabajo duro y era dueño de su propia empresa de eventos, DJB Event Consultants, Inc.

Dan era también un Ultra Maratoniano y Corredor de Aventura del Salón de la Fama con el que me había topado anteriormente en una carrera de aventura en Nueva Jersey mientras estaba con el agua al cuello antes de mi traslado a Asheville. "¡Hola Patricia! ¿Cómo te está tratando Asheville hasta ahora? Te llamo porque estoy ayudando a organizar un evento de caminata/carrera contra el cáncer cerca de ti y me preguntaba si querrías trabajar en él y también hacer un trekking conmigo".

Ésta era la mejor noticia que había oído en mucho tiempo y estoy segura de que él no tenía ni idea de lo feliz que me hizo su llamada. "¡Hola Dan! ¡Es tan bueno saber de ti! ¡Claro que sí! Me aburro como una ostra aquí y me encantaría trabajar en tu evento e ir de excursión. Tengo un dormitorio extra en el apartamento y eres bienvenido a quedarte con nosotros el tiempo que necesites". Estuvimos de acuerdo y Dan llegaría dentro de unas semanas, que era la época de máximo follaje en la zona, así que yo estaba deseando hacer mi primera excursión, aunque en aquel momento tenía la idea equivocada de que el senderismo era para los veteranos.

Dan mencionó que llegaría un par de días antes de su evento para que pudiéramos ir de excursión e intentar hacer cumbre en el monte Mitchell, así que lo busqué y descubrí que el monte Mitchell es el pico más alto del este de Norteamérica y se considera una caminata desafiante de 12 millas con una elevación de 6.684 pies y que normalmente se tarda unas 7-8 horas en completar. Estaba confusa ya que no podía imaginarme a los abuelitos haciendo una excursión así. Me encogí de hombros y no podía esperar a trabajar y volver a ver una cara familiar.

Desarrollé una rutina mientras Brian estaba fuera consistente en levantarme, salir a correr por el sendero, estudiar para sacarme el permiso de conducir y mantener el apartamento impecable, al tiempo que me mantenía atenta a cualquier trabajo a tiempo parcial en el campo que me resultara familiar. Vi una vacante para un trabajo a tiempo parcial como intérprete de español para la Junta de Educación del condado de Buncombe, pero no estaba segura de sí se trataba de un error cuando vi que el sueldo era de 10 dólares la hora. Yo ganaba el doble por hora cuando dejé la ciudad de Nueva York, así que estaba bastante segura de que se trataba de un error tipográfico. Decidí llamar al número que aparecía. "Buenas, estoy interesada en el puesto de intérprete de español a tiempo parcial, pero he visto que la tarifa salarial era de 10 dólares la hora y quería que me lo aclararan", dije. "Sí querida, la tarifa salarial comienza en $10/hora y aumenta a $12/hora después de un año. Estaré encantada de darle la dirección de correo electrónico exacta de dónde enviar su currículum cuando esté preparada", me contestó. Cogí la dirección de correo electrónico, le di las gracias y me sentí aliviada de que no pudiera ver la expresión de mi cara. Sin embargo, no podía entender cómo era posible esta tarifa.

Había trabajado tanto durante tantos años y me dolía y humillaba al mismo tiempo tener que volver a lo que ganaba 10 años atrás, cuando empecé a trabajar en Sanctuary for Families. Cuando Brian regresó por fin un viernes por la tarde, le puse al día sobre la noticia de que Dan vendría a visitarnos en unas semanas y nos llevaría de excursión al monte Mitchell, su oferta de trabajo para los dos.

También le bombardeé con una lista de tareas que estaban en mi lista de prioridades, desde clases de conducir el fin de semana, hacer el examen para el permiso de conducir ese lunes, visitar gimnasios y el deseo de adoptar un perro. "¡Vaya Scoob! Es mucha información para asimilar ahora mismo. Estoy agotado por el viaje y el trabajo del programa. ¿Crees que podría relajarme un poco y podemos hablar de todo mañana? Podemos planear pasar el día mañana con una carrera ligera, mirando casas nuevas y películas por la tarde. ¿Te parece bien?" Brian nunca solía estar demasiado cansado para mí, pero tenía que ser comprensiva. Además, él era de hecho el único sostén de la familia por ahora. Luché contra las lágrimas, asentí con la cabeza y le di un beso de buenas noches.

Aquella noche sería una noche que nunca jamás olvidaría. Por un momento, mientras dormía, pensé que estaba teniendo el sueño paralizante porque sentí que la cama temblaba. Abrí ligeramente los ojos sólo para descubrir dolorosamente que ¡era Brian auto gratificándose conmigo a su lado! ¿Creía que no me daría cuenta? Las lágrimas rodaron por un lado de mis mejillas mientras luchaba por permanecer en silencio. Hacía más de 6 meses que no intimábamos y supongo que él tenía necesidades inmediatas a pesar de estar tan "cansado"de su viaje. En aquel momento no lo sabía, pero aquello fue realmente el principio del fin. Entre los desacuerdos sobre su familia, el traslado forzoso a Asheville, su reticencia a darle una oportunidad a mi iglesia, todo había hecho impacto en nuestra conexión y las cosas empeorarían inevitablemente.

A la mañana siguiente, intenté actuar con la mayor normalidad posible y le desperté con un beso en la frente y le dije: "¡Buenos días, Raggie! ¿Quieres un batido antes de nuestra carrera? Estoy lista para cuando quieras". Estiró los brazos por encima de la cabeza y contestó: "Buenos días, Scooby, sólo dame unos minutos para prepararme y podremos irnos pronto". Estaba algo excitada por enseñarle el nuevo sendero que había descubierto e intenté bloquear la horrible experiencia de la noche anterior. Empezamos a trotar lentamente mientras yo tomaba la delantera. "Raggie, éste es el sendero que descubrí. Suelo correr una ruta de ida y vuelta de 7 millas, pero podemos dar la vuelta en cualquier punto. Sólo tienes que decírmelo", le dije mientras miraba hacia atrás y él asentía.

Siempre se quejaba de sus rodillas y yo no quería entrar en discusiones, pero recordé que Brian apreciaba mucho más los senderos que correr por carretera y acabamos corriendo los 11 km en silencio. Después de ducharnos, dimos una vuelta por Asheville para empezar a buscar un nuevo hogar. Había una nueva comunidad que se estaba desarrollando cerca, en la zona de Biltmore, que contaba con el popular gimnasio de YMCA y un centro comercial con tiendas como REI, Starbucks, P.F. Chang's, una librería y otras tiendas locales más pequeñas.

Aparcamos y empezamos a pasear por el bonito vecindario y vimos unas cuantas jornadas de puertas abiertas. Entramos en una justo en Heathbrook Circle. La casa era unifamiliar y tenía un sótano terminado, un bonito patio trasero y estaba en muy buenas condiciones. El precio estaba justo por debajo de $200k y los impuestos anuales por debajo de $2k.

Brian me preguntó qué pensaba y a mí me encantaron la casa y el vecindario y se lo dije a pesar de sentirme tan insegura sobre nuestra relación. Brian habló con el agente y haría una oferta y el papeleo se inició casi de inmediato.

Después de la visita a la casa, seguimos paseando por el vecindario y fuimos al YMCA para apuntarnos como miembros. El YMCA de Asheville era impresionante y tenía varias plantas y servicios especiales como una piscina olímpica, un jacuzzi, una guardería, clases de spinning, sala de aeróbicos y mucho más. Me informé sobre la posibilidad de convertirme en entrenadora personal para ellos a fin de que mi afiliación fuera gratuita y me dirigieron a un formulario en línea para enviar mi currículum. Hasta el momento había sido una mañana y una tarde agradables. Decidimos almorzar en el cercano Earth Fare, que era su versión de Whole Foods, donde se dedican a los alimentos saludables, los productos ecológicos y la carne de vacuno alimentado con pasto.

Al mudarme a Asheville, había decidido seguir una dieta más vegetariana y orgánica. Nos sentamos, comimos y nos pusimos al día de todo mientras estábamos separados. "Scoob, ahora que vamos a comprar esta nueva casa, vamos a tener que ser más conscientes de cómo gastamos el dinero. Sé que irás a la escuela, pero tal vez puedas ganar algo de dinero extra trabajando a tiempo parcial en un supermercado como éste", me dijo. Me quedé estupefacta, no porque pensara que trabajar en un supermercado era indigno de mí, sino porque mi propio marido me lo estaba pidiendo.

"Brian, voy a solicitar ser entrenadora personal a tiempo parcial para la YMCA y, mientras estabas fuera, yo también estaba buscando trabajo y he enviado mi currículum a la Junta de Educación de Buncombe para un puesto de intérprete de español a tiempo parcial. El sueldo empieza en 10 dólares la hora. Al parecer, esa es la norma por aquí. Esto no es culpa mía y estoy haciendo todo lo que puedo para contribuir. No me paso el día sin hacer nada. Mantengo nuestro hogar limpiando, cocinando y recogiendo lo que ensucias. Siento no tener unos padres como Jessica que puedan darte dinero y comprarnos una casa", conteste de mala gana.

La cara de Brian se puso roja y me agarró de la muñeca al darse cuenta de que había dicho una tontería. "Lo siento Scoob. Aprecio todo lo que estás haciendo. Sólo pensé que trabajar en un lugar como éste en tu tiempo libre sería bueno para ti y a la vez ganar algo de dinero extra, eso es todo", dijo. Bajé la mirada moviendo las claras de un lado a otro del plato con el tenedor intentando encontrarle sentido a cómo Brian había pasado de ser un novio detallista, generoso y atento a un marido tacaño desconsiderado e insolidario.

Allá en Nueva York, Brian solía motivarme para ser más. Cuando yo no creía que pudiera convertirme en entrenadora personal y de grupo, él creía que podía y me empujó a obtener el certificado y a dar clases.

Estuvo ahí para mi primer triatlón y carrera de aventura y yo estuve ahí para él. Siempre desarrollamos objetivos juntos.

A juzgar por sus acciones y su actitud, aquellos días habían terminado. Había pasado de ser una independiente y una experta y respetada gestora de eventos para una prestigiosa empresa a estar completamente sola, desempleada sin carné de conducir y a que mi marido me pidiera que trabajara en un supermercado. Tomé la decisión de mudarme aquí y ahora dependía de mí sacar lo mejor de esta situación de alguna manera. Si de verdad quieres ver de qué estás hecha, intenta despojarte de todo y de todos los que conoces.

Aquella tarde, después del cine, le recordé a Brian lo de las clases de conducir, así que fuimos a un aparcamiento cercano. En aquella época, Asheville tenía tantos espacios abiertos que aparcar en paralelo no era un requisito en el examen de conducir porque podías meterte literalmente en cualquier hueco. "Vale Scoob, vas a ponerte en el lado del conductor y ajustar el asiento a tu comodidad. Ni demasiado cerca ni demasiado lejos. Asegúrate de que tus pies pueden alcanzar los pedales y de que tus manos se sienten cómodas en el volante", me dijo con firmeza mientras se sentaba en el lado del pasajero. Tenía una gran sonrisa en la cara mientras seguía sus instrucciones.

En cuanto me sentí preparada, encendí el coche y pisé el acelerador un poco demasiado fuerte haciendo que Brian entrara en modo pánico. "¡Eh, relájate! ¡No pises el acelerador tan fuerte!" me gritó. No pude evitar reírme de su reacción y sabía que no le gustaba que me riera, pero era mi reacción natural. Conduje en círculos y practiqué haciendo giros a la izquierda y a la derecha, así como giros de tres puntos durante la siguiente hora. Esa sería la primera y última lección de conducción que Brian me dio. Simplemente no tenía paciencia, pero sabiéndolo, accedió a que me llevara el coche por las mañanas temprano para practicar yo sola en los aparcamientos cercanos después de que obtuviera mi permiso de conducir.

Ese lunes por la mañana, me llevó a hacer el examen para obtener el permiso de conducir y pude aprobarlo sin problemas, así que, durante las dos semanas siguientes, antes de que empezara el colegio, me levantaba a las 4 de la mañana y conducía yo sola hasta el aparcamiento para practicar durante una hora antes de mi carrera y antes de que Brian condujera hasta el trabajo. Sabía que era arriesgado y Brian pensaba que estaba loca, pero también programé el examen para la licencia 2 semanas después.

Confiaba plenamente en que el cielo me cubriría las espaldas la mañana del examen de conducir. Brian me dejó en el Departamento de Vehículos de Asheville y me pidió que cogiera un taxi para volver a casa, lo cual me pareció bien. Ya estaba lo bastante nerviosa y no quería la presión añadida de que él esperara impaciente para volver a su oficina. Tras 20 minutos de espera, salió una inspectora de tráfico de más edad. "Buenos días, jovencita. ¿Se siente preparada para hacer ahora su examen de conducir?" me preguntó.

La miré, sonreí nerviosamente y contesté: "Buenos días, inspectora. Estaré lo más preparada posible. Empiezo la escuela de masajes la semana que viene y necesito este carné para llegar allí y también para conducir yo misma a la iglesia y a otros sitios porque mi marido no quiere llevarme".

Sabía que no esperaba que todo eso saliera de mi boca, pero estaba todo embotellado dentro y tenía que dejarlo salir. "De acuerdo entonces. Suba al lado del conductor y espéreme antes de empezar a prepararse y cuando le diga que arranque el coche, entonces podremos irnos". me ordenó la inspectora. Abrí la puerta, me senté y ajusté el asiento, el volante y los retrovisores antes de que me pidiera que arrancara el coche. "Vamos a dirigirnos por esa calle residencial y en el semáforo gire a la derecha y en la esquina gire a la izquierda", me dijo. Encendí las señales en cada giro y luego me indicó que hiciera un giro de 3 puntos que hice en 4. "Le pido disculpas, inspectora. ¿Puedo volver a intentarlo, por favor?" le pregunté y la miré con los ojos inevitablemente llenos de lágrimas.

Sus brillantes ojos azules me devolvieron la mirada y me hizo un gesto con la cabeza. Volví a intentarlo y esta vez lo conseguí perfectamente al menos eso fue lo que pensé hasta que ella dijo: "Con esto concluye este examen. Ya podemos regresar". No me miró y, por el rabillo del ojo, vi que estaba marcando el formulario oficial. Sentí náuseas, pero aliviada de que hubiera terminado y de que sólo tuviera que seguir practicando y programar otro examen en cuanto me lo permitieran, pero entonces, al apagar el coche, la inspectora me entregó la tarjeta de puntuación y me dijo: "La felicito por su licencia. Por favor, tenga cuidado y asegúrese de seguir practicando antes de salir a la carretera".

"Gracias, Dios", susurré rápidamente antes de abrir los ojos y responder: "¡Muchas gracias, inspectora! Lo haré ". Estaba a unos 10 km del apartamento y decidí volver a casa andando en pie en lugar de llamar y esperar un taxi. Tener esta licencia me iba a permitir hacer tantas cosas. Llamé a Brian y le di la buena noticia y sé que él también se sintió aliviado porque no iba a tener que llevarme en coche a todas partes. Me dijo que su hermano quería deshacerse de su viejo coche, así que se lo iba a quitar de las manos y me lo iba a dejar listo justo a tiempo para cuando empezara el colegio dentro de una semana.

Mientras caminaba hacia casa, pensaba en todas las cosas que conducir me iba a permitir hacer por fin. Mi plan era seguir practicando y mejorar mis habilidades al volante utilizando las carreteras secundarias durante un mes más o menos antes de aventurarme en las autopistas para ir a la iglesia IDMJI. En mi investigación, el trayecto hasta la Iglesia IDMJI en Charlotte era de 2 horas y 20 minutos por la autopista frente a las 3 horas y 50 minutos por las carreteras secundarias.

El jueves por la tarde, Dan Brannen llegó a nuestro apartamento. Fue increíble ver a un neoyorquino conocido, ¡aunque viviera en Nueva Jersey! Sabía que estaba cansado del viaje, así que charlamos un rato y discutimos brevemente el programa de nuestra excursión de la mañana siguiente. Estábamos todos levantados a las 5 a.m. y en la puerta a las 6 a.m. y en el sendero del Monte Mitchell a las 7 a.m.

El viaje en coche hasta allí fue pintoresco y de aproximadamente una hora. No me había dado cuenta de que estábamos tan cerca de la frontera de Tennessee. El sendero empezaba dentro del camping de Black

Mountain. Dan fue excelente a la hora de informarnos sobre la ruta. Seguiríamos los hitos azules del sendero que tenían marcas azules en los árboles.

El sendero comenzaba junto a un arroyo y rápidamente empezamos a ascender por senderos que tenían importantes raíces y rocas. Experimenté sensaciones que nunca antes había sentido. No necesitaba que nadie estuviera charlando ni sentía la necesidad de hablar. Estaba concentrada en cada paso, en cada respiración mientras sentía el abrazo del cielo, los árboles y la montaña. Alrededor de la segunda hora del implacable ascenso, hubo una sección en la que estuve literalmente sobre mis manos y rodillas agarrándome a los árboles sudando e intentando no resbalar hacia abajo antes de que hiciéramos una muy necesaria pausa para beber agua y tomar un tentempié. "Entonces, ¿qué te parece la caminata hasta ahora?" preguntó Dan. ¡Solté una carcajada incontrolable y Brian me siguió y luego Dan!

Brian sabía que una vez pensé que el senderismo era para los abuelitos. "¡ME ENCANTA! ¡Nunca pensé que el senderismo pudiera ser así Dan!" Le contesté con la boca todavía masticando una barrita Clif. Volvimos a ponernos en pie tras un breve descanso de 5 minutos y la brutal subida comenzó de nuevo. Cuanto más subíamos, más se enfriaba el aire. Después de una hora más, a medida que nos acercábamos a la cima, llegamos a otra hermosa sección desafiante donde la montaña se volvía alpina, musgosa y mística y ciertamente llenó todas mis entrañas de indescriptibles sentimientos de alegría.

Con las piernas como gelatina y el corazón a punto de estallar de la emoción, nos acercamos a un gran cartel rojo que decía: "Monte Mitchell, el pico más alto al este del río Mississippi, elevación 6684 pies". Contemplé las vistas de 360 grados, cerré los ojos y recé una oración mientras sentía cómo el cielo me soplaba una cálida brisa en la cara. "Esto es lo que se siente al ser feliz", pensé mientras me secaba una lágrima y recordaría esta primera excursión para siempre. El descenso duró casi tanto como el ascenso, así que todos estábamos agotados cuando terminamos 7 horas después.

Al llegar de vuelta a Asheville esa noche, llevamos a Dan a uno de los mejores restaurantes veganos de Asheville llamado "Laughing Seed Café" situado en el corazón del centro de Asheville. Lo pasamos muy bien hablando de la caminata y de los viejos tiempos antes de volver al apartamento para ducharnos, dormir y levantarnos para trabajar en el evento de la Caminata/Carrera contra el Cáncer en la mañana siguiente. Nos dirigimos a Carolina del Sur, que también estaba a una hora en coche. Brian y yo empezamos a mover barricadas, a ayudar a montar las zonas de avituallamiento antes y después de la meta y a colocar la señalización. Todos los eventos tenían elementos similares. Sólo que siempre se necesita el equipo adecuado para ejecutar la logística lo mejor posible.

Como cualquier evento, esta marcha/carrera contra el cáncer tuvo sus retos, pero hicimos que funcionara y parece que salió bastante bien. Antes de marcharnos, Dan mencionó que los New York Road Runners ya no se encargaban del evento JPMorgan Chase Corporate Challenge y que uno de sus asociados y él dirigían ahora el evento para el banco. Añadió que, si yo estaba disponible para trabajar y ayudar en parte de la logística, como había hecho en los últimos años, me contrataría. No dudé en aceptar la oferta y mencioné que viajaría a Nueva York cada par de meses más o menos y que podría estar allí para trabajar en el evento en verano, así que acordamos seguir en contacto.

Fue un fin de semana muy satisfactorio y me sentía melancólica en el viaje de vuelta a casa. Hice senderismo y alcancé una cumbre importante por primera vez y trabajé una jornada de 12 horas, así que también me sentí realizada. Brian aprovechó la ocasión para señalar que las vacaciones se acercaban rápidamente, en menos de un mes, y que su padre nos había invitado a todos a su nueva casa de Florida para pasar un fin de semana con su mujer, su hijo recién nacido y también para conocer a su familia política. Intenté no encogerme visiblemente, pero algo en mi cara debió de delatar mis sentimientos. "¡Sólo es un fin de semana Scoob! Hace más de 6 meses que no veo a mi padre. ¡Esto no es fácil para nadie!" dijo Brian en un tono casi altisonante.

No quería ir a la iglesia conmigo, mientras tanto, quería que fuera hasta Florida y pusiera una sonrisa falsa para conocer a su nuevo hermanito y a los nuevos suegros de su padre. "Sí, de acuerdo Raggie. Me alegro de que te des cuenta de que esto no es fácil, pero intentaré poner buena cara el fin de semana de Acción de Gracias. Ahora mismo, me gustaría concentrarme y prepararme para el colegio el lunes. Conduciré yo misma, así que no tienes que preocuparte", dije con pesadez en el pecho.

Al día siguiente, salí a correr un rato largo yo sola, ya que sabía que Brian querría tomarse el día para descansar. Su nueva manía era darse un atracón con el servicio de correo de Netflix que te permitía alquilar series y películas. Le encantaba ver la totalidad de una serie de 12 episodios de una sentada, lo que le ocupaba un día entero. Actualmente estaba viendo la 1ª temporada de "Damages" con la actriz Glen Close. Yo bromeaba y le llamaba vago, pero a él no le importaba. Siempre me contestaba diciendo que se merecía un día de ser "vago" después de trabajar duro toda la semana.

Conduje hasta la Escuela de Masaje y Yoga de Asheville ese lunes por la mañana puntualmente como a las 8 a.m. mientras que el resto de mis compañeras llegaron después de las 8 a.m. Una de las cosas que se me quedaron grabadas de los seminarios de Anthony Robbins a los que asistí en el pasado y de los libros que leí fue que llegar tarde es ser desconsiderado y egoísta, así que hice todo lo posible para no llegar tarde, especialmente en mi primer día de clases. Cuando la clase de 12 mujeres y 1 hombre: Brandi, Emily, Gina, Heidi, Jamie, Jody, Kayce, Kate, Lee, Lisa, Lyndia, Mark y yo, la fundadora y directora de la escuela, Shala, nos guió a través de una serie de ejercicios suaves de yoga y terminó con una meditación antes de que cada una nos presentáramos y repasáramos el intenso curso de certificación de 8 meses.

La mayoría de las mujeres eran de zonas cercanas y rápidamente empezaron a formar sus propios grupitos durante los descansos a lo largo de la jornada de 8 horas. Me sentí como si estuviera reviviendo de nuevo mis años de primaria y secundaria. Era todo un reto hacer amigos y encajar. Sin embargo, las mujeres nunca fueron malas, simplemente no se esforzaban por ser amables ni hacían ningún esfuerzo por conocerme. Esperaba que esto cambiara. Por ahora, estaba triste y desconcertada después de mi primer día de clases, pero estaba decidida a superar este curso para poder tener mi certificación y obtener las habilidades necesarias para conseguir un trabajo mejor pagado en Asheville.

Mientras conducía de vuelta a casa, me acordé de una de las instructoras que nos habían presentado, Martina Barnes, que era psicóloga en Asheville y sería nuestra instructora de Ética y Psicología. No había hablado con ningún consejero desde el padre Joe y hacía unos meses que no iba a la iglesia, así que sentía que tenía tantas cosas embotelladas en mi interior. Había compartido su correo electrónico durante la introducción, así que pensé en escribirle pronto.

Estaba tan agotada cuando llegué a casa y me di cuenta de que era sobre todo emocional. Ordené la casa, cociné un poco de arroz que acompañaría al pollo asado que compré en Earth Fare y lo tuve listo en la mesa mientras esperaba a que Brian llegara a casa, pero llamó diciendo que tenía que terminar de empaquetar un pedido urgente para un cliente y que no estaría en casa hasta mucho más tarde. Ni siquiera me molesté en comer y guardar la comida, en su lugar encendí la computadora y me sentí reconfortada cuando recibí un correo electrónico de petfinder.com alertándome de que había un cachorro macho mezcla de Jack Russell y Chihuahua de 6 semanas que necesitaba ser adoptado.

Alguien le había abandonado a él, a su mamá y a sus hermanos a un lado de una carretera en Lexington, Carolina del Norte, que estaba a unas 6 horas en coche de Asheville. Su mamá y sus hermanos ya habían sido adoptados y sólo "Brownie" estaba disponible. Vi su foto y me enamoré inmediatamente. ¡Este es el perro que he estado esperando toda mi vida! Les envié un correo electrónico y les pregunté cuándo podía recogerlo y me respondieron enseguida y me pidieron que lo recogiera lo antes posible. Planeaba ir ese fin de semana, el sábado.

No podía dejar de pensar en "Brownie" al que rebautizaría como "Jack" ya que ese nombre me recordaba a algunos de los hombres fuertes que admiraba. Jack era el nombre de uno de mis grandes mentores llamado Jack Walston, un duro Navy Seal que me enseñó mucho sobre fortaleza mental y dureza, Jack Dawson de la película "Titanic" y Jack Bauer un agente antiterrorista de la serie de televisión "24" interpretado por Keifer Sutherland. Guardé su foto y reenvié el correo electrónico de petfinder.com junto con una nota a Brian que decía: "Raggie, entiendo que ahora tienes que trabajar muchas horas y viajar mucho más. Pronto nos mudaremos a una casa más grande y creo que es el momento perfecto para convertirme en mamá de un perro. Por favor, mira la foto adjunta de Jack que me gustaría recoger este sábado en Lexington, NC. Puedo conducir yo misma si lo deseas. Podemos hablar de ello cuando tengas tiempo esta semana. Con amor, Scooby".

Sentí que me palpitaba la parte baja de la espalda mientras me tumbaba en la cama somnolienta viendo la imagen de Jack antes de desmayarme. Durante el resto de la semana, luché por levantarme temprano e ir a correr antes de las clases y decidí correr en días alternos en lugar de todos los días hasta que me adaptara. Una de las cosas que aprendí a apreciar de verdad en la Escuela de Masaje y Yoga de Asheville era empezar el día con estiramientos y meditación. Formaba parte de nuestra práctica obligatoria de autocuidado, que también hacíamos a lo largo del día durante los descansos.

Aprendimos sobre las diferentes modalidades de masaje y también empezamos a aprender anatomía con una de las instructoras asombrosamente bien informada, Marion Stone, que también era masajista terapeuta en ejercicio y antigua enfermera titulada. La anatomía era mi asignatura favorita porque suponía un reto y me asombraba de las complejas pero maravillosas formas en que funciona nuestro cuerpo. Nos ponían a prueba todos los viernes, lo que mantenía a todo el mundo alerta, y también teníamos que practicar nuestras técnicas de masaje en casa y luego realizarlas con nuestras instructoras.

Un día, después de las clases, le pregunté a Brian si podía utilizarle para practicar mis técnicas de masaje y se le iluminó la cara. El masaje era algo que le encantaba recibir siempre que era posible. Se le iluminó la cara y se ofreció encantado a que le utilizara para todas y cada una de las sesiones de práctica que yo necesitara. El agacharme constantemente no le hacía ningún favor a mi zona lumbar, que parecía empeorar progresivamente cada día, así que programé una cita para ver a un especialista la semana siguiente.

La sesión de masaje de ese viernes por la tarde ablandó el corazón de Brian y se ofreció a llevarme a Lexington al día siguiente para recoger a Jack. Estábamos en la carretera a las 6 de la mañana y llegamos al mediodía. Cuando abrimos la puerta, 2 pequeños enanos de color marrón claro corrieron hacia nosotros saltando. ¡Los dos eran increíblemente monos! Los cogí a los dos y empezaron a lamerme la cara y a mover el rabo sin parar. "Raggie, ¿podemos adoptar a los dos? Son hermanos y deberían permanecer juntos. ¿Por favor?" dije abrumada por las lágrimas. Brian nunca había tenido un perro, pero podía ver cómo se le derretía el corazón con estos preciosos pequeñines.

Observó mi interacción con los pequeños cachorros. Puse a los cachorros en su regazo y ellos también se encariñaron con él antes de que me contestara: "Yo también odiaría separarlos Scoob. Me ofreceré a pagar por los dos perros y llevármelos a casa enseguida si el padre de acogida está de acuerdo". La cuota de vacunación/adopción era de 250 dólares, pero Brian se ofreció a extender un cheque de 500 dólares por los dos perros de inmediato. Se trataba de Jack y su hermano Peanut, pero la madre de acogida nos informó de que había prometido a Peanut a una señora que estaba de camino conduciendo durante 13 horas desde Nueva Jersey. "Lo único que puedo ofrecerle es llevarme a uno de los dos perros, pero no a los dos", dijo.

Se me partía el corazón, pero fui al otro extremo de la habitación, extendí los brazos y cerré los ojos. El cachorro que corriera primero hacia mí sería el que me llevaría a casa. Cuando abrí los ojos, Jack estaba moviendo la cola y saltó a mis brazos. Desde que vi su foto, supe que estábamos destinados a estar juntos. Éramos inseparables. De camino a casa, paramos en una tienda de animales y compramos su comida, su correa y algunos juguetes. Brian había dejado claro que Jack tendría que dormir en su propia cama. Jack era tan pequeño, apenas pesaba un kilo, pero sólo tenía 6 semanas. Le encantaba colgarse de mi cuello para estar calentito.

Llegamos a casa a última hora de la tarde y nos fuimos directamente a la cama. Puse al pequeño Jack en su cama y, unos segundos después, empezó a arañarme la cama y a llorar. Brian lo sacó a la puerta de nuestro dormitorio y entonces descubrimos lo fuerte que podía aullar. Aproximadamente una hora después, Jack dormía en nuestra cama debajo de mi axila y nunca más durmió en su propia cama por la noche en los últimos 14 años desde que lo adopté.

Mientras Brian se entretenía con su serie de televisión al día siguiente, el domingo, yo me pasé el día estudiando con Jack, adiestrándolo y paseándolo. Me fascinaba su preciosidad e inocencia. Le di el 100% de mi amor y afecto y fue correspondido por primera vez en mi vida. Me sentí tan bien diciéndole a Jack "te quiero" durante todo el día. Sabía por la mirada de sus grandes ojos marrones que el sentimiento era mutuo. No necesité ni utilicé correa cuando paseábamos. Jack me seguía y escuchaba mis instrucciones. Adiestrarlo no me supuso ningún esfuerzo. Puse en práctica todo lo que había aprendido de los libros de Cesar Millan y funcionaba de maravillas.

Era difícil dejar a Jack cuando iba a la escuela de masajes durante la semana, pero volvía a casa a la hora de comer para ver cómo estaba y volvía corriendo a casa después de clase. Jack se convirtió en mi compañero de estudio, mi confidente y mi mejor amigo. Nos mudamos a la nueva casa de Heathbrook Circle, en la comunidad de Biltmore, unas semanas después. Era la primera vez que vivía en una casa y me sentía fuera de lugar. No era nada extravagante, pero, aun así, no me sentía como en casa. Lo que sí me hizo feliz fue que la casa tenía un bonito patio trasero con una puerta para mascotas que permitía a Jack salir al patio a su antojo. Una vez llegué pronto del colegio y me encontré a Jack tomando el sol en el patio y esa imagen me hizo sonreír día tras día.

Poco después de mudarnos, fuimos a visitar a su padre a Florida y pasamos las vacaciones de Navidad y Año Nuevo en Miami. Su primo, que poseía un lujoso ático con mullidas alfombras en las paredes de su cine en casa, invitó a todos a pasar la Nochevieja en el restaurante Prime 112 de Miami. Fue uno de los peores y más solitarios Años Nuevos que había pasado en mi vida. Había gente notable en esta celebración como el cantante Michael Bolton, modelos y gente con mucho dinero, pero, en definitiva, todos eran extraños para mí con los que no tenía absolutamente nada en común. Al filo de la medianoche, le di un abrazo a Brian, pero nunca me había sentido tan distante de él.

Aunque la celebración del nuevo año fue poco inspiradora, me tomé mi tiempo para escribir mis objetivos en un trozo de servilleta mientras todos se emborrachaban. Mis objetivos de Año Nuevo incluían volver a ver a un consejero, conducir por la autopista para poder ir por fin a la iglesia, encontrar un trabajo, encontrar una universidad a la que transferirme cuando terminara la escuela de masajes y empezar mis cursos el próximo otoño, visitar a mi hermana en Nueva York y empezar a boxear de nuevo. En cuanto regresamos a Asheville ese fin de semana, me puse manos a la obra con mis objetivos y escribí un correo electrónico a Martina Barnes, mi profesora de Psicología en la escuela de masajes.

Le escribí a Martina contándole lo triste que me sentía últimamente con mi situación matrimonial, sobre los sentimientos de incertidumbre de lo que se suponía que debía hacer o ser y lidiando con traumas del pasado. Le expresé mi interés en tener una sesión con ella si no planteaba ningún conflicto. También le pregunté cuánto costaría cada sesión, ya que eso también sería un factor decisivo. A los pocos minutos de enviar el correo electrónico, ¡recibí una llamada de ella! "¡Hola Martina! ¡Feliz Año Nuevo! Me alegro mucho de saber de ti", le dije de un tirón.

"Hola Patricia. Feliz Año Nuevo para ti también. Gracias por tu correo electrónico. Tengo algunos espacios libres en mi agenda esta semana, el lunes o el viernes a mediodía, por si quieres venir a una sesión. Si crees que encajamos bien después de eso, quizá podamos organizar algo. Sé que tú eres entrenadora personal y yo he estado buscando una para empezar a hacer ejercicio de nuevo, así que tal vez podamos hacer un intercambio de una sesión de entrenamiento a la semana por una sesión de consejería. ¿Qué te parece?" respondió. Me sentí eufórica por su respuesta y acepté verla la tarde siguiente. Lo que más feliz me hacía era el hecho de que no tenía que pedirle dinero a Brian y por fin podía volver a confiar en mí misma.

Aunque tenía la semana libre, me esperaba una semana muy ajetreada y tenía algo programado cada día de la semana, desde citas con el médico, entrevistas de trabajo, visitas a universidades y mirar gimnasios. A la mañana siguiente, a las 5, llevé a Jack a su primera sesión de correr/caminar. Trotamos 1 milla y caminamos 2 millas para un total de ¡3 millas! Ya tenía casi 3 meses y ¡lo hizo tan bien! Sonreí todo el tiempo de ver correr sus piernecitas. Era inevitable que pronto se convirtiera en mi compañero de carreras. Estaba tan emocionada por contárselo a Brian, pero cuando volvimos a casa, él ya se había ido al gimnasio.

Me duché rápidamente y me preparé para conducir hasta Asheville Orthopedic Associates para ver al especialista por el dolor constante en la parte baja de la espalda. Al llegar me registré con las enfermeras, rellené los formularios del seguro y me llevaron a hacerme radiografías antes de meterme en una sala aparte para ver al médico. Se oyó un fuerte golpe en la puerta cuando el doctor entró mirando mis radiografías. "Hola, mi nombre es Dr. Smith. Buenos días, Patricia. ¿Puede decirme algo sobre las lesiones que ha tenido en la parte baja de la espalda?" preguntó el doctor mientras me estrechaba la mano.

Le miré con la mirada perdida ya que no recordaba haberme lesionado específicamente la espalda. "Encantada de conocerle doctor. Lo siento, pero realmente no puedo recordar ningún suceso específico en el que me lesionara la espalda. Empecé la escuela de masaje hace unos meses y he estado sentada mucho tiempo y agachada. Eso es todo. ¿Ve algo en las radiografías?" Se rascó la cabeza, volvió a mirar las radiografías y dijo: "Bueno, jovencita, la razón de su dolor lumbar es que su L5 (disco 5 de la columna lumbar) se ha deslizado de su S1 (disco 1 de la columna sacra). Además, tiene usted una vieja fractura en el coxis que nunca se curó bien y que contribuyó a ese deslizamiento discal. Le recomiendo encarecidamente que se opere lo antes posible".

La sensación de deja vu resurgió a cuando el médico me dijo que me había fracturado la muñeca y que era necesario estar en un yeso, pero esto era mucho peor. También recordé que mi padre me había dado unas cuantas palizas tan fuertes que apenas pude andar o acostarme boca arriba durante semanas. Probablemente fue una de esas palizas la que me fracturó el coxis. No lloré histéricamente como antes. Hice todo lo que pude para no reaccionar de forma tan dramática como en el pasado, pero las lágrimas corrían por mi rostro mientras le decía: "Doctor, soy una atleta competitiva y tengo metas de convertirme en profesional como boxeadora, así como metas de carrera de larga distancia. Por favor, piense en mí como en su hija y aconséjeme cualquier otro tratamiento aparte de la cirugía. La antigua fractura fue probablemente una de las muchas palizas que me dio mi padre cuando era niña".

La cara del médico estaba muy roja, ya que probablemente eso no era algo que oyera a menudo. Se paseó de un lado a otro y luego dijo: "Esta no es ni mucho menos la solución, pero lo único que puedo sugerirle es una fisioterapia agresiva. Podemos remitirle a un par de sitios y si después de 12 semanas no hay mejoría, entonces podemos programarle una intervención quirúrgica". La opción que me ofreció el médico significaba esperanza: cualquier cosa, menos cirugía. Fui a la recepción y me dieron el referido y decidí ir allí inmediatamente ya que aún tenía un par de horas antes de mi sesión con Martina. Conduje unos minutos hasta Asheville Physical Therapy y conocí al mejor y más amable fisioterapeuta, Brian K. Lawler, MS, fundador y propietario de Asheville Physical Therapy.

Brian Lawler había abierto recientemente su propio negocio. Escuchó pacientemente mi historia y mis objetivos de convertirme en boxeadora profesional, pero lo que realmente cambió su actitud fue cuando le dije: "Estoy dispuesta a hacer el trabajo. Tengo fe en que usted es un enviado de Dios y en que esta fisioterapia salvará mi espalda de una operación". Sus grandes ojos azules se abrieron ampliamente mientras decía: "Te ayudaré en todo lo que pueda, pero como dijo el Dr. Smith, no hay garantías con la fisioterapia. Sin embargo, tienes la idea correcta sobre la fe y el trabajo duro. Me alegro de que seas creyente. Podemos empezar ahora mismo y puedo iniciarte con unos cuantos ejercicios y luego ponerte en la camilla para estimulación eléctrica y compresas de hielo para ayudarte con la inflamación. Puedo programarte 2-3 veces a la semana por ahora y debes hacer los ejercicios que te dé".

Hicimos unas cuantas rondas de ejercicios de fortalecimiento de la espalda y el tronco, ya que uno de los focos era trabajar los músculos opuestos para ayudar a sostener mi zona lumbar. Era un principio importante que se reforzaría en la escuela de masaje, que consiste en trabajar los músculos opuestos cuando se lesiona una zona específica. La estimulación eléctrica en mi espalda fue intensa y mientras estaba tumbada en la camilla, recé una oración.

Aunque la relación con mi marido, Brian, y estar sola en Carolina del Norte era todo un reto, estaba empezando a ver que estar aquí también tenía sus bendiciones. Estaba descubriendo la belleza de la fuerza, el valor, la fe y la sanación desde adentro hacia fuera. Nunca me habría enterado de lo de mi espalda, de la exquisitez de la naturaleza y sabía en el fondo que habría muchas más lecciones por venir. Tenía previsto volver a ver a Brian Lawler a finales de semana, el miércoles por la mañana temprano, antes de que abriera y avanzara para no llegar tarde a la escuela.

Me apresuré a concertar mi cita con Martina en su consulta a domicilio y llegué justo a tiempo. Martina me saludó con un cálido abrazo e inmediatamente me sentí reconfortada mientras su gato atigrado macho, Sugar y su perra mezcla de pastor y husky, Angel también me saludaban. Martina era cálida y empática y me sentí a gusto hablando con ella. Era completamente diferente al padre Joe. Fue un cambio refrescante y aunque lloré mucho, me sentí muy bien al volver a hablar con alguien. Acordamos intercambiar servicios y yo empezaría a entrenarla personalmente los sábados o domingos por la mañana. Tuvo un accidente de auto que le afectó a la espalda y al cuello hace unos años y quería volver a ponerse en forma.

Durante las 16 semanas siguientes, me concentré en mis clases, la fisioterapia, la consejería, pasar tiempo con mi perro, Jack, y trabajar en algunos encargos de interpretación de la Junta de Educación de Buncombe. Apenas ganaba 100 dólares a la semana, pero algo era mejor que nada y me gustaba estar ocupada. Me ayudaba a aliviar el dolor de mi deteriorado matrimonio. Muy pronto, reuní el valor para conducir por la autopista e ir a la iglesia IDMJ de Charlotte, Carolina del Norte. El trayecto hasta allí a la luz del día no fue tan malo como pensé que sería y recuerdo la alegría y el alivio que sentí al llegar por fin a un lugar tan especial.

El pastor, los hermanos y las hermanas eran cálidos y acogedores. Canté, recé y medité en las enseñanzas durante el servicio de 90 minutos. Estaba rebosante de alegría hasta que salí casi a las 8 de la noche y fuera ya estaba oscuro como boca de lobo. Nunca había conducido de noche y ahora me enfrentaba a conducir en lo desconocido y, para hacer las cosas más interesantes, se estaba formando niebla. Conducir por las montañas de Carolina del Norte en la oscura noche de niebla, sin alumbrado público y con carreteras llenas de curvas me tenía el estómago hecho un nudo todo el tiempo. "Dios, la única razón por la que estoy aquí conduciendo a estas horas es porque necesitaba mostrar mi presencia en tu casa. Por favor, guía mis ojos y mis manos y protégeme de todo peligro", dije en un susurro desesperado mientras apretaba el volante. Llegué a casa a las diez de la noche y me debatí entre decírselo a Brian, pero ya estaba roncando en la cama cuando llegué. Conducir de noche me daba miedo, pero por el momento me propuse conducir a la iglesia cada dos semanas.

Con cada semana que pasaba, mi cuerpo, mi mente y mi espíritu se fortalecían. Brian Lawler me desafió con ejercicios más nuevos y más duros durante nuestras sesiones de fisioterapia y al final de las 16 semanas, volví a Asheville Orthopedic Associates para un seguimiento. El Dr. Smith salió con las radiografías actualizadas frotándose la barbilla como la primera vez que nos vimos. Me dijo: "Vaya, vaya, jovencita.... Parece que ha estado trabajando duro. No estoy muy seguro de cómo lo ha hecho, pero parece que su L5 y S1 están estables y ya no tienen deslizamientos". Cerré los ojos unos segundos, respiré profundamente y me dije en un suave susurro: "Gracias, Dios". Sabía desde el diagnóstico inicial que la cirugía no era la opción para mí y que, con trabajo duro, fe y perseverancia, podría sanar.

Abrí los ojos y respondí al médico: "Muchas gracias, Dr. Smith, por referirme a Brian Lawler, de Asheville Physical Therapy. Él ha sido esencial para ayudarme a fortalecer mis músculos centrales. También trabajé duro por mi cuenta y creí que la curación era posible sin la cirugía". El médico añadió que yo era un verdadero testimonio de los resultados positivos de la fisioterapia y me aconsejó que siguiera haciendo los ejercicios de fisioterapia por mi cuenta el mayor tiempo posible para el mantenimiento y el autocuidado.

Me gradué de la Asheville School of Massage Therapy & Yoga y obtuve mi certificado de NCBTMB (Junta Nacional de Certificación de Masaje Terapéutico y Trabajo Corporal, por sus siglas en inglés). Tuve el verano libre y comenzaría mis cursos electivos universitarios en otoño en el Asheville-Buncombe Technical Community College (AB Tech) antes de transferirme a la Universidad de Carolina del Norte-Asheville (UNCA) en invierno. Me encantaron todas las valiosas lecciones y experiencias que aprendí en la escuela de masajes, pero me di cuenta de que no era el camino que quería seguir. Mantener los pies sobre la tierra y proporcionar a la gente un masaje reconfortante no era posible para mí. No era el camino profesional correcto para mí.

Capítulo Diez - Asalto 10

Mi porqué
"Tienes que aceptar lo que venga y lo único importante es que lo afrontes con valentía y con lo mejor que tengas para dar", Eleanor Roosevelt

Tras graduarme en la escuela de masajes y curarme la espalda, me centré en volver a boxear. Quería volver a sentir que tenía un propósito. Quería que mi vida tuviera sentido. Quería retarme a mí misma y ver hasta dónde podía llegar en este deporte y eso significaría que tendría que hacerme profesional. No tenía ni idea de cómo funcionaba el negocio, pero al menos empezaría por volver a ponerme en forma para boxear e inscribirme en los Guantes de Carolina del Norte que, según las investigaciones, serían dentro de un par de meses.

Después de mi carrera matutina, me dirigí al centro de artes marciales mixtas de Hendersonville Road. Este gimnasio estaba situado dentro de un almacén de acero y aluminio como muchos negocios de Carolina del Norte. Conocí a los dos gerentes llamados Shayne y Dave. "Hola, me llamo Patricia y estoy buscando un lugar para entrenar. Voy a participar en los Guantes de Carolina del Norte en septiembre y tengo que prepararme", le dije. Shayne medía más de 1.80 m, era delgado y musculoso y sonrió satisfecho mientras me escuchaba y Dave no era tan grande, pero sus ojos azules se fijaron momentáneamente en medirme. "Eso es genial Patricia. Somos un gimnasio nuevo y aún no tenemos muchos luchadores, pero ¿por qué no vuelves esta tarde y entrena con la clase y hablas con el dueño? También puedo hablar con mi mujer. Ella tiene algunos buenos movimientos y quizás podáis hacer sparring juntas".

No me apetecía mucho volver por la tarde ya que mi nivel de energía tiende a bajar considerablemente para entonces, pero haría una excepción y esperaba que valiera la pena. Volví a casa y paseé a Jack por el vecindario y me topé con una vecina que al parecer vivía en la misma cuadra que yo. "¡Hola! Siempre te veo por el vecindario y tenía intención de presentarme. Me llamo Candace y éste es mi perro Harmon, diminutivo de Harmony.

Perdona que sea tan atrevida, pero ¿estarías interesada en un pequeño trabajo paseando a mi perrito? Estoy buscando a alguien que cuide y pasee a Harmon durante las próximas 3 semanas mientras estoy fuera visitando a mi familia", me dijo. Candace era una dulce señora de unos 60 años y, efectivamente, vivía a una cuadra de distancia, en una preciosa casa bien cuidada, con su perrito, Harmon. Yo estaba de descanso del trabajo de intérprete en la Junta de Educación de Buncombe durante el verano, así que me vendría bien cualquier ingreso extra.

"Buenas Candace, me alegro mucho de conocerte. Este es mi perrito, Jack y estoy libre todo este verano porque soy intérprete a tiempo parcial para la Junta de Educación de Buncombe, así que me encantaría cuidar de Harmon". Candace estaba muy contenta y me invitó a tomar un té en su casa para enseñármelo. Harmon y yo nos llevábamos muy bien y a Jack también le cayó bien Candace de inmediato, así que fue una buena señal por ambas partes, aunque yo estaba segura de que conseguiría el trabajo.

No había duda de que tenía una conexión especial con los animales. Le tomé cariño de inmediato y respondí a todas sus preguntas. Se ofreció a regar la palabra entre los vecinos cercanos sobre mi disponibilidad para caminar perros durante el verano y no mucho después, tenía 4 clientes peludos más en mis paseos matutinos y vespertinos.

Por la tarde volví al gimnasio de artes marciales mixtas. Había 6 chicos y una mujer llamada Jennifer que era la esposa de David. Me vendé las manos y me uní a la clase que estaba haciendo boxeo de sombra en su sitio antes de que empezáramos a golpear los sacos pesados y nos turnáramos para golpear las almohadillas. Después de 45 minutos, nos pusieron a Jennifer y a mí unos protectores de cabeza para que pudiéramos movernos durante 3 asaltos. Siempre me enseñaron que cada vez que 2 personas entran en el cuadrilátero, la guardia interna debe subir.

Sonó la campana y empecé el asalto con un rápido uno-dos (jab-derecha) que pilló a Jennifer mientras hacía un giro de 360 grados. David la había presentado como una atleta increíble con buenos movimientos, así que me sorprendió y me decepcionó, ya que estaba deseando tener una compañera de sparring habitual en Asheville. Ni siquiera pudimos terminar un asalto completo, ya que ella parpadeaba a cada movimiento que yo hacía. Se hizo evidente que sólo subía al cuadrilátero por David y que no tenía experiencia real en el boxeo. Sin embargo, era una mujer muy amable y madre dedicada de un hijo adolescente que más tarde se divorciaría de David y abriría su propio centro de quiropráctica y bienestar en Asheville llamado Crystalign Chiropractic.

Antes de volver a casa, el propietario salió y me entregó las llaves del gimnasio. Me dijo que era bienvenida a utilizar el gimnasio por las mañanas temprano para entrenar y prepararme para mis próximos combates. Me sentí muy agradecida e iba a hacerlo lo mejor posible con lo que tenía. Me propondría entrenar aquí unas cuantas veces a la semana y tendría que seguir buscando sparring.

A la mañana siguiente, empecé a buscar y a llamar a gimnasios de boxeo de los alrededores. Llamé a un lugar de Charlotte llamado Ultimate Boxing Gym y el tipo que contestó al teléfono me invitó a ir el viernes por la tarde para hacer sparring con una de sus boxeadoras que también se estaba preparando para los Guantes de Carolina del Norte. Acepté enseguida y decidí seguir llamando para tener un respaldo. En el boxeo, siempre se necesita un plan b, ya que las posibilidades de que las cosas se tuerzan son siempre altas. Llamé a un lugar llamado White

Rock Boxing en Carolina del Sur. Un tipo mayor contestó al teléfono con entusiasmo y me invitó a hacer sparring en algún momento del mes siguiente. Acepté y me alegré de haber hecho dos nuevos contactos. Iría a Charlotte por mi cuenta, pero invitaría a los dos Brians -mi Brian y Brian Lawler- a venir conmigo a Carolina del Sur siempre que estuviera programado.

Mis días volvieron a estar ocupados. Me entrenaba temprano por la mañana, paseaba a mis amigos peludos por la mañana y por la tarde y, antes de que Brian llegara a casa, a veces hacía un segundo entrenamiento. A veces me unía a él para ver cualquier serie que le gustara, pero la falta de intimidad continuaba. Sentir y ver morir una relación es una de las experiencias más dolorosas que existen y me entrenaba aún más para adormecer el dolor.

El viernes por la mañana, me estiré y recé en lugar de hacer ejercicio, ya que necesitaba estar fresca para mi sesión de sparring más tarde. Paseé a los perros por la mañana y por la tarde y llamé a Brian para decirle que iba a ir a la iglesia IDMJI de Charlotte después de hacer de sparring.

Me había convertido en una mejor conductora y coger la autopista ya no me intimidaba tanto como antes. Llegué a Ultimate Gym y el propietario, Doug, me estrechó la mano y me indicó dónde estaban los vestuarios. Cuando entré para cambiarme, me encontré con Janet. "¡Hola! Tú debes de ser Janet. Encantada de conocerte. Creo que hoy hacemos sparring", le dije. Tenía una cara muy seria, me estrechó la mano y se marchó. Al principio no se mostró nada amistosa, pero al fin y al cabo estábamos a punto de hacer sparring, así que entendí la mentalidad. Cuando volví a salir, Janet estaba boxeando en sombra en el cuadrilátero toda preparada y lista. Así que me apresuré a ponerme la boquilla y el casco, pero necesité la ayuda de Doug para ponerme los guantes.

Sonó la campana y nos chocamos los guantes. Me moví de un lado a otro, hacia delante y hacia atrás y luego lancé 2 jabs rápidos que hicieron contacto con la cara de Janet. Pude ver cómo su cara se ponía roja de ira incluso a través del protector de cabeza. Fue como si yo hubiera iniciado la guerra porque ella cargó contra mí justo después. El boxeo es un desencadenante emocional para muchos y entendí por qué. Sin embargo, lo utilicé a mi favor y cuanto más me perseguía Janet, más podía practicar mi defensa. Volví a mi esquina con sed y tomé un trago rápido y pude ver a Janet y a Doug discutiendo. Aunque él la estaba aconsejando sobre qué hacer para el siguiente asalto, su lenguaje corporal indicaba que eran o habían sido pareja en algún momento, lo que era habitual en el boxeo femenino. Las boxeadoras solían estar liadas con el entrenador, el mánager, el promotor o alguien de su equipo.

Sonó la campana para el segundo asalto y yo inicié el contacto con una combinación de 3 puños a la que Janet respondió enseguida. Estaba muy en forma, era delgada y fuerte con sus 132 libras, pero como era peleadora de las artes marciales mixta, telegrafiaba sus golpes. Sentí sus golpes, pero no me hicieron daño. Ella tuvo un mejor asalto y nos enfrentamos durante 6 asaltos en total. Me quedé sorprendida cuando me dio un abrazo al final del 6º asalto porque pensé que me odiaba. "¡Eres realmente buena Patricia! Gracias por el trabajo de hoy. Espero que puedas volver pronto antes del torneo" me dijo. Cuando me iba, Doug me invitó a un espectáculo de boxeo que iba a organizar a finales de mes y me dijo que tenía en mente a otra boxeadora de artes marciales mixtas de 125 libras con la que podría emparejarme.

Durante la semana, opté por ir al gimnasio de MMA en lugar de mis carreras matutinas. No podía desaprovechar las llaves de este gimnasio y, además, tenía que prepararme para el espectáculo de boxeo en Charlotte y también estar lista para los Guantes de Carolina del Norte. Había un pequeño espejo de cuerpo entero que utilizaba para verme boxear en sombra. Siempre me sentía incómoda mirando mi reflejo en el espejo cuando boxeaba en sombra delante de Coach y de los demás, pero no había nadie alrededor excepto Jack, yo y mi sombra, así que podía observar mi reflejo, mis movimientos y mis ojos detenidamente en el espejo. Mientras lo hacía, también recordaba mis sesiones de sparring, los combates y todos los años de entrenamiento.

Terminé mis 10 asaltos de boxeo de sombra y pasé al saco pesado. Me balanceé, zigzagueé y esquivé golpes imaginarios y contraataqué con intensas combinaciones una tras otra. Me moví alrededor del saco moviéndome de lado a lado y practicando mi juego de pies durante otras 10 rondas. Completé mi entrenamiento con unas buenas sentadillas, flexiones y dominadas mientras ponía la canción principal de "Rocky" en mi cabeza. Al final de mi entrenamiento de 90 minutos, estaba orgullosamente empapada en sudor. Continué haciendo esta rutina matutina cada dos días y los días intermedios, los complementaba con correr por los senderos y ejercicios con pesas en el YMCA y los ejercicios que aprendí en mi fisioterapia.

Con la llegada del otoño, empecé mis clases en AB-Tech tres veces a la semana de 9 a.m.-12 p.m. y me las arreglé para seguir paseando a los perros de mi comunidad por las tardes. Disfrutaba mucho pasando tiempo con los perros a la vez que ganaba un dinero extra. Ellos no juzgaban y cualquier tiempo que pasara con estas criaturas peludas era tiempo bien empleado en mis ojos. El tiempo que me sobraba lo dedicaba al mantenimiento de la casa, a pasar tiempo con Jack y a ir a la iglesia.

El fin de semana anterior a la exposición de boxeo, Brian me dijo que tenía que conducir hasta Raleigh, Carolina del Norte para un espectáculo textil de 5 días, así que estaría sola para este espectáculo. Yo habría dependido de él para que me ayudara en la esquina, pero ahora, no tenía a nadie. Estaba decepcionada, pero no importaba. Estaba decidida, e iba a ir sola y a ser mi propia esquina si era necesario. Brian se disculpó mucho, pero fue culpa mía por confiar en él. Por suerte, Martina quería a Jack y accedió a cuidarlo mientras yo conducía hasta Charlotte. Jack se llevaba de maravilla tanto con su perro Angel como con su gato, Sugar.

Mientras conducía hacia Charlotte, recordé cuando me entrenaba en Nueva York para los Campeonatos de los Estados del Oeste. Trabajé brevemente con un entrenador de rendimiento llamado Joe Garafolo. Era un ex jugador de fútbol americano que se lesionó y se centró en trabajar con atletas de élite. Trabajar con él me dio una gran idea de cómo desarrollar la velocidad y la potencia a través de un entrenamiento específico de los músculos de contracción rápida como pliometría, sprints y otros ejercicios que requerían un rendimiento 100% intenso.

Se produjo un notable aumento de mi velocidad y potencia. Debo gran parte de haber ganado el Campeonato Estatal del Oeste a haber trabajado con él y tomé todas sus enseñanzas y las apliqué a mis entrenamientos siempre que lo necesité. Joe también se tomaba su tiempo para darme consejos sobre la vida. Una vez me dijo que el camino y el viaje de un Campeón era muy solitario y que tenía que estar dispuesta a caminar sola. No sólo en el deporte, sino que sentía que caminaba sola en todos los aspectos de mi vida. Estaba agradecida de tener mi fe, que sabía que era la base de mi fortaleza y mi valentía.

Llegué a Ultimate Gym a las 5 p.m. y tuve alrededor de una hora para cambiarme y hacer un calentamiento ya que el espectáculo comenzaba a las 6:30 p.m. Vi que el gimnasio se había convertido en algo parecido a una arena de boxeo con más de 100 sillas desplegadas alrededor del perímetro del cuadrilátero. Aunque Doug dijo que esto era sólo un "espectáculo" en el que no se declara un ganador, yo sabía que no lo era. Cuando 2 atletas se ponen los guantes de boxeo ya sea en sus mentes, en las de sus entrenadores o en las de la gente que les observa, siempre hay un ganador y un perdedor.

Me cambié a mis pantalonetas de boxeo negro y dorado favorito, me puse mi camiseta de tirantes amarilla de los Guantes de Oro de Nueva York, me até mis botas de boxeo azules y rojas de las Nacionales y sentí que el fuego me quemaba por dentro. Me miré al espejo y susurré: "Sé implacable esta noche". Cuando empecé a vendarme las manos, me di cuenta de que no tenía información de mi oponente, nadie que me diera indicaciones y nadie que me sujetara las almohadillas para ayudarme a calentar.

Volví a salir y el gimnasio ya estaba lleno al 90% de gente sentada, de pie y bebiendo. Afortunadamente, Doug es un tipo difícil de pasar por alto y lo encontré rápidamente entre la multitud y le dije que no tenía a nadie para trabajar en mi esquina y me aseguró que cuando fuera mi turno de boxear, tendría a alguien preparado en mi esquina. También me señaló a la chica con la que estaba previsto que boxeara. Era una chica llamada Tracey que era una peleadora de artes marciales mixtas con experiencia en transición al boxeo. Era de mi altura y pesaba 125 libras.

Yo era el tercer combate, así que empecé a saltar la cuerda durante 3 asaltos en la parte trasera del gimnasio y luego a hacer boxeo de sombra. Una media hora más tarde, oí al anunciador decir mi nombre y bajé trotando entre la multitud y entré en el cuadrilátero por primera vez en más de 3 años. Vi a un tipo cualquiera en mi esquina y me acerqué y le chocaba los cinco con mis guantes. El anunciador nos llamó al centro del cuadrilátero, nos dimos un toque de guantes y entonces sonó la campana. Me lancé al otro lado del cuadrilátero y lancé un duro jab que hizo retroceder la cabeza de Tracey y el público enloqueció.

Recordé lo que Coach solía decirme: "Cuando suene la campana, asegúrate de establecer quién es la jefa enseguida". Sin embargo, Tracey era dura y siguió adelante sin importarle lo que le lanzara. En cuanto supe que era una peleadora de artes marciales mixtas, supe que sería dura. Mi primera disciplina fueron las artes marciales, y fue lo que me ayudó a desarrollar esa mentalidad de "no rendirme" y eso se quedó en mi corazón y conmigo para siempre. Tracey telegrafió sus golpes, así que fui capaz de ganarle el golpe y apartarme del camino. Mi defensa no le permitió marcar mucho. Al final de los 3 asaltos, ambas teníamos las manos levantadas, pero el público, la esquina y nosotras sabíamos quién había ganado este combate.

Este "espectáculo" no quedó registrado en nuestras libretas de boxeo, pero fue una gran puesta a punto antes de los Guantes de Carolina del Norte. Acepté venir siempre que fuera posible a hacer de sparring con Janet y/o Tracey para ayudar a Janet a prepararse también. Esperaba que lo que estuviera pasando entre ella y Doug no interfiriera en su entrenamiento. Ahora mismo, tenía que ocuparme de mí y me apresuré a salir ya que eran más de las 8 de la noche y ya estaba oscuro fuera.

Recogí a Jack antes de llegar a casa y recibí una llamada de Brian preguntándome como me fue en el espectáculo. Cuando colgamos el teléfono, las lágrimas corrieron por mis mejillas porque me conmovió que Brian al menos se preocupara de llamar para ver cómo había ido todo.

Por mucho que quisiera dejar atrás el dolor, sentía que de algún modo ya era demasiado tarde. Estábamos en desacuerdo en casi todo, se negaba a ir a la iglesia conmigo y pensaba que yo debería trabajar en un supermercado y una enorme pared entre nosotros fue también no haber intimado durante mucho tiempo. Sentía que su amor por mí se había convertido en algo que sentirías por tu hermana.

Hablé de esto con Martina durante nuestras sesiones y me sugirió que me esforzara al máximo y que "simplemente lo hiciera". Pero no podía forzarme. "Si mi corazón y mi alma no están ahí, no puedo forzarme" le decía. Aunque Brian se preocupaba, yo sentía que su paciencia se estaba agotando. Nunca se mostraba violento o degradante cuando discutíamos y jamás levantó la mano para herirme físicamente de ninguna manera. Simplemente sentía que la falta de intimidad y comprensión había llegado a un punto sin retorno. Lo único que podía hacer mientras tanto era seguir orando por una solución y seguir adelante con la escuela y el boxeo.

Decidí llamar a White Rock Boxing y hacer un seguimiento de la invitación al sparring. El hombre mayor al otro lado de la línea de nuevo con el profundo acento sureño era el gerente del gimnasio llamado, Billy Stanick dijo cuando escuchó mi voz, "¡Hola de nuevo! ¡Me alegro de que hayas llamado! Angel y su entrenador, Dominic estarían encantados de tenerte este domingo a su hora habitual de entrenamiento de las 10 a.m. ¡Estamos deseando tenerte!" Angel peleaba en la división femenina de 132 libras. Yo estaba acostumbrada a hacer de sparring con mujeres más pesadas y no me preocupé mucho, ya que la velocidad equivale a la potencia y yo tenía algo de eso para ayudar a equilibrar las cosas.

Invité a los dos Brians a ser mis esquineros y ese domingo por la mañana nos reunimos todos en el supermercado Ingles de Asheville y empezamos a conducir desde allí. Debíamos llegar a Chapin, Carolina del Sur, a las 10 de la mañana, que estaba a unos 90 minutos en coche de Asheville. A medida que nos acercábamos al gimnasio, pasamos por delante de unas cuantas casas que tenían una bandera que yo no había visto nunca colgada en los porches delanteros.

"Raggie, esa bandera tiene un aspecto curioso. ¿De qué país es?" pregunté. Brian me miró confundido y divertido al mismo tiempo. "¿Estás bromeando conmigo Scoob? ¿Nunca habías visto una bandera confederada? Me alegro de que no estés aquí sola. No me gusta que vengas sola a estos sitios", me contestó. Me sentí aliviada de no estar solo también hoy. Llegamos al White Rock Boxing a las 9:45 y un hombre mayor de piel clara y pelo blanco de unos 60 años me saludó en voz alta: "Usted debe de ser Patricia Alcivar, campeona nacional de EE UU y campeona de los Guantes de Oro de Nueva York. ¡Bienvenida al White Rock Boxing!"

Me sobresaltó la bienvenida tan ruidosa y atrevida. Se acercó para darme la mano y le contesté: "Encantada de conocerle, señor. Gracias por invitarme a hacer de sparring aquí. Este es mi marido Brian y mi entrenador deportivo, Brian Lawler, que trabajará hoy en mi esquina. Tenemos un largo viaje de vuelta, así que voy a cambiarme y a calentar", dije. Mientras yo calentaba, entraron Angel y su entrenador, Dominic. Aunque boxeaba en la división de 132 libras, parecía fácilmente por las 150 libras. Parecía redonda y era unos centímetros más baja que yo. Pude ver cómo su entrenador me medía y miraba cada uno de mis movimientos mientras yo boxeaba en la sombra frente al espejo. Pero eso es lo que hacen los entrenadores y yo me imaginaba mis movimientos sobre esta chica.

Las boxeadoras que son más bajas y pesadas como Angel intentarán utilizar su peso como fuerza, pero se cansarán más fácilmente, así que ya sabía que iba a tener que utilizar mi juego de pies, mi velocidad y mi acondicionamiento. Vi que Angel subía al ring y se ponía el casco y los guantes, así que yo hice lo mismo.

Di instrucciones a los dos Brian para que me sacaran el protector bucal y me dieran agua y cualquier consejo durante los descansos de un minuto después de cada asalto. El plan era hacer al menos 6 asaltos. Al principio me sentí intimidada por el ambiente, pero recé una oración antes de que sonara la campana y entonces ese interruptor mágico se encendió justo a tiempo.

Me encontré con Angel en el centro del cuadrilátero y le lancé 2 jabs rápidos y duros a la nariz. Ella sacudió la cabeza y lanzó 2 sólidos puños corporales a mis oblicuos. Si no hubiera estado en forma, me habrían hecho arrodillarme. Cometí el error y me quedé allí intercambiando fuertes golpes con Angel. Cuando sonó la campana para poner fin al primer asalto, todo el mundo en el gimnasio estaba mirando.

Mi nariz ya estaba ensangrentada y pude ver la mirada de preocupación de los dos Brians. "¡Tienes que moverte Scoob! Esta chica es mucho más pesada que tú. Haz lo que mejor sabes hacer", dijo Brian. Asentí mientras tomaba un sorbo de agua. Sabía que tenía razón, pero había dejado que mi orgullo se interpusiera. Podía ver que ella respiraba con dificultad, así que ahora iba a aprovecharme de ello.

Sonó la campana del segundo asalto y seguía encontrándome con ella en el centro del cuadrilátero, pero ahora me movía rápidamente después de cada golpe que lanzaba. "Pega y muévete", me decía a mí misma. Ella me perseguía y fallaba mucho. Creo que no conectó ningún golpe en el segundo asalto. Podíamos oír a su entrenador gritarle durante el descanso. "¡Buen trabajo Scoob! Este fue un mejor asalto para ti. Sigue moviéndote y no dejes que conecte. Está respirando fuerte y está cansada" dijo Brian durante el descanso.

Sonó la campana para el tercer asalto y mi plan era seguir utilizando mi defensa, pero sin moverme tanto. Era arriesgado, pero empecé a lanzar combinaciones duras y a utilizar mis manos para quitarle peso a sus golpes, así como a esquivar. Pude volver a llevarme la mejor parte del asalto mientras ella volvía a su esquina y seguía recibiendo gritos de su entrenador. Acabamos haciendo 10 asaltos. ¡Eso fue un récord para mí! Después del 6º asalto, Dominic no paraba de decir: "¡Uno más!"

Billie Stanick se me acercó antes de que nos fuéramos y me dijo: "Vas a ser campeona del mundo. Puedes volver cuando quieras". Fue una gran sesión de sparring y estuve muy agradecida. Era exactamente lo que necesitaba antes del torneo de Guantes de Carolina del Norte, que se celebraba el fin de semana siguiente en Wilmington, Carolina del Norte, a más de 5 horas en coche de Asheville. En el viaje de vuelta a Asheville, los dos Brian estaban impresionados y siguieron dándome consejos sobre lo que creían que podía haber hecho mejor.

Por el momento, parecía que las cosas entre Brian y yo podían tener una oportunidad. Le pedí que trabajara en mi esquina en el torneo del próximo fin de semana y también se ofreció a llevarme, así que lo vi como una chispa de esperanza. La gratitud para mí es donde todo empieza en mi corazón, así que esperaba que de alguna manera pudiera reavivar esos sentimientos tan especiales. Necesitaba su apoyo más que nunca. Me había sentido tan sola desde que nos mudamos aquí y había tenido que confiar en las oraciones y en mi fe. Me esforzaba mucho por ser una esposa, pero tampoco quería renunciar a mis sueños.

Emprendimos el viaje a las 5 de la mañana del sábado de los Guantes de Carolina del Norte. Este torneo no era tan grande ni prestigioso como los Guantes de Oro de Nueva York y el torneo de la división femenina sólo sería ese sábado por la tarde. Tampoco había garantías de que hubiera alguien en mi división. Brian estuvo escuchando cómicos en la radio por satélite mientras yo dormía la mayor parte del camino. Una vez que llegamos, ¡me alegré mucho de ver a Janet!

"¡Hola Janet! ¡Me alegro tanto de verte aquí!" dije emocionada. No vi a Doug y tuve miedo de preguntarte. Mientras esperábamos en la cola, me contó titubeante que habían salido juntos, pero que no funcionó y que estaba intentando hacer el boxeo por su cuenta. No había venido con entrenador y confiaba en que el evento le asignara uno para trabajar en su esquina. Finalmente llegamos al principio de la fila y Janet sería emparejada con la única otra mujer en su división de peso. No había ninguna mujer en 119 aparte de mí, pero había otra boxeadora en 139 libras que también tenía muchas ganas de pelear.

El oficial de boxeo nos dijo a mí y a la boxeadora de 139 libras que podían hacer que boxeáramos entre nosotras, pero que no quedaría registrado en nuestras libretas de boxeo como un combate oficial. La mujer de 139 libras era más alta y parecía mucho más grande que yo, pero respiré profundo y le dije al oficial que boxearía con ella. Razoné con el hecho de que en los entrenamientos siempre hacía sparring con boxeadoras más pesadas y el entrenador siempre me decía que tenía una buena barbilla, que era un término que se utilizaba cuando un boxeador podía encajar un golpe duro y seguir adelante. Sin embargo, la verdad era que había soportado mucho más dolor por parte de mis padres y en la vida y un puñetazo no me dolía tanto. Además, no podía permitir que Brian haya conducido más de 5 horas en vano y necesitaba la exposición. Iba a demostrarme a mí misma y a los asistentes que podía pelear contra una boxeadora más pesada y ganar.

Janet fue el primer combate y estaba extremadamente nerviosa. Le sujeté las almohadillas y la ayudé a calentar. Podía ver que los nervios se apoderaban de ella. "Déjalo todo cuando suene la campana" le dije justo antes de que dijeran su nombre. Le asignaron un entrenador para que trabajara en su esquina y entonces sonó la campana. "¡Tú primero Janet! ¡Jab! ¡Jab!" grité. Ella estaba rebotando por el ring y no fue capaz de conectar nada en el primer asalto. Deseaba poder estar en su esquina y esperaba que el entrenador aleatorio le estuviera dando buenos consejos. Sonó la campana del segundo asalto y Janet salió y lanzó 2 buenos jabs que por fin aterrizaron. Se movía mejor, pero su oponente le respondió enseguida e intercambiaron golpes en el centro del ring antes de que volviera a sonar la campana. "Janet tiene que ganar el 3er asalto a lo grande si quiere ganar el combate le" dije a Brian.

Sonó la campana final y Janet salió a por todas. Sabía que tenía que llevarse también este asalto, pero su rival era ahora la que rebotaba por el ring sin dejar que Janet conectara. Nadie aterrizó nada significativo y entonces sonó la campana para poner fin al combate. Su oponente ganó el primer asalto y el segundo y el tercero estuvieron igualados con una ligera ventaja para Janet, pero su oponente era una chica local de Wilmington. En el boxeo, no se puede confiar en que los jueces sean justos. Había que ganar claramente cada asalto para asegurarse la victoria y no permitir que los jueces se dejaran cegar por cualquier política que pudiera nublar su juicio.

El árbitro llevó a las damas al centro del cuadrilátero mientras se anunciaba a la ganadora: "La ganadora de los Guantes de Carolina del

Norte en la división femenina de 125 libras es..... de Wilmington". La decisión podría haber ido en cualquier dirección y, de alguna manera, sentí el dolor de Janet.

"¡Scoob, tienes que calentar YA! Tu combate es justo después de éste", dijo Brian. Salté la cuerda durante 3 minutos y boxeé en sombra otros 5 minutos y entonces dijeron mi nombre. Mi oponente también era una boxeadora local, así que ya sabía que tenía que hacer. Llegamos al centro del cuadrilátero y nos golpeamos los guantes. Me di cuenta de que era mucho más alta que yo y pensé: "Tengo que machacar esa sección media".

Sonó la campana del primer asalto y me abalancé sobre ella y le lancé un duro jab a la nariz y bajé directo a su cuerpo con un gancho de derecha y otro de izquierda que aterrizaron sólidamente en sus oblicuos y plexo sóleo. La oí jadear y sus ojos se abrieron de par en par. Inmediatamente después me agaché y zigzagueé para apartarme de sus golpes. Me sorprendió lo silencioso que estaba el público después de tan bella combinación, pero entonces me di cuenta de que ésta no era mi ciudad natal. Sonó la campana para poner fin al 1er asalto y Brian no sacó el taburete para que me sentara durante el descanso. "Estás muy bien Scoob. Sigue así durante 2 asaltos más. Recuerda, este es tu espectáculo. Demuéstrales a todos lo que tienes", dijo Brian antes de que sonara la segunda campana.

Mi oponente se abalanzó sobre mí esta vez, pero no dejé que conectara con nada sólido. Quería practicar y exhibir mi juego de piernas y mi defensa en este asalto. Uno de mis boxeadores favoritos de todos los tiempos dentro y fuera del ring era Sugar Ray Leonard. Había visto incontables horas de vídeos de sus combates. Mi favorito fue cuando peleó contra Roberto Durán, donde le hizo fallar casi todos los golpes en el último asalto antes de que se detuviera el combate. Lo recordaba porque mi oponente no paraba de lanzarme bombas y seguía fallando. Terminaron los 3 asaltos y aunque el árbitro levantó las manos de ambas, los asistentes sabían exactamente quién había ganado.

Me alegré de haber boxeado ante una multitud y de haber superado en boxeo a una mujer casi 15 kilos más pesada que yo. Mientras me dirigía hacia la salida del ring, la gente me tendió la mano para felicitarme. Una señora menuda en particular, con acento sureño, se acercó, me estrechó la mano y me dijo: "¡Enhorabuena, muchacha! ¡Estabas impresionante! Lástima que no contara, pero has impresionado a mucha gente. ¿Desde dónde entrenas y dónde está tu entrenador?" me preguntó mientras me agarraba del brazo y tiraba de mí hacia un lado y fuera de la multitud. "¡Oh! ¡Muchas gracias! En realidad, no tengo un gimnasio al que represente por el momento. Voy a todas partes para entrenar y hacer sparring. En realidad, soy de Nueva York y me mudé a Asheville por el trabajo de mi marido hace unos años. Sólo intento hacer algunos combates, pero realmente me gustaría convertirme pronto en profesional", le contesté.

En nuestro breve intercambio, descubrí que esta mujer llamada Terri era una ex boxeadora profesional que había ganado un título mundial unos años antes, pero que se había retirado recientemente y era entrenadora en Decatur, Georgia. Mencionó que tenía unas cuantas boxeadoras y que estaría encantada de ayudarme a convertirme en profesional. Me dio su información de contacto y accedí a conducir hasta Decatur el fin de semana siguiente para hacer un poco de sparring con una boxeadora profesional a la que entrenaba llamada, Jackie que actualmente estaba 2-2 (2 victorias, 2 derrotas).

Brian se acercó y me dijo: "¡Scoob! ¡Te he estado buscando! ¿Estás bien? Deberíamos empezar a conducir de vuelta". Le presenté a Terri, que hablaba rápido, era ingeniosa y volvió a desaparecer rápidamente entre la multitud. Yo era ingenua, mucho más joven y pensaba lo mejor de Terri sin darme cuenta todavía de que debería haber tenido la guardia muy alta cuando se trataba de tratar con cualquiera en el boxeo, incluso mucho más cuando se trataba de boxeo profesional. Hice mis últimas rondas de fotos y empezamos a conducir de vuelta a Asheville. Estaba emocionado y le conté a Brian todo sobre Terri y que conduciría a Decatur el fin de semana siguiente.

"¡Scoob! ¿Cuánto más quieres dedicarte al boxeo? Creía que lo ibas a dejar", dijo Brian. Mis esperanzas de que hubiera algún destello y se reavivara algo se fueron por la ventana. Nunca fui capaz de ocultar la decepción y mi cara mostraba claramente eso y mucho más cuando me giré y le miré con lágrimas cayendo por mis mejillas.

"Raggie, te encontraste conmigo cuando aún boxeaba y me sacaste de la ciudad en la que brillaba. Te dije que no había terminado con el boxeo y que quería hacerme profesional. Nunca dejo nada sin terminar. Dijiste que me apoyarías hasta el final. ¿Has cambiado de opinión?" Pude ver cómo apretaba los dientes y optó por permanecer callado durante el resto del trayecto de vuelta a casa.

Aprendí a lo largo de mi vida que ninguna respuesta es en realidad una respuesta. El silencio es doloroso y una forma de abuso mental. Cuando llegamos a casa, Jack salió corriendo y se abalanzó sobre mí. Jack quería mucho a Brian, pero estaba claro quién era la niña de sus ojos. Por fin se calmó cuando lo cogí en brazos. Me tumbé con Jack en el sofá y lloré. Recordé que el padre Joe me había dicho que llorar no me hacía débil y que era una forma sana de afrontar las emociones dolorosas. Me dijo que no llorar y embotellar el dolor y la ansiedad al final sería peor para mi salud mental y física. A juzgar por cuánto y con qué frecuencia lloraba, sabía que tenía mucho dolor en mi interior.

Unos días después del torneo, apareció un pequeño artículo en el periódico local destacando el torneo y mi combate. Al mismo tiempo, recibí una llamada de un tipo llamado Dan de una empresa de medios de comunicación. Quería filmarme para uno de sus proyectos. Le expliqué que quería hacerme profesional muy pronto, lo que despertó aún más su interés. Mencionó que estaba dispuesto a cubrir mis gastos en el proceso siempre que pudiera filmar mi debut profesional. Estaba demasiado emocionada, pero mantuve la compostura y le dije que me mantendría en contacto y le informaría cuando tuviera la fecha y el combate preparados. Necesitaba llegar a Georgia y hablar con Terri y haría esos arreglos pronto. Por ahora, también necesitaba empezar mis clases en la UNCA.

Había terminado el semestre de otoño de optativas universitarias en AB-Tech con notas por encima de la media y me había transferido a la UNCA (Universidad de Carolina del Norte- Campus de Asheville) según lo previsto y había empezado allí el semestre de invierno.

El campus de la UNCA era precioso y me sentí intimidada por el tamaño de esta universidad y de los estudiantes que asistían y me sentí fuera de lugar. Mi objetivo era terminar mi licenciatura en Salud y Bienestar y tenía que hacerlo lo mejor posible. Al final de mi clase de anatomía, me apresuraba por los pasillos para llegar a casa a pasear a Jack y entonces llamó mi atención un folleto en el tablón de anuncios para un psicólogo deportivo. Decía: "Llega al siguiente nivel en el deporte y en la vida con Bob Swoap, psicólogo deportivo y profesor de psicología".

Me encantaban mis sesiones de terapia con Martina, pero tener una sesión con un psicólogo deportivo especializado sólo podía ayudar, especialmente con mis intenciones de convertirme en profesional del boxeo, sentí que al menos debía informarme. Tome una foto del folleto y me decidí a llamar cuando llegara a casa. De camino a casa, paré en Earth Fare y decidí sentarme a comer sola. Sorbí mi té de chai con leche de avena y comí mis huevos revueltos y pensé en mi hermana mayor. A ella le entraban sudores con sólo pensar en ir sola a cualquier sitio y aquí estaba yo haciéndolo todo sola y me parecía bien. Siempre me pregunté por qué mis hermanas y yo éramos tan drásticamente diferentes.

Llegué a casa e intenté acercarme silenciosamente a Jack. Al ver una cola en el aire a través de la ventana de la cocina me di cuenta de que Jack estaba en el patio trasero. Le observé cavando agujeros en el patio trasero con tanta alegría. Cuando se cansó, encontró un lugar perfecto para disfrutar del calor del sol. Verle hacer sus cosas de perro y estar tan despreocupado me tranquilizaba y me encontraba sonriendo todo el tiempo. Era precioso y me sentí afortunada de habernos encontrado. Salí al patio trasero y las orejas de Jack se erizaron y corrió hacia mí moviendo la cola. Le froté un poco la barriga y le di de comer la hamburguesa de salchicha que le había guardado de Earth Fare.

Era hora de que hiciera esa llamada, así que marqué a Bob Swoap, "Hola, soy Bob", contestó al teléfono. "Buenas Señor Bob, me llamo Patricia y soy estudiante de la UNCA y he visto el folleto de sus servicios de psicología deportiva y me gustaría tener una sesión con usted. Soy una boxeadora amateur, pero quiero convertirme pronto en profesional y creo que sus servicios podrían ayudarme", le dije.

Hablamos durante unos minutos y me hizo algunas preguntas sobre mis antecedentes. No fue tan difícil como antes decir que sufrí abusos por parte de mi padre y que provengo de una familia disfuncional. Acepté verle para una sesión a la hora del almuerzo al día siguiente.

Me senté en la mesa de la cocina para hacer los deberes y me distraje con los grandes ojos marrones de Jack que me miraban fijamente. Lo cogí en brazos y se tumbó en mi regazo mientras yo continuaba con mis estudios. Me tomé unos minutos para reconocer lo hermoso que era sentir a tan preciosa alma peluda en mi regazo. Era algo que había anhelado sentir durante toda mi infancia y, a pesar del desorden actual en el que se encontraba mi matrimonio, estaba agradecida por tener a Jack. Hacíamos senderismo, ejercicio, conducíamos, comíamos y hacíamos muchas cosas juntos. Éramos inseparables.

Después de un par de horas, sentí el impulso de salir a correr antes de que oscureciera y antes de que Brian llegara a casa, así que salimos por los senderos traseros de la Comunidad de Biltmore. Jack se había convertido en un buen pequeño corredor y corrió con paso firme a mi lado durante una hora sólida, excepto cuando vio a los conejos merodeando e intentó esprintar hacia delante. "¡Buen chico, Jack!" dije mientras terminábamos nuestra corrida. Jack mirándome con su cara sonriente lo selló para mí. La felicidad requiere ser agradecido y yo estaba realmente agradecida por estos momentos. No necesitaba nada más para esta noche. Me duché, le dejé una nota a Brian con su cena para cuando llegara a casa y me fui a dormir con Jack a mi lado.

Jack no sólo era mi mejor amigo y compañero diario; también era el protector de mi sueño. Normalmente se acurrucaba bajo mi cuello o se apretaba contra mi estómago y era muy hábil para detectar cuándo iba a tener un sueño paralizante. Cuando percibía una de esas horribles pesadillas, ladraba a la oscuridad o empezaba a arañar la cama para despertarme. Sin embargo, esta noche los dos estuvimos profundamente dormidos durante toda la noche.

Un dolor en el estómago me despertó y era mi ciclo menstrual. Se me pasó por la cabeza cancelar mi sesión con Bob Swoap, pero había aprendido a reconocer los momentos en los que tenía que enfrentarme a los retos. La mente y el cuerpo buscan consuelo y cada vez que tenía que hablar de mi pasado y/o intentaba superarme, sentía que otra parte de mí se sentía cómoda donde estaba. Luché contra el impulso de quedarme en la cama y me desperté antes del amanecer. Bajé las escaleras y recordé los ejercicios de yoga que hacíamos todos los días antes de empezar las clases. Hice unas cuantas rondas de la secuencia del Saludo al Sol de la escuela de masajes y luego terminé con una oración antes de sacar a Jack a pasear.

Después de mis clases matutinas, entré en el despacho de Bob Swoap. Era un hombre alto y delgado, de piel clara, de unos 30 años y pelo rubio oscuro. Extendió la mano para presentarse y yo hice lo mismo. "Sé que ha mencionado brevemente algunos de sus antecedentes, pero empecemos de nuevo y cuénteme dónde creció y sobre su familia y cómo acabó aquí en Asheville", dijo Bob Swoap. Cuando empecé a contarle los abusos y palizas que sufrí a manos de mi padre, cómo llamé a la policía para denunciarle aquella noche cuando tenía 10 años, cómo sobreviví viviendo sola a los 15 años en Nueva York tras negarme a soportar más abusos verbales y mentales por parte de mi madre, vi una preciosa foto suya y de su familia sobre su escritorio. Estaba casado y tenía tres hijos de aspecto estupendo. Parecían tan felices como debería serlo cualquier familia, pero yo tenía esa inquietante sensación de que él simplemente no lo entendería.

Bob se mostró compasivo y amable y luego me preguntó por mi atletismo. Le conté cómo corrí mi primer maratón a los 16 años, cómo gané el Torneo Mundial Kyokushin de Artes Marciales de Contacto Completo poco después, sobre ganar el primer Campeonato Nacional de Boxeo Femenino de EE UU y sobre mis objetivos actuales de convertirme en profesional. También le confié las dificultades de mi matrimonio y mis miedos. Oírme expresar mis sentimientos en voz alta y hablar de mi doloroso pasado me dio fuerzas.

En ese momento no me di cuenta de que hablar de ellos es sólo un pequeño paso. Perdonar y dejar ir son otros pasos importantes que requieren un nivel diferente de madurez espiritual y mental y de fe. Comprendí que muchos de los acontecimientos pasados y presentes seguían causándome una tristeza significativa. Sin embargo, quería abordar la razón por la que buscaba la ayuda de Bob y era para avanzar en mi vida y en el atletismo. No quería que mi pasado, mis miedos y mi situación actual me frenaran.

"En respecto al boxeo, ¿qué temes Patricia?" me preguntó Bob. No tardé en responder: "Me da mucho miedo perder. No quiero perder mis títulos. No quiero que me conozcan como una perdedora. No quiero acabar siendo una nulidad, como me decía mi madre cuando era pequeña". Bob tenía un porte muy tranquilo, pero cuando escuchó mi respuesta, enderezó la espalda y su tono cambió. Dijo algo que cambió mi vida para siempre: "Patricia, serás para siempre una Campeona. Ganaste los Guantes de Oro de Nueva York, los Campeonatos Nacionales de EE UU y todos los demás Campeonatos. Nadie podrá quitarte eso jamás. No eres la Campeona defensora. Eres y siempre serás Campeóna. Para el resto de tu vida. Punto".

Bob me dio indicaciones para practicar una visualización detallada cuando nos acercábamos al final de nuestra sesión que quería que hiciera antes de mi próxima sesión de sparring este próximo fin de semana en Decatur, Georgia. Quería que visualizara desde el viaje hasta Georgia hasta mi entrada en el gimnasio, el calentamiento y luego cómo quería actuar en esa sesión de sparring. Me sentí agradecida por esta sesión con Bob y pondría en práctica enseguida las lecciones aprendidas. Me marché sintiéndome mejor con respecto a todo. Mi situación en casa era desgarradora, pero sabía que tenía que seguir adelante y seguir rezando para que de alguna manera las cosas cayeran en su sitio.

La mejor parte de mi día era siempre llegar a casa y ver la cara sonriente de Jack. Planeaba dejarlo en casa de Martina después de nuestra sesión de mañana para poder conducir hasta Georgia el sábado. Brian volvería a estar fuera este fin de semana en alguna exposición de textil, así que necesitaba seguir siendo fuerte y hacer las cosas por mi cuenta. Cené mientras sostenía a Jack en brazos y le daba de comer pequeños trozos de mi hamburguesa de pollo. Había empezado a reintroducir la carne y el pollo en mi dieta tras enterarme de que mi grupo sanguíneo era O positivo. Según el libro del Dr. Peter D'adamo, "Eat Right 4 Your Blood Type", las personas con mi grupo sanguíneo, que es el más antiguo que existe, necesitaban carne en su alimentación para sobrevivir. Además, aconsejaba evitar el marisco, los lácteos, el trigo y el gluten, entre otros alimentos.

Empecé a seguir las pautas del Dr. D'adamo hace unos meses, cuando intentaba desesperadamente encontrar una solución para la extraña fatiga, las palpitaciones del corazón y el aumento de peso que estaba experimentando. Al cabo de unas semanas, vi y sentí una diferencia notable en mi composición corporal y mi energía.

Todo tenía sentido, ya que soy alérgica a casi todo lo que aparece en la lista de alimentos que se deben evitar para las personas con el grupo sanguíneo 0, por lo que eliminarlos y ceñirme a la lista de alimentos altamente beneficiosos que incluía carne, plátanos y verduras era una importante misión diaria. Vi las maletas de Brian preparadas mientras salía para su vuelo muy temprano por la mañana. Quise esperarle, pero estaba agotada y me llevé a Jack a la cama y le dejé una nota con su cena deseándole un buen vuelo.

Mientras me acurrucaba en la cama con Jack, me preguntaba qué estaría sintiendo Brian. Sabía cómo me apartaba cada vez que se ponía de parte de su padre y de su hermano. Veía el dolor en mi rostro cada vez que rechazaba mis invitaciones a acompañarme a la iglesia. No apoyaba mis objetivos de convertirme en boxeadora profesional o de continuar mis estudios. En cambio, prefería que trabajara en el supermercado Earth Fare como cajera y fuera una buena ama de casa. Me había dicho lo especial que era y que estaba destinada a grandes cosas cuando éramos novios. Me lo debía a mí misma, a esa niña que siempre vivió dentro de mí, seguir luchando para hacerla sentir especial, aunque nadie más lo hiciera. Las lágrimas rodaron por mi rostro al ver una imagen de mí misma cuando tenía 6 años sosteniendo mi osito de peluche. Mi corazón sabía por lo que estaba luchando y "Mi Porqué" empezó a aclararse por fin esa noche.

Cuando me desperté, Brian ya se había ido. Iba a tomarme el día para descansar del entrenamiento y así poder estar algo fresca cuando hiciera de sparring en Georgia mañana, pero no pude. Correr era una parte esencial de mi bienestar, así que cogí a Jack y salimos a trotar por el bosque durante unos buenos 10 km. Los dos sonreíamos después. Más tarde, tuve mi sesión con Martina y dejé a Jack en su casa. A Jack le encantaban ella y su perro, Angel, así que estaba en buena compañía. La única parte negativa de dejar a Jack era que ahora estaría completamente sola esta noche en casa. Me obligué a alejarme rápidamente antes de cambiar de opinión.

Había pasado mucho tiempo haciendo cosas sola desde que tenía memoria. Al crecer, mis hermanas jugaban entre ellas y me mantenían a distancia, así que yo jugaba sola. Durante mis años escolares, me mantuve casi siempre sola porque los niños también mantenían las distancias conmigo. Descubrí el running a los 14 años y me enamoré de estar a solas con mis pensamientos. No podía evitar sentirme extraña al sentirme tan cómoda con este hecho. El único momento en que me importaba estar sola era por la noche.

Podía ver la puesta de sol desde la ventana de la cocina. Hice la maleta con mi equipo de boxeo y mi ropa, cogí también una almohada y un edredón y lo bajé todo al sofá. Cené una papa asada grande mientras veía los vídeos de "I Love Lucy". Extrañaba tener a Jack a mi lado esta noche y, mientras cerraba los ojos, visualicé un viaje tranquilo hasta Georgia por la mañana temprano y llegar al gimnasio de boxeo de Decatur y ver a Terri y a la boxeadora profesional con la que iba a hacer sparring. Me visualicé concentrada y fuerte durante el calentamiento y subiendo al cuadrilátero lleno de energía y potencia lanzando cada golpe con la precisión y la fuerza exactas durante toda la sesión de sparring.

El GPS calculaba que el trayecto en coche hasta Decatur, Georgia, sería de 3 horas y habíamos programado la sesión de sparring a las 10 de la mañana, así que empecé mi viaje a Georgia a las 6 de la mañana para que me diera tiempo de hacer las paradas necesarias para repostar y tomar un café. Conducir durante largos periodos de tiempo se había convertido en la norma para mí y no me molestaba, lo que me hizo preguntarme por qué a Brian le disgustaban tanto los trayectos largos. A mí no me gustaba quedarme atascada en el tráfico, pero mi reacción nunca fue de rabia.

Llegué al gimnasio de boxeo de Decatur a las 9:30 de la mañana y pude ver que el gimnasio no había abierto, así que esperé dentro de mi coche y cerré puertas y ventanas. Siempre extrañaba las aperturas más tempranas y el ritmo más rápido de la ciudad de Nueva York. A las 10:20 de la mañana, oí un fuerte motor que se acercaba y vi que era Terri que conducía un pequeño BMW rojo con una mujer que supuse que era la boxeadora profesional. Se bajaron y se apresuraron a abrir el gimnasio. "Dios, por favor, protégeme y ayúdame a tener el valor y la fuerza para boxear bien esta mañana y volver a casa sana y salva hoy, amén", dije mentalmente y luego salí. Cuando entré, Terri se acercó enseguida y me dijo: "¡Eh, chica! ¡Me alegro de que hayas venido! Esta es Jackie, es una profesional y hoy hará sparring contigo. Salta unas cuantas rondas de cuerda, haz boxeo de sombra y prepárate. Empezaremos en unos 20 minutos y veremos lo que tienes".

Yo no era muy habladora en general y menos antes de una sesión de sparring, así que me limité a asentir con la cabeza y a saltar a la comba durante 3 rondas en el otro extremo del gimnasio, en un pequeño rincón. Pude ver que Jackie pesaba al menos 140 libras y medía alrededor de 5'6", así que tendría las manos llenas esta mañana y tenía que tirar golpes y moverme de inmediato. Pude ver a Jackie boxeando en sombra en el cuadrilátero y sus golpes eran rápidos y cortos y sus movimientos eran algo rígidos y su juego de pies no era fluido.

Me vendé las manos y me puse el casco y Terri vino a comprobar la talla de guantes con los que iba a hacer de sparring, que eran de 14 onzas. Decían que sólo tenían guantes de 12 onzas y por la expresión de sus caras pude ver que sabían que no era correcto. Jackie me superaba en al menos 9 kilos, pero no sería la primera ni la última vez que ocurrieran cosas tan poco éticas como ésta en el boxeo. Aquí estaba yo sola y necesitaba el boxeo y la orientación para convertirme en profesional, así que me encogí de hombros y subí al ring después de que Terri me atara los guantes.

Sonó la campana para el primer asalto y me reuní con Jackie en el centro del cuadrilátero, golpeé los guantes y la golpeé justo en la nariz. A ella no le gustó nada eso y respondió con un duro derechazo que tenía malas intenciones. Por suerte, percibí sus vibraciones incluso antes de subir al ring. Cuando entras en el terreno de un boxeador, tienes que ganarte su respeto. Sin embargo, su récord profesional en aquel momento era de 1 victoria y 2 derrotas. Terri mencionó que Jackie se dejaba llevar por los nervios. Jackie era fuerte, pero en realidad le faltaba algo. Yo era más rápida y tenía mejor trabajo de pies y lo más importante de todo, irónicamente, tenía confianza.

Pudimos hacer 5 buenos asaltos de sparring antes de que ella me pillara entrando con las manos abajo y me diera un buen golpe justo en la nariz. No me partió la nariz, pero estaba sangrando mucho y dimos por terminado el combate. Ella era más grande y llevaba guantes más pequeños que yo, pero algunos boxeadores necesitan hacer lo que sea para aumentar su autoestima. Me lo sacudí y decidí hablar seriamente con Terri. "Terri, quiero hacerme profesional lo antes posible. Una empresa de medios de comunicación me llamó el otro día y quiere filmar mi debut como profesional y dijo que a cambio cubriría mis gastos", le dije. Eso llamó la atención de Terri inmediatamente.

"¡Eso es impresionante Patty! Bueno, sí me das su número, puedo hablar con ellos y decirles todos los gastos que conlleva. Eres una boxeadora muy condecorada, así que nadie va a querer pelear contigo sin algún incentivo. Vamos a tener que pagar por tu oponente y eso va a costar, pero si quieren filmarte, van a tener que pagar. Deja que yo me ocupe de todo eso. Tu sólo tienes que preocuparte de entrenar. Yo te entrenaré y te dirigiré hasta que encontremos un gran manager para ti que pueda pagarlo todo", dijo con los ojos brillantes.

Yo estaba confusa y no entendía por qué necesitábamos pagar a alguien para que peleara conmigo. Yo iba a ser una boxeadora profesional y pensaba que sería a mí a quien pagarían por pelear. Ella me explicó que, al principio de las carreras de los boxeadores, sus directivos pagaban a sus oponentes para que acumularan experiencia y récords profesionales.

Una vez que el boxeador tuviera unas cuantas victorias, eso atraería a promotores, managers y patrocinadores lo que finalmente le llevaría a boxear por un título. Así que, básicamente, uno tenía que invertir en su propia carrera boxística al principio y, una vez que obtuviera una gestión adecuada, los promotores le pagarían por aparecer en su programa. Sin embargo, pagar a tu oponente no garantizaba una victoria. Todos los oponentes de Jackie habían sido pagados hasta el momento y ella ya tenía 2 derrotas en su historial. Terri explicó que el hecho de pagar para que alguien pelee contigo **NO** significa que no vaya a pelear. **NO** significa que tengas garantizada la victoria. Tienes que luchar como si tu vida dependiera de ello porque van a hacer todo lo posible para ganar.

Esta información me dejó estupefacta y me puse muy nerviosa. Una vez más, ignoré las banderas rojas y dejé que Terri se encargara de mi debut en el boxeo profesional. Le di la información de contacto del propietario de la compañía de medios y acordé venir a Decatur una vez a la semana para hacer sparring y entrenar y hacer el resto del entrenamiento por mi cuenta en Asheville. Terminamos el entrenamiento por hoy y conduje de vuelta a casa pensando en todo. No estaba segura de cómo decírselo a Brian. Temía que él tampoco lo entendiera ni lo apoyara, así que de momento me lo guardaría para mí. Tenía que centrarme en entrenar y estar lista para mi debut en el boxeo profesional.

Durante las siguientes semanas, me concentré en mi nutrición y entrenamiento. Eliminé toda la comida basura de mi dieta. Aunque siempre me mantuve dentro de las 10 libras de mi división de combate de 119 libras, perder algo de peso era un gran reto para mí, ya que ya era activa y tenía una complexión menuda con poca grasa corporal. Mi debilidad desde que tengo uso de razón eran los dulces. Todavía me permitía de vez en cuando la bolsa de sour patch kids cuando iba al cine o añadía la cucharada extra de azúcar en mi café matutino. Tenía recuerdos de cuando Coach me gritaba por sobrepasar el límite de peso unos días antes de mi combate y de cómo le prometí que no volvería a ocurrir. Estos recuerdos fueron suficientes para que me ciñera inmediatamente a una estricta dieta baja en calorías y sin azúcar.

Me pateaba el trasero a diario. Mis mañanas empezaban a las 5 de la mañana con un entrenamiento de velocidad en la pista. Jack ladraba como un loco y me perseguía durante las primeras vueltas, luego se cansaba y se quedaba en guardia vuelta tras vuelta. Inmediatamente después de mi festival de sprints, me dirigía al gimnasio de MMA para hacer boxeo de sombra y golpear el saco pesado durante 20 rondas seguidas y terminaba con 10 rondas de calistenia o un entrenamiento con pesas en el gimnasio de la Comunidad Biltmore y aun así me las arreglaba para estar en la escuela a las 9 de la mañana para mi primera clase.

Una noche, mientras hacía los deberes, Terri me llamó y me dijo: "¡Tenemos el combate para ti! Vas a pelear el viernes, 9 de octubre en el National Guard Armory de Columbia, Tennessee, contra otra mujer que también debutaba como profesional llamada Jennifer Batchelder". Sentí que mi adrenalina subía como si acabara de terminar uno de mis sprints en la pista. Faltaban 2 semanas y había entrenado duro durante las últimas 4 semanas, así que me sentía preparada al máximo. "¡Impresionante Terri! Estoy preparada. Ahora mismo peso 122 libras, así que estaré a punto con mi peso el día 9, le contesté. Estaba asustada, pero tenía que dar este salto. Tenía que ir a Decatur este fin de semana para una última sesión de sparring y hablaríamos del calendario y el plan definitivos.

Ahora no tenía elección y tenía que decírselo a Brian, así que esperé en la mesa del comedor con Jack hasta que llegó del trabajo. Mientras esperaba, envié a Bob Swoap un correo electrónico solicitando una sesión lo antes posible. Momentos después, Brian llegó a casa, me dio un beso en la frente y me dijo: "Hola Scoob, ¿va todo bien?" Intenté tragar saliva, pero tenía la boca completamente seca. Le contesté: "Raggie, mi debut profesional en el boxeo está previsto para dentro de 2 semanas, el viernes 9 de octubre en Columbia, Tennessee. Una empresa de medios de comunicación va a filmarlo y absorber todos los gastos relacionados y el promotor de la tarjeta de combate va a pagar mi hotel, comida y cualquier otra cosa que necesite. Me gustaría que estuvieras allí si puedes".

"Felicidades Scoob. Esto es lo que querías, así que bien por ti. Haré todo lo que pueda para estar allí por la tarde, pero no puedo ausentarme del trabajo el día anterior ni la mañana del mismo. Estoy muerto de cansancio y voy a darme una ducha y relajarme un poco", dijo antes de marcharse.

Su tono y sus palabras me produjeron escalofríos porque sabía que el final estaba inevitablemente cerca. Esa noche abracé a Jack con más fuerza mientras lloraba hasta quedarme dormida.

Agradecí despertarme y ver un correo electrónico de Bob que aceptaba verme hoy después de mi última clase a la hora del almuerzo. Tenía una sensación incómoda en el estómago y sabía que era mucho más que nervios por este debut profesional. Cuando tuve que elegir entre quedarme en Nueva York o mudarme a Asheville para salvar mi matrimonio, elegí Asheville. No podía renunciar a mis objetivos ahora que nadie renunciaba a nada por mí. Mi mayor problema era sentirme lo suficientemente digna como para elegirme a mí misma y estar bien con ello. Esto era lo principal de lo que hablaría hoy con Bob. Me obligué a salir a correr una carrera ligera de 5 km con Jack para ayudarme a despejar la mente para la escuela.

Mientras intentaba concentrarme en mis clases de la mañana, tenía las mismas sensaciones incómodas en la boca del estómago que una vez tuve antes de llegar a casa en Nueva York y descubrir que me habían robado los Guantes de Oro. No estaba segura de qué pensar o hacer. Después de mi última clase, corrí al despacho de Bob y me senté a llorar. "Hola Patty, ¿estás bien? Dime qué está pasando", me dijo con calma. Respiré profundo unas cuantas veces y me tranquilicé antes de contestar: "Lo siento Bob, es que estoy abrumada. Ayer me enteré de que mi combate de boxeo de debut profesional está fijado para dentro de dos semanas, el viernes 9 de octubre en Tennessee, y se lo dije a mi marido y su respuesta no fue la que esperaba. Temo que el final esté muy cerca si sigo adelante con este combate".

Bob asintió con la cabeza y me indicó que cerrara los ojos y visualizara lo que quería que ocurriera dentro de 2 semanas. Seguí sus indicaciones y controlé mi respiración mientras cerraba los ojos y me visualizaba llegando a la Armería de la Guardia Nacional y boxeando por primera vez como profesional con confianza y estilo y con las manos levantadas en señal de victoria al final del combate ante una multitud que me aclamaba.

Abrí los ojos y Bob me preguntó: "¿Por qué quieres pelear Patricia?" Hace años, cuando practicaba artes marciales y luego hice la transición al boxeo, no habría sabido responder a esa pregunta, pero ahora la respuesta es cada día más clara.

"Nadie me dio nunca una oportunidad de ser alguien. Ni mi padre, ni mi madre, ni mi familia ni mis amigos. Nadie luchó nunca por mí. Me debo a mí misma y a esa niña a la que nadie valoró lo mejor de lo que Dios me ha dado. Peleó y moriré por ella y por su honor". Fue la primera vez que pude expresar "Mi porqué" y ahora se convertiría en la razón de todo lo que hacía. Sería claramente mi inspiración, mi motivación para seguir adelante a pesar de los obstáculos: la pequeña Patty. Esta sesión sería una de las charlas más significativas de mi vida.

Al día siguiente, conduje hasta Decatur y tuve mi última sesión de sparring y entrenamiento con Terri. "¡Definitivamente estás lista para debutar como profesional, Patty! Sal ahí fuera y haz lo que haces aquí y vas a noquear a esa chica. Sólo recuerda que Jennifer está pensando que va a ganar, así que demuéstrale quién manda", me dijo Terri mientras me estiraba y hablábamos del programa de los últimos días previos al combate. Iría a Tennessee con la Compañía de Medios de Comunicación el jueves, el día antes del combate para los pesajes que se celebrarían en el Armory en público y me reuniría allí con Terri al mediodía.

Los días siguientes restringí aún más mi ingesta de alimentos y me aseguré de ir a la sauna del YMCA por las tardes y mantuve mis carreras a no más de 3 millas cada vez seguidas de 30 minutos de intenso boxeo de sombra. El miércoles por la noche, pesaba exactamente 119 libras. El jueves 8 de octubre a las 7 de la mañana, la compañía Media toco a mi puerta: "¡Eh, Patty Boom Boom! ¿Estás lista?" preguntó el fundador, Dan con una enorme sonrisa. Brian ya se había ido al gimnasio y yo había dejado a Jack en casa de Martina la noche anterior, así que bajé la vista momentáneamente y cogí mi bolsa hecha y contesté: "¡Estoy lista! Vámonos".

Había 2 chicos del equipo de cámaras también en la furgoneta con nosotros y el hablar con todos ellos hizo que las 5 horas de viaje pasaran rápidamente. Cuando llegamos a la Guardia Nacional de la Armería, me sorprendió ver a Terri haciendo boxeo de sombra delante de uno de los espejos de la Armería. Llevaba jubilada más de 5 años, así que fue extraño, pero en cuanto se dio cuenta de que había llegado, ella y su ayudante/amiga se acercaron a saludarnos. "¡Hola chica! ¿Cómo te encuentras? Acabo de ver a tu oponente. Va en serio y ya estaba hablando mal de cómo te va a noquear", dijo Terri. No estaba segura de por qué me diría algo así, pero sabía por qué estaba peleando y no iba a dejar que nadie deshonrara eso. "¡Eh, Terri! ¡Tengo tanta hambre y sed! Estoy justo de peso, ¡así que quiero acabar con este pesaje para poder comer!"

Era más de la una de la tarde y el promotor se acercó para decirnos que empezaríamos en un momento. Los periódicos locales, los informativos y los fotógrafos estaban todos reunidos en la sala principal de prensa mientras empezaban a anunciar los primeros combates preliminares. ¡Me quedé atónita al descubrir que mi combate era el co-evento principal! Sentí que me temblaban las manos cuando empecé a quitarme las medias, los pantalones cortos y el top para subirme a la báscula delante de los asistentes. "¡Patty Boom Boom, 119!" dijo el anunciador. Jennifer fue la siguiente y pesó 116.0 libras, ¡lo que significaba que también estaba lista! Me recordó a la época en la que peleaba en los Nacionales de EE.UU. y pesaba por debajo del límite de peso todas y cada una de las veces.

Durante las fotos de enfrentamiento, pude mirar a Jennifer a los ojos. Estaba tan nerviosa como yo, pero le faltaba algo. Aunque estaba nerviosa, tenía fe y tenía "mi porqué" y de alguna manera, sabía que eso iba a marcar la diferencia mañana por la noche. No me dio la mano y se limitó a mirarme mal mientras nos dábamos la vuelta y tomábamos caminos separados y los fotógrafos terminaban de tomar las últimas fotos. Vi a Terri hablando con los periodistas y logré oírla decir que era campeona del mundo. Empezó a quedar claro que quería ser el centro de atención y promocionarse, lo que no estaba nada bien, especialmente durante mi debut como profesional.

Fuimos a la cafetería local y empecé a rehidratarme inmediatamente y pedí 3 huevos revueltos con arroz. Terri y todo el mundo se sorprendieron de mi pedido, pero les dije que me recordaba a mis días de competición amateur en los Nacionales de EE UU y en todos los grandes torneos de boxeo. Era mi comida de cabecera que sabía que mi sistema digestivo podía manejar y que proporcionaba la cantidad adecuada de energía y nutrición. Terri, como muchas boxeadoras profesionales, no tenía una formación amateur. Yo pagué mis cuotas con casi 6 años peleando como amateur y tuve cerca de 50 peleas ganadas y gané todos los premios importantes de este deporte. Y como Bob Swope me enseñó, esos premios y méritos serían míos para siempre y hablaban por sí solos.

Después de cenar, nos dirigimos al Days Inn, el hotel que el promotor pagó para que nos alojáramos. No era el mejor y tenía un aspecto destartalado y un olor extraño, pero yo estaba muerta de cansancio y necesitaba descansar. Recé mis oraciones y di gracias por dormirme enseguida sin ningún problema a pesar de no tener a mi pequeño Jack. El sonido del timbre de mi móvil me despertó a las 8 de la mañana. No podía creer que hubiera dormido más de 8 horas sin interrupciones. Me alegré mucho de que fuera mi hermana la que llamaba para desearme suerte. Poco después de que ella llamara, Brian me llamó para decirme que vendría en coche y estaría allí a primera hora de la tarde para mi combate. Poco después de ducharme, Terri toco la puerta para recogerme a desayunar.

Mientras desayunábamos en el cercano comedero Denny's, repasamos brevemente las cosas clave para esta noche, que eran principalmente no perder pasara lo que pasara. Realmente no tenía ni idea de lo que Jennifer iba a aportar. Era más alta que yo, era diestra y quería ganar. Me adaptaría a lo que ella presentara en los primeros segundos del primer asalto. Todo lo que sabía era que era mi noche para brillar y que una vez que sonara la campana, Patty Boom Boom estaría totalmente presente.

Volví al feo hotel y me obligué a echarme una siesta de una buena hora. Hice la maleta con mi equipo, mis nuevos pantalones de boxeo y mi nueva bata con mis colores favoritos y me duché. Me aseguré de tener tiempo suficiente para rezar y visualizar y luego Terri toco la puerta a las 5 p.m. La Armería estaba a unos buenos 30 minutos del hotel, así que tuvimos que darnos prisa ya que tenía que hacerme el reconocimiento físico obligatorio previo al combate. Los combates empezarían a las 8 p.m. y era un pequeño espectáculo de 6 combates en total y mi pelea era el 5º combate y el evento co-principal.

La Compañía de Medios me saludó cuando llegué a la Armería y mantuvo la cámara en mi cara mientras me examinaba el médico y durante toda la noche. A las 7:30, Terri empezó a vendarme las manos por primera vez como boxeador profesional. El vendaje era muy diferente al de mis días en el boxeo amateur. Me daba una sensación mucho más sólida, como si tuviera las manos en un yeso. El promotor también le había dado a Terri los pequeños guantes negros de 8 onzas que debía ponerme. Mientras Terri cortaba los extremos de los cordones de los guantes y yo me preparaba para meter la mano en aquellos diminutos guantes, sentí que la temperatura interior de mi cuerpo aumentaba. Sin casco, con vendas como de un yeso y guantes de boxeo más pequeños…. ¡Esta noche iba en serio!

El cuarto combate ya estaba en el cuadrilátero y yo había empezado a boxear en sombra y Terri entró corriendo para que pudiera hacer unos cuantos minutos de almohadillas. Después de que empezara a sudar ligeramente, me puso la bata y nos indicaron que empezáramos a subir al cuadrilátero.

Mi corazón se aceleraba y entonces recordé lo que el hermano de Coach me dijo una vez antes de mi primer combate de boxeo amateur: "Enciende ese interruptor en cuanto suene la campana. Coge todo tu amor, tus miedos y todas tus emociones y deja que se desaten sobre quien tengas delante. No dejes que nadie te quite lo que te pertenece". Oí que empezaba a sonar a todo volumen la canción de entrada, que era "En Barranquilla me quedó", de Joe Arroyo. Era una canción tradicional colombiana que me recordaba a mi madre. Empecé a trotar por el pasillo y bajé al cuadrilátero con Terri y el equipo de cámaras siguiéndome detrás.

Jennifer ya estaba en el cuadrilátero con su entrenador. Llevaba una pantaloneta de boxeo negro, un sujetador deportivo negro y zapatillas de boxeo negras. Yo llevaba pantalonetas de boxeo blanco y azul, un sujetador deportivo blanco y mis botas de boxeo rojas, blancas y azules que me regalaron en las Nacionales de EE UU. El público presente nos vitoreaba ruidosamente a las dos, ya que el boxeo profesional femenino era y sigue

siendo una novedad en todas partes. Llegamos al centro del cuadrilátero
y el árbitro nos dio las últimas instrucciones antes de que volviéramos a
nuestras esquinas y entonces sonó la campana de mi primer combate de
boxeo profesional.

Algo muy dentro de mí se activó cuando sonó esa campana. Salí corriendo de mi esquina y no dejé respirar a Jennifer. Al igual que en mi
primer combate amateur contra Barbosa, empecé a un ritmo furioso.
Jennifer lanzó un duro derechazo, pero yo lo esquivé y lancé 10 duros
golpes sin respuesta que la enviaron a la lona. El árbitro empezó a contar: "UNO, DOS, TRES, CUATRO". Jennifer se levantó a la cuenta de
cinco. Vi el miedo en sus ojos y volví a correr por el cuadrilátero con
otra andanada de puños que la derribaron por segunda vez. El árbitro
no terminó la cuenta esta vez y detuvo el combate. Gané por nocaut en
el primer asalto de mi primer combate de boxeo profesional. Me acerqué
para asegurarme de que Jennifer estaba bien y estreché su mano y la de
su entrenador antes de celebrarlo en mi esquina con Terri.

Capítulo Once - Asalto 11

El duelo

"No tenemos que convertirnos en héroes de la noche a la mañana. Sólo un paso cada vez, enfrentándonos a cada cosa que surja, viendo que no es tan terrible como parece, descubriendo que tenemos la fuerza para hacerle frente". Eleanor Roosevelt

Después de bajar del cuadrilatero, vi a Brian y me dio un abrazo. "¡Felicidades, Patricia!", me dijo. Era la primera vez en mucho tiempo que me llamaba por mi nombre, pero a pesar de la incomodidad, me alegré de que hubiera venido a ver mi debut en el boxeo profesional y esperaba que quizá verme pelear le inspirara y motivara para apoyar mis sueños de llegar más lejos. Él sabía que esto no era más que el principio para mí, ya que nunca he hecho nada a medias.

Los medios de comunicación continuaron siguiéndome y grabándome. Posé para las fotos de tanta gente que me lo pidió antes de que saliéramos de la Armería. Fue una gran noche para mí, pero esa extraña sensación de hundimiento en el estómago había regresado a lo grande cuando volví al hotel con Brian. Aunque la pelea había durado un asalto, mi cuerpo se sentía como si hubiera peleado 12 asaltos con Mike Tyson. Me sentía completamente agotada, dolorida y simplemente muerta. Me di una ducha y me desmayé.

A las 8 de la mañana, Brian me despertó y me dijo: "Oye Scoob, no quería despertarte, pero me gustaría empezar a conducir de vuelta pronto. Es un viaje largo y no quiero que me coja el tráfico". Estaba desorientada y no me sentía nada bien. Tenía fiebre y también erupciones en el cuello, la espalda, los brazos y el estómago y no podía dejar de rascarme. "Buenos días, Raggie. Yo también quiero salir de aquí. No sé por qué tengo fiebre, pero voy a darme una ducha rápida y podremos irnos cuanto antes", le contesté. Mientras dejaba que el agua fría enfriara mi cuerpo, intenté pensar qué podría haber comido para provocar esta reacción alérgica, pero no se me ocurrió nada.

Cuando subimos al coche, vi que el de Terri no estaba. Tenía un viaje de vuelta aún más largo, así que fue inteligente por su parte salir temprano. Me sentía tan cansada y dosificada durante una hora cuando sonó mi móvil y era Terri. "¡Hola, chica! ¿Cómo se siente la Campeóna?" preguntó Terri. Deseé no sentirme tan horrible como me sentía, pero respondí: "Hola Terri, gracias, pero me siento horrible. Tengo fiebre desde que me desperté y me duele el cuerpo y tengo sarpullidos por todas partes. No entiendo a qué estoy reaccionando". Una de las cosas que apreciaba de Terri era que sabía un poco de todo y no tardó mucho en saber qué me pasaba. "Tienes que ir al hospital más cercano o a urgencias Patty. Parece que estás teniendo una reacción alérgica a una picadura de chinches de ese hotel sucio", me dijo.

Se me llenaron los ojos de lágrimas en cuanto me di cuenta de que tenía miedo de contárselo a Brian. La persona en la que una vez había confiado y a la que no temía decirle nada, ahora dudaba, pero no tenía otra opción.

"Raggie, tenemos que parar en un hospital o en urgencias lo antes posible. Terri cree que estoy teniendo una mala reacción a picaduras de chinches", le dije. Brian se limitó a asentir con la cabeza y no dijo mucho. Llegamos a un hospital media hora más tarde. Una enfermera anotó mis datos y yo le mostré las erupciones y le conté mis síntomas. Poco después salió el médico y confirmó la sensación de Terri. "Siento informarle, jovencita, pero está teniendo una reacción alérgica grave a las picaduras de chinches. Normalmente no veo casos tan graves como el suyo, así que voy a recetarle pastillas de prednisona y crema de cortisona para las próximas dos semanas. Si los síntomas remiten, o cuando lo hagan, puede pasar a tomar pastillas de Benadryl sin receta", indicó el médico.

Mi momento brillante de la noche anterior se vio rápidamente eclipsado por la agonía de querer arrancarme la piel, el dolor, el malestar y la fiebre. Brian paró en la farmacia más cercana y recogimos la receta y cajas extra del Benadryl. "Raggie, son demasiadas cajas de Bendaryl. No creo que necesitemos 4 cajas", le dije, pero entonces noté una erupción similar en su brazo. "Yo también tengo picaduras de chinches, pero mis síntomas no son tan graves como los tuyos, así que me limitaré a tratarlo con Benadryl y podemos compartir la crema", respondió Brian. Lidiar con los fuertes picores y los síntomas durante las siguientes semanas fue un gran reto, pensé, pero como la vida me enseñaría, siempre puede ser mucho peor y pronto lo sería.

Terri me llamó a menudo a lo largo de las semanas que estuve lidiando con esta afección para ver cómo estaba y para planificar mi próxima pelea. No paraba de decirme que estaba hablando con algunos managers y promotores potenciales que estaban interesados en mí y que tenía que ser "extra amable" con ellos. "Patty, tienes buena apariencia y talento y tienes que utilizar esas herramientas que Dios te ha dado a tu beneficio. No eres lo suficientemente amable con estos hombres. Están cargados y quieren gastar dinero, pero sólo si haces que valga la pena", me decía. Aunque era ingenua, me molestó que utilizara la religión para persuadirme y también pude hacerme una idea de sus implicaciones y le respondí: "Terri, agradezco todo el trabajo que estás haciendo con todas estas llamadas telefónicas, pero no voy a acostarme con ningún viejo verde. No tengo dinero para pagar a mi próxima oponente, ¡pero NO venderé mi cuerpo! Tiene que haber otra manera".

También recibí muchos mensajes a través de mis redes sociales de aficionados al boxeo y seguidores intrigados que me preguntaban cuándo sería mi próximo combate. Uno de estos nuevos seguidores, JS, de Florida, mostró un interés especial. Afirmaba ser un entendido en este deporte, ya que era "reportero de boxeo". Se ofreció a ayudarme en todo lo que pudiera y me proporcionó su información de contacto. Dijo que conocía a managers y promotores de boxeo y que podría hablarles de mí. JS y yo acordamos mantenernos en contacto y yo oraba a Dios que efectivamente pudiera ayudarme.

Después de 6 semanas, por fin dejé de tomar la prednisona que me había afectado negativamente en todos los sentidos. Me sentía hinchada, cansada y simplemente no era yo misma. Había aumentado 5 kilos a lo largo de esta enfermedad de chinches y no quería seguir bajando por este oscuro agujero.

Una mañana casual entre semana, Brian se ofreció a llevarme a Earth Fare a desayunar después de un entrenamiento en el gimnasio. Él sabía lo mucho que me gustaban sus huevos revueltos con café. Lo pedí para llevar y, en el corto trayecto de vuelta a casa, noté lo nervioso que estaba Brian. Agarraba el volante con mucha fuerza y estaba inquieto. Cuando llegamos frente a la casa, respiró muy profundamente y dijo algo que nunca jamás olvidaría y que me sigue doliendo hasta el día de hoy: "Patricia, he solicitado el divorcio. No quiero que esto se ponga feo y quiero que nos separemos amistosamente. Puedes quedarte con el apartamento en Nueva York y yo me quedaré con esta casa aquí en Asheville. Puedes quedarte con uno de los coches, el Toyota Prius, y llevarte cualquier cosa de la casa que puedas necesitar de vuelta en Nueva York. El negocio es de mi familia y me gustaría que no se tocara".

El dolor es indescriptible e inevitablemente las lágrimas corrieron por mi cara. Algo muy dentro de mí me obligó a componerme. Por el bien de mi dignidad, no iba a pedirle que nos diera otra oportunidad. Me di cuenta de que era algo que había planeado y discutido con su padre, hermano y sus amigos, así que le contesté: "Me has partido el corazón Brian y has quebrantado la mayor promesa que nos hiciste a nosotros y a Dios. Pero no me opondré a tu decisión ni a tus deseos. Dejaré en paz tu negocio ya que sé lo sagrado que es para ti. Haré los preparativos para volver a Nueva York lo antes posible".

Salí del coche y corrí hacia la casa mientras él se alejaba hacia su oficina. Cuando abrí la puerta, Jack estaba allí instintivamente esperando como si lo supiera. Le miré a sus grandes ojos marrones y le dije: "Sólo estamos tú y yo, amiguito", aunque siempre habíamos sido sólo nosotros dos y le abracé con fuerza y me tiré al suelo de la cocina a sollozar. Mientras lloraba en el suelo, veía imágenes de mí misma cuando era pequeña. No podía defraudarla y entonces recordé que levantaba las manos en el cuadrilátero hacía sólo un par de meses y cada vez que cruzaba la línea de meta de una carrera cualquiera. Levanté las manos no porque hubiera ganado, sino porque desafié las probabilidades y no me rendí.

Me levanté del suelo y fui directa al dormitorio y empecé a empacar mis cosas en grandes bolsas de lona, que sería la parte fácil. Al cabo de unas horas, empecé a hacer las temidas y dolorosas llamadas telefónicas a las personas que absolutamente necesitaban saberlo. Primero llamé a mi hermana cuya primera reacción fue de total incredulidad. "¡No seas tonta Patricia! ¡Llévalo a la quiebra! Quítale la mitad de absolutamente todo lo que tiene. ¡Te lo mereces! Te estaremos esperando con los brazos abiertos. Avísame si necesitas cualquier cosa", me dijo mi hermana. El dinero nunca fue mi motivo y no quería meterme en una fea batalla legal por su negocio y otras finanzas. Siempre había sido independiente e iba a regresar a Nueva York y seguir adelante por mi cuenta.

El Toyota Prius rojo de tamaño medio estaba repleto de todo lo que poseía y a las 5 de la mañana de principios de marzo de 2010, inicié mi largo viaje de regreso a la ciudad de Nueva York. Antes de partir, le envié un mensaje de texto a Terri informándole brevemente sobre el divorcio y que estaba conduciendo de regreso a Nueva York.

No debería haberme sorprendido su fría respuesta: "Bueno, fue un placer conocerte y supongo que nunca volveré a saber de ti. Buena suerte", fue lo último que me dijo o escribió. Escribí correos electrónicos de despedida a Martina, Bob, Candace, Brian Lawler y a los pocos conocidos que había hecho en Asheville durante los últimos 4 años. En mis correos electrónicos, me sorprendió ver los papeles del divorcio presentados por Brian a través de Legal Zoom. Una boda fastuosa con 200 invitados en uno de los lugares más exclusivos de Nueva York llega a su fin a través de Legal Zoom. Estaba disgustada, pero firmé los papeles inmediatamente y me fui.

Sentí náuseas durante las 14 horas de viaje de vuelta y tuve que parar varias veces para vomitar. No dejaba de recordar lo mucho que me costó dejarlo todo para mudarme a Asheville y ahora me está costando aún más volver a Nueva York. Una de las últimas cosas que me dijo Martina antes de irme fue que fuera amable conmigo misma, ya que un divorcio puede ser tan o más doloroso que la pérdida de un ser querido. Podía atestiguar de ese hecho con toda seguridad. El llanto, los vómitos y las oraciones fueron todos necesarios y purificadores. La mejor parte de este viaje de vuelta fue tener a mi compañero, Jack, a mi lado. Tomé la última salida hacia Forest Hills y me enfrenté a la realidad de tener ahora que encontrar aparcamiento y, lo que es peor, ¡aparcar en paralelo! Tuve recuerdos de cuando me eximieron del examen de conducir en Asheville, donde no se exigía aparcar en paralelo porque allí no era necesario nunca. Pero aquí, en Nueva York, ¡era obligatorio!

Tardé casi una hora en encontrar aparcamiento y aproximadamente otra media hora en aparcar en paralelo mientras otros conductores tocaban la bocina descaradamente. Abrí la puerta de mi apartamento casi a las 10 de la noche y me quedé dormida de puro agotamiento en el sofá de piel sintética que habían dejado las personas que subarrendaban el apartamento mientras yo estaba en Asheville. A las 3:30 de la madrugada, sentí una sensación de ahogo y pude ver cómo me esforzaba por hablar desde arriba. "Padre nuestro que estas en los cielos", empecé a rezar antes de soltar el mayor suspiro de alivio cuando pude oírme de verdad. Los sueños paralizantes volvieron con fuerza.

Las 3:30 de la mañana se convirtió en mi nueva hora de despertar hasta el día de hoy. Recé y empecé el día con una lista de cosas que tenía que hacer hoy. Tenía que limpiar el apartamento, deshacer las maletas, configurar mi computadora, vender mis anillos de compromiso y de boda ya que no tenía trabajo ni dinero, actualizar mi currículum y empezar a solicitar trabajo y ponerme en contacto con JS en Florida para que me ayudara a organizar mi próximo combate de boxeo. A las 10 de la mañana, mi apartamento estaba reluciente de limpio y todo estaba desempaquetado y mi computadora preparada. Aunque estábamos en el mes de marzo, envié un correo electrónico a Dan Brannen y le dije que había vuelto a Nueva York para siempre y que contara conmigo para el evento Corporate Challenge del verano y que, por favor, me tuviera en cuenta para cualquier otra oportunidad de trabajo. Dan fue muy empático y me aseguró que estaría en la lista de trabajadores del evento.

Me inscribí en línea en varias empresas de contratación y me presenté a varios trabajos como asistente ejecutiva, gestora de eventos, gestora de salud y bienestar y como intérprete/traductora de español. También vi una oportunidad de volver a la escuela con una beca patrocinada por el gobierno en el campo de los Servicios Médicos de Emergencia que requería un proceso de solicitud, así que lo hice de inmediato.

A mediodía, cogí el metro hasta el Distrito de los Diamantes en el centro de Manhattan y fui a más de una docena de joyerías y vendí mis anillos al mejor precio ofrecido. Me sentí aliviada de tener dinero suficiente para pagar la cuota de mantenimiento del apartamento durante los 2 meses siguientes, que era tan costoso como un alquiler mensual, y dinero suficiente para comida y transporte. Confiaba en tener pronto algún tipo de ingresos porque estaba dispuesta a trabajar prácticamente en cualquier sitio si era necesario.

Cuando volví a casa, vi un correo electrónico de JS en el que me decía que había un promotor allí en Florida que estaba trabajando en la organización de la próxima y potencialmente última pelea de Héctor "Macho" Camacho y que estaba buscando una pelea coestelar para el evento principal y que estaba interesado en que yo peleara en ella. Llamé a JS de inmediato, "¡Hey JS! ¡Vi tu correo electrónico! ¡Son noticias increíbles! Me encantaría estar en esa cartelera. ¿Quién será mi oponente, dónde y cuándo tendrá lugar esa pelea?" JS hizo una pausa y luego tartamudeó al responder: "¡Hey Campeóna! ¡Seguro que son noticias emocionantes! El espectáculo de boxeo es en Kissimmee, Florida, el 14 de mayo, pero tenemos que conseguir a la oponente. Hay una chica dura de México que acaba de pelear en Nueva York llamada Laura Gómez que está dispuesta a pelear contigo por 2500 dólares".

Hubo un largo momento de silencio antes de que me diera cuenta de que lo que Terri estaba diciendo era realmente la verdad cuando se trataba de tener que invertir en mi carrera de boxeadora profesional. Según ella, el equipo de un boxeador profesional normalmente tenía que pagar al menos los 5 primeros combates del boxeador para construir un historial sólido y atraer la atención de los principales patrocinadores y ser un contendiente de primera fila. Yo no tenía respaldo, ni mánager, ni promotor, ni entrenador, pero tenía que ingeniármelas de alguna manera. No tenía dinero, salvo el que acababa de recibir por mis anillos, que necesitaba para pagar los gastos de mi casa, la comida y lo esencial, y lo único que me quedaba por hacer era vender mi coche. "De acuerdo, JS, por favor, ponte en contacto con la gente de Laura y hazle saber que pelearé contra ella por esa cantidad. Venderé mi coche lo antes posible y utilizaré ese dinero para pagarle a ella y las próximas dos o tres peleas. Lo haré por mi cuenta sin tener que acostarme con ninguno de esos gerentes sucios", le dije.

JS no era atractivo a primera vista por las fotos que vi de él cuando nos hicimos amigos en las redes sociales. Medía alrededor de 1.70 m, pesaba 68 kg y tenía el pelo fino, rondaba los 40 años. No era para nada de mi gusto, pero su voluntad de ayudarme, su apoyo y su pasión por el deporte captaron mi atención. Tenía un breve historial de boxeo amateur, trabajaba como reclutador de médicos y estaba separado de la madre de su hijo de 10 años.

JS era un gran aficionado al boxeo y veía combates y escribía sobre ellos de forma gratuita y compartía su punto de vista en varios medios sociales. No era muy conocido y no tenía conexiones reales, pero yo no lo sabía en ese momento. No sabía que había acechado mis fotos y mis antecedentes en las redes sociales. No se habría ofrecido a ayudarme si no fuera por mi aspecto y el incentivo de involucrarse románticamente de alguna manera.

No recibí buenas vibraciones de él y una vez más ignoré las banderas rojas. Me di cuenta de que su tartamudeo se hacía mucho más notorio cada vez que mentía y eso era a menudo, pero yo necesitaba conseguir otra pelea y necesitaba su ayuda. Todo lo que él hacía era hablar de mí con los promotores y yo ponía mi propio dinero, pero pronto me daría cuenta una vez más de que absolutamente nada es gratis.

Estaríamos en contacto constante ya que yo necesitaba firmar el contrato oficial y él era mi enlace con el promotor, Eddie. La siguiente tarea que me puso la piel de gallina fue ponerme en contacto con Coach. No tenía dinero para pagar un entrenamiento en un gimnasio de boxeo y peor aún para entrenar. Tenía en mente entrenarme yo misma si era necesario.

En el breve tiempo que entrené con Terri, que fue sólo un puñado de fines de semana antes de mi debut en el boxeo profesional, no me enseñó nada nuevo. Mi base en el boxeo amateur, mi gran resistencia física, mi fortaleza mental y mi fe me sacaron adelante en mi primer combate de boxeo profesional y me seguirán sacando adelante por ahora hasta que pueda conseguir un verdadero entrenador de boxeo profesional, pensé. "Hola Coach, es Patricia. He vuelto a Nueva York para siempre. Brian me pidió el divorcio justo después de mi debut en el boxeo profesional. Las cosas simplemente no funcionaron entre nosotros, así que voy a centrarme en hacer todo lo que pueda como profesional y necesito un lugar para entrenar. Un tipo que conozco de Florida me ayudó a conseguir mi próxima pelea que es dentro de 6 semanas", dije de un tirón por teléfono.

"¡Hola, Alcivar! Oh, siento oír que las cosas no funcionaron entre Brian y tú. Puedes entrenar aquí. No te preocupes. Puedo hacer que uno de nuestros nuevos entrenadores, Steve trabaje contigo y yo puedo ayudar cuando pueda. Si necesitas a alguien que trabaje en tu esquina en Florida, puedo ir. Sólo necesito que me pagues el vuelo y el hotel. Tengo que ir a entrenar a algunas personas, ¡pero vuelve aquí mañana!" dijo Coach antes de colgar. Dejé escapar un fuerte y largo suspiro de alivio. Aquello no fue tan duro como pensé que sería, pero tenía esa molesta sensación en la boca del estómago que nunca era buena. Tenía la costumbre de no fijarme en los motivos ocultos de la gente. Creía lo mejor de la gente a pesar de las banderas rojas y las vibraciones incómodas. Pagaría caro en el futuro por no escuchar.

Mi siguiente gran tarea era vender mi coche, así que busqué su valor en Kelly's Blue Book y luego puse anuncios en Craig's list. A los pocos minutos de poner el anuncio, un tipo con acento extranjero me llamó y me dijo que estaba interesado y que quería ver mi coche lo antes posible y que, si coincidía con la descripción que le había proporcionado, ¡me pagaría en efectivo en el acto!

Los personas de las redes Craig's list tienen fama de ser estafadores, así que yo estaba escéptica, pero necesitaba desesperadamente vender este coche, así que accedí a reunirme con el tipo en las dos horas siguientes. Recé y me preparé para reunirme con este tipo.

A lo lejos, vi a un hombre delgado, ligeramente más alto que yo, que pasaba a toda prisa por delante de todos vestido con unos jeans negros, una camiseta negra entallada y gafas de sol oscuras y que llevaba una bolsa de papel marrón bien apretada. Lo único que le faltaban eran unos guantes de cuero para cuando me asesinara, pensé. "Hola Patricia. Soy André. ¿Es éste el coche? Aquí tiene dinero en efectivo que deberá sujetar mientras pruebo el coche", me dijo. Le entregué las llaves y sujeté nerviosamente la bolsa de papel marrón. Sólo tardó 5 minutos y cuando volvió, inspeccionó el coche por dentro y por fuera durante otros 5 minutos y luego me estrechó la mano y me dijo: "El dinero está todo, se lo aseguro. Ahora debo irme. Gracias", dijo antes de marcharse a toda velocidad.

Corrí a casa lo más rápido posible y conté el dinero y estaba todo allí. Ahora tenía dinero suficiente para pagar a Laura Gómez, los vuelos y quizás los 3 próximos combates si era necesario. Volví corriendo a depositar el dinero en el banco y consideré este primer día completo de vuelta en Nueva York como un día muy productivo. Mañana planeaba levantarme temprano y estar en el gimnasio de boxeo a las 6 a.m. Mientras me tumbaba en el sofá con Jack, visualicé la lista de cosas que había creado en mi mente. Todavía tenía que ir a la iglesia IDMJI esta semana, tenía que llamar a mi hermana mañana y a mi madre y hacer un seguimiento de todas las pistas de trabajo.

A las 5 de la mañana, el andén del metro ya estaba lleno de gente esperando el tren. Me alegré de conseguir un asiento en el tren E, ya que era un viaje en tren de una hora sólida hasta Manhattan y podría echarme una siesta muy necesaria antes de mi entrenamiento de boxeo. Tuve recuerdos de mis buenos y sudorosos días como boxeadora amateur mientras me acercaba a la entrada del gimnasio de boxeo. "¡Eh, Alcivar! Bienvenida de nuevo, ¡chica!" dijo Coach mientras chocaba los cinco conmigo. El gimnasio olía a sudor y estaba abarrotado con la gente de la mañana haciendo sus entrenamientos antes del trabajo. Daba gusto oír los sonidos de la gente saltando la cuerda, golpeando los speedbags y los sacos pesados mientras sonaba de fondo una canción de Aerosmith.

Sonó la campana para terminar la ronda de 3 minutos y durante el descanso de un minuto, Coach fue diciendo: "¿Sabéis quién es esta chica? Es la primera mujer que ha ganado el premio "Peleadora del año en boxeo". Es la campeona nacional de EE UU y ahora es profesional". Nunca estuve segura de por qué hacía eso, pero siempre me hacía sentir incómoda, ya que la reacción de la gente iba desde la admiración a la indiferencia pasando por la envidia.

Era mi primer día de vuelta al boxeo desde mi combate de debut profesional y después de la enfermedad de los chinches, así que me sentía oxidada, pero salté la cuerda durante 5 asaltos, boxeé en sombra durante otros 5 asaltos y golpeé los sacos pesados durante 5 asaltos.

Entonces Coach me presentó a Steve, que era pariente de un promotor de boxeo prometedor llamado Ronson. Ronson tenía una gran carrera como boxeador aficionado y actualmente era boxeador profesional y promotor de boxeo. Sabía de él cuando hacía sparring en el gimnasio de Gleason en mi época de boxeadora aficionada. Entrenaba en el gimnasio de Coach de vez en cuando y Coach le mencionó que ahora yo también era profesional con la esperanza de que pudiera incluirme en alguna de los espectáculos de boxeo que promocionaba.

Su sobrino, Steve tenía poco más de 20 años y ya tenía un hijo. Supuestamente había tenido algunos combates de boxeo amateur y era entrenador de boxeo en diferentes gimnasios de boxeo. Se acercó a darme la mano y me sujetó almohadillas durante unos cuantos asaltos. No me entusiasmaba la idea de trabajar con él. Parecía inseguro de los consejos que me daba, pero me quedé callada. Necesitaba entrenar e iba hacer lo mejor de esta situación.

Antes de irme, Coach nos llamó para que viéramos un vídeo de Laura. Había peleado recientemente contra Keisher Wells aquí en Nueva York en un espectáculo de boxeo de Lou DiBella. Coach había ido al instituto con Lou DiBella, que actualmente era uno de los mayores promotores de boxeo de Nueva York. La mayoría de los espectáculos de boxeo que promovía eran televisados. Sin embargo, Coach mencionó que DiBella ya estaba promocionando a Keisher, que estaba en mi división de peso y, además, tenían algún tipo de asunto sin resolver que se remontaba a su adolescencia. Laura fue dura y le dio a Keisher un buen combate que llegó hasta el final.

Cuando llegué a casa, vi que mi buzón de correo electrónico estaba lleno. Entre ellos había una aceptación para el Programa de Servicios Médicos de Emergencia. El Comité de Becas del LaGuardia Community College había revisado mi solicitud y mi redacción y tendría que ir en persona la semana que viene para una entrevista. Si todo salía bien, cursaría el programa universitario intensivo de 6 meses para convertirme oficialmente en EMT (paramedico). El programa de becas pagaría mis estudios, libros y uniforme y empezaría a finales de agosto. Cuando iba a la escuela en Carolina del Norte, mi clase favorita era anatomía y siempre he sentido una paz interior cuando ayudaba a alguien, así que pensé que este sería un gran campo a considerar.

También recibí una solicitud de entrevista de una de las empresas de traducción que quedó impresionada con mi currículum, así que les llamé enseguida. Me entrevistaron directamente por teléfono. Estuve en la llamada con ellos casi una hora entera. Junto con las preguntas requeridas sobre mi historial laboral, pusieron a prueba mis habilidades verbales en español y me sentí agradecida de haber aprobado sin ningún problema. Más tarde obtendría también la certificación como intérprete/traductora profesional de español. Desiree, que era una de las coordinadoras, me explicó que el trabajo que me ofrecían era por contrato y que me pagarían 20 dólares la hora para empezar con un mínimo de 15 horas semanales.

No era mucho dinero, pero sería un trabajo gratificante mientras boxeaba y posiblemente volviera a estudiar. Siempre podría encontrar trabajo adicional a tiempo parcial o por contrato como entrenadora personal, ya que estaba certificada y también me encantaba hacer ese trabajo. Desiree fue enviada desde arriba, ya que me dio de alta en su sistema para que me pagaran inmediatamente y me pidió que le enviara mi disponibilidad semanalmente y, en función de eso, me enviaría asignaciones. Mi primera asignación como intérprete de español fue al día siguiente en un hospital. Hice de intérprete para un médico y un paciente anciano en un turno de 8 horas ¡durante 3 días consecutivos!

El fin de semana había llegado y en mi primera semana de vuelta a Nueva York, había tachado casi todo de mi lista de cosas por hacer y ahora era el momento de llamar a mi madre. "Hola Mami, es Patricia. ¿Cómo está? Estoy de vuelta en Nueva York para siempre. Las cosas no funcionaron en Carolina del Norte, pero estoy bien", dije intentando no llorar. La respuesta y el tono de mi mamá fueron melancólicos, tristes y poco inspiradores: "Bueno Patricia, ya sabes cómo son los hombres. Ya te he dicho que se aburren y se cansan después de casarse contigo. Sólo sigue adelante y algo mejor llegará". Mi mamá se había jubilado antes de que yo me fuera a Carolina del Norte y mi hermana había mencionado que estaba cayendo en una depresión ya que no tenía un plan para todo el tiempo libre que ahora tenía.

Mi madre estaba sola en aquel apartamento de Woodside, Queens, y necesitaba desesperadamente cualquier tipo de interacción. Aquel vecindario también era tóxico en aquel momento, con vecinos chismosos y conocidos del pasado que sabían todos lo que había pasado con mi padre. Mi hermana me había mencionado la idea de que mi madre se mudara conmigo, ya que tenía un dormitorio libre que ella podría ocupar y también podría cuidar de Jack mientras yo estaba en el trabajo, entrenando o de viaje.

El vecindario de Forest Hills era una opción más saludable en general para ella. Aunque yo tenía muchas dudas, mi madre no. Cuando mi hermana se lo mencionó después de que se confirmara que me mudaba de nuevo a Nueva York, le encantó la idea. Mi madre y mis hermanas tenían graves problemas de codependencia y preferirían morir antes que estar solas.

Yo, por otro lado, valoraba mi tiempo de paz a solas más que nada y era extremadamente reticente y me daba remordimiento que me hicieran sentir culpable por siquiera dudar. La presión recaía sobre mí, ya que ninguna de mis hermanas tenía el espacio o la capacidad para trasladar a mi madre con ellas. Todas tenían hijos y llevaban vidas diferentes. Siempre he querido y querré a mi madre a pesar de todo lo que pasó con mi padre y de su falta de apoyo y protección a lo largo de mi vida. Tenía problemas emocionales sin resolver que no sabía cómo afrontar. Era un profundo resentimiento y tristeza por no haber recibido nunca amor, afecto, apoyo y protección de mi madre. Lo interiorizaba y esperaba que desapareciera algún día. Dejé a un lado mis sentimientos y le daría la bienvenida a mi madre para que se mudara a mi casa un mes después, justo antes de irme a Florida para mi segundo combate profesional.

Durante las siguientes 5 semanas antes de mi pelea en Florida, mi ajetreada vida comenzó a reunirse de nuevo en la ciudad de Nueva York lo que ayudó a enmascarar el dolor del divorcio, el resentimiento que tenía con mi madre y cualquier otro dolor que estuviera sintiendo. Cada golpe que recibía y daba me ayudaba a alejar temporalmente el dolor. Boxeaba por las mañanas temprano, trabajaba durante los días y estudiaba por las noches. También había empezado a dar clases de nuevo para una nueva empresa- Navy Seal P.T. en Central Park a las 5 de la mañana un par de mañanas a la semana para uno de mis antiguos mentores, Jack Walston.

Aunque mi entrenamiento principal lo hacía en el gimnasio de boxeo, siempre iba más allá y hacía las carreras y el entrenamiento de fuerza por mi cuenta. Tenía que hacer lo que mis oponentes no hacían. Mis piernas solían temblar de agotamiento al final del día. Una semana antes del combate, me desperté y apenas podía ejercer presión sobre mi pie derecho. No recordaba habérmelo lesionado, pero sí una molestia persistente después de mis carreras y la ignoraba. Tenía que ir al médico cuanto antes y tendría que pagarlo de mi bolsillo, ya que no tenía seguro médico.

Mi madre tenía un podólogo en el antiguo vecindario de Woodside en el que crecimos y decidí presentarme sin llamar. El podólogo era un atractivo caballero mayor de unos 40 años y le conté que me estaba preparando para mi segundo combate profesional en Florida, pero que me había despertado cojeando. Se quedó atónito y me hizo una radiografía de inmediato que reveló ¡una fractura por estrés en mi 4º metatarsiano! "Doctor, he firmado un contrato para pelear. Las entradas ya están vendidas y no hay forma de que pueda echarme atrás ahora. Por favor, ¿hay algo que pueda hacer?" La clientela del podólogo era en su mayoría jubilados que buscaban alivio para sus juanetes y dedos en martillo. Me di cuenta de que mi situación era la primera para él.

"Escuche jovencita, haré todo lo que pueda para ayudarla, pero está corriendo un gran riesgo. Puedo inyectarle algo directamente en ese hueso para aliviar el dolor y luego personalizar sus zapatos para elevar el pie y aliviar la presión de ese metatarso, pero al final tendrá que llevar un yeso o una bota", dijo el podólogo. Otro ángel de Dios que se negó a cobrarme. Decidí no contarle a nadie lo de mi pie fracturado, ya que sólo crearía preocupaciones innecesarias. El dolor era manejable y necesitaba evitar el maltrató producido al correr sin perder de vista mi peso. Estaba preparada físicamente, pero ahora tenía que hacer frente a este reto adicional.

Coach y otro de sus boxeadores favoritos, Peter, trabajarían en mi esquina para este combate. Tomaron sus vuelos la mañana de la pelea mientras que yo tomé mi vuelo 2 días antes para que pudiera estar algo relajada y no preocuparme de ninguna retención de peso debido al vuelo. JS me recogió en el Aeropuerto Internacional de Florida e insistió en que me quedara en su casa en Delray Beach.

En el trayecto a su apartamento, me dijo que Sports Connection, que era la versión floridana de ESPN y ofrecía resúmenes y noticias de los principales acontecimientos deportivos, quería hacerme una entrevista exclusiva y un reportaje mañana antes del pesaje, durante y después de mi combate. Me habría negado, pero necesitaba llamar la atención para obtener esa gestión adecuada que necesitaba, así que acepté.

Lo primero es lo primero: "Oye JS, ¿tienes una báscula precisa en casa? Los vuelos me hacen retener agua, así que necesito averiguar si he aumentado algo porque anoche pesaba exactamente 119", le dije mientras entraba en la plaza de aparcamiento de su complejo de apartamentos.

Por suerte, tenía una báscula y me subí a ella inmediatamente. Marcaba 121 libras. El pesaje era mañana al mediodía, así que tenía menos de 24 horas para perder 2 libras, lo que era más que suficiente. Sin embargo, significaba que tenía que pasar hambre hoy y sería difícil dormir con el estómago rugiendo.

Me puse unos pantalones cortos y un sujetador deportivo y JS se unió a mí en una lenta carrera por la playa de 6 km, ya que la arena sería suave para mi pie fracturado. El sol se estaba bajando y era una vista preciosa y yo estaba disfrutando de nuestra conversación y, de repente, él me agarró y me besó en los labios. Fue inesperado y mi corazón se sintió en conflicto. Todavía estaba de luto por la pérdida de mi matrimonio y en el fondo sabía que JS no era el "elegido". Le agradecí su ayuda al hablar con el promotor para conseguirme este combate. El momento de este beso era muy inoportuno, pero le abracé y le dije que necesitaba centrarme en mi combate y él lo entendió por el momento.

Cuando volvimos a su casa, me sentí aliviada al subirme de nuevo a la báscula y ver 118 libras. Apenas dormí y estaba ansiosa por ponerme en camino hacia Kissimmee, Florida, que estaba a unas 3 horas en coche. Sports Connection me entrevistaría antes del pesaje, así que salimos a las

7 de la mañana y llegamos a las 10. Jeff Radcliffe, el reportero que me entrevistaría vino a presentarse y nos sentamos en unos cómodos sillones mientras la cámara grababa. Tuve pensamientos déjà vu de todas las entrevistas que me hicieron durante mi carrera de boxeadora aficionada.

Jeff quedó impresionado con mis logros en el boxeo amateur, mi experiencia en las carreras de maratones y mis objetivos y mi vida hasta ahora en Nueva York. Me sorprendió lo naturales y tranquilas que fueron mis respuestas y luego me llamaron para que me preparara para el pesaje. Laura pesó 119.5 libras. Me subí a la báscula y pesé exactamente 118 lbs. Era un par de centímetros más baja que yo y tenía a su entrenador con ella. Nos dimos la mano después de la foto del enfrentamiento y cada una siguió su camino. No había una animosidad profunda entre nosotras, pero ella desprendía una extraña vibración. Sonreía, pero detrás de su sonrisa y de sus ojos, sentí una ira intensa y eso me asustó momentáneamente.

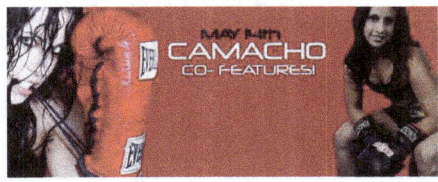

Eran casi las 4 de la tarde cuando terminamos y debíamos volver en 3 horas, así que nos apresuramos a ir a Denny's por mí comida favorita de huevos revueltos. Me sentía bien, pero la energía inquietante de JS me destrozaba los nervios. "¿Cómo estás, campeóna? ¿Cómo te sientes? ¿En qué ronda la vas a noquear?" Sentí que se me revolvía el estómago. Sé que tenía buenas intenciones, pero sólo deseaba que cerrara la boca. Afortunadamente, Coach llamó y dijo que acababa de aterrizar y que se reuniría conmigo con Peter en un par de horas, después de comer algo. "Hola JS, necesito desesperadamente una siesta. Voy a echar mi asiento hacia atrás y cerrar los ojos durante una hora y luego podemos volver y reunirnos con Coach y Peter. ¿Te parece bien?" le pregunté. Estuvo de acuerdo y los dos nos echamos una buena siesta de una hora antes de que sonara la alarma del móvil.

Cuando estábamos entrando en el lugar de la pelea, vimos a Coach y a Peter. "¡Hola, Alcivar! Te ves bien chica. Tienes que hacerlo bien esta noche. ¿Listo?", dijo Coach mientras él y Peter chocaban los cinco. Coach miró a JS de pies a cabeza y enseguida supe que no le caía bien, pero el sentimiento sería mutuo. Me registré con el médico y luego me enviaron al vestuario de Héctor "Macho" Camacho. Camacho fue una vez un prometedor boxeador en ascenso, pero como muchos boxeadores profesionales que no tienen una visión clara y van mal encaminados, había ido decayendo a lo largo de los años y se había involucrado con la gente equivocada y con el mundo de las drogas y el alcohol.

Me miró como a un pastel de chocolate y me tendió la mano. Se la estreché por cortesía y me alejé a toda prisa hacia mi pequeño rincón en el otro lado del vestuario. Coach no sabía cómo vendar las manos profesionalmente, así que tuvimos que preguntar y pagar a un entrenador de otro boxeador, lo que no me importó en ese momento. Coach también tenía una energía nerviosa que me hizo sentir incómoda, así que agradecí las vibraciones calmantes neutras.

En cuanto me vendaron las manos y me vestí con mis tradicionales pantalones cortos chispeantes y mi sujetador deportivo a juego y mis zapatillas de boxeo de la selección nacional de Estados Unidos, empecé a calentar. JS salía a hablar con el promotor y otras personas de los medios de comunicación y volvía a entrar para decirnos cuánto tiempo nos quedaba.

Este vestuario era demasiado ruidoso y concurrido, pero al fin y al cabo era boxeo y Florida, pero me tomé un minuto para ir al baño y cerré los ojos para mi última oración antes de salir: "Dios, tú sabes cuánto he sacrificado al tener que vender mi coche y todas las semanas de entrenamiento. Por favor, ayúdame a tener el valor esta noche y ayúdame a brillar si es tu voluntad. Amén". Y entonces oí la canción de entrada, "En Barranquilla Me Quedo". Oír esa canción siempre me recuerda a mi madre porque es donde nació y aunque nadie me honró nunca, yo la honraba a ella.

Me puse mi bata azul real que decía atrás "Patty Boom Boom" y me transformé en ella. Representaba la fuerza, el valor, la perseverancia y todo lo necesario para proteger a la pequeña Patty y sus sueños. Me puse la capucha sobre la cabeza y troté hacia abajo entre la fila de asientos llenos y entré en el cuadrilátero. El equipo de Sports Connection siguió todos mis movimientos mientras Coach me quitaba la bata y el locutor nos presentaba al público asistente. Allá vamos, mi segundo combate de boxeo profesional...

Sonó la campana y me encontré con Laura en el centro del cuadrilátero y le lancé 2 duros jabs que aterrizaron y captaron su atención de inmediato. Ella respondió con una oleada de golpes nerviosos que no aterrizaron y yo contraataqué con una buena combinación de doble gancho de izquierda que sí aterrizó en su lado izquierdo de la cara y entonces sonó la campana. "¡Muy bien Alcivar! Sigue lanzando ese combo de gancho de izquierda, pero añade el uppercut. Viene con la cara expuesta. Calma tu respiración y vuelve ahí fuera y ¡no la dejes respirar!" dijo Coach en el breve descanso de un minuto.

Estaba previsto que lucháramos durante cuatro asaltos, pero yo respiraba con dificultad, ya que habíamos empezado a un ritmo intenso sin signos de desaceleración. Empezó el segundo asalto y Laura vino directa a por mí, pero yo trabajé en mi defensa haciéndola fallar y contraatacando desde las cuerdas. Seguí golpeándola con la combinación de doble gancho y empecé a ver cómo se hinchaba todo el lado izquierdo de su cara mientras yo empezaba a sentir dolores punzantes en mi pie fracturado. El segundo asalto terminó y el público nos aclamaba a las dos en agradecimiento por la acción incesante. Mientras me sentaba en el taburete, Peter me echó agua fría por la espalda, ¡lo que alteró mi respiración! "¡No hagas eso, por favor!" le grité. Me disgustaba el agua fría en cualquier parte de mi cuerpo, ya que me recordaba el horrible incidente del ahogamiento cuando era niña.

Tercer asalto, Laura seguía decidida a arrebatarme de algún modo este combate e incluso intentó darme cabezazos a propósito, pero mi contraataca con los uppercuts que Coach no paraba de gritarme que lanzara y esos uppercuts no sólo aterrizaron, sino que le hicieron sangrar la nariz antes de que sonara la campana para poner fin al asalto.

"¡ULTIMO ASALTO Alcivar! Vas por delante, ¡pero tienes que lanzar todo lo que tienes! ¡NO TE CONTENGAS! ¡Acaba con ella!" Sonó la campana final y el público gritó más fuerte que nunca. No iba a dejar que Laura me arrebatara este combate y a pesar del dolor punzante en el pie y de mi respiración agitada, lancé sin parar golpes duros que hacían retroceder peligrosamente la cabeza de Laura y a falta de un minuto para terminar el 4º asalto, la esquina de Laura tiró la toalla y el árbitro intervino para detener el combate. ¡Mi segundo combate profesional terminó en un nocaut técnico! Levanté las manos, no porque venciera a Laura, sino porque no me rendí.

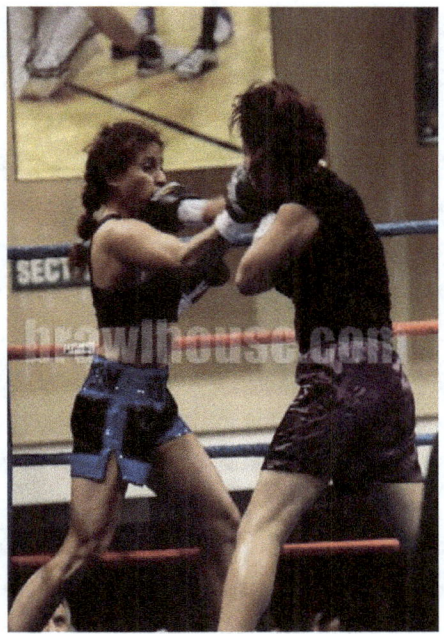

Volví cojeando a los vestuarios y empecé a desatarme desesperadamente las botas de boxeo. Me había encintado el pie demasiado apretado y le pedí a Coach que me cortara la cinta del pie antes de que me cortara las vendas. "¿Por qué demonios tienes el pie vendado así, Alcivar?", me preguntó. "Tengo una pequeña fractura en el 4º metatarsiano y el podólogo me enseñó cómo vendarme el pie para poder seguir adelante con este combate", respondí. Creo que todos estaban en estado de shock porque nadie dijo mucho después de eso. Era más de medianoche y todos estábamos hambrientos y lo único abierto era Denny's, así que fuimos allí a comer algo rápido antes de despedirnos todos.

JS me llevó al aeropuerto al día siguiente y prometió trabajar para conseguirme mi próxima pelea, ya que conoció a un promotor durante mi pelea en Kissimmee que estaba organizando una tarjeta en Tampa, Florida, dentro de sólo 3 meses, en agosto. El promotor mencionó que sabía de una luchadora de MMA que también quería estar en la tarjeta y que podía ponernos en contacto con ella. Le dejé claro a JS que tenía que aprovechar esta oportunidad y que quería que algo se concretara lo antes posible, aunque tuviera que hablar en mi propio nombre.

Había empezado a llamarme "Baby girl", cosa que odiaba, pero me sentía atrapada y tendría que darle a esta relación una oportunidad temporal, ya que sabía que esto no iría a ninguna parte. Su energía nerviosa y la forma en que se comportaba cuando pensaba que nadie le veía me inquietaban. Había tantas banderas rojas con este tipo que no ignoré, pero no tenía demasiadas opciones.

Me sentí aliviada de volver a casa, a Nueva York, donde trabajaría en el evento Chase Corporate Challenge, además de impartir mis clases de bootcamp y trabajar en mis tareas de interpretación, y de estar de nuevo con mi perrito, Jack. A pesar de la agitada agenda, la familiaridad siempre es reconfortante. También había empezado a volver a la iglesia IDMJI de Woodside y sabía que tenía que ir cuanto antes. Todo mi interior se había desordenado tras el divorcio y ahora, de alguna manera, me sentía peor incluso después de ganar mi segundo combate profesional. No quería renunciar a mis sueños de convertirme en campeona mundial de boxeo profesional. Como boxeadora femenina, sabía que los nocauts no eran habituales, así que sabía que tenía la forma física, la habilidad y la mentalidad necesarias. Por desgracia, en el boxeo femenino, eso simplemente no basta.

JS me llamó la semana siguiente para confirmarme que se había puesto en contacto con Sheri Denise Jacobs, una luchadora de MMA de Tampa que aceptó pelear conmigo por de nuevo 2500 dólares y, debido a su religión, DEBÍAMOS estar en el cuadrilátero peleando antes de la puesta de sol. Mi tercer combate de boxeo profesional estaba ahora programado para el 13 de agosto de 2010. Entre los honorarios del púgil, los vuelos para mí y Coach, me costaría mucho. Mis fondos se estaban agotando y rezaba para que esta situación diera un giro después de este combate, pero sólo se pondría más interesante y desafiante.

JS tenía problemas de dinero. Me explicó que, como reclutador, trabajaba a comisión y hacía tiempo que no conseguía una comisión decente y estaba empezando a retrasarse en los pagos de su coche, su apartamento y otros pagos. Yo ya estaba estresada financiando e invirtiendo en mi carrera de boxeadora profesional, pero no esperaba tener que sacar de apuros a JS, ya que cuando hablábamos estaba al borde de las lágrimas. Acabé teniendo que enviarle dinero durante todo el año que estuvimos juntos para que no le echaran de su casa y conseguir gasolina para ir a trabajar y comer. Diría que era un pago por los correos electrónicos y las llamadas que hizo a los promotores, pero era otra situación de la que rezaba para salir lo antes posible.

Durante las siguientes 8 semanas, entrené, trabajé y recé. No hice sparring tan a menudo porque no quería ir al Gimnasio Gleason. Hubo un par de mujeres que sí vinieron al gimnasio de Coach para hacer sparring conmigo, pero siempre fue una gran lucha. Las que venían desprendían unas vibraciones horribles, pero eso no les importaba ni a Coach ni a Steve. Parecía que las mujeres que venían a hacer sparring tenían algún extraño motivo oculto. Sparring era sparring y teníamos que aceptar a quien estuviera dispuesto a venir. Seguí haciendo el entrenamiento de fuerza/rendimiento/resistencia por mi cuenta y sabía que eso siempre marcaba una gran diferencia.

Justo antes de irme a pelear en Florida, recibí la noticia de que me habían aceptado oficialmente en el programa de becas para técnicos de emergencias médicas de LaGuardia Community College, que empezaba una semana después de mi combate. Mientras hacía la maleta para ir a Florida, me fijé en las suelas desgastadas de mis zapatillas del USA National Boxing e hice una nota mental para cambiar las suelas cuando volviera.

"¡Hola, Baby Girl! ¡Bienvenida a casa!" dijo JS al saludarme en el aeropuerto. "¡Hola JS, me alegro de verte! Por favor, no te lo tomes a mal, pero estoy preocupada por mi peso y sólo estoy concentrada en este combate", le contesté. Horribles recuerdos de estar atrapada en aquel apartamento en el sótano teniendo que fingir con Adrian se agolparon en mi cabeza. Odiaba tener que fingir cómo me sentía realmente por el bien del boxeo. Tardé un tiempo en darme cuenta de que tenía el poder de acabar con lo que me causaba angustia, pero, al fin y al cabo, somos una compilación de todas nuestras experiencias.

La báscula de su cuarto de baño marcaba 114.5 libras y yo había firmado un contrato para pelear con 112 libras, más o menos 2 libras. Sería la primera vez que peleaba en esta categoría de peso. Fue una de las muchas cosas que tuve que aceptar para que Jacobs aceptara esta pelea. El 112 era su peso normal de combate, así que estaba en desventaja, pero tenía que sacar lo mejor de mí una vez más. Me puse mi ropa de correr y salimos por la puerta para correr por el vecindario de Delray, que en aquel momento era sobre todo una zona donde vivían jubilados de la tercera edad, así que lo único de lo que había que preocuparse durante la carrera era de no ser atropellado por un coche.

Charlamos mientras corríamos y traté de ceñirme a hablar sólo de boxeo. Pero de algún modo en la conversación, JS aludió a que me mudaría a Florida. El único otro lugar donde había vivido en mi vida era en Asheville y eso fue porque hice el último sacrificio por alguien de quien estaba profundamente enamorada. Me prometí no volver a cometer ese error. Además, no me gustaba el clima tropical extremadamente húmedo de allí ni la constante vida nocturna de playa y fiesta. "Oye JS, mi mente está completamente concentrada en perder estas libras y ganar esta pelea, así que lo siento, no puedo pensar en otra cosa", le dije.

Después de la hora de carrera, la báscula marcaba exactamente 113 y entonces hicimos las maletas y emprendimos el viaje a Tampa para el pesaje de la noche que sería en el Wing House Bar & Lounge. Al llegar, me registré y casi inmediatamente tuve que subirme a la báscula. Jacobs tenía una cara intensa y parecía preparada con el pelo ya recogido en trenzas. Pesó 112 ¾ lbs. y luego fue mi turno y la báscula marcó 113 ½. Posamos para las fotos de enfrentamiento y esa es la oportunidad en la que me hago una buena idea de lo que está por venir. Ella iba en serio y yo también.

Si no hubiera sido por la exigencia de Jacob de pelear al atardecer o antes, habríamos sido el co-evento principal y se habría televisado en Telemundo Canal 47, una de las cadenas de televisión en español más populares y vistas. Necesitaba este tercer combate, así que tuve que aceptar lo que fuera. Mi objetivo ahora era rehidratarme, comer y descansar bien por la noche. Después de ver a Jacobs cara a cara, tenía que estar al 100%.

Me obligué a quedarme en la cama más tiempo de lo habitual, pero a las 6 de la mañana ya estaba totalmente despierta y le pedí a JS que nos llevara a la playa cercana para dar un paseo y después tomar un buen desayuno. Mientras caminaba por la playa, me detuve a mirar el océano y el cielo y recé una oración en silencio. Era justo lo que necesitaba y me sentí bien. Como mi combate era el primero de la cartelera, tenía que

estar en el lugar del evento "A la Carte Pavillion" temprano, a las 4 p.m.
Después de una siesta por la tarde, hicimos las maletas y nos dirigimos
al lugar donde vimos a Coach de pie justo delante esperando. "¡Eh, Alcivar! ¿Lista para el nocaut numero 3?", me dijo mientras chocaba los
cinco conmigo. Pude ver que temía estrechar la mano de JS. No estaba
segura de las razones exactas por las que JS le caía mal, pero tendría que
dejar eso a un lado por ahora. JS tenía a uno de sus amigos íntimos que
venía a darme la mano y a trabajar en mi esquina con Coach, pero no estaba a la vista.

Mientras caminaba por el pasillo del pabellón A la Carte hacia mi
camerino a las 5 de la tarde, vi a Jacobs completamente vestida con su
traje de boxeo y a punto de que le vendaran las manos. Continuamos
hacia mi camerino mientras JS se detenía en el camerino de Jacobs y le
decía: "Hola, nadie nos dijo que estabais listos para vendar. Nos gustaría
ver el vendaje de manos". Esta es una práctica habitual en la que se permite a cada esquina de combate enviar a alguien a ver cómo vendan las
manos los de la esquina contraria. Ha habido numerosas ocasiones a lo
largo de los años en las que un boxeador clavaba a propósito monedas y
otros objetos o sustancias para que sus envolturas fueran letales bajo los
guantes. Se supone que los inspectores de combate deben avisar a cada
esquina, pero esto era boxeo y las reglas estaban para ser ignoradas. JS
se quedó a ver cómo vendaban sus manos mientras esperábamos a que
apareciera su amigo Bill.

A menos de una hora de mi combate, Bill apareció a las 5:45 con el
aliento apestando a cerveza. Yo estaba furiosa, pero tuve que contener
mi ira mientras él me vendaba las manos lo más rápido posible. A las
6:15 p.m., empecé a hacer boxeo de sombra y casi me resbalo. El suelo
parecía muy resbaladizo, pero estaría boxeando en un ring sobre un
suelo de lona, así que seguí boxeando en sombra justo antes de que gri-
taran mi nombre. Las luces y el recinto hacían un calor increíble, así
que ni siquiera me puse la bata de boxeo y me limité a trotar hacia el
cuadrilátero con las cámaras en la cara.

Jacobs y yo nos reunimos en el centro del cuadrilátero para recibir las últimas instrucciones del árbitro. Me di cuenta de que teníamos exactamente la misma altura cuando nuestras miradas se cruzaron. Sonó la campana para el primer asalto y cuando entré corriendo para lanzar mi duro jab, Jacobs lanzó su jab más rápido antes de que yo plantara el pie y resbalara. "UNO, DOS, TRES", gritó el árbitro. Me levanté inmediatamente sacudiendo la cabeza y le dije que eran mis zapatillas de boxeo y que me había resbalado. Sacudí la cabeza y continuamos antes de que la campana sonara de nuevo para terminar el 1er asalto.

"¡Eso fue un ESTUPIDO RESBALÓ! ¡AHORA DEBES ACABAR CON ELLA! ¡NOQUÉALA ALCIVAR O PERDERÁS ESTE COMBATE!" me gritó Coach al oído. Era su ciudad natal y sabía que tenía razón. Mantuve la calma delante de Coach, pero sabía lo que tenía que hacer. No iba a dejar que me arrebatara esto. Sonó la campana para el segundo asalto e incluso con mis zapatillas de boxeo resbaladizas, corrí hacia Jacobs y la inmovilicé contra las cuerdas como una posesa.

De hecho, estaba poseída por el impulso de no querer perder. Luchaba por esa niña protegiéndola como nadie. Le lancé los puños más duros que nunca. Jacobs no sólo sintió los puños, sino que vio y sintió por lo que yo luchaba. La oí gritar a su esquina: "¡PARAD LA Pelea!", pero yo seguí lanzando puños sin parar haciendo retroceder la cabeza de Jacob varias veces hasta que el árbitro se interpuso entre nosotros y detuvo el combate justo antes del final del 2º asalto. ¡Gané mi 3er combate de boxeo profesional con otro nocaut!

Capítulo Doce - Asalto 12

Madre
"No basta con hablar de paz. Hay que creer en ella. Y no basta con creer en ella. Hay que trabajar en ello". Eleanor Roosevelt

Cuando volví a casa desde Florida después de mi tercer combate profesional, le conté a mi madre todo sobre la pelea, pero la expresión de su cara y sus palabras me dolieron más que cualquier golpe que me hubieran dado en el boxeo. No importaba lo que hiciera, no era lo suficientemente bueno. Podía sentir y ver cómo se rompía el corazón de esa niña que llevaba dentro. Tardaría un tiempo precioso e irreversible en darme cuenta de que mi madre luchaba contra sus propios demonios. Nada de lo que ella, mi padre, mis hermanas, mi familia o cualquiera hiciera era culpa mía. En ese momento, sin embargo, todo lo que podía sentir era el inmenso dolor de su falta de apoyo a cualquier cosa que yo hiciera durante toda mi vida. Temía llegar a mi propia casa.

No sabía cómo hablar con mi madre. Me culpé a mí misma y pensé que había algo realmente malo en mí durante gran parte de mi vida. Mi madre se negaba a recibir consejería y siempre decía que no estaba loca, a pesar de que mi hermana menor y yo le explicamos que a todas nos vendría bien hablar con un profesional cualificado que nos ayudara a entender ciertas cosas, pero ella no cedía. Mi madre era extremadamente orgullosa y nunca se disculpaba ni siquiera cuando cometía errores. Hizo lo que le hicieron durante toda su vida. Aunque quería a mi abuela, era una señora dura que mostraba claras preferencias entre sus 5 hijos y, a su vez, mi madre hacía lo mismo con mis hermanas y conmigo. Excepto que yo me gané el premio de ser la menos favorita durante toda mi vida.

Ella y yo no nos veíamos a menudo. No sabía cómo decirle que, a pesar de todo, seguía queriéndola. Estaba enfadada con ella por no habérmelo dicho nunca tampoco e interioricé todos mis sentimientos. Los niños a los que se descuida, no se quiere y no se apoya crecen sintiéndose inseguros, como si algo estuviera mal con ellos.

Una de las mayores luchas de mi vida fue desprenderme del enorme rencor que le guardaba en mi corazón. Pasé por muchos años de consejería y oraciones en busca de un milagro. No quería sentir esta toxicidad. Más tarde, en 2020, al comienzo de la pandemia de COVID-19, a mi madre le diagnosticaron las primeras fases de la demencia y olvidó absolutamente todo lo que había sucedido en mi infancia y en la suya. Ayudé a cuidar de mi madre durante los 4 años siguientes. Me interesé de verdad por su salud y su bienestar. La llevaba al neurólogo cada 3 meses, me aseguraba de que fuera al gimnasio durante la semana y, cuando no podía ir, le dirigía una hora de ejercicio utilizando las escaleras del edificio en el que vivía y pesas caseras. También me encargaba de administrarle diariamente los medicamentos prescritos que ayudarían a retrasar la aparición de la demencia.

En 2021, sufrí graves ataques de ansiedad/pánico por primera vez en mi vida durante unos 3 meses consecutivos. La consejería no me estaba ayudando en absoluto ya que la consejera había sugerido en muchas ocasiones que mi madre fuera ingresada en una residencia para personas mayores de edad, lo que no hizo más que empeorar mi ansiedad porque esa no era una opción nunca. Sinceramente quería ayudar a cuidar de mi madre. Ella estaba más tranquila viviendo en mi vecindario y en su propio espacio en mi apartamento. Le encantaba mi perro y su rutina diaria. Una residencia para personas mayores nunca fue una opción y le dije a la consejera que no volviera a mencionarlo, ya que no podría vivir conmigo misma por contemplar siquiera la idea.

Sin embargo, era irónico, ya que mi madre me pedía constantemente que me fuera de casa cuando era adolescente y, cuando me fui, nunca se esforzó por encontrarme. Y aquí estaba yo, en una situación en la que podía decidir si mi madre podía quedarse o marcharse, pero no dudé en decir que mientras yo viviera, mi madre siempre tendría un lugar en mi casa. En efecto, la vida nos pone a prueba y nos da la oportunidad de hacer y ser mejores. Un día, mientras paseaba a Jack durante mi hora del almuerzo por los senderos del Forest Park, sentí que un ataque de ansiedad se apoderaba de mi pecho. Caí de rodillas, lloré y alcé las manos al cielo: "Dios, no puedo soportar más este dolor. No puedo hacerlo sola. No quiero sentir este resentimiento por mi madre y tú eres el único que puede liberarme. Ayúdame, por favor".

Más tarde, ese mismo día, fui a la iglesia y hablé con el hermano Ronald, pastor desde hace mucho tiempo de la iglesia IDMJI de Woodside. Le expliqué la situación con mi madre de cómo había mirado hacia otro lado durante años de abusos con mi padre, lo poco solidaria que fue conmigo durante toda mi vida y cómo nunca recibí amor de ella. "¿Alguna vez has mimado a tu madre y la has hecho sentir especial?", preguntó el hermano Ronald. Me sorprendió su pregunta después de que acabara de contarle todas las cosas terribles que mi madre me había hecho. Pero el Hermano Ronald también sabía de mis logros y metas atléticas. "Dios te ha hecho fuerte y especial. Nada de esto ocurre por accidente. Cuida a tu madre y trátala de forma especial y serás bendecida antes de lo que crees", me dijo con una mirada de humildad y sinceridad mientras ponía sus manos sobre mi cabeza y rezaba por mí.

Me quedé para escuchar el culto de las enseñanzas y aunque el hermano Ronald dijo algo tan inesperado y contrario, me sentí mejor y seguí orando y encontrando algo por lo que estar agradecida cada día. Estaba agradecida porque a lo largo de la pandemia no había perdido la motivación para perseguir mis objetivos, seguía teniendo mi trabajo y seguía recibiendo ofertas para hacer más trabajos en mi campo, tenía mi salud, mi perrito y lo más importante, mi fe.

Unos meses más tarde, a principios de 2022, mi madre se infectó con el virus de Omicron de Covid-19. Se puso muy enferma, con vómitos incesantes, fiebre y un ritmo cardíaco débil que me obligó a trasladarla en ambulancia a la Sala de Emergencia del hospital Forest Hills. Recuerdo que la cogí y miré la forma de su mano, que era muy huesuda y menuda y se parecía a la mía.

Le dije que todo iba a salir bien. También recordé cuando era una niña y estaba en el hospital después de querer morir y ella me dijo que ojalá lo hubiera hecho bien. En ese momento comprendí que, de hecho, lo estaba haciendo todo bien.

La ingresaron en el hospital y tendría que quedarse los próximos días. Durante una de mis visitas vespertinas, vi a mi madre profundamente dormida en la cama del hospital. No se movió mientras la llamaba suavemente por su nombre. Le cogí la mano y le dije: "Te quiero Mami y te perdono por todo. Dejaré ir todo este dolor", mientras las lágrimas corrían por mi rostro. A partir de ese momento, algo y todo en mi corazón cambió por mi mamá.

Empecé a mimarla e intenté hacerla sentir especial de todas las formas posibles, pero ella no lo recordaba debido al empeoramiento de su demencia. La llevaba al cine con mi perrito, Jack, semanalmente, aprendí a cocinar sus comidas favoritas y pasé momentos más significativos con ella que olvidaría rápidamente, pero que quedarían grabados en mi corazón para siempre. También me puse en contacto con mi hermana menor, que estuvo distanciada de mi madre durante muchos años, y le hablé del deterioro mental de mi madre. Ella vino con mi tía a visitar a mi mamá en mi casa el domingo 3 de diciembre de 2023. Mi madre se alegró mucho de verla y la abrazó fuertemente. Nos sentamos alrededor de la mesa hablando durante horas y comiendo el pan colombiano favorito de mi mamá llamado pan de bono con café.

El 15 de diciembre de 2023, compré entradas para llevar a mi hermana, mi sobrina y mi mamá a un espectáculo en el Teatro Thalia de Sunnyside, Queens, llamado "Navidad en Colombia", que presentaba tradiciones navideñas colombianas junto con música y danza folclóricas.

Fue la primera vez en mi vida que vi a mi madre feliz sin afectación. Desde el principio hasta el final del espectáculo, recordó el Himno Nacional de Colombia y cantó todas las canciones tradicionales, bailó, aplaudió, se rió y estuvo llena de alegría durante todo el espectáculo. Recuerdo que la miré y también sonreí de alegría. Por fin había conseguido mi deseo de verla verdaderamente feliz por una vez en mi vida. En el pasado, había intentado hacer cosas similares para hacerla sonreír y ella siempre encontraba algo de lo que quejarse, pero hoy, estaba feliz.

Un par de semanas antes, la hermana mayor se puso en contacto con mi hermana menor diciéndole que iba a estar en Nueva York de visita desde Florida el sábado 16 de diciembre y que quería salir con mi madre a pasar el día. Siempre que surgía su nombre, nos poníamos nerviosas, ya que era mentalmente inestable y siempre tenía motivos ocultos detrás de todo lo que hacía que tenían que beneficiarla de alguna manera. Se había mudado a Florida en 2018 y rara vez había tenido comunicación con mi madre. Había huido de Nueva York tras una disputa doméstica con un antiguo novio y otros asuntos legales.

No podía entender por qué me desperté con una sensación de náuseas en el estómago al día siguiente de haber pasado una noche tan bonita, pero le di un beso de despedida a mi madre en la frente antes de que la recogieran el sábado 16 de diciembre de 2023.

Fue la última vez que vi a mi madre, ya que la hermana mayor la secuestró y se la llevó a Florida. Me sentí abrumada por la tristeza, la ansiedad y el dolor de que nuestra propia hermana hiciera algo tan monstruoso, pero, de nuevo, este es el tipo de veneno que continúa transmitiéndose a menos que hagas todo lo que esté en tus manos para romper el ciclo.

Después de obtener asistencia legal, nos enteramos de que la mayor se había declarado a sí misma POA (Poder Notarial) sobre todos los activos financieros de mi madre y se hizo a sí misma beneficiaria única cuando mi madre siempre había puesto a sus 4 hijas. Además, se hizo a sí misma la apoderada médica y extrañamente optó por "no autopsia" en caso de muerte de mi mamá. A lo largo de los meses siguientes, recé e incansablemente hice esfuerzos increíbles con nuestro equipo legal para recuperar a mi mamá. En el momento de escribir este libro, habían pasado más de 12 meses desde que vi a mi mamá, pero de alguna manera me sentía en paz porque antes de que fuera secuestrada, había dejado ir todo el dolor del pasado. El resentimiento ya no ocupaba espacio en mi alma. Si pudiera volver atrás, sólo desearía que hubiera ocurrido antes para tener más momentos especiales con mi madre.

Dediqué este breve capítulo a mi mamá, Nancy Sofía Peralta, porque nunca sabré exactamente contra qué demonios estaba luchando, pero sí sé que ella ni nadie merece vivir con dolor y sólo deseé poder haberla ayudado más. La quería más de lo que las palabras pueden expresar. Espero verla en el cielo cuando llegue nuestro momento.

En la foto mi perro, Jack, yo y mi madre, Nancy Sofia Peralta el Día de la Madre, 12 de mayo de 2023 en Forest Hills, Queens, NY

Capítulo Trece - Asalto 13

Las acciones hablan más que las palabras

"Ganas fuerza, valor y confianza con cada experiencia en la que realmente te detienes a mirar al miedo a la cara. Eres capaz de decirte a ti mismo: 'He vivido este horror. Puedo soportar lo siguiente que venga'. Debes hacer lo que crees que no puedes hacer". Eleanor Roosevelt

Mis clases en LaGuardia Community College para el programa de becas para Servicios Médicos de Emergencia empezaron inmediatamente después de llegar de Florida. Hacía mis ejercicios a las 5 de la mañana y estaba en la escuela de 8 a.m. a 3 p.m. de lunes a viernes y trabajaba en cualquier solicitud de interpretación de 4 p.m. a 8 p.m. y estudiaba hasta la medianoche a veces. Apenas pude ver a mi madre, a Jack o a nadie en realidad durante los siguientes 6 meses antes de graduarme con honores en febrero de 2011. Me encantó volver a ser estudiante y estaba agradecida por la beca y la oportunidad, aunque mi boxeo sufrió mucho.

Estaba mentalmente agotada por la escuela y mi apretada agenda. El sacrificio valió la pena y no solo aprobé el examen del Estado de Nueva York con notas por encima de la media, sino que recibí premios por Asistencia Perfecta, Excelencia en Habilidades y Excelencia Académica. La niña que llevaba dentro estaba orgullosa. Tardé casi toda mi vida en darme cuenta de que enorgullecerte a ti misma y a tu poder superior era suficiente.

Estaba ansiosa por volver al cuadrilátero y, aunque había estado centrada en mis estudios, también había estado entrenando en el gimnasio de boxeo y manteniendo mi forma física. JS me ayudó a programar una revancha con Laura Gómez el 4 de marzo de 2011, menos de 4 semanas después de que me graduara como paramédico.

Esta vez, la pelea sería en Queens, Nueva York, con un nuevo promotor, Felipe Gómez, que era un antiguo oficial de la policía de Nueva York. Sería mi cuarto combate de boxeo profesional y pelearía en mi ciudad natal como boxeadora profesional por primera vez. Fue algo muy importante para mí, aunque se suponía que este combate era una puesta a punto.

JS también había asegurado otra pelea en Florida 4 semanas después, el 4 de abril de 2011, contra Savannah Hill. Era el evento co-principal en los dos próximos espectáculos de boxeo, lo que me daría la exposición que buscaba. Dejé muy claro a JS que después de la pelea de Florida en abril, me quedaría completamente sin dinero para pagar a más oponentes. O los promotores me pagaban por pelear en su cartelera o estaba realmente acabada.

Laura aceptó la revancha, pero pedía 3000 dólares más los vuelos a Nueva York para ella y su entrenador. Era una oponente dura, pero dispuesta.

Me tomé este combate en serio y me puse a trabajar enseguida. Muchas veces me presenté en el gimnasio de boxeo y me limité a entrenarme. Sabía lo que tenía que hacer, así que lo hice. Coach había abierto otro gimnasio en Los Ángeles, California, y ahora pasaba allí la mayor parte del tiempo, pero aún se las arreglaba para estar en el gimnasio de Nueva York un par de veces al mes o cuando era necesario.

Steve era poco fiable y yo tenía que enviarle mensajes de texto constantemente para que estuviera en el gimnasio. Normalmente aparecía si habíamos programado una sesión de sparring con alguna de las boxeadoras que conocía. Me parecía muy extraño que las mujeres con las que hacía sparring quisieran constantemente que alguien grabara nuestras sesiones de sparring. Estas mujeres no eran las que tenían un evento próximo y tenían conexiones o estaban de alguna manera afiliadas a gente del Gimnasio Gleason que no eran precisamente mis admiradoras. Recuerdo haber expresado mis preocupaciones a Coach y, como de costumbre, no le dio importancia. "Escucha, necesitas el sparring, así que no podemos ser quisquillosos", me decía. Sin embargo, yo era la profesional y sí podía ser quisquillosa y exigir que no se grabara en vídeo, pero lo dejaría pasar, lo que al final sería un gran error.

JS llegó a Nueva York el día antes del combate para el pesaje. Habíamos firmado un contrato para pelear en 115 libras más o menos. Yo quería permanecer en la división de peso mosca, ya que me sentía fuerte allí. Me pesé en 113.5 mientras que Laura lo hizo en 118.5. No estaba en posición de exigirle que bajara de peso, ya que necesitaba esta pelea y no podía perder la oportunidad de pelear en mi ciudad natal. Mi madre asistiría por primera vez en mi vida junto con mi hermana, mi sobrina, mis amigos y todo el gimnasio de boxeo, así que también lo dejaría pasar.

El día de la pelea, pude hacer un corto trayecto de 10 minutos en taxi hasta el lugar del combate con JS. Aunque esta pelea era en mi patio trasero, me sentía muy incómoda. Y entonces llegué al Cordon Bleu y vi a Coach y a JS interactuar entre ellos y eso empeoró todo mi malestar. Los dos se caían mal y los dos me caían mal, así que no me extrañaba sentirme incómoda, pero tenía que sacar lo mejor de esta difícil situación mientras encontraba una solución.

Me puse mi nuevo y reluciente pantaloneta blanco de boxeo y empecé a calentar en cuanto el tercer combate estuvo en el cuadrilátero. El entrenador de Laura entró a mirar mientras me vendaban las manos y poco después sonaba a todo volumen mi nueva canción de entrada: un remezcla que empezaba con "En Barranquilla me Quedo", de Joe Arroyo y luego cortaba en "Here comes the Boom", de P.O.D. Sabía que a mi madre le gustaría el principio de mi canción para entrar en el cuadrilátero y al resto del público le gustaría el resto.

Me puse la bata y empecé a trotar por el pasillo y hacia el cuadrilátero mientras oía a la multitud vitorear y veía pasar rápidamente las imágenes de las caras y las reacciones de la gente. El árbitro nos llamó al centro del cuadrilátero para darnos las últimas instrucciones y entonces sonó la campana. Empezamos a intercambiar golpes y en éste primer asalto Laura intentó darme intencionadamente 3 cabezazos diferentes. La miré como diciendo "¿Qué demonios estás haciendo?" y su mirada de respuesta fue "¡No me importa! ". Cuando sonó la campana, Coach dijo: "¡Ya veo lo que esta maldita chica está intentando hacer! ¡No la dejes hacerlo Alcivar!"

Me sentía que no podía respirar, pero no iba a dejar que esta chica ganara en mi ciudad natal. Saqué lo mejor de cada asalto y casi marqué otro nocaut en el asalto final cuando la sorprendí con un enorme gancho de izquierda. Al final, la misión estaba cumplida. Gané mi cuarto combate de boxeo profesional en mi ciudad natal delante de mi madre, mi hermana, mi sobrina, mis amigos y el gimnasio. Sería la primera y última vez que mi madre asistiera a uno de mis combates. Había accedido a ir después de que mi hermana la convenciera. No obstante, me alegré de que fuera. Quería que viera lo que yo había soportado. Quería que viera mi valentía de primera mano. Ella lo había visto a lo largo de mi infancia y ahora, tenía la oportunidad de verlo realmente de nuevo. Fue una gran noche que siempre recordaría.

Después de la pelea, presenté a JS a mi familia y enseguida pude percibir que él tampoco les caía bien. Había algo en este tipo que les caía mal a todos. Mi hermana me contó después que, antes de que se los presentara, le vio coqueteando con mujeres por todo el local. Me advirtió sobre él y me lo tomé muy a pecho. Me enfrenté a JS por cómo le habían visto coquetear con la gente del público y fue entonces cuando vi brillar su verdadera personalidad. Lo negó todo y dijo que estaba siendo muy amable con todo el mundo por mi bien.

Antes de irse al día siguiente, se conectó a la computadora de mi casa para revisar sus correos electrónicos urgentes del trabajo y se olvidó de cerrar la sesión. Me di cuenta de que no había cerrado la sesión de sus cuentas en las redes sociales cuando seguí oyendo las alertas de notificación en mi computadora. Vi todas las cuentas con las que había estado interactuando y los intercambios de correos electrónicos con sus amigos.

Uno de los correos de JS decía: "Espero que podamos reunirnos pronto para ver los traseros en la playa". Mi hermana, Coach y mis presentimientos estaban en lo cierto. El dicho "Los actos hablan más que las palabras" era un recordatorio constante de que había que creer lo que la gente hace, no lo que dice.

No hice ninguna celebración y decidí salir a correr por los senderos de Central Park por la tarde. El médico boxeador que me había hecho el reconocimiento médico justo la noche anterior me vio en Central Park corriendo mientras él paseaba con su familia. "¿Patty Boom Boom?", me preguntó el médico. Sonreí a través de mis gafas de sol y me detuve momentáneamente para responder: "¡Hola, doctor! Sí. Soy yo... Tengo un combate en Florida en menos de 3 semanas, así que no hay tiempo para celebraciones... ¡disfrute del resto de su domingo!".

Mi siguiente oponente, Savannah Hill tenía mucha más experiencia que yo como boxeadora profesional. Este sería mi primer combate de seis asaltos, así que no tenía tiempo para tomármelo con calma. Me entrenaría durante las 2 semanas siguientes para afinar mis habilidades y mantener mi resistencia y mi fuerza. Pero lo más importante era que éste era la última oponente al que pagaría. Había gastado literalmente todos mis ahorros en estos 5 combates de boxeo. Invertí en mí misma y recé para que de algún modo diera sus frutos. Este combate estaba patrocinado por la Fundación Susan G. Komen contra el Cáncer con el tema "Lucha por la rosa" y también sería uno de los combates destacados que se retransmitirían en directo.

Llegué al aeropuerto internacional de Miami el 1 de abril y JS condujo directamente a Júpiter, Florida. Las peleas serían al aire libre en el Roger Dean Stadium y como mi combate era el co-principal, sería durante la parte más calurosa del día. Al llegar, me entrevistaron y luego nos pesaron. Vi a Savannah con su marido, que también era su mánager. Muchas y la mayoría de las boxeadoras estaban íntimamente relacionadas con alguien de su equipo de boxeo y me disgustó el hecho de que acabara de unirme a esta tendencia creciente. Sin embargo, JS no puso ni un centavo por mí. Financié totalmente mis cinco primeros combates y, si acaso, tuve que sacarle de apuros algunas veces debido a sus dificultades financieras. Le agradecí que hablara con los promotores, lo que a su vez me ayudó a participar en 3 espectáculos de boxeo durante el tiempo que estuvimos juntos.

Al día siguiente, cuando me registré, se estaba desarrollando un drama. El locutor, el árbitro y los oficiales querían descalificar a Savannah por no llevar calzado apropiado. Ella dijo que siempre peleaba con zapatillas de deporte y nunca nadie dijo nada, lo cual era extraño. ¿Acaso no quería pelear y estaba utilizando eso como excusa? Afortunadamente, el promotor intervino y se le permitió pelear con sus zapatillas. Estaba enfadada con ella y con su marido por someter a todo el mundo a un estrés innecesario. Lo dejé todo en el cuadrilátero y durante nuestro combate a 6 asaltos, pude realizar una de mis mejores actuaciones mostrando habilidad y potencia. No estoy segura de cómo acabó de pie, pero gané mi 5º combate profesional con un estilo estelar y ¡ahora estaba 5-0!

Pasaría casi un año entero antes de mi siguiente combate, ya que me mantuve firme y me negué a pagar por cualquier otra pelea. No tenía el dinero y se suponía que yo era una boxeadora profesional a la que pagaban por pelear, no que **yo** tuviera que pagar por pelear. Yo le pedí en desesperación a Coach que volviera a hablar con Lou DiBella para ver si podía pelear en su próxima cartelera de boxeo. Sorprendentemente, accedió a tenerme en su programa de boxeo el 7 de marzo de 2012. Al principio, me pareció raro que dijera que sí de inmediato, pero luego me enteré de que pelearía contra la mujer que él promocionaba, Keisher Mcleod, y lo entendí. En el boxeo, siempre hay un motivo oculto detrás de todo. Nadie hace nada por ser amable.

Esto supondría un gran riesgo para mí, ya que la regla no escrita en el boxeo es que si peleas contra el púgil cuyo promotor es el promotor de la cartelera de boxeo en la que estás peleando, tus posibilidades de ganar son escasas o nulas. Realmente no tenía otra opción, ya que sería la primera vez que me pagarían por pelear. Mi bolsa sería de unos míseros ¡1500 dólares! Así es, mil quinientos dólares por pelear seis asaltos, ser la co-principal del evento Y yo era responsable de vender suficientes entradas para cubrir mi propia bolsa de combate. No entendía cómo uno de los mayores promotores del boxeo le pedía al púgil que vendiera suficientes entradas para cubrir su propia bolsa. ¿Era el mismo requisito para Keisher? Estaba segura de que a ella le pagaban al menos el doble desde que DiBella era su promotor. Pelearíamos en B.B. Kings, un club nocturno en Times Square.

A pesar de todo, acepté. Confiaba lo suficiente en mi habilidad y en mi ética de trabajo, no pagaría por un oponente y no tenía que depender de JS para hablar con alguien y luego echármelo en cara. Pensé que esto sería una apertura para hacer buenas conexiones y quizás autogestionar mi propia carrera boxística. En el pasado me habían dicho que necesitaba absolutamente un manager en el boxeo si quería triunfar, pero nadie me dijo que leyera entre líneas que tener un manager significaba que me pidieran reunirme en habitaciones de hotel o pasar el fin de semana en la casa de escapada del mánager para discutir un posible contrato.

Sabía que mi tiempo en el boxeo profesional era limitado y cuando estuviera lista para marcharme, quería hacerlo con mi dignidad y la cabeza bien alta sabiendo que no tenía que acostarme con nadie ni que ninguno de los jueces me estaba favoreciendo injustamente. Hasta ahora, había ganado todos mis más de 40 combates de boxeo amateur, mis títulos y mis combates profesionales con trabajo duro y habilidad y, lo más importante, había ganado limpiamente y tenía la intención de seguir haciéndolo.

La semana del combate, la cadena YES (Yankee Entertainment and Sports Network) se puso en contacto conmigo directamente para una entrevista exclusiva antes y después del combate, así como para filmar la pelea contra Keisher. Coach y todo el mundo se sorprendieron, ya que la YES Network se dedicaba a informar sobre los Yankees, los Brooklyn Nets y los programas previos y posteriores a los partidos, y sería la primera vez que destacaran a una boxeadora. No sentí ninguna presión añadida ya que mis antecedentes, varios años como boxeadora amateur y la vida me habían preparado bien, así que acepté.

El día del pesaje, cogí el metro hasta Times Square y se me puso la piel de gallina al caminar por la calle 42 y ver mi nombre en el anuncio desplegable de la gran pantalla del B.B. King "Combate femenino destacado: "Keisher Fire Mcleod contra Patty Boom Boom". Aunque ambas firmamos un contrato para luchar en el peso 112, cada una pesamos por debajo. Yo pesé 110.5 libras y Keisha 109 libras. Ella era más alta con 1.70 m, pero yo había visto vídeos de sus combates anteriores y no me impresionaron. Su equipo, sin embargo, estaba impresionado de que la boxeadora no promocionada fuera entrevistada por la YES Network. Yo estaba invicta y Keisha tenía 2 derrotas en su historial en aquel momento. No había nada impresionante en ella, pero de alguna manera, entrenaba en el Gimnasio Gleason y tenía los contactos.

JS llegó a Nueva York más tarde esa noche y me sentí aliviada de que se registrara en un hotel cercano, ya que no quería ninguna distracción la noche antes de esta pelea. Ya estaba abrumada por tener que ayudar a promocionar este combate y vender entradas que, afortunadamente, vendí por un valor muy superior a los 1500 dólares para cubrir mi bolsa.

La empresa para la que era consultora en ese momento, Odyssey House compró una mesa VIP entera junto al cuadrilátero, mi jefe del evento JPMorgan Chase Corporate Challenge- Dan Brannen y otra ejecutiva del evento también compraron entradas, así como muchos otros conocidos, mi hermana y mi sobrina y una gran presencia del gimnasio de Coach también estarían presentes. En el fondo sabía que muchos de estos conocidos no eran seguidores, sino personas que pagarían gustosamente por verme perder. Sin embargo, no había presión.

El día del combate, me arrodillé junto a mi cama y recé mis oraciones y luego volví a coger el metro hasta Times Square y me reuní con JS y Coach en el B.B. King's. Coach estaba extremadamente agitado y su vibración y energía me inquietaron. No trabajó conmigo en absoluto para este combate, pero apareció para el gran día porque siempre había querido ser el espectáculo. Pero, por supuesto, habría mucho más en la historia.

A medida que avanzaba la noche, me di cuenta de que todos los peleadores de la esquina azul, que eran los "oponentes no promocionados", estaban perdiendo. Esta era la esquina en la que yo estaba. Empezó a sonar la canción de mi entrada y salimos con la YES Network siguiéndonos. Keisher y yo caminamos hacia el centro del cuadrilátero y entonces sonó la campana. Ella tenía un alcance superlargo y al principio me estaba atrapando con sus jabs largos, pero encontré mi ritmo hacia el final del asalto y empecé a esquivar y a entrelazar sus golpes y la estaba marcando con duros golpes al cuerpo mientras sus seguidores gritaban: "¡DALE! ¡No puede hacerte daño!"

En el 3er asalto, me abalancé y antes de que mi pie tocara el suelo, Keisher me asestó uno de sus largos jabs y me resbalé y entonces el árbitro empezó a contar: "¡UNO, DOS, ¡TRES!". Me levanté tan rápido como me fue humanamente posible y sacudí la cabeza. Fue claramente un resbalón y el público lo sabía, pero estaba peleando una batalla perdida en esta cartelera. No obstante, mantuve la calma y la concentración a pesar de los ridículos gritos de Coach durante el combate. Fue advertido una plétora de veces por gritar estupideces durante el combate. Los jueces del combate no dejaban de mirarle durante la pelea en lugar de al propio combate. El combate estuvo lleno de acción y muy claramente, yo fui la agresora y asesté los golpes más duros y limpios, y en el sexto asalto final, derribé a Keisher con un gancho de izquierda cuando se abalanzaba sobre mí. Fue un claro derribo y el árbitro empezó a contar: "¡UNO, DOS, ¡TRES!".

Sonó la campana para poner fin al último asalto y levanté los dos brazos. En el fondo sabía que había hecho más que suficiente para ganar y ese derribo final lo había sellado y entonces el árbitro nos llamó al centro del cuadrilátero y empezó a leer las tarjetas de puntuación: "¡55-57, 55-57, 57-55 y la ganadora por decisión dividida...Keisher Mcleod!", dijo el árbitro. Los fuertes sonidos de "Boo" ahogaron los escasos aplausos. No era la primera vez que me robaban y no sería la última, pero dolía. Fue un robo flagrante y claro que fue filmado y todos los presentes fueron testigos. Sin embargo, uno de los jueces se me acercó después del combate y me dijo: "¡Perdiste este combate porque tu entrenador no se callaba la boca! En lugar de prestar atención a tu pelea, ¡nos distrajimos con sus gritos!".

Además, me había enterado de que el promotor, Lou DiBella y Coach tenían una historia que no era precisamente buena y pagué por lo que fuera que hubiera entre ellos en el pasado. Para empeorar las cosas, JS y Coach se enzarzaron en una discusión. Partí a llorar durante la entrevista posterior al combate con la YES Network. Vieron todo lo que había pasado, pero conseguí calmarme hacia el final y dije que seguiría adelante antes de salir silenciosamente por la puerta de atrás y coger un taxi para volver a casa.

Mientras iba en el taxi de vuelta a casa, mi hermana me llamó: "¿Estás bien Patricia? Sé que estás triste, pero sólo puedo decirte que estamos muy orgullosas de ti. Que sepas que ganaste esa pelea. Todos vimos lo que pasó. Por favor, descansa y avísanos si necesitas algo". Lo único que podía oír eran mis mocos a través de las lágrimas incontrolables, pero conseguí susurrar: "Gracias. Hablaremos pronto".

Cuando llegué a casa, recé entre lágrimas pidiendo consuelo y comprensión. Una de las cosas con las que luché durante toda mi vida fue comprender todas las injusticias de mi vida. Sentía un profundo dolor no por haber perdido, sino por lo injusto que era haber trabajado tan duro, cobrar casi nada y aun así perder una decisión, aunque realmente hubiera ganado. Sin embargo, sabía que también formaba parte de tener fe en que todo ocurre por una buena razón, incluso lo injusto.

Me quedé dormida con la ropa puesta y me desperté con Jack lamiéndome la cara y luego mi teléfono sonaba sin parar. Era JS. Apagué el teléfono, me vestí y salí a correr 7 millas con Jack por Forest Park. A lo largo de mi carrera, medité y recé para tener claridad y valor. No volví a encender el teléfono hasta el día siguiente. Los mensajes de JS pasaron de suplicar que le devolviera la llamada a ser desagradables y menospreciarme. No terminé de escuchar los mensajes porque ya había oído y aguantado bastante. Le llamé esa mañana, contesto enseguida y le dije: "Escucha, voy a ser breve. Te agradezco todo lo que me ayudaste durante el año pasado, pero esta relación a distancia no funciona. Esta relación no es sana para ninguno de los dos, así que voy a ponerle fin. Por favor, no vuelvas a contactarme. Adiós".

Mi corazón latía con fuerza, pero también sentí un gran alivio. Siguió acosándome e incluso llamó a Coach durante los meses siguientes, pero lo ignoramos y no volví a hablar con él. Me prometí a mí misma que nunca jamás volvería a involucrarme con nadie en el boxeo. Salí con otros hombres a lo largo de los años que nunca estuvieron ni remotamente cerca de ser un compañero ideal. Poco después de JS, salí con un tipo con antecedentes cubanos.

Al principio era extremadamente encantador, pero tenía un carácter horrible y había sido alcohólico y adicto a la cocaína, pero llevaba limpio más de 10 años cuando le conocí. Erróneamente pasé por alto todo eso sin comprender realmente que el comportamiento adictivo sólo puede curarse cuando lo sustituyes por un comportamiento sano, siendo honesto contigo mismo y sabiendo cuándo buscar ayuda. Él era otro caso en el que su boca decía una cosa, pero sus acciones decían algo completamente distinto. Le perdí el respeto cuando descubrí que fingía haber estado activo en las fuerzas armadas. Había contado esta mentira a muchos de sus amigos íntimos y a otras personas. La guinda del pastel fue encontrar correos electrónicos suyos a servicios de acompañantes.

Aunque esa relación fue una experiencia horrible, me enseñó mucho sobre las personas con adicciones, sobre cómo tenía que ser extremadamente cuidadosa para no caer en los mismos patrones y el mismo camino que mi madre siguió una vez con mi propio padre, porque las personas con mis antecedentes pueden caer fácil e inconscientemente en los mismos ciclos y patrones abusivos de sus familias. Me prometí a mí misma no conformarme. Sería un proceso continuo para fortalecer mi fe, sanar traumas del pasado, aprender a quererme a mí misma y no permitir que nadie me tratara menos que increíble.

Tras la derrota ante Keisher, no sabía que ahora se me consideraba una "oponente" y no una boxeadora en alza. Me miraban así no porque hubiera "perdido", sino porque no me promocionaba ni me dirigía nadie más que yo misma. Muchas de las mejores boxeadoras tenían múltiples derrotas en su historial. Todo dependía de quién fuera tu promotor o tu manager. Un mes más tarde, el promotor/manejador, Felipe Gómez me contactó directamente ofreciéndome un puesto en su cartelera de boxeo el 8 de junio de 2012. Era contra Vanessa Greco que formaba parte de ese grupo del gimnasio Supreme Team y Gleason's Boxing que me odiaba. El trato era la misma bolsa de 1500 dólares y yo tenía que vender suficientes entradas para cubrir mi bolsa de combate. Acepté la pelea y los términos y empecé a prepararme inmediatamente, aunque ahora me aterrorizaba perder. No se trataba de una tarjeta de combate de Lou DiBella, pero en el boxeo todos se conocen y nadie era realmente tu amigo ni digno de confianza.

Vanessa no tenía una gran carrera como boxeadora amateur; era más baja que yo y era predecible por los vídeos que vi de ella. Me entrené casi por completo. A lo largo de las siguientes semanas, acudí al gimnasio de boxeo y realicé ejercicios de boxeo en los sacos pesados, esprinté en la pista, levanté pesas y organicé mis propios sparrings en el gimnasio con algunos de los miembros.

Los pesajes tuvieron lugar en la Comisión Atlética del Estado de Nueva York, en el 123 de William Street, Nueva York, que estaba a sólo 5 minutos a pie del gimnasio de boxeo del entrenador. Fue la primera vez que estuve en un pesaje de boxeo completamente sola. Todos los boxeadores tenían gente con ellos, pero yo estaba sola. Vanessa apareció con un gran equipo y, para hacer las cosas más interesantes, Keisher Mcleod estaba en su equipo. Eran amigas desde sus días de boxeo amateur, cuando estaban en el Equipo Supremo. Sabía que esto formaba parte de su estrategia para meterse en mi cabeza. Cerré los ojos y recé en silencio: "Dios, tú y yo somos una mayoría. Si te tengo a ti, eso es suficiente. Por favor, ayúdame a ser fuerte y valiente. Amén".

Nos llamaron para que nos pesáramos. Habíamos firmado un contrato para pelear en 112 más o menos 1 libra. Yo pesé 113 y Vanessa 115- dos libras de más. Debería haber exigido que perdiera el peso, pero no lo hice. Que se pasara del límite de peso lo decía todo y se lo haría pagar en el cuadrilátero. Nos hicimos fotos de enfrentamiento para el promotor y pude verla bien cara a cara. No podía ocultar lo que sentía en su interior. Lo vi y lo aprovecharía mañana por la noche.

El espectáculo de boxeo tuvo lugar en el Cordon Bleu de Queens, donde había peleado con Laura Gómez el año pasado, así que al menos estaba cerca de mi casa. Tenía una buena rutina antes de cada combate y éste sería mi séptimo combate de boxeo profesional, así que sabía lo que tenía que hacer sin que nadie me orientara. Por desgracia, en el boxeo no se puede hacer todo solo, pero yo lo intenté.

Volví a llegar sola al lugar del combate y me dirigí directamente a mi camerino, donde poco después llegó Coach y también me revisó el inspector del Estado de Nueva York. Estaba concentrada y decidida a pesar de que descubrí que estaba en la esquina de los "oponentes" cuando me di cuenta de que todos los que volvían de mi lado del vestuario iban perdiendo.

Felipe, el promotor de esta tarjeta de boxeo encajaba con el resto de la gente turbia y poco de fiar del boxeo. Estaba vestida, calentada y lista cuando empezaron a tocar mi canción de entrada. Me puse mi bata de boxeo y la capucha y bajé la cabeza mientras trotaba hacia el cuadrilátero sin mirar a nadie. Podía oír a la gente de Vanessa gritar: "¡Esta es tu noche! ¡Ella no es nada!" Siempre me asombraba y desconcertaba el odio que la gente me tenía. Yo no los conocía y nunca les había hecho nada. Su odio no me enfurecía y en cambio me entristecía.

Una vez que el árbitro nos llamó al centro del cuadrilátero para darnos las últimas instrucciones, vi la rabia y el miedo en los ojos de Vanessa. Recordé lo que el hermano de Coach me dijo una vez antes de mi primer combate de boxeo amateur: "Cuando suene la campana, ¡deja que todo tu miedo, tu amor y tus emociones se desaten sobre quien tengas delante!". Entonces sonó la campana y Vanessa cargó contra mí, cosa que yo sabía que haría. Ella no tenía la fuerza ni la resistencia para seguirme el ritmo. Mi defensa era muy superior a la suya y contrarrestaba cada uno de sus golpes con duras combinaciones de dos y tres puños. Intentó darme un cabezazo intencionado unas cuantas veces y acabó llevándose la peor parte.

En el último asalto, su gente guardó silencio porque yo había ganado claramente todos y cada uno de los asaltos, pero yo seguía muy nerviosa mientras el árbitro leía las puntuaciones de los tres jueces: "40-36, 40-36, 40-36 y la ganadora por DECISIÓN UNÁNIME ES.... ¡PATTY BOOM BOOM!" Cerré los ojos y di gracias a Dios en silencio.

Capítulo Catorce - Asalto 14

Enfrenta tus miedos, Vive tus sueños

E *"Nadie puede hacerte sentir inferior sin tu consentimiento",* Eleanor Roosevelt

Después de mi séptimo combate de boxeo profesional contra Vanessa, tuve dificultades para participar en otras carteleras de boxeo durante el resto de ese año debido a mi falta de representación, conexiones y gestión. Coach insistió en que dejara que la clienta de su gimnasio, Elizabeth, me ayudara a gestionar mi carrera boxística. No tenía muy buena opinión de Liz, como la llamaba todo el mundo. Era una loca aficionada al boxeo con la que a veces me veía obligada a hacer de sparring como favor a Coach. Ella alucinaba y se consideraba una auténtica boxeadora, aunque nunca había peleado como aficionada ni como profesional. Era al menos 20 años mayor que yo por aquel entonces, lo que la situaba en algún lugar de la cincuentena, y tenía cero talentos como atleta. Sin embargo, era la esposa del difunto Alan Vega que era un conocido músico y ella era productora musical, músico y abogada en la industria de la moda. Tampoco tenía experiencia en la industria de la gestión deportiva.

Según Coach, Liz tenía contactos y podía ayudar a representarme. Odiaba la idea, pero le seguí la corriente tras la insistencia incesante de Coach, que en un momento dado se convirtió en acoso. Liz y Coach se pusieron en contacto con otro miembro del gimnasio, Ronson, que era su amigo íntimo y que también era boxeador y promotor de su propia empresa de promoción llamada Uprising Promotions. Ronson me conocía muy bien de todos mis éxitos en el boxeo amateur y también era miembro del Gimnasio Gleason. Estuvo presente en todos los combates profesionales que celebré en Nueva York. Me ofreció 2500 dólares para ser el evento principal en su cartelera de boxeo el 27 de marzo de 2013. Pelearía por el cinturón vacante del Campeonato del Estado de Nueva York contra Eileen "La Mangosta" Olszewski. A pesar de tener ahora "representación", no podía creer que me ofrecieran sólo 2500 dólares. A un hombre o a cualquier otra persona le ofrecerían al menos 10,000 dólares por un combate principal por un título, pero yo no sabía nada mejor y acepté.

Conocía a Eileen porque en mis primeros días de boxeo amateur, había hecho de sparring con Eileen, que era mucho mayor que yo. Coach y yo habíamos sido invitados al gimnasio de alto nivel que Eileen y su marido, Matthew poseían en el centro de Manhattan y que atendía a la clientela de tipo famoso. Su marido la entrenaba desde sus tiempos de boxeadora amateur y otro tipo llamado David la dirigía como boxeadora profesional. También fue una boxeadora amateur condecorada con el título nacional en la división de las 112 libras. Tuvimos una sólida sesión de sparring por aquel entonces, pero ella no impresionó a Coach lo suficiente como para querer buscar sesiones continuas de sparring. Tenía un buen movimiento en el cuadrilátero, pero no había chispa en sus golpes y pensábamos que era lenta y que telegrafiaba sus golpes.

Ella se había hecho profesional mucho antes que yo y tenía más del doble de combates que yo, tanto como boxeadora aficionada como profesional, y prácticamente vivía en el gimnasio.

Yo no tenía todos los lujos que ella tenía y sabía que todo el mundo me consideraba la desvalida, así que le di a ella y a esta pelea el respeto y la atención que le daba a cada combate y a cada oponente. Tuve menos de 6 semanas para prepararme para este combate. Ya estaba en buena forma física por todas las carreras y competiciones que hacía en otros deportes, pero ahora la atención se centraba en el sparring y en mejorar mis habilidades boxísticas, mi velocidad y mi potencia. Formamos un grupo de mujeres con las que hacer sparring cada semana: Susan, Kimberly, Katya, Tiffany y Francesca. Todas estas mujeres también entrenaban en el Gimnasio Gleason y pretendían ser mis amigas, pero yo sabía que no era así. No obstante, tenía un trabajo que hacer y necesitaba el sparring. Steve, el sobrino de Ronson trabajó conmigo en este combate.

Steve nunca había trabajado con un boxeador profesional y su aportación fue mínima. Recuerdo que llamó a Ronson la última semana de entrenamiento para pedirle consejo sobre lo que debía hacer esa última semana. Lo escuché todo, pero de todas formas nunca había confiado plenamente en él. Hacía todo lo que podía y siempre corría la milla extra y hacía un asalto más de sparring cuando todos estaban muertos de cansancio. Fui la primera en llegar al gimnasio y la última en marcharme en muchas ocasiones. No me arrepentía del trabajo que había realizado.

La noche antes del pesaje, pasé por la iglesia para recibir la bendición del pastor. Recordé sus palabras antes de que pusiera sus manos sobre mí para rezar: "Rezaré por ti, hermana Patricia, pero Dios es perfecto y todo lo que nos ocurre es por una buena razón. Él te ha hecho una guerrera fuerte. Que Dios te bendiga y te proteja siempre".

Este combate por el título del Estado de Nueva York tomara lugar en el Five Star Banquet Hall de Queens, Nueva York. Los pesajes tuvieron lugar en la Comisión Atlética del Estado de Nueva York, de nuevo en la zona de Wall Street, en el centro de Manhattan y, una vez más, yo estaba allí sola. Mi "mánager" estaba de viaje de negocios y ni siquiera iba a estar presente en el combate, lo que me pareció sumamente extraño. Todos los demás estaban ocupados, así que fui yo sola. Después de cómo me trataba mi propio equipo, tuve la sensación de que nadie esperaba mucho de mí. Volvía a estar claro que yo era la menos favorecida para este combate. Tanto Eileen como yo nos pesamos exactamente en el mismo peso: 111 libras, a pesar de que firmamos un contrato para pelear en 112 libras. No tenía a nadie a mi lado tomando fotos del pesaje ni del enfrentamiento, así que me fui inmediatamente después.

Después del pesaje, cogí el metro hasta Tierras Colombianas, un restaurante colombiano en Jackson Heights y pedí un plato de Bandeja Paisa para llevar. Es uno de mis platos abundantes favoritos, que me hacía mucha falta para mi combate de mañana. Este plato me recordó a la comida casera de mi abuela y mi madre. Este plato lleva un filete delgado de carne a la parrilla cubierto con un huevo frito, arroz blanco, aguacate, una arepa pequeña, plátano frito y frijoles. Cuando llegué a casa, apagué el teléfono y compartí mi cena con Jack. Para mí era importante pasar una noche tranquila y sin estrés y esto fue perfecto.

A la mañana siguiente, el 27 de marzo de 2013, salí a correr ligeramente, me estiré y disfruté de mi café en el Starbucks cercano a mi casa. Me eché una siesta a mediodía y a las 5 de la tarde cogí un taxi para ir al lugar del combate. Cuando llegué, me di cuenta de que había olvidado mi bata de boxeo, pero con todas las luces y la falta de aire acondicionado en los vestuarios, realmente no importaba. Al final, la bata era para lucirla, ya que sólo estaba puesta durante unos minutos al caminar hacia el cuadrilátero antes de quitársela en el cuadrilátero.

El inspector de boxeo del estado de Nueva York que trabajaba en mi esquina se registró conmigo y ahora estaría conmigo toda la noche. Di la muestra de orina obligatoria y cuando estaba lista para que me vendaran las manos, el inspector avisó a la esquina de Eileen para que enviaran a alguien de su equipo a vigilar, cosa que hicieron. Steve y Coach trabajarían en mi esquina siendo Steve la voz principal y yo entraría primero en el cuadrilátero porque era la "oponente". Todos los boxeadores de mi esquina de color eran los oponentes y estaban perdiendo. Era el tercer combate consecutivo en el que ocurría esto. Odiaba ver eso, pero me mantuve fuerte y concentrada mientras calentaba y me preparaba para entrar pronto en el cuadrilátero.

La canción de mi entrada empezó a sonar con fuerza. No tenía la bata que ponerme, así que troté por los pasillos y entré en el cuadrilátero. Hubo un aplauso nervioso, pero no grandes vítores hasta que Eileen empezó a abrirse paso. Se tomó su tiempo para subir al cuadrilátero con una larga túnica de ante rojo que tenía una enorme capucha que se asemejaba a la parca. La miré fijamente desde el otro lado del ring y parecía vieja. No tenía miedo. Estaba preparada. El árbitro nos llamó al centro del cuadrilátero para darnos las últimas instrucciones. Su marido me miraba con una sonrisa burlona.

Sonó la campana y cargué contra Eileen lanzando sólidas combinaciones y entonces ella me dio un cabezazo a propósito abriéndome un profundo corte en la parte superior de la cabeza y la sangre corrió por mi cara. El árbitro intervino rápidamente y me envió a mi esquina, donde el médico me echó un vistazo e indicó al hombre de heridas que trabajara en la herida. Afortunadamente, contaba con un gran señor llamado Richard Schwartz, que limpió rápidamente la herida abierta y me ayudó a detener la hemorragia.

Seguí arrinconando a Eileen contra las cuerdas. Ella contrarrestaba mis golpes con poco o ningún efecto. No sentí ninguno de sus golpes que habían logrado conectar. Como en nuestros días de boxeo amateur, era lenta y telegrafiaba sus golpes. Podía verlos venir a una milla de distancia.

Seguí conectando bien con mis combinaciones y hasta el final del octavo y último asalto, mi energía era alta y terminé el asalto con fuerza incluso haciéndola tambalear unas cuantas veces. No había ninguna duda de que había ganado. Cuando volví a mi esquina al final del 8º asalto, Coach me dijo: "Eres la nueva campeona del Estado de Nueva York... ¡sin duda!".

El árbitro nos llamó al centro del cuadrilátero y leyó las puntuaciones. "Jueces: John McKale 78-74, John Signorile 79-73, Robin Taylor 77-75.

Y su ganadora por Decisión Unánime y la CAMPEÓNA DEL ESTADO DE NUEVA YORK ES.....PATTY BOOM BOOM ALCIVAR!" Caí de rodillas y me cubrí la cara llorando de incredulidad antes de que la Comisionada Atlética del Estado de Nueva York, Melvina Latham, me levantara y me colocara el hermoso cinturón de cuero con adornos de oro y piedras preciosas alrededor de la cintura. Fue un momento surrealista que nunca jamás olvidaré. Aunque todas las mujeres con las que había hecho de sparring estuvieron presentes en el combate, todas desaparecieron una vez que se me anunció como ganadora. De hecho, nadie del gimnasio de boxeo de Coach se quedó para tomarse fotos y se marcharon en cuanto se anunciaron las puntuaciones, a excepción de mi esquina. Estaba claro que nadie esperaba ni quería que ganara, pero lo hice y nadie podrá arrebatarme nunca esa victoria ni ese cinturón. ¡Seré para siempre la campeona de boxeo femenino del Estado de Nueva York!

Poco después de ganar el título de boxeo del Estado de Nueva York, la Embajada de Estados Unidos se puso en contacto conmigo para hablar sobre una oportunidad de dar un discurso en Dushanbe, Tayikistán. Estaban buscando a una atleta femenina inspiradora para que hablara y presentara durante 10 días a las jóvenes y atletas de Tayikistán después de que la boxeadora tayika, Mavzuna Chorieva, ganara para su país una medalla de bronce en los Juegos Olímpicos de Verano de 2012. Fue un honor y me sorprendió, ya que hay muchas atletas estadounidenses de éxito con talento. La Embajada de EE.UU. pagó mi vuelo, comida, estipendio diario, los honorarios de oradora de la atleta y me transportó en un vehículo de seguridad a todas partes mientras estuve en el Oriente Medio. Fue mi mayor día de pago como boxeadora profesional y me sentí humilde hasta las lágrimas.

Recordé la clase de oratoria que realmente no quería tomar en Carolina del Norte, pero sentí una sensación punzante como si tuviera que hacerlo, así que lo hice y sobresalí en esa clase y ahora, iba a poner todo lo que aprendí en buen uso. Trabajé en mis presentaciones de Power-Point e hice que la electricidad recorriera mi cuerpo al incluir fotos de mi reciente victoria en el campeonato. Por fin iba a vivir parte de mi propósito: utilizar mi historia como inspiración para los demás. Este era mi primer viaje internacional fuera de Estados Unidos y volé en primera clase con Turkish Airlines el 15 de abril de 2013.

A mi llegada, me recibieron los representantes de la embajada de Estados Unidos y me llevaron enseguida a una aparición radiofónica en Radio Vatan, que tenía una audiencia de tamaño considerable. Fui recibida con los más calurosos saludos de la gente, niños y lugareños. Me entregaron múltiples ramos de flores y un sombrero "toqi", un collar, un pañuelo y un bolso como parte de su bienvenida. Me sentí profundamente conmovida por las emociones de gratitud al ser recibida de esta manera por personas que conocían mi historia, pero a las que nunca había conocido. Incluso después de ganar el primer Campeonato Nacional de Boxeo Femenino de Estados Unidos o de ganar el título del Estado de Nueva York recientemente, nunca me habían regalado flores ni me habían recibido de esta manera. Estaba nerviosa por hablar a través de un intérprete tayiko, pero a lo largo de los días me di cuenta de que lo que la gente veía y oía de verdad era mi corazón y mis intenciones y eso lo decía todo. Para eso no hacía falta intérprete ni traductor.

Cada una de las 12 presentaciones que hice estaban llenas de personas de todas edades y superó con creces el tiempo previsto. Hablé en el Centro Deportivo Khatlon y también realicé entrenamientos y demostraciones para el Programa de Boxeo y Artes Marciales para Chicas Tayikas. Me trasladé a Kulob para hacer un discurso ante todos los estudiantes que participaban en el Fondo de Innovación para el Compromiso de los Antiguos Alumnos de la USG y también hablé ante los estudiantes universitarios en el American Corner Kulob. Pero, uno de mis momentos más preciados fue ser invitada por Mavzuna Chorieva a su casa para tomar un "té".

Cuando llegué a su casa, tenía un banquete de comida puesta en la mesa. Hacía poco que había sido madre primeriza y hablamos como si nos conociéramos de años. Me regaló los guantes rosas con los que ganó la medalla de bronce. Yo no quería aceptarlos ya que era algo que ella se había ganado y merecía, pero no aceptarlo sería un insulto en su cultura o en cualquier cultura para el caso. A día de hoy, no tengo palabras para explicar lo que sentí por ese increíble gesto y mi única esperanza era que ella supiera cómo me afectó su amabilidad el resto de mi vida.

Volví a Nueva York unas semanas después, a principios de verano, y recibí una llamada de Coach: "¡Eh, Alcivar, tenemos una oferta para pelear por un título mundial!", me dijo. Casi salté por el teléfono y le contesté: "¡Vaya! ¿Qué? ¡Claro que sí! ¿Cuándo y contra quién?" después de una breve pausa, dijo, "Sería una revancha con Eileen, pero sería por un Título Mundial esta vez. ¡Tienes que aceptar esta pelea Alcivar! " Y sin más, mi entusiasmo desapareció. En los deportes y en todo lo que hacía, encontraba la motivación en levantarme contra los obstáculos, desafiar las probabilidades y retarme a mí misma. Gané claramente un combate por el título a 8 asaltos contra Eileen y no había ninguna duda en la mente de nadie, incluidos los jueces, de que yo había ganado. No había absolutamente nada que demostrar. "Coach, no quiero este combate ni siquiera por el título mundial. Prefiero esperar a otro oponente. Dígale a Liz que me busqué otro combate", le dije antes de colgar.

Hice de sparring con Eileen dos veces en nuestros días de boxeo amateur y peleé con ella durante 8 asaltos como profesional y gané sin lugar a dudas todos y cada uno de los asaltos. Además, no me gustaban ni su marido ni su gente y no quería saber nada de ella. Realmente había terminado de ocuparme de todo lo que tuviera que ver con Eileen. No hubo controversia ni debate sobre quién ganó nuestro último combate, así que no entendí por qué Coach consideró siquiera esta oferta.

Me pareció realmente extraño, pero me sentí aliviada de haber tenido el valor de mantenerme firme en lo que quería y de haber dicho lo que pensaba. Por aquel entonces todavía salía con el señor cubano, que vio lo disgustada que estaba después de hablar con Coach. Él estuvo presente en la pelea por el título para el Estado de Nueva York con Eileen y también pensó que no había ningún beneficio en pelear contra ella de nuevo, así que lo dejé pasar y decidí buscar una carrera de atletismo en la que pudiera ir a por todas y liberar esta ansiedad, ya que tenía el mal presentimiento de que esto no había terminado. Ese fin de semana me apunté a una prueba de la Spartan Beast que me ayudó a despejarme.

Entonces, exactamente dos semanas después, Coach volvió a llamarme: "Alcivar, DEBES tomar esta revancha o de lo contrario Liz y yo hemos terminado de trabajar contigo". El objetivo siempre ha sido conseguir un combate por el título mundial, así que pelea con esta chica por última vez. La venciste fácilmente una vez, así que hazlo de nuevo", dijo. No podía creer lo que estaba oyendo. Coach y Liz me estaban intimidando para que aceptara este combate y me encontraba de nuevo en una situación muy difícil.

Coach me estaba dando ahora un ultimátum ya que sabía que no tenía otro lugar donde entrenar y mi financiación era inexistente. "¡Esto no es justo Coach! No sé por qué usted y Liz me obligan a aceptar este combate. No estoy nada contenta con esto, pero da igual", respondí. Todo en mi cuerpo y en mi alma me decía que no aceptara esta pelea, pero a finales de julio, me sentí obligada a firmar un contrato con su buen amigo Ronson de Uprising Promotions para pelear de nuevo contra Eileen el 25 de septiembre de 2013. Estaba segura de que Ronson tenía un acuerdo paralelo con el equipo de Eileen, ya que todo lo que hacía era en su beneficio.

A lo largo de las 6 semanas que tuve que entrenar para esta revancha, recibí unos mensajes directos más odiosos y amenazadores a través del messenger de Facebook. Uno de ellos decía: "Vas a recibir la peor paliza de tu vida el 25 de septiembre". Otro decía: "Recuerda mis palabras, ¡vas a morir el 25!". También ocurrieron otras cosas extrañas como que nunca pude ver el vídeo del primer combate que tuve contra Eileen. Por alguna razón, Ronson puso todas las excusas del mundo para no enseñarnos el vídeo y Coach y Liz tampoco insistieron.

Para esta pelea, trabajé con Angel, mi antiguo compañero de sparring de mis días de boxeo amateur que ahora se había convertido en entrenador al desaparecer por completo Steve, el sobrino de Ronson. Entrené todo lo que pude mientras mantenía mis trabajos a tiempo completo. Había practicado sparring hasta 12 asaltos en múltiples ocasiones como preparación para esta pelea y me veía realmente en forma. Ya pesaba 112 libras unos días antes del pesaje oficial, así que estaba realmente preparada. Sin embargo, seguía teniendo esas sensaciones incómodas que no desaparecían desde que firmé el contrato para esta revancha. Seguía oyendo resonar en mi cabeza las palabras del padre Joe: "Patricia, tienes instintos dados por Dios. Escúchalos".

El día del pesaje oficial en el Departamento de Atletismo del Estado de Nueva York, Ángel fue el único que me acompañó. Coach y Liz estaban convenientemente ocupados.

Eileen tenía a su marido, a su mánager y a sus amigos, pero lo que supuso una declaración impactante del tipo de respaldo con el que contaba fue cuando Liev Schreiber, un popular actor, director, guionista y productor estadounidense hizo saber que estaba en el equipo de Eileen.

Tomo fotos con una cámara profesional y estuvo dando órdenes a la gente. Se decía que Eileen dividía su tiempo de entrenamiento en Los Ángeles y Nueva York en un campamento de élite. También era notable durante el pesaje que se le salían músculos hasta por las orejas, lo que era impresionante para una mujer de unos 40 años construir este tipo de físico en unos pocos meses. Ambas volvimos a pesar exactamente 111 libras. Liev Schreiber no dejaba de mirarme mal intentando intimidarme, lo que me divertía. Eileen y su marido, Matthew, tenían clientes famosos del gimnasio de alta gama del que eran propietarios, pero este "cliente" parecía muy implicado en esta pelea. Posamos para las fotos de los medios y luego le dije a Angel que quería largarme de allí. Todo me parecía mal para esta pelea.

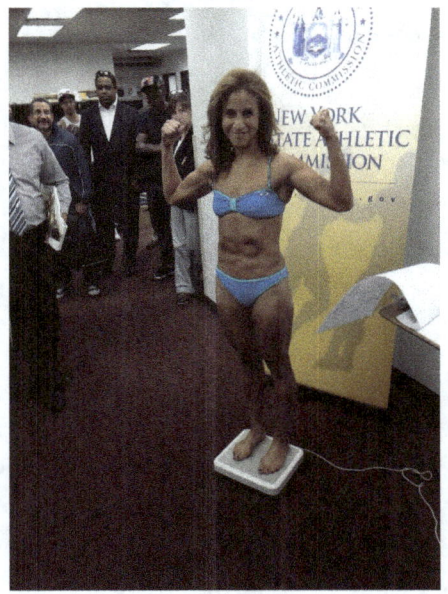

Ángel volvió al gimnasio de boxeo y antes de irme a casa, hice una parada rápida en la iglesia. Mientras me sentaba allí y rezaba, tuve una abrumadora sensación de paz. A lo largo de toda mi vida, siempre me he sentido orgullosa de todo el esfuerzo que he dedicado a todo, desde las relaciones hasta el trabajo, la escuela, las carreras, el boxeo y las competiciones. Solté las ansiedades y se las dejé a Dios. Me aparté del mundo y me fui a casa a descansar con mi perro.

Al día siguiente, cogí un taxi hasta el 5 Star Banquet Hall a las 5 de la tarde y me reuní allí con Angel. Coach trabajaría en mi rincón y Ángel sería el líder de la esquina. El inspector de boxeo se registró y di la muestra de orina requerida.

Cuando llegó el momento de vendarme las manos, la esquina de Eileen optó por no enviar a nadie a verme vendar, lo que me pareció extraño, ya que lo hicieron en el primer combate y éste era un combate por un título mundial, pero fue una de las muchas cosas extrañas que siguieron sucediendo en este combate. Aunque yo era la actual campeóna y poseedora de un Título, Uprising Promotions me tenía a mí como "oponente" y yo subiría primero al cuadrilátero. Era evidente la influencia que Eileen y su gente tenían con Ronson y la Comisión Atlética del Estado de Nueva York. Intenté quitarme eso de encima con la mentalidad de que todo mi duro trabajo siempre daba sus frutos al final.

Angel me puso vaselina en la cara y estuve lista para salir en cuanto empezó a sonar la canción de mi entrada. Troté por los pasillos y entré al cuadrilátero sin una bata elegante ni nada. Eileen hizo su gran entrada y entonces sonó la campana para comenzar el primer asalto. Eileen lanzó una combinación de uno-dos (jab y mano derecha) y enseguida vi puntos negros y sentí que se me hinchaba el ojo derecho. Algo iba realmente mal. No estaba peleando contra una mujer. Había hecho de sparring con hombres en el pasado y con mujeres hasta 30 libras más pesadas que yo y esta potencia era irreal. Había peleado contra Eileen sólo 5 meses antes y había superado sus golpes más duros. Cuando sonó la campana para poner fin al 1er asalto, comprendí por qué todo en mi alma me decía que no aceptara este combate.

Volví a mi esquina y me di cuenta de que, efectivamente, podía morir esta noche en el cuadrilátero, pero no iba a rendirme. No escuché nada de lo que Ángel me decía. Sólo cerré los ojos y recé en silencio: "Dios, dame la fuerza para no rendirme. Estoy peleando un combate injusto y sólo te tengo a ti". Seguí cargando contra Eileen a pesar de la fuerza monstruosa de cada puño que me lanzaba. Todos y cada uno de los puños que me lanzaba parecía que me aplastaba el cráneo. En más de 40 combates de boxeo amateur, todas mis peleas profesionales y sesiones de sparring a lo largo de los últimos 10 años, nunca había sentido este tipo de potencia. No sabía en qué asalto estaba cuando volví a mi esquina y no oía nada de lo que me decían. Sin embargo, sí recuerdo un asalto cerca del final en el que cerré los ojos y se me saltaron las lágrimas y recé mentalmente: "Dios, si este es mi final, espero haberte hecho sentir orgulloso".

Salí al asalto final cargando como lo había hecho en todos los asaltos y encajando cada golpe brutal que lanzaba Eileen. Nunca retrocedí ni me rendí. Mi nariz sangraba profusamente y mi ojo derecho estaba ahora completamente cerrado y entonces el árbitro intervino y detuvo el combate. Cuando volví a la esquina, las primeras palabras que salieron de la boca de Coach fueron: "Esa maldita chica hizo trampa". El médico entró y empezó a mirarme el ojo e inmediatamente me llevaron a los vestuarios para comprobar mis constantes vitales.

Fui a la sala de emergencias por mi cuenta y, por la gracia de Dios, me sentí aliviada de que no me hubieran roto el hueso orbital ni la nariz, aunque lo parecía y lo sentía así. El médico dijo que me había dado algunos golpes fuertes y también se sintió aliviado de que no me hubiera roto nada excepto un par de costillas. A pesar de este horrible desenlace, mi fe no se vio afectada. No renuncié ni renunciaría nunca a Dios. No estaba enfadada y, en cambio, estaba triste y dolida por lo bajo que caería la gente por ganar y lo que la gente haría por dinero. No sabía hasta qué punto, pero mi equipo también me había traicionado y vendido.

Recuerdo que les pedí tanto a Liz como a Coach que le pidieran a Ronson el vídeo de este combate. Pedir se convirtió en insistir y luego en acosar, pero, aun así, Ronson nunca me dejó ver los vídeos ni las imágenes ni del primer ni del segundo combate, ni siquiera con Coach y Liz pidiéndolo supuestamente. Lo más impactante fue que uno de los antiguos comisarios deportivos interinos del Estado de Nueva York y juez de boxeo, John Signorile, llamó al gimnasio para ver cómo estaba.

John Signorile me conocía de mi época de boxeadora amateur y vio todos y cada uno de mis combates de boxeo profesional en Nueva York, incluido el primer y el segundo combate con Eileen, y dijo: "Algo no iba bien con esta chica en el segundo combate. Patty es una de las boxeadoras con más talento que he visto y nunca la vi perder un asalto así y supe que algo iba mal cuando se le hinchó el ojo de un jab en el primer asalto".

Sin embargo, en mis dos combates por el título contra Eileen, la comisionada atlética del Estado de Nueva York era Melvina Lathan. John Signorile también estuvo presente en ambos combates. También me enteré de que Eileen estaba haciendo de sparring con hombres en el popular gimnasio de boxeo de Freddie Roach en Los Ángeles, llamado Wild Card, para el segundo combate y ni siquiera los hombres querían hacer de sparring con ella. La fuerza que extrañamente había desarrollado era monstruosa.

No es la primera ni la última vez que ocurren este tipo de cosas en el boxeo. El boxeo siempre ha estado rodeado de gente turbia haciendo cosas turbias. En 1983, Carlos "Panamá" Lewis, que era un entrenador de boxeo estadounidense, fue condenado por manipular los guantes de Luis Resto para su combate contra Billy Collins Jr. La cara de Billy quedó deformada tras su pelea, lo que llevó a la investigación, ya que

Resto no era conocido por su potencia de pegada. Desgraciadamente, no se hizo justicia a tiempo ya que Billy sufría depresión y murió poco después de su pelea por un supuesto suicidio.

Ha habido innumerables incidentes denunciados y no denunciados en los que comisionados de boxeo, jueces, promotores, managers y entrenadores reciben sobornos para vender a un púgil. Donde los púgiles toman drogas para mejorar su rendimiento (PED) que misteriosamente pasan desapercibidas entre otras ventajas injustas. No tenía a Coach, ni a Liz, ni a nadie que luchara por mí. Ahora estaba en un deporte que ya no amaba. Nunca me había rendido ante nada en mi vida, pero no podía seguir en un deporte en el que literalmente había gente que quería matarme y casi lo hicieron. Sabía que el final estaba cerca, pero haría falta un último disparo....

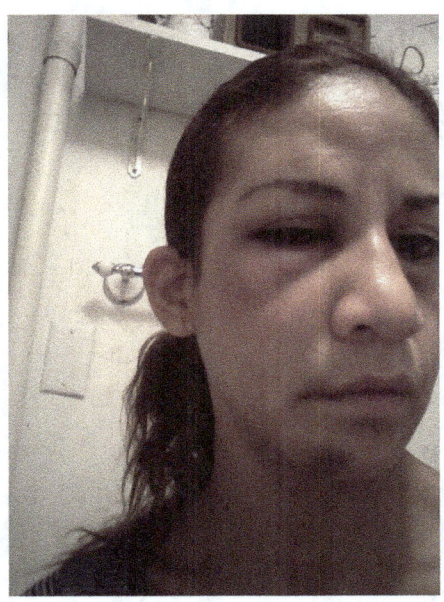

Capítulo Quince - Asalto 15

Dejar ir, dejar a Dios
"Un tropiezo para el pesimista es un peldaño para el optimista".
Eleanor Roosevelt

En un reciente viaje de alpinismo, el guía de escalada preguntó al grupo qué "superpoderes" tenía cada persona, si es que tenía alguno. Las respuestas iban desde poder comer cualquier cosa en cualquier momento hasta dormir también en cualquier lugar y en cualquier momento. Cuando pensé en ello, me di cuenta de que uno de mis "superpoderes" es tener una tolerancia al dolor increíblemente alta. Es decir, siento el dolor, pero por la gracia de Dios, soy capaz de seguir adelante a pesar del dolor.

Después de la segunda pelea con Eileen Olszewski en 2013, me tomé un descanso, pero volví a pelear en 2014 y tres veces más en 2015. Nunca conseguí un verdadero mánager o promotor de boxeo y nunca dejé el gimnasio de Coach, por lo que continuamente me veían como una "oponente" y no como una boxeadora en ascenso. Lo que hiciera Eileen durante esa 2ª pelea parecía ser la tendencia porque peleé contra Keisher Mcleod por segunda vez en 2015 y ocurrió casi exactamente lo mismo que con la 2ª pelea de Eileen Olszewski. La esquina de Keisher ni siquiera se preocupó de enviar a alguien a ver mi esquina para vendarme las manos y su fuerza para la 2ª pelea era completamente diferente. No pude y no dije nada y en su lugar, por primera vez en mi carrera de boxeadora, me mantuve alejada de sus golpes y no arremetí en absoluto. Un simple jab que tenía la potencia que ella nunca tuvo en nuestro primer combate en el B.B. King, me dejó moscas volantes permanentes en el ojo derecho.

A finales del verano de 2015, firmé un contrato para pelear contra Cristina Fuentes en su ciudad natal de Laredo, Texas, por un título mundial. Mi pensamiento era que Cristina y su gente vivían lejos de todas las tonterías de la ciudad de Nueva York, por lo que quizá tenía más posibilidades de conseguir una oportunidad justa, aunque pelearía en su patio. Además, en el boxeo no se podía ocultar nada, ya que todo el mundo se conocía, así que estaba condenada desde el principio, pero entonces no lo sabía. Siempre me mantuve positiva hasta el final. Nuestra pelea sería el evento principal el 14 de agosto de 2015 en el Laredo Arena. Cristina era una boxeadora con mucha experiencia, así que entrené incansablemente durante 6 semanas con Ángel en el gimnasio de boxeo de Coach

Si hay algo por lo que se me conocerá para siempre es por mi disciplina y compromiso con cualquiera que sea mi objetivo. Siempre llegué preparada y en forma. Pesé 110.5 libras, muy lista, incluso después de tomar un vuelo la noche anterior. Mientras nos tomaban las fotos de enfrentamiento, tuve que mirar hacia abajo a Cristina porque era bastante más baja que yo. La acompañaba un grupo considerable grande y, una vez más, me di cuenta de que yo era claramente la oponente que intentaba conseguir una victoria inesperada sobre la luchadora favorita. Yo tenía la habilidad, la resistencia y la fuerza, así que nunca perdí la esperanza a pesar de que no sólo lucharía contra Cristina. Era su mánager, su promotor, sus amigos y familiares y cualquier otra persona influyente que tuviera detrás.

Salimos rápidamente a buscar algo de comer antes de dirigirnos a nuestro hotel y no me di cuenta de lo cerca que estábamos de México hasta que vimos claramente la frontera mexicana en letras grandes. Una de las cosas que sabía del boxeo era lo leales que eran los aficionados a sus púgiles, especialmente en Latinoamérica, así que definitivamente iba a tener las manos llenas para esta pelea. Pedí un gran plato de arroz y un filete con aguacate y me dispuse a volver a mi habitación y descansar. Recé: "Dios, por favor, ayúdame a pelear lo mejor que pueda y protégeme a mí y a todos los que estén conmigo mañana por la noche. Amén".

Llegar al Laredo Arena al día siguiente me dejó sin aliento momentáneamente, ya que era su versión del Madison Square Garden en Nueva York. Había trabajado duro toda mi vida en todo lo que hacía, especialmente en el boxeo. Me había ganado mi derecho a pelear aquí, aunque el dinero que me pagaban no lo reflejaba en absoluto.

Me resultaba extraño que mis manos empezaran a temblar cuando llegaba el momento de vendarlas ya que eso nunca me había sucedido antes a pesar de los nervios normales antes de cualquier combate. A lo largo de los años, me di cuenta de las pistas y señales que mi cuerpo enviaba para alertarme de que algo no iba bien. Empecé a saltar a la cuerda en un rincón para apartar mi mente de lo que fuera que estaba sintiendo. Empecé a sudar y a golpear las almohadillas y hacer boxeo de sombra y entonces vinieron a acompañarme al cuadrilátero.

No me importaba que Cristina tuviera muchos seguidores y que todo el mundo la estuviera animando. Estaba concentrada en dar lo mejor de mí y, en cuanto sonó la primera campana, me lancé sin miedo contra ella lanzando combinaciones de golpes. Ella era fuerte, pero no me importó y seguí lanzando por encima de sus golpes. El público lo apreció y nos animaba a las dos. Mantuve la misma energía durante los 3 asaltos siguientes y ahora iba por delante en las tarjetas de puntuación.

Sin embargo, en el cuarto asalto, la significativamente más baja Cristina saltó descaradamente y me propinó un cabezazo a propósito e intencionadamente. El cabezazo abrió una herida de 15 centímetros por encima de mi ojo izquierdo, donde ahora se veía el hueso. El árbitro intervino y detuvo la pelea. Casualmente, si se produce un cabezazo "accidental" antes del final del 4º asalto de un combate de boxeo, la pelea se considera "no disputada" y no se declara ganador ni perdedor, y eso es exactamente lo que ocurrió.

Estaba incrédula y mientras caminaba de vuelta a mis vestuarios, los aficionados al boxeo sabían lo que había ocurrido realmente aquí y me aclamaban queriendo tomarse fotos conmigo y conseguir mi autógrafo. El médico de la pelea me presentó 2 opciones: Ir a la sala de emergencias para que me dieran puntos o que me cosieran allí mismo, en los vestuarios. Coach no quería ir a la sala de emergencias, así que opté por que me hicieran los puntos en el vestuario. No fue hasta que el médico puso el primer punto cuando me di cuenta de que ¡no habría anestesia! He soportado dolores grandes en mi vida, pero seis puntos encima del ojo izquierdo sin anestesia destacan como uno de los mayores. El médico también me dijo que tendría que tomarme de 8 a 12 meses sin recibir golpes, ya que esta lesión estaba en una parte muy delicada de mi cara en la que cualquier golpe en la misma zona haría que ese punto volviera a abrirse fácilmente.

Esta vez no lloré y en su lugar sentí una sensación de alivio. Este terrible incidente fue un comportamiento típico en el boxeo y sentí como si los poderes de arriba hubieran permitido que esto sucediera antes de que ocurriera algo peor.

Laura Gómez intentó muchas veces herirme con cabezazos y lo mismo hicieron Vanessa Greco y Eileen Olszewski. Este horrible incidente fue una bendición disfrazada y lo agradecí. En cada combate injusto, el público veía exactamente lo que había sucedido y yo sabía muy bien qué tipo de atleta era y me enorgullecía de ello. Había conseguido lo que muchos pensaban que no podría en el boxeo al ganar dos Guantes de Oro de Nueva York, el primer título de la historia del Campeonato Nacional de Boxeo Femenino de EE UU, el primer título de la historia del Boxeo Femenino Internacional (EE UU contra Canadá), el título del Campeonato de Boxeo Metro, el título del Campeonato de Boxeo del Oeste de Kentucky y el título del Campeonato de Boxeo del Estado de Nueva York como boxeadora profesional. También fui la primera mujer de la historia en ser nombrada "Atleta del año en boxeo" por votación del Comité Olímpico de Boxeo de Estados Unidos.

Como Bob Swoap me diría una vez: "Nadie me quitará nunca el hecho de haber ganado todos esos títulos. Siempre seré una campeóna. Punto".

Incluso después del infame cabezazo de 2015, seguí ocupada trabajando, corriendo y buscando mi próximo objetivo. Había empezado a
hacer senderismo de nuevo y encontraba consuelo en la naturaleza. Una
de mis clientas de entrenamiento personal, Jess, que era muy adinerada,
me pidió que fuera su asistente personal a tiempo parcial mientras encontraba a alguien que pudiera hacerlo a tiempo completo y de forma

permanente. Acepté sin saber que este puesto me exigiría viajar con ella en muchas ocasiones.

Unos días antes de mi cumpleaños, en diciembre, Jess me pidió que viajara con ella a Utah. Yo no quería ir el fin de semana de mi cumpleaños, pero ella me prometió que valdría la pena una vez que la ayudara a mudarse de un condominio a otro en la ciudad de Salt Lake City. Cogimos el primer vuelo a primera hora de la mañana y sentí que mi interior se llenaba de esa sensación desconocida de plenitud y emoción al ver la nieve y la belleza de los paisajes montañosos mientras nos recogían en el aeropuerto y nos llevaban a Alta, Utah, que estaba cerca de las principales estaciones de esquí. No entendía por qué me latía con fuerza la cabeza hasta que Jess me explicó que estábamos a 6000 pies sobre el nivel del mar. Era la primera vez que experimentaba algún tipo de altitud, así que eso definitivamente lo explicaba.

Nos pusimos manos a la obra enseguida. Quería demostrar a su suegro que era capaz de mudarse y tenerlo todo listo sin "ayuda profesional". El nuevo sitio estaba sólo al otro lado de la calle, así que no paraba de correr de un lado a otro con las cajas pesadas sobre los hombros, lo que la motivó a hacer lo mismo. Tenía la misión de ayudar a Jess y también quería terminar lo antes posible para poder descansar e ir a cualquier aventura de cumpleaños que Jess nos hubiera planeado para el día siguiente. Trabajamos muy duro durante unas 8 horas seguidas y me quedé extasiada cuando me dijo que habíamos terminado justo cuando se ponía el sol.

Jess entró en la habitación en la que me encontraba con una mirada muy preocupada y dijo: "¡Patty, tienes que venir conmigo a Urgencias ahora mismo!". Me levanté de un salto de la silla y la seguí hasta el coche. Mientras conducíamos hasta el cercano centro de urgencias, me explicó que cuando estábamos moviendo todas las cajas pesadas, una de ellas se le cayó encima y puede que le perforara uno de los implantes mamarios, ya que podía oír un extraño sonido en su pecho.

El médico la examinó y le dijo que no corría ningún peligro inmediato y que los implantes mamarios deben sustituirse cada 10 años y a ella le tocaba. Sin embargo, no podría ir a la aventura que había planeado conmigo. "Patty, estarás bien si vas sola. El guía es un buen amigo mío y cuidará de ti. Se llama Quino y te recogerá mañana a las 5 de la mañana", dijo Jess. Me desperté a las 4 de la mañana y vi que había dejado su chaqueta de invierno, pantalones de esquí, guantes, calcetines de lana y mochila para que me los pusiera.

A las 5 en punto llamaron a la puerta y rápidamente corrí a contestar. "Hola Patty, me llamo Quino y hoy vengo a llevarte a una pequeña aventura", dijo el alto y delgado guía latino. No tenía ni la menor idea de lo que me esperaba, pero contesté: "¡Hola Quino! No tengo ni idea de lo que vamos a hacer hoy, pero estoy segura de que nunca lo he hecho.

Jess no puede venir conmigo hoy, ¡así que estoy nerviosa!", dije riendo mientras me subía a su camioneta. Condujimos una media hora hasta el comienzo del sendero para subir al Pico Toledo, de 10,360 pies por la arista oeste. Cuando entramos en el aparcamiento, sacó para mí raquetas de nieve, crampones, un piolet, bastones, un casco y un arnés. Tenía los ojos muy abiertos y pregunté: "¿Qué es todo esto?".

Quino se sonrió y dijo: "Realmente es la primera vez que haces alpinismo, ¿eh? De momento, te ayudaré a ponerte las raquetas. Mete el piolet, los crampones, el arnés y el casco en tu mochila por ahora". Me sentí como un bebé grande mientras él también me ayudaba a ponerme las botas alquiladas y casi todo lo demás, pero seguí sonriendo todo el tiempo. No tenía ni idea de lo que me esperaba, pero en el fondo sabía que iba a ser increíble y justo lo que había estado buscando todo este tiempo. Empezamos a caminar con raquetas de nieve desde el aparcamiento. ¡La nieve y los paisajes circundantes eran paradisíacos! Intenté seguir el ritmo de Quino, pero me sentía sin aliento. "Patty, tómatelo con calma. No pasa nada si vas detrás de mí. Es la primera vez que subes una montaña en altitud. Ve a tu ritmo", dijo Quino.

Respiré profundo y no tuve más remedio que bajar el ritmo. Cuando llegamos a la mitad del camino, Quino dijo: "Patty, lo has hecho muy bien. Para los que escalan por primera vez, éste es el punto en el que solemos darnos la vuelta, pero tengo entendido que eres una atleta y que estás en muy buena forma. Dejaré en tus manos la decisión de si quiere dar la vuelta aquí o continuar. Si continuamos, son unas 2-3 horas hasta la cumbre".

Me quedé sin aliento y me ardían las piernas, pero sentí esa sensación punzante que me hacía saber que tenía que continuar. Necesitaba saber lo que se sentía al ver y alcanzar la cumbre. "No voy a mentir Quino. Esto es duro, pero puedo continuar. Quiero llegar a la cumbre", le dije. Así que hicimos un pequeño descanso para hidratarnos, comer una merienda y ponerme el arnés, los crampones, el casco y el piolet. No podía creer lo increíblemente afilados que eran estos crampones hasta que tropecé con ellos e inmediatamente me corté los laterales de los pantalones de esquí. Me reí de mí misma sin parar. Me sentí bien aprendiendo y estando en un lugar tan tranquilo y hermoso.

Tras otra hora de ascender algunos tramos empinados, llegamos a una desafiante sección de escalada en roca. "Patty, tienes que usar las puntas delanteras de los crampones para escalar. Obsérvame primero y haz exactamente lo mismo que yo. Asegúrate de que tres puntos estén siempre sobre una roca. O dos manos y un pie, o dos pies y una mano para que estés segura. Las rocas tenían bordes afilados y algunas tenían puntos helados que hicieron que me temblaran las piernas de miedo, pero de alguna manera, superé las dos largas secciones de escalada antes de que empezáramos a caminar por una estrecha cresta. Estaba exultante y mi corazón quería estallar. "Patty, ¿por qué estas siempre sonriendo?" preguntó Quino.

"¿No es obvio Quino? Estoy feliz. He vivido en Nueva York la mayor parte de mi vida. Nunca había experimentado una belleza como ésta. Esto es muy desafiante, pero nadie intenta noquearme y, de alguna manera, me siento querida aquí en las montañas", respondí.

Poco después, Quino se puso detrás de mí y me dijo: "Te dejaré caminar sola desde aquí Patty. Camina hasta el final donde sobresale esa roca que es la cumbre". Sentí inmediatamente un nudo en la garganta y se me aguaron los ojos. Caminé hasta el final como dijo Quino y sentí el abrazo del sol y de la montaña. Miré al cielo mientras las lágrimas corrían por mi cara. "Gracias, Dios". Justo en ese momento, me di cuenta de que aquí es donde pertenezco. Esto es lo que estaba destinada a hacer....

Epílogo

Aunque nunca me retiré oficialmente del boxeo, en mi mente, podía irme con la cabeza bien alta sabiendo que no tenía que acostarme con ninguno de los grandes promotores o managers para conseguir una oportunidad justa. Mi bolsa de boxeo por pelea no superaba los 2,500 dólares. En 13 combates de boxeo profesional, gané un total de 15,000 dólares, mientras que cualquier otro boxeador ganaría al menos eso por cada combate. Me comporté con clase y como una verdadera atleta profesional. Siempre estaba en forma y preparada, pero lo más importante de todo es que fui leal a mi entrenador de boxeo a pesar de sus traiciones.

El propósito de este primer libro era compartir lo que es posible a través de la fe, la determinación y la voluntad de no rendirse nunca jamás. Ser maltratada por las personas que amas no tiene por qué definir tu futuro. La sanación es un proceso que dura toda la vida y en el que hay que ser proactivo a diario. Una gran parte de mi sanación personal pasó por perdonar a los que más daño me hicieron una vez que me di cuenta de que perdonar no significaba olvidar lo que me habían hecho. En lugar de eso, ya no me permití vivir en la ira, la tristeza o el resentimiento. No habría podido liberarme a menos que me hubiera rendido por completo a mi poder superior y hubiera pedido ayuda. Es el sentimiento más vulnerable y humilde del mundo.

Perdoné a mi padre por todos los años de abusos. Perdoné a mi madre por no protegerme y proporcionarme el amor que he anhelado toda mi vida. Perdoné a mi familia por darme la espalda. Perdoné a mi entrenador de boxeo por traicionar mi confianza. Perdoné a las mujeres del boxeo que no compitieron de forma justa. Cada acto de injusticia a lo largo de mi vida me acercó más a Dios y, en cambio, me ayudó a superarme.

A esa niña que llevo dentro: "Te quiero y te protegeré y te ayudaré a seguir viviendo la vida que te mereces".